KB216587

금강학술총서 32

불교의 종교학적 이해

금/ 강/ 학/ 술/ 총/ 서/ 32
금강대학교 불교문화연구소

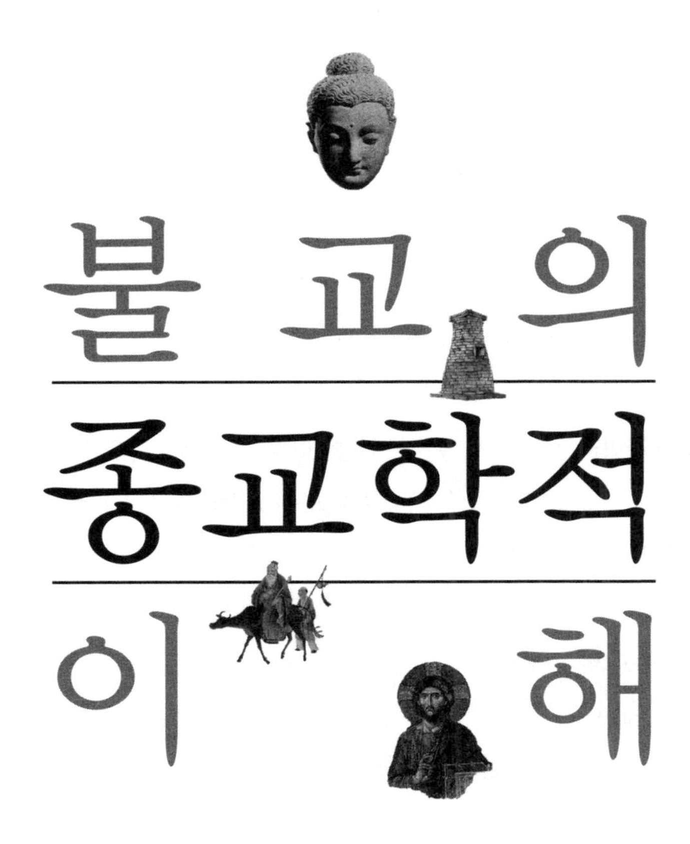

불교의 종교학적 이해

최종석 지음

민족사

머리말

우리는 일상생활 속에서 종교(宗教)라는 말을 많이 듣고 또 사용하고 있다. 종교라는 말의 뒤에 다른 말이 붙어서 만들어진 종교계·종교생활·종교사회·종교인·종교문화라는 말들이 있는가 하면, 다시 종교라는 말의 앞에 다른 개념어가 붙어서 만들어진 신흥종교·세계종교·한국종교·원시종교라는 말 등이 있다. 이외에도 종교철학·종교심리학·종교사회학·종교현상학·종교인류학·종교교육학 등 종교를 대상으로 연구하는 학문 분야를 지칭하는 말도 다양하다. 이렇게 종교라는 말은 우리의 일상생활에서부터 학문세계에 이르기까지 다양하고 폭 넓게 사용되고 있다. 이는 종교가 우리 생활의 여러 분야와 밀접한 관계를 맺고 있다는 면모를 보여 주는 것이다. 사실 종교는 인류가 이 땅에 존재하면서 시작되었다고 해도 과언이 아닐 것이다.

여기에서 한 가지 짚고 넘어갈 것이 있다. 그렇게 많이 듣고 사용하고 있는 '종교'라는 말의 뜻이 무엇인지 살펴보는 일이다. 강의실에서 학생들에게나 아니면 보통 일반 성인들에게 "종교라는 말을 사용하면서 제일 먼저 머리에 떠오르는 것이 무엇이냐?"고 질문을 해 보면 다양한 대답이 나온다. 이 질문의 의도는 종교에 대한 자신의 생각을 피력하라는 것이 아니라 종교라는 말 자체의 뜻을 알고 있는지 확인하려는 것이었다. 그러나 대부분 질문의 의도와는 달리 응답자들은 자신이 갖고 있는 나름대로의 종교에 대한 정의를 말하려고 애쓴다. "믿음이 떠오릅니다.", "수양이나 수행을 통해서 올바르게 살자는 것 같습니다.", "신이 떠오릅니다.", "천당이나 극락에 가려는 것 아닙니까?", "죽음을 극복하는 것입니다." 등등 응답자마다 제각각이다. 열 사람이면 열 개의 다른 대답을 들을 수 있다. 종교라는 말을 사용하면서 제일 먼저 떠오른 것이 무엇이냐는 물음에 대한 서로 다른 대답이 잘못되었다는 것이 아니다. 이들의 대답은 한결같이 종교에 대한 나름대로의 정의를 피력하는 것이다. 이렇게 보면 우리나라 대부분의 사람들의 머릿속에는 종교라는 말의 뜻, 다시 말해서 어의(語義)가 들어 있지 않다는 것이다. 이는 한국사회에서 일반적인 종교교육이 이루어지고 있지 않기 때문에 일어나는 현상이 아닐까?

한국은 세계의 어느 나라에서도 그 예를 찾아볼 수 없는 다종교사회이다. 외국의 종교학자들은 한국사회를 가리켜 종교박람회가 열리고 있는 곳이라고 말하기도 하고 종교용광로라고도 말한다. 실로 다양한 종교가 한국사회에 공존하고 있으며, 종교가 한국사회에 끼치는 영향은 다른 나라와는 다른 양상을 보이고 있다. 그러나 종교교육이 가정에서나 학교 그리고 사회에서 잘 이루어지고 있다고 보기 어렵다. 종교라는 말이 어떻게 유래되었으며 그 말의 뜻 즉 어의가 무엇인지 알려고도 하지 않고 알리려고도 하지 않는 것은 어쩌면 한국 종교현실의 단면을 보여 주는 것이 아닐까?

종교라는 말은 한국에서뿐만 아니라 일본이나 중국에서도 같은 개념으로 공통적으로 사용되고 있다. 다만 일본에서는 '슈쿄'라고 발음하고 중국에서는 '쭝찌아오'라고 발음한다. 이렇게 한자문화권에서 공통으로 사용되고 있는 이 말은 언제부터 사용되기 시작한 것인가? 삼국시대부터 조선시대까지 종교라는 말을 사용하지 않았다. 『삼국유사』, 『삼국사기』, 『조선왕조실록』에도 종교라는 말을 찾아 볼 수 없다. 당시 동북아시아에는 전통적인 종교로 불교, 유교, 도교가 있었다. 이 세 종교를 한꺼번에 지칭하는 용어로 삼교(三敎)라는 말을 사용하였다. 이 세 종교전통 이외에는 딱히 거론할 다른 종교가 없었기에 세 개의 가르침이라는 뜻의 삼교라는 말을 사용하였다. 그러나 오늘날에는 삼교라는 말로 여러 종교전통을 지칭할 수 없다. 예를 들어서 2016년에 한국에는 100개의 종교전통이 존재하니 '백교(百敎)'로 하다가 2017년에 하나가 더 늘어났으니 '백일교(百一敎)'로 하자고 할 수는 없을 것이다. 종교라는 말이 나타나는 것은 송대(宋代)에 편집된 『벽암록(碧巖錄)』에 '중요한 가르침'이라는 뜻으로 사용되고 있다. 그러나 오늘날 통용되고 있는 종교라는 말이 생겨난 연유는 1869년 독일과 일본 두 나라가 통상협정을 맺는 과정에서 통상조약 문건 속에 있는 '렐리기온(Religion)'이라는 개념을 번역하는 과정에서 생겨났다는 것이다. 이것은 거의 통설로 받아들여지고 있다.

렐리기온(religion)은 라틴어의 'religio'에서 파생된 것이다. 'religio'의 어원에 대한 해석은 대체로 두 가지이다. 로마시대의 철학자인 키케로(Cicero, B.C.E.106~44)는 '다시 독송하다'라는 뜻을 가진 'relegere'에서 왔다고 해석하였다. 다른 하나는 초기 그리스도교의 신학자였던 락탄티우스(Lactantius, 252~325)의 해석이다. 그는 '다시 연결하다'라는 뜻을 지닌 'religare'를 'religio'의 어원으로 보았다. 락탄티우스가 'religio'라는 말을 해석할 당시에는 이미 그리스도교가 로마로부터 정식으로 인정을 받았다. 따라서 그의 해석은 당연히 신과 인간 사이에 단절된 관계를 이어준다는 그리스도교를 지칭하는 것이었다. 락탄티우스의 'religio'에 대한 어원적 해석이 서구에서는 통설로 자리를 잡았다. 이후 religion은 그리스도교의 제도나 규율을 뜻하는 말로 계속 사용되어 왔다.

그러나 오늘날 서구에서 religion을 다른 종교까지 포함하는 개념으로 사용하게 된 것은 18세기부터이다. 서구 사람들은 세상에 올바른 종교란 오로지 그리스도교밖에 없는 줄로 알았다. 지구상에 다양한 문화와 종교가 존재하고 이들 문화와 종교가 그리스도교의 가르침보다 못하지 않다는 사실을 깨닫기 시작한 것은 그리 오래된 일이 아니다. 그때가 바로 계몽주의가 일어난 시기이다. 이때부터 그들은 자신들의 종교인 그리스도교 자체에 대하여 비판하기 시작했다. 이것은 서구 이외의 문화와 종교에 대한 이해가 깊어지면서 이루어진 일이다. 렐리기온(religion)의 어원과 의미변화 과정에 대해서 많은 연구가 이미 되어 있다.

일반적으로 서구인들이 렐리기온(religion)이라는 말을 사용하면서 머릿속에 처음 떠올리는 것은 락탄티우스의 렐리기오(religio)에 대한 어원적 해석이다. 그들은 어려서부터 종교교육을 통해 렐리기온(religion)은 '다시 연결한다'는 어의를 갖고 있으며, 그것은 창조주와 타락한 인간을 다시 화해시키고 연결시키는 뜻이라고 배웠기 때문이다.

독일과 일본 간의 통상협정문에 'Religion'이라는 단어를 처음 번역하는 과정에서 당시의 일본학자들은 아마도 많은 고심을 했을 것이다. religion의 어원적 해석을 그대로 가져다가 번역하게 된다면 '다시 연결하는 가르침'인 재유교(再紐教) 쯤으로 했어야 할 것이다. 그러나 동양의 종교전통인 유교·불교·도교는 그리스도교의 성격과는 전혀 다른 면을 지녔기 때문에 렐리기온(religion)을 그런 식으로 직역한다는 것은 망발이 될 수밖에 없었을 것이다. 일본의 학자들은 『능가경(楞伽經)』에서 동양종교 전통의 공통분모를 나타내는 개념, '싯단타(siddhanta)'에 주목하였다. 이 단어는 '성취하여 완성함'이라는 뜻을 가진 '싯다(siddha)'와 '끝냄', '극치'라는 뜻의 '안타(anta)'의 합성어이다. '싯단타(siddhanta)'

는 "최고의 경지에 이르다.", "스스로 최상의 진리를 터득하다."라는 말이다. 즉 '싯단타(siddhanta)'는 자신의 힘으로 스스로 최고의 진리를 증득(證得)한다는 뜻이다. 일본 학자들은 동양종교가 갖는 공통분모를 『능가경』의 '싯단타(siddhanta)'에서 찾아낸 것이다. 그런데 이 싯단타(siddhanta)가 한역(漢譯)되면서 '종(宗)'이라고 번역되었다. 따라서 렐리기온(religion)을 종교(宗教)라고 번역해낸 것이다. 동양종교전통의 성격을 잘 표현해낸 개념어라고 할 수 있다. 이것은 번역을 넘어 창역(創譯)이라고 할 수 있겠다. 그러나 왜 하필 '싯단타(siddhanta)'를 중국 사람들이 '종(宗)'이라고 번역했는지 흥미롭다. 서양의 대표적 종교인 유대교를 뿌리로 하는 그리스도교에서는 절대자와 일반 신도 사이에 예언자·선지자 등의 매개자가 있지만 동양의 종교에서는 그러한 매개자를 찾아보기 힘들다.

적어도 한자문화권의 사람들이 '종교'라는 말을 사용하면서 제일 먼저 떠올려야 할 것은 자신이 갖고 있는 종교에 대한 나름대로의 정의나 감상보다 "자신의 힘으로 스스로 최고의 진리를 증득(證得)한다"는 어원적인 뜻이다. 비록 이 말이 19세기에 일본에서 창역되었다고 해도 이미 한자문화권에서 고착된 개념어이기 때문이다. 불교를 비롯한 한자문화권 종교의 특징을 나타내는 개념어로서 그 어원이나 어의가 일반적으로 통용되어야 할 것이다. 서양의 렐리기온(religion)은 서양의 문화적 배경에서 만들어진 종교개념이라면, 종교(宗教)는 동양종교 문화의 성격을 잘 나타내는 개념어라고 할 수 있다. 일반 대중들도 종교라는 말의 어원을 알고 사용한다면 보다 주체적이고 성숙한 종교적 태도를 갖게 될 것이라고 생각한다. 여기에 실린 글들은 동양과 서양의 종교에 대한 관점의 차이에 주목하면서 비교 연구한 결과물이다.

1부 '불교와 그리스도교'에서는 주로 불교와 그리스도교를 비교하면서 두 종교가 갖는 유사점에 주목하였다. 「붓다와 예수의 웃음」은 종교 편향의 문제로 두 종교 간의 갈등과 대립의 문제가 대두되던 때 쓴 글이다. 종교 간의 갈등과 대립을 해결할 방안을 모색해 보라는 주문을 받았다. 어떻게 그런 방안을 세울 수 있겠는가? 각각 종교가 갖는 근본 가르침으로 돌아가면 된다고 생각하고 있다가 움베르토 에코의 『장미의 이름』에 나오는 웃지 못하고 경직된 수사의 모습이 떠올랐다. 교조들의 웃음이야말로 갈등에 대한 해결책이라 생각했다. 붓다가 경전 속에서 빙그레 미소 짓는 장면은 자주 등장하지만 신약성서에서 예수가 웃는 모습은 찾아볼 수 없다. 그러나 그리스도교의 신학 중에 '웃음의 신학'이 있는 반면 붓다의 미소에 대한 연구로는 불상에 대한 미학적 연구가 있을 뿐이다. 아마도 이 글은 붓다의 웃음이 갖는 의미를 정리하고 밝힌 최초의 글이라고 할 수 있다.

「보살과 의인의 현대적 구원관」에서는 평소 그리스도교의 예수를 보살과 비교하는 것이 과연 자연스러운 것인가 하는 의문을 갖고 있었기에 나온 글이다. 불교의 보살과 그 성격이 유사한 존재를 그리스도교의 의인이라고 생각하며 논지를 전개하였다.

「연기와 공의 종교신학적 이해에 대한 고찰」에서는 팔정도에 대한 현대적 해석을 시도하였다. 팔정도의 근본적인 의미와 가르침을 깨뜨리지 않는 범위에서 새롭게 해석·변주하는 일이 필요하다고 주장한다. 왜? 불교의 현대화와 생활화가 이 시대의 불교가 직면한 과제라고 생각하기 때문이다.

「불교와 그리스도교의 평화」에서 주목한 점은 붓다의 입멸 원인에 대하여 독버섯인가, 썩은 돼지고기인가에 쏠려 있는 전통적 관심에서 벗어나, 왜 붓다는 춘다의 공양을 통해 자신이 입멸할 것을 이미 알면서도 그 음식을 거부하지 않았느냐 하는 것이다. 왜일까? 춘다의 공덕을 빼앗지 않고 무아의 실천을 보이기 위해서이다. 무아는 "모든 존재를 사랑하기 위한 전제 조건"이라는 것이 필자의 생각이다. 자신과 자신을 둘러싸고 있는 모든 존재 사이의 벽을 허물고 그들과 관계를 회복하는 것을 무아의 실천이라고 보았다. 붓다는 춘다의 공양을 받아들이면서 스스로 무아의 실천을 보여 주고 있다. 무아는 곧 위대한 사랑의 실천이다. 불교를 깨달음의 종교라고 누구나 알고 있는데, 과연 무엇을 깨닫는다는 것인가? 무아를 통한 위대한 사랑을 깨닫는 것이 아닐까? 다시 말해서 무아는 모든 존재와 궁극적으로 아름다운 관계를 이루기 위한 철저한 자기부정이다. 무아를 통한 진정한 평화는 인간과 인간, 인간과 자연 간의 올바른 관계가 정립된 상태이다.

2부 '불교와 생태 그리고 과학'에서는 생태계의 문제에 대한 불교적 해석을 다루었다. 이 시대의 불자는 개인의 깨달음에 머물지 말고 전 생태계를 향한 의식의 확산이 필요하다고 보았다. 따라서 '환경보살', '생태보살'이라는 개념어를 조어하면서 현대사회의 생태보살이 지녀야 할 생태의식을 정리하였다. 「과학시대의 과학격의불교」에서는 과학만능시대에 불교의 인간관을 새롭게 조명하려고 하였다. 한편 서구사회에서 받아들인 불교는 과학적으로 격의시킨 불교가 아닌지 문제를 제기하였다.

3부 '불교와 동양문화의 교섭'에서는 불교가 동북아시아로 전래되면서 변용되는 과정에 관심을 두었다. 「신라 미륵신앙과 첨성대」에서 첨성대가 미륵신앙과 어떤 관련이 있는지 살펴보았다. 미륵신앙이 한반도에 전래되면서 기존의 토착신앙인 용신신앙과의 습합과정에 주목하였다. 즉 미르=용=미륵=왕의 도식을 세워 그 관계를 살펴 첨성대의 성격을 규명하려고 하였다. 「불교의 한국화 과정」에서 한반도에 전래된 불교는 이미 중국에서 충(忠)과 효(孝)의 문제가 해결되어 중국화된 불교라는 점에 방점을 찍고 토착화 과정을 살폈다.

4부 '현대사회와 불교'는 현대사회 속에서 불교의 위상과 미래에 관하여 비교적 가볍게 스케치한 글들이다. 앞에서 언급된 내용이 변주되어 중복되기도 하고 송두리째 따온 부분도 있다.

여기에 모은 글들은 평소 관심을 가졌던 문제들에 대한 필자의 생각을 정리한 것들이다. 중복되는 부분들이 보이는데 그것들을 빼려다보니 정작 말하고 싶은 의도가 사라지는 것 같아 그대로 두기로 하였다. 필자의 게으름 탓이다. 읽는 분들의 양해를 구하면서 보잘 것 없는 글모음을 세상에 내보낸다.

지루하고 재미없는 교정 작업을 성심껏 맡아준 금강대학교 불교문화연구소 HK연구교수 김지연 박사에게 감사의 마음을 전한다.

2017년 5월

益善學堂에서

최종석

차 례

머리말 _ 4

1부 . 불교와 그리스도교 15

1. 붓다와 예수의 웃음 17
2. 보살과 의인의 현대적 구원관 52
3. 연기와 공의 종교신학적 이해에 대한 고찰 88
4. 불교와 그리스도교의 평화 110

2부 . 불교와 생태 그리고 과학 135

1. 과학시대의 과학격의불교 137
2. 생태불교의 필요성과 가능성 160
3. 불교생태학의 이론과 실천 175

3부 . 불교와 동양문화의 교섭 ······················· 213

1. 한국불교와 도교신앙의 교섭 ······ 215
2. 신라 미륵신앙과 첨성대 ······ 246
3. 신라 용신신앙과 불교 ······ 278
4. 그리스도교와 도교의 수행 ······ 302
5. 한글과 불교경전 ······ 332
6. 불교의 한국화 과정 ······ 348

4부 . 현대사회와 불교 ······················· 367

1. 현대사회와 불교 ······ 369
2. 21세기와 불교의 사회화 ······ 399
3. 의미분석법을 통한 불교이미지에 관한 연구 ······ 421
4. 과학시대의 불교의 인간관 ······ 445

• 1부 •

불교와 그리스도교

1. 붓다와 예수의 웃음

2. 보살과 의인의 현대적 구원관

3. 연기와 공의 종교신학적 이해에 대한 고찰

4. 불교와 그리스도교의 평화

붓다와 예수의 웃음

- 갈등과 충돌에서 해탈과 해방으로 -

I. 들어가는 말

종교는 '절대진리'에 대한 강한 열정을 가지고 자기 종교의 절대성과 최고성을 주장하기 때문에 비타협적이고 다른 신앙을 무시하거나 이단시하는 위험이 있다. 현대의 다종교 사회에는 각 종교의 사상적·교리적 편견과 독단적 배타성이 야기하는 종교 간의 갈등과 충돌의 가능성이 늘 잠재되어 있다.

종교가 있는 곳에는 종교와 종교 간의 대립과 충돌이 늘 있어 왔다. 21세기에 접어든 지금도 세계의 여러 지역에서 종교를 이유로 한 분쟁이 지속되는 등 종교 간의 마찰과 대립은 그치지 않고 있다. 계속되는 종교적 분쟁과 충돌로 종교가 인간 삶의 지혜나 이웃에 대한 사랑의 기반을 제공해 주는 가르침으로 인식되기는커녕, 오히려 종교가 대립과 투쟁의 주원인으로 비춰지고 있다. 그렇게 되면 종교에 대한 회의감이나 실망감도 점차 증가될 수밖에 없을 것이다.

미래사회는 현재보다 더 심각한 생태계의 파괴가 일어나고, 공해로 인한 질병이 증가할 것이며, 정보와 기술의 불균형은 부의 편중과 함께 심각한 양극화 현상을 가져올 것으로 미래학자들은 예측한다. 인터넷이 가져온 사이버 공간에서는 반생명적 문화가 팽배해져 정신문명의 위기가 올 것이라고 또한 예측하고 있다. 이러한 부작용들이 실제로 오늘날의 지구촌 곳곳에서 감지되고 있으며, 특히 정신적 가치관의 혼돈은 물질문명의 폐해보다 훨씬 더 심각한 인간성의 부재 현상을 야기하고 있다.

이러한 이유로 미래사회에서는 오히려 종교의 역할이 더욱 강조되어져야 할 것이다. 종교가 종교다워지기 위해서는 오늘날 종교에 내재하고 있는 비종교적 요소를 불식하고 본래 종교가 간직한 인간존엄·평등·평화·사랑·지혜·관용·용서 등 본연의 모습을 찾아 나아가야 한다. 그것이 곧 미래사회에 있어 종교가 종교로서의 역할을 하는 길이다.

한편 종교는 대단히 진지하고, 근엄하고, 엄숙하고, 보수적이고, 융통성 없고, 시대에 뒤떨어지는 이미지를 가졌다. 따라서 종교적 교조(教祖)나 절대자에 대한 이미지도 마찬가지로 근엄한 모습으로 상상하게 된다. 종교 속의 인간도 유희적인 호모 루덴스(homo ludens)나 명랑한 호모 리센스(homo risens)가 아니라 근엄한 인간인 호모 그라비스(homo gravis)를 연상하게 한다.

그러나 앞으로 종교 간의 배타주의를 넘어 서로 인류 공동의 문제를 짊어지고 해결해가야만 하는 불교와 그리스도교는 붓다의 자비의 웃음과 예수의 사랑의 웃음을 회복하여 시대가 요구하는 종교적 실천을 이루어 내야 할 것이다.

대화는 상호 충돌을 피하고 평화적 공존이나 화해를 지향하는 방법으로써 여겨지고 있다. 여기에서 진정한 화해를 위한 대화에는 무엇보다도 인간존재에 대한 근원적 긍정의 의미를 지니는 웃음이 필요하다고 본다. 왜냐하면 웃음은 인간에 대한 깊은 믿음을 일깨우는 통로이기 때문이다. 이러한 웃음은 상대방을 진정으로 이해하고 전폭적으로 상대방의 입장이 되어줄 때에 나온다. 진정한 웃음은 자기 자신에 대한 웃음에서 시작되어야 한다. 즉 자신이 완벽하다고 생각하는 위선의 가면을 벗어던지는 해방의 행위가 웃음이기 때문이다. 인간은 진정으로 자기 자신에 대하여 웃을 때 본래의 순수한 모습으로 되돌아가는 것이다. 따라서 서로의 사이를 가로막고 있는 편견의 장애를 걷어 내게 하고, 오해의 장벽을 허물게 하는 것이 웃음이다.

웃음에는 여러 가지 유형이 있다. 인간을 즐겁게 하는 웃음인 코믹(comic, 익살)이 있는가 하면 비범하고 기발한 발상으로 인간의 허를 찌르는 웃음인 위트(wit)도 있다.

또 다른 유형의 웃음으로 유머(humor)가 있다.[1] 유머는 앞의 코믹이나 위트와는 다르다고 할 수 있다. 코믹이 웃음을 자아내는 익살스러움을 뜻하고, 위트는 지적(知的)인 능력에서 비롯된 것이라면, 유머는 웃음의 대상에 동정을 수반하는 정적(情的)인 작용을 포함하고 있다. 유머는 높은 곳에서 초연하게 내려다보며 인간의 어리석음을 비웃는 것이 아니라 인간의 어리석음을 소리내어 크게 웃으면서 자신을 포함한 인간을 향한 연민과 사랑을 던지

---

1 유머는 라틴어 '후모르(humor)'에 기원을 두고 있는데, '후모르'는 액체, 액즙, 유동체를 의미하는 것이었다. 고대 생리학에서는 인간의 체내에 흐르는 체액을 네 종류, 즉 혈액, 점액, 담즙, 흑담즙으로 구분하였다. 당시의 학자들은 위의 네 종류의 '생명의 액'의 배합 정도에 따라 사람의 체질이나 성질을 결정한다고 보았다. 이러한 체액학설 혹은 기질학은 19세기까지 이어져 왔으며, 심리학에서는 여전히 성격을 구분하는 토대가 되고 있다. 나아가 유머는 기질, 기분, 분위기를 뜻하게 되었다. 15세기 이래로 기분이 좋은 사람은 '체액(유머)이 좋은 사람'으로 불리어졌으며, 17 · 18세기는 늘 기분이 좋거나 친절한 사람을 '유머 감각이 좋은 사람'이라고 표현하였다. 즉 유머는 일반적으로 한 사람의 성격적인 기질이나 심리적인 기분을 의미한 것이다. 그 이후 유머는 인간의 행동, 언어, 문장 등이 갖는 웃음의 뜻으로, 또한 그러한 웃음을 인식하거나 표현하는 능력으로까지 그 의미가 확대되었다.

는 웃음인 것이다. 즉 유머는 인간 모두가 불완전한 존재라는 것을 드러내는 고백의 웃음이라고 할 것이다. 유머는 자기 자신을 드러내는 행위, 자기 자신을 들여다보는 행위에서 출발한다. 유머를 지닌 사람은 자기 자신의 약점을 들여다봄으로써 타인의 나약한 점과 허점을 이해하려고 한다. 유머로서의 웃음은 코믹이나 위트처럼 눈앞에 보이는 하나하나의 현상에 대한 단순한 반응이 아니라 세상과 세상 사람들에 대한 깊은 통찰력과 성실함이 녹아 있는 진지한 삶의 자세에서 나오는 것이라 할 수 있다.

따라서 유머는 자유스러운 사고와 내면적으로 결부되어 있다. 유머는 인간을 편견과 이데올로기의 압력으로부터, 또한 도그마와 완전주의의 속박으로부터 벗어나 자유를 지향하게 한다. 긴장과 불안, 좌절감과 죄책감으로부터 벗어나 인간을 자유롭게 하는 것이 유머이며, 이 유머는 우리를 '해방시키는 웃음'인 것이다.[2]

유머는 자기 자신에 대한 올바른 성찰에서부터 시작하며, 유머를 통해 인간은 자기 자신을 비울 수 있게 되며, 유머를 통해 인간은 자기 자신을 비움으로써 세상과 세상 사람들을 사랑과 연민으로 이해할 수 있게 되는 것이다.

본 글에서는 오늘날 종교 간에 팽배해 있는 반목과 충돌, 불신과 갈등으로부터 화해와 상생, 신뢰와 이해로 나아가는 길을 인류의 위대한 스승인 붓다와 예수의 웃음을 통하여 찾아보려는 것이다.

먼저 성서에 나타나는 웃음의 성격을 살펴보고 어떻게 예수가 철저한 자기비움(kenosis, 無化)에서 오는 인간에 대한 연민과 사랑의 유머를 보여 주었나 알아보기로 한다. 그리스도교의 웃음은 예수의 '자기비움'의 유머를 토대로 한 사랑의 웃음이고 해방의 웃음이라고 볼 수 있겠다.

---

2 미야다 미쓰오, 정구현 역, 『그리스도교와 웃음』, 가톨릭대학교출판부, 2000, 23쪽.

다음으로 불교 경전의 여러 곳에 나타나는 붓다의 웃음을 살펴보았다. 붓다의 웃음은 열반을 이룬 무아의 웃음이며, 깨달음의 가르침을 펼치는 방편의 웃음이다. 이 방편의 웃음을 법설의 웃음, 비유의 웃음, 인견의 웃음으로 분류하여 살펴보았으며, 다시 붓다의 웃음이 열반을 증득한 붓다의 과보의 웃음이란 점에서 삼덕(三德)으로 나누어 경전 속의 웃음을 찾아 분류하여 보았다. 삼덕은 삼법인을 극복하여 열반에 든 붓다가 중생을 제도하는 공덕이란 점에서 지덕의 웃음은 무상을 극복한 지혜의 웃음이고, 단덕의 웃음은 번뇌와 고를 극복한 웃음이며, 은덕의 웃음은 무아를 극복하여 온 중생이 한 몸이라는 것을 알리는 연민의 웃음으로 이해하고자 하였다.

예수의 웃음은 자기비움에서 오는 무화(無化)의 웃음, 해방과 사랑의 웃음이라면 붓다의 웃음은 무아(無我)의 해탈과 자비의 대자유를 보여 주는 웃음이라고 할 수 있다. 더구나 붓다는 무명을 깨친 자이기에 무명의 삼독을 극복하였으니, 진에(瞋恚)인 화를 낼 수가 없는 존재이다. 따라서 경전에서 붓다는 끊임없이 웃고 있다. 더구나 붓다는 웃을 수 있을 때 웃지 않는 사람을 사특한 사람이라고 할 정도로[3] 웃음을 매우 중요하게 여기고 있다. 오늘날 종교 간의 갈등을 해결하는 방법으로 종교 간의 대화를 중시하고 있지만, 진정한 내적 대화에는 웃음이 동반되어야 할 것이다. 이 시대에 있어서 붓다와 예수의 웃음을 회복하는 일은 곧 진정한 '종교성'의 회복을 의미하는 것이라

---

3 비구들은 부처님의 가르침을 듣고 있었다. 세존께서는 말씀하셨다. "삿된 종류의 사람은 다섯 가지 일로 그것을 알 수 있다. 다섯 가지 일을 보면 곧 그 사람이 삿된 종류인 것을 알 수 있느니라. 다섯 가지 일이란 무엇인가. 웃을 때에 웃지 않고, 기뻐할 때에 기뻐하지 않으며, 사랑하는 마음을 낼 때에 사랑하는 마음을 내지 않고, 나쁜 짓을 하고도 부끄러워하지 않으며, 좋은 말을 들어도 마음에 두지 않는다. 이런 사람은 삿된 종류의 사람임을 알아야 한다. 삿된 종류의 사람은 이 다섯 가지로 알 수 있느니라." 『增壹阿含經』 권27, 「邪聚品」(『大正藏』 2, p.698하).

할 수 있다.

Ⅱ. 예수의 웃음 – 해방의 웃음

1. 성서에 나타난 유머

일반적으로 종교는 성스러운 영역이기 때문에 웃음과는 거리가 먼 것처럼 인식되어 온 것은 사실이다. 그리스도교에서도 마찬가지로 웃음은 그리 긍정적으로 평가받지 못했던 것 같다. 집회서에 "바보의 웃음은 떠들썩하지만 지혜로운 사람은 조용히 웃는다."(집회서 21, 20)고 한 것처럼, 미소는 미덕이었지만 떠들썩한 웃음은 성스러움과 반대되는 것으로 간주되었다.

구약성서에서 하느님은 이교도들의 신과는 대조적으로 명랑함과 온화함이 없는 엄격한 신으로 묘사되고 있다. 즉 구약성서에 나타나는 하느님의 웃음은 유머로서의 웃음보다는 자신의 우월성을 드러내는 수단으로 사용되었다. 게다가 이교도인들은 비웃음, 조롱, 경멸의 대상이 되었다.[4] 신약성서에서도 웃음은 거의 언급되지 않고 있다. 예수가 가끔 눈물을 흘렸다는 기록은 있을 뿐,[5] 예수 자신이 웃었다는 기록, 그리고 예수가 주위 사람들에게 농담

---

4 리처드 G. 코트, 정구현 역, 『웃음의 신학』, 가톨릭대학교출판부, 2001, 27-28쪽. 물론 하느님의 웃음에 대하여 긍정적으로 해석한 경우도 있다. 예를 들어 구약성서 『요나서』에 나오는 주인공 요나에 대한 이야기(요나가 하느님으로부터 사명을 받고 마지못해 니느웨라는 도시로 가서 그곳 사람들을 회개시켰다는 이야기)를 웃음·유머라는 관점에서 흥미롭게 해석하고 있다. 미야다 미쓰오, 앞의 책, 26-66쪽; 리처드 G. 코트, 앞의 책, 76-77쪽 참조.

5 예수께서 마리아뿐만 아니라 같이 따라 온 유다인들까지 우는 것을 보시고 비통한 마음이 북받쳐 올랐다. "그를 어디에 묻었느냐?" 하고 예수께서 물으시자 그들이 "주님, 오셔서

을 하여 웃겼다는 기록도 전혀 찾아 볼 수 없다. 오히려 루가 복음에서는 웃고 있는 것이 죄가 된다고 말하고 있다.[6] 웃고 있는 모습으로 묘사된 적이 없는 예수는 복음서에서 오히려 사람들로부터 비웃음을 받은 것으로 묘사되고 있다.[7]

이와 같이 일반적으로 성서에 나타나는 웃음은 부정적으로 인식되었으며, 예수의 웃음이 전혀 언급되고 있지 않기 때문에 초대 그리스도교 이후 예수가 웃지 않았다는 견해가 거의 지배적이었다. 이러한 분위기는 중세에까지 이어져 오늘날에도 예수의 웃음에 대하여 긍정적으로 언급하지 않고 있다.

그럼에도 불구하고 왜 오늘날 예수의 웃음에 대하여 의미를 찾고 새로운 해석을 하려는 것일까?

복음서 안에 유머가 없음을 새삼 깨닫게 되는 이유는 역설적으로 오늘날 웃지 않는 그리스도인의 모습을 보고 있기 때문일지도 모른다. 다시 말해서 그리스도인들은 성서 구절 하나하나를 고지식하게 받아들이려고만 했기 때문에, 성서 본문에 내재화되어 있는 깊은 의미 즉, 정신적 약동성을 미처 발견해 내지 못했다는 것이다. 예수는 항상 상징과 비유를 들어 말하였다. 그 상징적인 표현을 액면 그대로 받아들여서는 그 진정한 뜻을 이해할 수 없다. 상징이나 비유는 어떠한 사실을 있는 그대로 묘사하지 않는다. 바로 그것 때문에 상징이나 비유는 풍자적이며 유머적인 것이다. 〈등불의 비유〉(마태오,

---

보십시오." 하고 대답하였다. 예수께서는 눈물을 흘리셨다.(요한 11, 33-35)

6 지금 배불리 먹고 지내는 사람들아, 너희는 불행하다. 너희가 굶주릴 날이 올 것이다. 지금 웃고 지내는 사람들아, 너희는 불행하다. 너희가 슬퍼하며 울 날이 올 것이다.(루가 6, 25)

7 마태오 복음 9장 24절, 루가 복음 8장 53절, 루가 복음 16장 14절, 루가 복음 23장 35절, 마르코 복음 5장 40절 참조.

5, 15; 루가 11, 33-36)를 예로 들어 보자. 등불의 비유를 통해 신앙을 널리 증거하고 선포해야 함을 말하고 있다. 신앙을 증거하지 못하는 것을 다음의 비유로 되묻고 있다. "등불을 켜서 숨겨 두거나 됫박으로 덮어 두는 사람은 없다. 누구나 등경 위에 얹어 둔다. 그래야 방안에 들어오는 사람들이 그 빛을 볼 수 있지 않겠느냐?"(루가 11, 33) 즉 신앙을 증거하지 못하는 것은 등불을 켜서 숨겨 두거나 됫박으로 덮어 두는 것과 같다고 비유하고 있는데, 바보가 아닌 이상 어느 누가 등불을 켜서 숨겨 두거나 됫박으로 덮어 버리겠는가? 이 비유를 이해한 눈치 빠른 사람은 듣는 순간 웃음을 터뜨릴 것이다. 이렇게 예수의 비유나 상징에는 익살과 유머가 교묘하게 숨겨져 있지만 이러한 비유를 듣고도 웃지 못하는 이유는 비유를 너무나 자주 들어서 당연하게 받아들이고 있기 때문이다. 따라서 성서 구절의 이면에 숨어 있는 유머의 깊은 뜻을 새롭게 발견하기란 쉽지 않다.[8]

그러나 무엇보다도 복음서에서 유머를 찾아내지 못하는 가장 큰 이유는 복음서가 십자가의 비극과 그 직전의 사건에 무게를 두고 있기 때문이다. 예수의 수난사와 십자가에서의 죽음과 고통은 초대 교회 때부터 늘 신학의 중심이 되어 왔기 때문에 이러한 분위기에서는 유머가 신학의 주제로 개입될 여지가 없었다고 볼 수 있다. 따라서 그리스도인의 기도·묵상의 화두는 고통 속에서 인간을 구원하는 예수였으며, 예술가들은 처참하게 십자가에 매달린 예수의 모습을 그릴 수밖에 없었다.[9]

이러한 편협된 신학적 전통에서 예수의 웃음은 긍정적으로 받아들여지지 않았다. 하지만 근래에 와서 신학자와 교회 지도자들은 웃음과 유머의 중요성을 인식하고 있다.

---

8 엘톤 트루블러드, 최정오 역, 『그리스도의 유머』, 가톨릭 다이제스트, 1992, 17-18쪽 참조.
9 엘톤 트루블러드, 위의 책, 19쪽 참조.

존 라이트(John Wright) 추기경은 1976년 로마에서 열린 종교 교육 지도자 회의에서 교회 내에 웃음과 기쁨이 결여되어 있음을 개탄하며, 교회가 청년들과 지성인들에게 다가갈 수 없는 이유가 바로 웃음과 기쁨의 결여 때문이라고 하였다. 앤드류 그릴리(Andrew Greeley)는 "신앙의 웃음에서 흘러나오고 모든 사람에게 전해지는 기쁨이야말로 아마도 가장 좋은 효과적인 선교의 보증일 것이다. 이것은 더 강하게 말해도 좋다. 효과적인 선교의 기회가 있다 해도 믿음의 웃음을 웃을 수 없는 선교사는 그 직무를 수행할 수 없다."고 하였다. 발터 카스퍼(Walter Kasper)도 『그리스도교 신앙 입문(An Introduction to Christian Faith)』이라는 책에서 이렇게 유머에 대하여 강조한다. "그리스도교 신앙의 주요한 요소들 중 하나는 유머이다. 현대 교회와 신학이 자주 빠뜨리는 유머의 결여와 좁은 생각은 아마도 오늘날 그리스도교에 대한 가장 중대한 잘못 중 하나일 것이다."[10]

그리스도교가 웃음을 되찾기 위해서는 무엇보다도 잃어버린 예수의 웃음을 다시 기억해 낼 필요가 있다고 본다. 비극적이고 극적인 예수의 모습이 신앙적으로 강조되는 것은 중요한 일이지만, 익살스럽고 유머를 즐기는 예수의 모습을 찾아 예수가 어떻게 버림받은 사람들을 감싸고 웃는 얼굴로 그들을 위로하고 사랑했는지 살펴보아야 할 것이다. 따라서 철저한 자기비움(kenosis)에 바탕을 둔 예수의 유머의 성격을 알아볼 필요가 있다.

2. 예수의 자기비움(kenosis)과 웃음

케노시스(kenosis, κενώσις)는 교부문헌에서 최초로 사용된 이래, 약 1세기

10 리처드 G. 코트, 앞의 책, 37-38쪽 참조.

부터 그리스도교 신학에서 일반적으로 육화(肉化)와 동의어로 사용되어져 왔다. 케노시스가 육화의 뜻으로 쓰이는 근거는 그리스도교의 하느님(神)이 '자기비움'을 통하여 인간의 역사에 개입했다는 점에서 찾는다. 이때의 '자기비움'은 하느님이 예수 그리스도로 육화되어 인간으로 나타났다는 것을 말하는 것이다.[11] 또한 케노시스는 그리스어 동사 '에케노센(ἐκενωσεν)', '자기를 비우다', '자신을 아무런 명성 없이 만들다'라는 뜻에서 유래한 '그리스도의 비하(卑下)' 또는 '겸손'을 뜻하기도 한다. 성서에 나타나는 예수의 '자기비움'은 2고린토 8장 9절[12]과 요한 17장 5절[13], 그리고 필립보 2장 6–8절에 나타나고 있다. 특히 필립보 2장 6–8절은 예수의 '자기비움'이 잘 나타난다.

> "그리스도 예수는 하느님과 본질이 같은 분이셨지만 굳이 하느님과 동등한 존재가 되려 하지 않으시고 오히려 당신 것을 다 내어 놓고 종의 신분을 취하셔서 우리와 똑같은 인간이 되셨습니다. 이렇게 인간의 모습으로 나타나 당신 자신을 낮추셔서 죽기까지, 아니, 십자가에 달려서 죽기까지 순종하셨습니다."(필립보서 2, 6–8)

여기에서 주목할 점은 예수는 하느님과 동일한 신적(神的) 본능을 지녔으나 신적인 지위를 포기하고 가장 미천한 종의 모습으로 자신을 낮추었다는

---

11 이재숙, 「대승불교의 공사상과 그리스도 강생의 신비」, 『한국그리스도사상』 제3집, 1995, 92쪽.

12 "여러분은 우리 주 예수 그리스도께서 얼마나 은혜로우신지를 잘 알고 있습니다. 그분은 부요하셨지만 여러분을 위하여 가난하게 되셨습니다. 그분이 가난해지심으로써 여러분은 오히려 부요하게 되었습니다."

13 "아버지, 이제는 나의 영광을 드러내 주십시오. 세상이 있기 전에 아버지 곁에서 내가 누리던 그 영광을 아버지와 같이 누리게 하여 주십시오."

것이다. 자신을 낮출 수 있다는 것은 자신을 비울 때만 가능한 일이다. 공관 복음서에서 예수가 십자가에 못 박혀 죽음에 직면했을 때까지 비춰진 그의 모습은 끊임없는 자기 성찰에서 나오는 자기비움의 모습이라 할 수 있다. 그렇게 예수는 하느님의 모습 안에서 자신을 비웠으며 죽음에 이르기까지 순종으로 자신을 비웠음을 보여 주었다. 케노시스는 예수가 자신을 철저히 포기하고 완벽하게 자신을 비운 것을 생생하게 묘사한 은유적 표현이라 할 수 있다.

이러한 예수의 자기비움은 십자가에서의 죽음으로 완성된다고 할 수 있다. 예수의 십자가는 자기 자신을 완전히 줌으로써 자신을 완전히 비우는 사랑의 궁극점이며 다른 이의 선(善)을 위해 자신을 완전히 무화(無化)시키는 장소로 이해할 수 있겠다.[14] 나아가 십자가에서 예수의 죽음은 예수의 자기비움과 하느님의 자기비움이 일치하는 사건으로 볼 수 있다. 예수는 하느님을 향하여 자신을 완전히 바침으로써 예수의 완전 무화(無化)가 이루어지고 그의 인격은 존재하지 않게 되며 인간을 위한 하느님의 사랑이 완성된다고 보는 것이다.[15]

이처럼 예수 그리스도가 하느님이 되고 또 인간이 될 수 있는 것은 삼위일체의 역동적인 기능인 자기비움을 통해서 가능해진다. 하느님이 삼위를 가진 하나의 존재라는 것이 성립하기 위해서는 삼위가 서로 전적으로 개방된 순수한 관계성 속에 있음을 상정해야 하고, 이런 관계성은 타자로부터 유래하는 존재인 동시에 다시 타자를 지향하는 존재이어야 한다.[16] 삼위일체 안에서 성부의 자기비움으로 예수로의 육화가 가능했고, 예수는 자기비움을

---

14 이재숙, 앞의 논문, 93쪽.

15 심상태, 『그리스도와 구원, 전환기의 신앙이해』, 성바오로출판사, 1988, 88-92쪽 참조.

16 이재숙, 앞의 논문, 96쪽.

통하여 구원을 실현시켰으며 성령은 성화적으로 자기비움을 나타냈다. 이러한 작용은 상호 역동적이다.

여기서 14세기 신학자 마이스터 에크하르트(Meister Eckhart)의 삼위일체에 대한 해석에 주목할 필요가 있다. 그는 하느님이 풍부한 생명과 힘과 사랑으로 웃는다고 생각하며, 삼위일체의 위격 사이의 내적인 관계의 특징을 웃음·유머와 관련지었다. 그는 다음과 같이 말했다. “성부가 성자를 보고 웃을 때 성자는 성부에게 웃음으로 답한다. 이 웃음은 즐거움을 주고, 이 즐거움은 기쁨을 주고, 이 기쁨은 사랑을 주고, 사랑은 세 위격들 – 성령은 그 가운데 하나이다– 을 준다.”[17] 에크하르트에게 있어서 하느님은 세상을 창조한 이후 세상에서 일어나는 것에 대해 무관심한 존재가 아니며, 개방된 역동적인 관계성 안에서의 사랑의 하느님, 기뻐하는 하느님, 즐거워하는 하느님, 웃는 하느님이었다. 에크하르트의 하느님이 ‘영원히 웃는 분’이라면 하느님은 접근하기 어렵고, 멀리 있고, 이 세상일에 대하여 무관심한 존재가 아니다. 에크하르트에게 있어서 하느님의 웃음은 사랑의 상징이며, 기쁨과 즐거움으로 가득 찬 것이다. 이러한 사랑의 웃음의 원천은 철저한 자기비움에서 찾을 수 있다.

즉 하느님이 자기비움으로 기꺼이 즐겁게 예수로 육화되려 했고, 예수는 마찬가지로 기꺼이 웃으면서 육화된 하느님이 자신의 삶 안에서 즐겁고 기쁘게 웃으면서 활동할 수 있도록 철저한 자기비움으로 응답한 것이다. 여기에서 예수의 무화와 하느님의 무화가 서로 만나는 장(場)은 케노시스의 절정이며 기쁨과 즐거움과 사랑의 웃음의 근원이 된다.

여기에서 예수의 자기비움을 웃음·유머의 근원적 출발점인 자기성찰에

---

17 Raymond B. Blakney, Meister Eckhart: *A Modern Translation*, New York, Harper Torchbooks, 1941, p.245; 리처드 G. 코트, 앞의 책, 81쪽 재인용.

서 찾았다. 예수의 자기비움은 자신이 하느님과 동일한 신적(神的) 본능을 지녔다는 우월감·자만심에서 시작되는 것이 아니라 미천한 종처럼 가장 낮은 자리에서 이루어지는 가장 겸허한 자세인 것이다. 예수의 이러한 자기비움은 인간에 대한 깊은 사랑과 연민의 근원이 되며, 이 사랑과 연민은 예수의 유머로 표현된다. 유머로서의 웃음은 세상과 세상 사람들에 대한 깊은 통찰력과 성실함이 녹아 있는 진지한 삶의 자세라고 했듯이, 예수의 유머는 하느님에 대한 자기비움에서 시작하며 인간에 대한 사랑의 자기비움에서 나오는 것이다.

그리스도인에게 이제 십자가는 더 이상 비극적인 고통의 형상이 아니다. 오히려 자기비움의 절정인 십자가는 예수의 무화의 삶을 드러낸 것이며, 타인을 향한 사랑과 연민의 웃음을 상징한다고 볼 수 있다. 십자가는 예수가 그리스도인들에게 보여준 철저한 자기비움의 사랑의 유머를 상징한 것인만큼, 그리스도인은 예수의 진정한 유머를 십자가를 통하여 살아야만 한다는 메시지에 귀를 기울여야 할 것이다.

3. 사랑의 웃음 – 해방의 웃음

지금까지 살펴본 바와 같이, 그리스도교의 웃음은 예수의 자기비움을 통한 하느님 현존의 상징, 인류에 대한 사랑의 징표라는 것을 알 수 있었다. 일반적으로 웃음이 자기 성찰에서 시작하여 세상 사람들에 대한 공감(共感)의 표현이라면, 그리스도인의 웃음도 마찬가지로 세상과 함께 하되 더 나아가 예수 안에 더 깊은 근원을 두면서 세상 사람들에게 사랑과 연민의 감정을 보내는 것이어야 할 것이다.

리처트 코트는 진정으로 웃는 그리스도인이 되기 위해 필요한 자세를 다

음의 세 가지로 정리하였다.[18]

먼저, 초연함(detachment)을 가져야 한다. 루가 복음에서 예수가 "누구든지 나에게 올 때 자기 부모나 처자나 형제 자매나 심지어 자기 자신마저 미워하지 않으면 내 제자가 될 수 없다"(루가 14, 26)고 한 것처럼, 예수는 초연함을 요구하고 있다. 이러한 초연함은 모든 것을 버리고 자신을 따르라고 하는 것이라기보다는 하느님이 요구하는 것을 받아들이는 올바른 태도를 말한다. 즉 세상 밖에서가 아닌 세상 안에서의 초연함을 말한 것이다. 이러한 초연함은 자신의 좁은 환경의 한계를 초월하여 보다 큰 것을 볼 수 있게 해준다. 그렇기 때문에 초연함을 통한 내적 자유가 없다면 참된 그리스도인은 진정으로 웃을 수 없을 것이다. 이와 같은 내적 자유는 자신의 제한적인 공간에, 제한적인 종교 문화에 사로잡히지 않고 타 문화와 종교를 겸허히 받아들일 것이다. 이것이 바로 그리스도인의 해방의 웃음이며, 세상 사람들에 대한 사랑의 웃음일 것이다.

다음으로 웃는 그리스도인이 되기 위해서는 생명에 대하여 존중할 줄 알아야 한다고 리처드 코트는 지적하고 있다. 하느님은 생명을 보존하고 보호하는 존재이며(시편 66, 9), 예수는 우리가 생명을 얻도록, 더욱 풍부하게 얻도록(요한 10, 10) 한 존재이다.

세 번째로 그리스도교의 웃음은 하느님과의 친밀함(familiarity)에서 발견할 수 있다. 이는 "나는 너희를 종이라고 부르지 않고 벗이라고 부르겠다."(요한 15, 15)라고 하였던 예수의 말씀에서 잘 드러난다. 예수는 자신이 인간의 벗이라고 자처하며 완전한 하느님과 불완전한 인간의 멀고 먼 관계를 친밀함으로 연결시켜 주었다. 그렇기 때문에 그리스도교인은 하느님과의 친밀한

---

18 리처트 G. 코트, 앞의 책, 109–122쪽 참조.

만남 안에서 살아갈 수밖에 없다. 또한 예수는 이러한 하느님의 친밀함을 항상 가난하고 보잘 것 없는 사람들과 함께 하며 보여 주었다. 따라서 그리스도인은 예수를 통해 하느님의 친밀함을 가난하고 보잘 것 없는 사람들에게 웃음으로 보여 주어야 할 것이다. 즉 가난한 이들과의 사귐이 바로 하느님의 유머 감각을 살리는 길인 것이다.

마지막으로 리처드 코트가 제시한 세 가지 태도 외에 기쁨을 제시할 수 있을 것이다. 그리스도교의 유머는 생에 대한 기쁨에서 온다. 고단한 삶에서 기쁨과 희망이 가득 찬 삶으로 변화할 때 웃음이 나온다. 예수는 산상설교(마태 5, 3-6)에서 복된 자들이 누구인지 알려주고 있으며, 또한 마태오 복음(5, 12)에서 "기뻐하고 신명내시오"라며 반복해서 말하고 있다. 앞날의 생활에 대한 걱정에서 해방되기를 요청하고 있다. 예수는 계명을 잘 지키던 부자 청년을 '눈여겨보고 대견하게'(마르코 10, 21) 바라보며 사랑의 미소를 지었을 것이며, '어린이들을 안고 머리 위에 손을 얹어 축복해 주시는'(마르코 10, 16) 그의 눈길에 미소가 떠나지 않았을 것이다. 또한 예수는 들의 풀, 하늘의 새의 비유를 들어 생명들이 열심히 살기 위해 온 힘을 기울이는 것에 기쁨을 느꼈다고 본다. 예수는 자신을 둘러싼 모든 존재, 즉 어린이, 정직한 사람들, 가난한 사람들, 심지어 자연에 대해 기쁜 마음으로 사랑의 웃음을 머금고 대했을 것이다. 이러한 기쁨은 모든 존재를 그대로 받아들이는 '자기비움'이 전제될 때에 가능한 것이다. 그리스도인의 웃음인 해방의 웃음, 사랑의 웃음은 이처럼 예수적 '자기비움'에서 오는 유머라고 할 수 있다.

예수의 '자기비움'의 유머는 오늘날 종교로 인하여 야기된 문제를 해결하는 토대가 될 수 있을 것이다. 특히 예수의 유머는 종교 간의 갈등과 충돌을 넘어 이해와 화해의 길을 열어 주는 열쇠이다.

Ⅲ. 붓다의 웃음

1. 붓다의 깨달음, 연기법 – 육체적 고행에서 중도의 미소로

대자유를 위한 궁극적인 깨달음에 이르게 하는 가르침이 불교이다. 다시 말하면 깨달은 자의 가르침을 따라 깨닫겠다는 사람들이 가는 길이다. 그 길을 따라 가는 과정을 수행이라고 한다. 그 수행의 방법은 시대에 따라 아니면 수행자에 따라 각양각색이다. 여기에서 깨달은 자의 깨달음을 깨닫는다는 것은 깨달음이 아니고 '깨우침'이라 해야 한다. 불교의 가르침 안에서 무엇을 깨닫는다고 해도 그것은 붓다가 이미 깨달아 놓은 것을 깨우치는 것일 뿐이다. 단식을 하고 밤낮으로 수행기도를 하니까 일상에서 체험할 수 없는 신비롭고 신묘한 것을 느끼고 초능력을 얻게 되었다고 이것을 깨달음으로 안다면 아마도 착각일 것이다. 그것은 깨달음을 종교적 신비체험과 혼동하는 것이다. 만약에 깨달음을 타심통이나 천안통과 같은 초능력을 얻는 것으로 알고 있다면 그것은 더더욱 아니다. 신비적 체험은 지구상에 존재하는 많은 종교에서도 얻을 수 있는 것이다.

깨달은 자가 되기 이전의 싯다르타는 왕궁을 나와 당시의 사상가들과 종교적 수행자들에게서 궁극적인 문제를 해결할 수 있는 가르침을 얻으려고 했다. 고행주의자, 선정주의자를 스승으로 모시고 배웠지만 그들의 가르침으로 싯다르타가 품고 있던 문제들을 다 해결할 수는 없었다. 전통적인 수행자들로부터는 더 이상 기대할 것이 없음을 안 싯다르타는 혼자의 힘으로 해결하는 길을 찾기로 결심하였다. 그리하여 가야(Gayā)의 네란자라(Nerānjarā) 강가 숲 속에 자리 잡고 정신적인 대자유를 얻기 위한 고행을 극심하게 하였다. 그러나 이러한 극단적인 육체적 고행은 싯다르타의 육체를 날이 갈수록 쇠약하게 만들 뿐, 대자유의 깨달음을 얻게 하지는 못하였다. 드디어 그는 네란자라 강에서 몸을 씻고 고행을 그만두었다. 그때 마침 지나가던 수자타(Sujātā)라는 소녀로부터 우유로 발효시킨 죽을 받아 마시고 기운을 되찾게 되었다. 함께 고행하던 5명의 도반들은 당시의 전통적 수행의 길을 벗어난 타락한 수행자인 싯다르타를 떠나갔다. 싯다르타는 극심한 육체적 고행을 통해서 얻어지는 것은 마치 차력사가 초능력을 얻는 것과 같은 것이고, 그것은 진정한 깨달음이 아니라는 것을 알고 육체적 고행을 포기한 것이다. 이것을 싯다르타의 첫 번째 깨달음이라고 할 수 있지 않을까?

여기에서 극단적으로 육체에 지우는 고통을 견디어 내는 것, 남들이 감히 할 수 없는 고난도의 고행이 마치 올바른 수행인 것처럼 자랑스럽게 여기고 있는 바라문의 잘못된 수행을 경계하고 있는 붓다를 발견할 수 있다. 아마도 붓다는 자신이 아직 진정한 깨달음을 얻지 못하고 육체적 고행만이 제일인 줄로 알고 수행하던 어리석었던 시절을 회상하였을 것이다. 붓다는 고요히 웃으면서 자신과 같은 시행착오를 하지 말 것을 당부하는 것으로 여겨진다. 『장아함경』 8권의 『산타나경』에 나오는 장면이다.

> 그때 세존은 곧 그 자리에 앉아 고요히 웃으시고 다시 잠자코 혼자 생각하셨다.
> '이 모든 미련한 사람들은 스스로 한결같이 하지 못한다. 먼저 요령(要令)을 세웠어도 끝내 행하지 못한다.'
> 부처님은 범지에게 말씀하셨다. "그대가 행하는 것은 다 비루하다. 옷을 벗고 알몸뚱이 되어 손으로 그것을 가린다. 병속에 든 밥은 받지 않고 바리의 밥은 받지 않으며, …중략… 혹은 소똥을 먹고 혹은 사슴똥을 먹는다. 혹은 나무뿌리 줄기 잎을 먹고 혹은 절로 떨어진 과실을 먹는다. 혹은 옷을 입고

혹은 사의(莎衣)를 입으며 혹은 나무 껍질을 입고 …중략… 혹은 묘지에 버린 옷을 입는다. 혹은 항상 손을 든 자도 있고 혹은 평상에 앉지 않으며 혹은 늘 쭈구려 앉은 자도 있고 혹은 머리 깎고 수염을 둔 자도 있다. 혹은 가시덤불에 눕는 자도 있고 혹은 오이넝쿨 위에 눕는 자도 있으며 혹은 알몸으로 소똥 위에 눕는 자도 있다. 혹은 하루에 세 번 목욕하고 혹은 하룻밤에 세 번 목욕하기도 한다. 이렇게 수없는 고통으로써 그 몸을 괴롭게 부린다. 어떤가 니구타여, 이렇게 수행하는 것을 깨끗한 법이라고 하겠는가."[19]

깨달음을 얻기 위해서 물론 육체적인 수행이 불필요하다는 것은 아니다. 다만 지나치고 극단적인 육체적 고행은 오히려 깨달음을 얻는 데 방해가 된다는 것을 강조하고 있는 것이다. 여기에서 붓다는 바라문 니구타로 하여금 극단적인 수행에서 벗어나 자신의 깨달음의 핵심인 중도(中道)의 연기법을 암시하려고 했을 것이다. 중도의 가르침은 어느 한쪽에 치우치는 것을 경계한다.

육체적 고행을 그만둔 붓다는 인간의 생로병사는 진리에 대한 무지인 무명(無明, avidya)에서 발생하는 욕망에서 비롯되는 것이며, 이 무명과 욕망으로부터 인간의 모든 괴로움이 연기되고 있는 모습을 체계적으로 관찰하여, 그 무명과 욕망을 없앰으로써 열반을 증득하게 되었다.[20]

붓다의 깨달음은 '모든 것은 원인에 의해서 결과가 있으며, 모든 것은 그 어느 것도 홀로 있는 것이 아니라 서로 관계에 의해서 존재함'을 밝힌 연기법이다. 그러므로 인간이 고통 속에서 있는 것은 '무엇이 진리인지 알지 못하는 무명(無明)' 때문이라는 것이다. 사람들의 행복과 불행은 모두 스스로가 지은 원인에 의해서 받는 결과라는 것이다. 즉 연기법(pratītyasamutpāda)은 수

---

19 『長阿含經』 권8, 〈散陀那經〉, 『大正藏』 1, p.47 중-하.

20 불교교재편찬위원회, 『불교사상의 이해』, 불교시대사, 1997, 58쪽.

많은 조건들(pratītya)이 함께(sam) 결합하여 일어난다(utpāda)는 상호의존적 발생을 말하는 것이다. 이처럼 자연 만물의 원리나 본성은 원인이나 조건으로 말미암아 생긴 것처럼, 인식주체인 육근(六根)이 여섯 가지의 인식대상(六境)을 만나서 여섯 가지의 정신적 작용(六識)이 일어난 것을 일체라고 한다. 일체란 물질계와 정신계가 연기라는 원리에 의해서 통합되어 작용하는 하나의 세계이다. 즉 불교에서 말하는 세계, 일체는 나와 아무런 상관도 없는 세계를 말하는 것이 아니라, 여기 있는 나를 주체로 하여 나와 만나는 모든 것들을 모두 합한 것을 의미한다.

그렇기 때문에 어느 것 하나 영원불멸하는 고정된 것이 있을 수 없고(諸行無常), 연기된 것은 서로서로 존재하려고 힘을 들이고 있으며(一切皆苦), 그리고 독자적으로 생성하여 존재하는 것이 아니기 때문에 어느 것 하나 독립된 실체로서 독자적 동일성을 유지하며 존재하는 것이 없게 된다(諸法無我). 그러나 비록 실체가 없고 변하는 것이라 해도 무질서하게 제 마음대로 변하는 것은 아니다. 모든 것이 변하지만 그 변화 속에는 일정한 법칙, 즉 '인과의 법칙'에 의해서 진행된다. 또한 모든 사물은 서로 관계를 맺고 의지하여 생겨나고 사라진다. 모든 존재는 이와 같은 관계 속에서 끊임없이 서로 영향을 주고받으면서 존재하는 것이다. 이처럼 존재와 존재 사이에는 상의상관성(相依相關性)을 지닌다.

이를 『잡아함경』 335에서는 다음과 같이 말하고 있다.

> "이것이 있으므로 저것이 있고, 이것이 없으면 저것도 없으며, 이것이 생기면 저것도 생겨나고, 이것이 없어지면 저것도 없어진다."

모든 것은 연기의 법칙 속에서 존재하기 때문에 어느 하나도 독립되어 영원한 것은 없고, 서로의 관계 속에서 변하면서 존재하는 것이다. 그렇기 때문에 연기론에서는 모든 존재를 평등하게 바라보며 모든 존재는 서로 뗄 수 없는 관계 속에서 한 시스템을 이루고 있다고 본다. 이것이 존재하는 모든 중생을 향한 연기론적 시선이다.

붓다는 자신의 깨달음인 이 연기법이 후세에까지 널리 퍼져 나갈 것을 예견하면서 빙그레 웃는 모습을 찾아볼 수 있다.

> 그때에 아난다는 세존께서 빙그레 웃으시는 것을 보고, 곧 합장하고 부처님께 여쭈었다.
>
> ……
>
> 세존은 실없는 웃음 떠나셨나니
> 세상에서 위없는 높으신 어른
> 이는 희어서 백옥 같은데
> 가장 훌륭한 분 이제 웃으시었네.
> 용맹스럽게 부지런히 정진하여
> 스승이 없이 스스로 깨치셨나니
> 묘한 말은 듣는 이 즐겁게 하네.
>
> ……
>
> 이 소년은 파아탈리풋트라(巴連弗) 읍(邑)에서 일방(一方)을 차지하여 전륜왕이 될 것이니, 성은 공작(孔雀)이요, 이름은 아쇼카(阿育)로서 바른 법으로써 다스리고 교화할 것이다. 또 내 사리이라(舍利)를 널리 퍼뜨리고 8만 4천 법왕(法王)의 탑을 만들어 한량없는 중생을 안락하게 할 것이다.[21]

---

21 『雜阿含經』 권48, 제1277경, 『大正藏』 2, p.161하.

당시의 브라만의 종교전통에서는 붓다의 연기론적 무아(無我)를 받아들이기 어려웠다. 인도뿐만 아니라 모든 문화권에서 인간에게는 변하지 않는 영구적 실체로서 '영혼'이나 '자아' 또는 '정령'이 있다고 믿어 왔다. 세계종교인 유대교·그리스도교·이슬람교·힌두교·자이나교에서도 인간의 영혼이 불멸하는 실체라고 가르치고 있다. 철학에서도 소크라테스나 플라톤 그리고 칸트 같은 철학자들도 영혼을 변치 않는 실체로 인정한다.[22] 특히 붓다 이전의 브라만교에서 오랫동안 믿어 온 영혼인 아트만(ātman)과 자이나교의 지와(jīva)를 정면으로 부정하는 무아(無我, anātman)는 당시의 사람들에게 '묘한 말〔妙言〕'[23]이 아닐 수 없다. 붓다는 인간에게는 영구 지속적인 실체가 없다고 가르치고 있다. 그러나 무아설이 영혼 자체를 부정한 것이 아니라 연기되어진 5온을 넘어선 불변적인 실체를 인정하지 않는 것이다. 붓다는 변화하는 자아는 인정하지만 불변의 실체적 자아는 환상이나 망상일 뿐이라고 거부하는 것이다.[24]

무아(無我)는 연기론의 핵심이다. 무아는 존재와 존재를 구별 짓는 존재의 고유성과 독립성을 부정하는 것이 아니다. 모든 존재들의 본질적 의미를 존재 사이의 관계성 안에서 찾은 것이 무아의 개념이다. 따라서 무아는 존재와 존재의 만남에서 존재는 새롭게 변화하고 서로 영향을 주고받게 된다는 점을 강조한다. 존재의 참모습은 시간의 흐름이 정지된 곳에 있는 것이 아니

22 F.C. Copleston, *A History of Philosophy*(Doubleday & Co. 1966), Vol. I, IV, VI. Puligandla, Fundamentals of Indian Philosophy(뿔리간들라, 이지수 역, 『인도철학』, 민족사, 1991, 68쪽에서 재인용).

23 『화엄경』에서도 붓다의 가르침을 묘한 말씀이라고 하고 있다. "웃음 띠운 말씀이 맑고 묘하고 찬란한 위엄 광명 끝없는 공덕 기쁜 얼굴 고운 모양 장엄하시니 보는 이는 저마다 싫은 줄 몰라." 『大方廣佛華嚴經』 권28 「入不思議解脫境界普賢行願品」, 『大正藏』 10, p.789 중-하.

24 뿔리간들라, 앞의 책, 69쪽.

다. 존재의 실상은 시간의 흐름 속에 있다. 무아는 존재와 존재 사이를 열어 주는 관계성의 가르침이다. 따라서 무아는 중생들 사이의 관계성을 회복하여 안락하게 하는 길을 열어 준다. 거의 모든 종교와 철학에서는 인간이 영구적인 영혼이나 자아를 갖고 있다고 가르치면서 다른 한편으로는 관용과 비이기성(非利己性)을 권고하고 있다. 그러나 인간이 영원한 자아나 영혼을 갖고 있다고 믿으면서, 자기 자신을 철저히 부정하고 비이기적으로 된다는 것은 쉬운 일이 아닐뿐더러 오히려 부자연스럽다. 자비와 사랑의 실천이 영혼을 구원하고 천국으로 가기 위한 행위라면 그것은 또 다른 차원의 이기성의 발로이다.

붓다의 무아설에 대하여 뿔리간들라(Puligandla)는 인간의 도덕적 발달에 가장 도움이 되는 존재론이라는 해석을 한다.[25] 여기에서 붓다의 웃음은, 무아에 대한 깨우침이야말로 모든 존재들이 진정한 의미에서 안락해질 수 있는 기초가 된다는 점을 드러내고 있는 것이다.

2. 방편의 웃음

붓다의 웃음은 깨달음에서 오는 지혜의 웃음이라고 하였다. 붓다는 진리에 대한 무지인 무명(無明)과 욕망을 없앰으로써 열반을 증득하였다. 붓다의 웃음은 이 무명의 속성인 탐욕(貪欲)·진에(瞋恚)·우치(愚癡)의 삼독(三毒)을 극복한 대자유의 웃음인 것이다.

근기 높은 이는 붓다의 웃음에서 붓다의 지견을 빨리 알아들을 수 있을 것이고, 중간 근기의 사람은 미혹을 아직 버리지는 못했으나 적절한 비유를 이해하고 붓다의 웃음을 체득할 수 있을 것이다. 반면 낮은 근기의 사람은

25 뿔리간들라, 위의 책, 72-73쪽.

붓다의 웃음이 무엇을 뜻하는 것인지 아직 이해하지 못하다가, 붓다가 설하는 과거의 인연을 듣고서야 실상의 진실을 알게 된다.

이처럼 붓다의 웃음은 자신의 깨달음을 전하는 데에 있어 방편으로 삼고 있다. 이러한 붓다의 웃음을 경전의 여러 곳에서 쉽게 찾을 수 있다. 여기에서는 근기에 따른 가르침의 방편으로 웃음을 대략적으로 세 가지로 나누어 보기로 한다.[26] 즉 상근기를 위한 법설(法說)의 웃음, 중근기를 위한 비유(譬喩)의 웃음, 그리고 하근기를 위한 인연(因緣)의 웃음으로 나누어 보고자 한다.

첫째, 법설(法說)의 웃음을 보기로 한다. 붓다의 교설을 직접적으로 상근기의 제자들에게 설하면서 웃는 모습을 찾아볼 수 있다. 다음의 교설에서 천자가 무엇을 잘못하였는지 스스로 그 잘못을 알고 뉘우치는 것을 보고 붓다는 빙그레 웃는다. 참회는 잘못된 관계를 다시 회복하려는 성실성이다. 일체의 모든 존재와 뗄 수 없는 관계라는 것을 깨우치면 무엇이 잘못이고 무엇이 옳은 것인지 알게 됨을 보여 주고 있다.

> 이와 같이 내가 들었다.
> 어느 때 부처님께서는 슈라아바스티이 국 제타 숲 〈외로운 이 돕는 동산〉에 계셨다. 그때에 얼굴이 묘한 어떤 천자는 새벽에 부처님께 나아가 부처님 발에 머리를 조아리는데, 몸의 온갖 광명은 제타 숲 〈외로운 이 돕는 동산〉을 두루 비추었다. 이때에 그 천자는 게송으로 말하였다.
>
> 항상 말만으로 떠들지 말고

---

26 이 삼분법은 法華三周에서 빌린 것이다. 붓다는 설법할 때에 듣는 이의 근기 상·중·하에 따라 알아들음의 빠르기에 차이가 있어 法說周·譬喩說周·因緣說周의 3단으로 하였다.

또한 한결같이 듣지만도 말라.
먼저 바른 도를 견고히 얻고
그리고 또 바르게 뛰어넘어서
좋은 고요함을 생각하면서
온갖 악마 결박을 벗어나거라.

능히 행할 것 말해도 좋지만
행하지 않을 것은 말하지 말라.
행하지 않으면서 말만 하는 것
지혜로운 이는 그 잘못 아네.

제가 할 일을 행하지 않고
하지 않고서 하였다고 말하는 것
그것은 곧 도의의 허물과 같네.

그때 세존께서는 그 천자에게 말씀하셨다.
"너는 지금 누구를 꾸짖는가."
천자는 사뢰었다.
"잘못을 뉘우치나이다. 세존이시여, 잘못을 뉘우치나이다, 〈잘 간 이〉시여."
그때 세존께서는 빙그레 웃으셨다.
천자는 다시 게송으로 말하였다.[27]

---

27 『雜阿含經』 권48, 제1277경, 『大正藏』 2, p.351상.

다음의 장면은 중생의 업연(業緣)에 대한 연민을 직접 알려주는 법설의 웃음을 살펴보기로 한다.

존자 마하 목갈라야나는 잠자코 허락하고, 곧 다같이 기쟈쿠우타 산을 떠나 밥을 빌러 라자그리하로 들어갔다. 가다가 어느 곳에 이르자, 존자 마하 목갈라야나는 마음에 생각한 바 있어 빙그레 웃었다. 존자 락카나는 그 빙그레 웃는 것을 보고 곧 존자 마하 목갈라야나에게 물었다.

"혹 부처님이나 부처님 제자로서 빙그레 웃으면 거기에는 반드시 까닭이 있다. 존자는 이제 무슨 까닭으로 빙그레 웃었는가."

존자 마하 목갈라야나는 말하였다.

"지금은 물을 때가 아니다. 우선 라자그리하로 들어가 밥을 빈 뒤에, 세존 앞에 나아가 그 일을 물어라. 그것은 그때에 알맞은 물음이다. 그때에는 그대를 위해 말하리라."

그때에 존자 마하 목갈라야나는 존자 락카나와 함께 라자그리하로 들어가 밥을 빌고 돌아와, 발을 씻고 바리와 옷을 챙긴 뒤에, 부처님께 나아가 그 발에 예배하고 한쪽에 물러나 앉았다. 존나 락카나는 존자 마하 목갈라야나에게 물었다.

"나는 오늘 이른 아침에 그대와 함께 밥을 빌러 기쟈쿠우타 산에서 나왔다. 어느 곳에서 그대는 빙그레 웃었다. 나는 그대에게 빙그레 웃는 까닭을 물으매 그대는 '지금은 물을 때가 아니다'라고 내게 대답하였다. 이제 다시 그대에게 묻노니 무슨 까닭으로 빙그레 웃었는가?"

존자 마하 목갈라야나는 존자 락카나에게 말하였다.

"나는 도중에서, 몸이 다락집 같은 어떤 중생이 울부짖고 슬퍼하고 괴로워하면서 허공을 날아가는 것을 보았다. 나는 그것을 보고는 이렇게 생각하였다. '저러한 중생은 저러한 몸을 받아 저렇게 슬퍼하고 괴로워한다'고. 그래서 나는 빙그레 웃은 것이다."

그때에 세존께서는 여러 비구들에게 말씀하셨다.

"착하고 착하다! 내 성문(聲聞) 제자 중에서 진실한 눈·지혜·이치·법을 가져 확실히 통달한 한 사람은 그런 중생을 볼 수 있다. 나도 그 중생을 보았다. 그러고도 말하지 않은 것은 남이 믿지 않을까 두려워하여서였다. 왜 그러냐 하면, 여래 말을 믿지 않으면 그는 어리석은 사람으로서, 긴 밤 동안을 고통받을 것이기 때문이니라."

부처님께서는 비구들에게 말씀하시었다.

"그 몸이 큰 중생은 과거 세상에 이 라자그리하에 있으면서 백정 노릇을 하였다. 그 백정 노릇한 까닭으로 백천 세 동안 지옥에 떨어졌고, 지옥에서 나와서도 아직 그 죄가 남아, 그러한 몸을 받아 항상 그렇게 슬퍼하고 괴로워하는 것이다. 그러므로 비구들이여, 존자 마하 목갈라야나의 소견은 틀리지 않았다. 너희들은 그렇게 알아 가져야 하느니라."

부처님께서 이 경을 말씀해 마치시자, 여러 비구들은 부처님 말씀을 듣고 기뻐하여 받들어 행하였다.[28]

위의 경전에 보이는 윤회와 업에 대한 가르침에서도 붓다와 그의 제자들은 중생을 향한 웃음을 웃고 있다. 이 법설의 웃음은 결코 기쁨의 웃음도 희락의 웃음도 아닌 연민의 웃음인 것이다. 윤회와 무아의 가르침이 서로 상충되고 모순되는 것으로 이해하던 당시의 분위기에서 과업의 가르침을 강조하면서 지속적인 삶의 흐름이 무엇인지 직설적으로 알려주고 있다.

무아의 무실체성(無實體性)에 내포된 교의는 존재의 동일성의 부정이지

28 『雜阿含經』 권19, 『大正藏』 2, p.135 상-중.

연속성의 부정을 의미하는 것은 아니다. 실제로 연속적으로 변화하는 인과의 과정만이 있는데도, 연속적으로 변화하는 과정 속에서 불변하고 불멸하는 아트만이나 영혼이 있다는 고정관념이자 전통적인 믿음을 당시의 붓다의 제자들도 포기하기가 쉽지 않았을 것이다. 붓다는 계속적으로 무아의 무실체성을 강조한다. 여기에서 실증할 수 없는 '영혼'이나 '자아'라는 실재에 대한 믿음을 포기한다면 카르마의 재생과 무아의 가르침은 상충되지 않는다.[29]

둘째, 비유(譬喩)의 웃음을 살펴보기로 한다. 붓다의 설법은 곧 비유의 설법이라고 할 정도로 많은 비유를 들어 자신의 깨달음을 전하려고 하였다. 앞에서 언급했던 것처럼 직설적으로 법을 설하지 않고 비유를 들어 설한 것은 중근기의 사람들을 이해시키기 위하여 비유를 방편으로 사용한 것이다. 붓다는 윤회에 대한 비유를 다음과 같이 구체적으로 들면서 웃었다.

> 이렇게 서원을 세울 때에 그 다섯 송이 꽃은 공중에서 보대(寶臺)로 화하여 매우 뛰어나고 묘하며 네 기둥에 네 문이 있을 것이다. 그는 이 교로대(交露臺)를 보고 못내 기뻐해 어쩔 줄을 모르면서 이렇게 서원을 세울 것이다.
> '내가 장래에 부처가 되면 등광 부처님처럼 되고 그를 따르는 제자들도 그와 같아지이다.'
> 이때에 등광 여래는 그 범지의 마음 속의 생각을 알고 곧 웃으실 것이다. 모든 부처 세존의 한결같은 법으로는 만일 기별을 줄 때에 세존께서 웃으시면 입에서 광명을 내어 삼천대천세계를 두루 비추는 것이다. 그때의 그 광명도 삼천대천세계를 두루 비추어 해와 달이 광명이 없을 것이요, 그 광명은 도로 정수리로 들어갈 것이다.

---

29 데이비드 J. 칼루파나, 최유진 역,『불교철학』, 천지, 1992, 73-84쪽.

만일 여래에게 기별을 줄 때에는 광명은 정수리로 들어가고 벽지불에게 기별을 줄 때에는 광명은 입에서 나와 귀로 들어가며, 성문에게 기별을 줄 때에는 광명은 어깨 위로 들어가고, 천상에 날 이에게 기별을 줄 때에는 광명은 팔 속으로 들어가며, 인간에 날 이에게 기별할 때에는 광명은 두 옆구리로 들어가고, 아귀로 날 이에게 기별할 때에는 광명은 겨드랑이로 들어가며, 축생으로 날 이에게 기별하면 광명은 무릎으로 들어가고, 지옥에 날 이에게 기별할 때에는 광명은 다리 밑으로 들어가는 것이니.[30]

셋째, 인연(因緣)의 웃음을 들 수 있겠다. 다음은 과거불의 설법인연에 대한 교설이다. 붓다의 가르침의 바탕은 연기설인데, 연기의 법칙은 곧 인과의 법칙이다. 삼세를 윤회하는 존재의 지속성에 대한 가르침을 구체적인 인연을 들어서 주지시키면서 붓다는 빙그레 웃는다.

이렇게 내가 들었다.
어느 때 부처님께서는 코살라(狗薩羅)에 머무시었다. 그때에 세존께서는 큰 비구들과 함께 길을 가다가 도중에 빙그레 웃으셨다. 존자 아난다는 세존께서 웃으시는 것을 뵈옵고 부처님께 합장하고 여쭈었다.
"세존이시여, 어떠한 인연으로 웃으시나이까. 모든 부처님 여래·무소착·등정각께서는 아무 인연 없이는 함부로 웃으시지 않나이다. 무슨 뜻이온지 듣잡고자 하나이다."
그때에 세존께서는 말씀하셨다.
"아난다야, 이 곳은 카샤파 여래·무소착·등정각께서 여기 앉아 제자들을

30 『增壹阿含經』 권38, 「馬血天子問八政品」, 『大正藏』 2, p.758중.

위하여 설법하신 곳이다."

아난다는 곧 거기에 자리를 펴고 부처님을 향하여 합장하고 여쭈었다.[31]

이렇게 웃음을 세 가지로 나누어 보았다. 붓다는 듣는 자의 근기에 맞추어 직설적으로 또는 비유를 들어 혹은 자세히 그 인과관계를 설명하면서 법(Dharma)을 설하였다. 붓다의 웃음은 근기에 따른 감정이입의 방편이다. 무명의 삼독에 물든 중생들을 깨우쳐 붓다가 지닌 덕의 실상을 보이려 한 것이다. 붓다의 덕이라 할 때, 그 종류는 셀 수 없이 많다. 그렇지만 여기에서 웃음과 연관지어 볼 때, 곧 방편으로서의 웃음은 불과(佛果)의 공덕을 나눈 것이라 할 수 있다.

경전에서는 붓다의 웃음뿐만 아니라 그의 제자들이 웃는 모습도 여러 곳에서 발견된다. 제자들도 붓다의 웃음의 의미를 알고 그 스승처럼 웃을 수 있었던 것이다. 당시의 승가집단은 적지 않은 수의 다양한 계층 출신의 제자들로 구성되어 있었다. 따라서 그들 사이에는 다양한 갈등과 충돌이 있었을 것이다. 이러한 갈등과 충돌을 방지하기 위해서 수행자로서 지켜야 할 계율이 있었다. 그러나 상호 간에 생길 수 있는 갈등의 해소를 위하여 세운 계율을 지키려고 노력하는 것보다도 붓다의 웃음을 따라서 웃는 일이 해방의 길이요, 대자유의 길을 따르는 일일 것이다. 붓다는 이교도를 대할 때, 수기를 할 때, 제자들의 말을 경청할 때, 심지어 꾸짖을 때까지도 웃음을 잃지 않았다. 그저 빙그레 웃을 뿐이었다. 그렇다. 깨달은 자가 화를 낸다는 것은 상상할 수 없는 일이다. 깨달은 자는 무명을 꺼버린 자이다. 무명의 속성이 탐욕과 어리석음과 화냄인데 붓다가 어떻게 화를 내겠는가?

---

31 『中阿含經』 권12, 「王相應品」, 『大正藏』 1, p.499상.

3. 열반 공덕의 웃음

열반을 이룬 자는 존재가 갖는 세 가지 특성인 무상과 고와 무아를 극복한 자이다. 붓다는 이 삼법인을 극복한 덕을 자신에게만 머물게 하지 않고 중생과 나누려고 한다. 물(物)·심(心)의 현상은 모두 생멸 변화하여 항상(恒常)하지 않다. 그러나 사람들은 이를 항상한 것처럼 생각하므로, 붓다는 그의 지혜로 일체 만법이 무상하다는 것을 비추는 지덕(智德)의 웃음을 보인다. 존재의 불완전성에서 오는 고(苦)를 극복하고 모든 번뇌를 끊어 버린 붓다는 단덕(斷德)의 웃음을 보이고, 모든 존재는 변하지 않는 어떤 실체로 이루어진 것이 아니라는 무아(無我)의 깨달음은 모든 존재와의 경계를 허물고 사랑하게 하는 은덕(恩德)의 웃음을 보인다. 이로써 붓다는 중생을 구제하고 해탈케 하는 서원을 세운다. 이 삼덕(三德)은 열반을 이룬 붓다의 과덕(果德)을 나누어 본 것이다.

이 삼덕의 웃음을 하나씩 경전에서 찾아보기로 한다. 먼저 붓다의 지덕(智德)의 웃음을 보기로 한다. 붓다의 깨달음을 법이라 한다. 모든 존재들은 변하고 불완전하고 실체가 없는 인과의 지속성일 뿐이다. 그러나 붓다의 깨달음의 법은 다르다. 모든 것은 예외없이 변한다. 그러나 단 하나 변하지 않는 것이 예외로 있다면 그것은 '변한다는 사실 그 자체'이다. 마찬가지로 붓다의 법이 이와 같음을 웃음으로 알려 준다.

> 이렇게 서원을 세울 때에 그 다섯 송이 꽃은 공중에서 보대(寶臺)로 화하여 매우 뛰어나고 묘하며 네 기둥에 네 문이 있을 것이다. 그는 이 교로대(交露臺)를 보고 못내 기뻐해 어쩔 줄을 모르면서 이렇게 서원을 세울 것이다.
>
> '내가 장래에 부처가 되면 등광 부처님처럼 되고 그를 따르는 제자들도 그

와 같아지이다.'

이때에 등광 여래는 그 범지의 마음 속의 생각을 알고 곧 웃으실 것이다. 모든 부처 세존의 한결같은 법으로는 만일 기별을 줄 때에 세존께서 웃으시면 입에서 광명을 내어 삼천대천세계를 두루 비추는 것이다. 그때의 그 광명도 삼천대천세계를 두루 비추어 해와 달이 광명이 없을 것이요, 그 광명은 도로 정수리로 들어갈 것이다.

만일 여래에게 기별을 줄 때에는 광명은 정수리로 들어가고, 벽지불에게 기별을 줄 때에는 광명은 입에서 나와 귀로 들어가며, 성문에게 기별을 줄 때에는 광명은 어깨 위로 들어가고, 천상에 날 이에게 기별을 줄 때에는 광명은 팔 속으로 들어가며, 인간에 날 이에게 기별할 때에는 광명은 두 옆구리로 들어가고, 아귀로 날 이에게 기별할 때에는 광명은 겨드랑이로 들어가며, 축생으로 날 이에게 기별하면 광명은 무릎으로 들어가고, 지옥에 날 이에게 기별할 때에는 광명은 다리 밑으로 들어가는 것이니.[32]

다음으로 남김없이 번뇌를 끊는 단덕(斷德) 웃음을 보기로 한다. 『장아함경(長阿含經)』 권8, 「산타나경(散陀那經)」에 나오는 붓다의 웃음은 나쁜 마음을 저절로 무너지게 하는 웃음이다.

그때 세존은 곧 그 자리에 앉아 고요히 웃으시고 다시 잠자코 혼자 생각하셨다.

'이 모든 미련한 사람들은 스스로 한결같이 하지 못한다. 먼저 요령(要令)을 세웠어도 끝내 행하지 못한다. 그것은 부처의 신력으로 저들의 나쁜 마음

32 『增壹阿含經』 권38, 「馬血天子問八政品」, 『大正藏』 2, p.758중.

을 저절로 무너지게 하기 때문이다.'[33]

위와 비슷한 붓다의 웃음을 『대보적경』 66, 「허공행천수기품」에서도 찾아 볼 수 있다.

그때 세존은 허공행천들이 깊이 귀의하는 마음을 내며 믿고 좋아함을 아시고 나서 곧 빙그레 웃으셨다. 그러자 그때 마승 비구가 곧 게송으로써 부처님께 물었다.

부처님 · 모니왕은 까닭이 없지 않으리이다.
삼계(三界)를 밝게 비추면서 웃으셨는데
원컨대 십력이시여, 저에게 말씀하여 주소서.
어느 중생을 위하여 기뻐하는 모습을 나타내었나이까.

미소 지으시면서 대중을 기쁘게 하는
부처님 · 여래의 가장 훌륭한 얼굴을 보고
온갖 대중들은 모두 의심 품고 있나니
원컨대 부처님께서는 웃으신 인연을 들려 주소서.

원컨대 길잡이께서는 웃으신 인연으로
이익되게 하는 일을 속히 말씀하소서.
· · · 중략 · · ·
원컨대 저에게 속히 말씀하시어

33 『長阿含經』 권8, 〈散陀那經〉, 『大正藏』 1, p.47 중-하.

모든 세간의 의심 그물 끊어지게 하소서.
대중들이 만일 부처님의 말씀을 듣게 되면
모두가 다 크게 기뻐하리이다.
··· 중략 ···
아승지겁의 수를 지나면
번뇌를 없애고 성불하게 되리라.[34]

다음으로 중생제도의 서원을 세워 중생을 자민(慈愍)하며 은덕의 웃음을 보이는 붓다의 모습을 살펴보자. 『대보적경』의 「용녀수기품」에 보이는 붓다의 웃음이다. 붓다는 여기에서 세상 사람들을 가엾이 여겨 일부러 웃었다고 한다. 붓다에게는 중생들이 영원히 변치 않는 실체가 있다고 믿고 있는 것이 가엾을 뿐이다. 붓다의 가르침인 무아에서 오는 공(空)의 실상을 알고, 법에 대한 믿음을 가상히 여기는 웃음이다. 붓다의 웃음은 중도(中道)의 지혜에서 오는 공(空)의 웃음이다. 모든 중생은 서로 뗄 수 없는 관계성 안에서 마치 한 몸을 이루고 있듯이 상호 주고받고 있다. 인과의 고리 속에서 한 몸을 이루는 모든 중생을 향한 연민의 웃음이다.

그때 세존은 모든 용녀들이 깊이 믿게 되었음을 아시고 빙그레 웃으셨다.
그때 혜명 마승(馬勝) 비구가 게송으로써 물었다.

원컨대 선서시여, 저희들을 위하여
부처님이 아시고 미소하신 인연 말씀하소서.
모든 대중에 만일 듣게 된다면

34 『大寶積經』 권66, 「虛空行天授記品」, 『大正藏』 11, p.375 중-하.

모두들 기뻐하며 의심 그물 없어지리다.

···중략···

그때 세존은 게송으로써 혜명 마승에게 대답하셨다.

장하고 장하구나, 혜명 마승아.

여래에게 웃은 인연 잘 물었구나.

모든 용녀 공양한 것 보고 나서

나는 세간을 가엾이 여겨 일부러 웃었느니라.

···중략···

은혜 알기 때문에 나에게 공양하고

지혜로써 진실을 잘 알고 있으며

장하게도 부처는 모든 세간 아나니

이른바 〈공〉이요 주장(主)이 없음을 알았느니라.

···중략···

저 하늘들은 능히 큰 지혜로써

모든 세간이 〈공〉임을 관찰하리니

마치 돌에 새긴 글자가 없어지지 않듯이

그들이 기억을 잃지 않음도 그와 같으리라.[35]

Ⅳ. 나가는 말

지금까지 인류의 위대한 스승인 붓다와 예수의 웃음을 통하여 종교 간의 갈등과 충돌을 넘어 화해와 이해로 나아가는 길을 모색해 보았다.

---

35 『大寶積經』 권63, 「龍女授記品」, 『大正藏』 11, p.366 중-하.

예수의 웃음은 하느님을 향한 철저한 자기성찰과 자기비움(無化, kenosis)에서 완성된 사랑의 웃음이요 해방의 웃음이었던 반면 붓다의 웃음은 무아(無我)의 지혜인, 모든 존재와 나는 뗄 수 없는 관계성 속에 있다는 성찰에서 오는 자비의 웃음이요 해탈의 웃음이었다. 예수의 웃음은 백성을 원죄의 질곡에서 풀어 주는 해방의 웃음이고, 구원의 웃음이며, 붓다의 웃음은 무명으로부터 깨달은 지혜의 웃음이고 해탈의 웃음인 것이다.

이와 같은 예수와 붓다의 웃음이 시사해 주는 점은, 바로 현대 종교의 모습을 성찰해 볼 수 있는 계기를 준다는 것이다. 종교 간의 반목과 갈등이 야기되는 현대사회 속에서 그리스도교가 잃었던 웃음을 되찾기 위해서는 위에서 살펴본 바와 같이 예수의 웃음, 자기비움의 웃음을 다시 기억해 내야 할 것이다. 유머스럽고 익살스러운 예수의 모습을 따라 오늘날의 경직된 교회를 쇄신해 나가야 할 것이다. 또한 불교도 마찬가지이다. 붓다의 진정한 깨달음, 무아에 대한 깨우침에서 오는 모든 존재들에 대한 무차별의 자비의 웃음을 새롭게 찾아 해석함으로써 고루한 불교의 모습을 탈피해 나가야 할 것이다.

어느 사회, 어느 시대에서나 종교 간의 반목과 갈등은 존재해 왔다. 원인을 따지고 계획을 세우는 등의 이론보다 지금 여기에서 더 중요한 것은 바로 위대한 스승을 닮아 자기비움의 웃음, 자기부정의 웃음을 실천에 옮기는 데 있다. 먼저 웃자, 상대방을 전폭적으로 수용하고 이해하고 그 입장이 되어 웃을 때 문제 해결의 실마리가 풀릴 것이다. 지혜와 해방의 웃음을 회복할 때 바로 불교와 그리스도교 사이에서 생기는 갈등과 충돌을 극복하고 화해와 상생의 길을 찾게 될 것이다.

보살과 의인의 현대적 구원관

I. 들어가는 말

종교가 사회 전 분야에 막대한 영향력을 행사하던 시대가 있었다. 현대에는 종교가 사회에 대하여 갖는 규제력은 미약해져 있다고 한다. 브라이언 윌슨(B.R. Wilson)은 종교의 사회적 통합화의 약화 현상을 도덕적 공동체(moral community)에서 합리적 사회(rational society)로 변환하는 과정에서 일어나는 현상으로 설명한다. 이 과정에서 종교는 필연적으로 쇠퇴할 것으로 본다.[1] 그동안 전통종교에 의해 유지되어 오던 정신적 기반이 현대사회에서는 새로운 이념과 사상으로 그 자리를 대체하고 있기에 일어나는 현상이라고 한다. 자연과학의 발달은 자연의 기이한 현상을 더 이상 신비로운 것으로 남겨두지 않는다. 또한 과거에 사물이나 인간, 또는 신비로운 것에 더 이상 성(聖)스

1 Bryan R. Wilson, *Religion in Sociological Perspective*, Oxford University Press, 1982, p.163.

러움을 부여하지 않게 되었다. 이러한 경향을 세속화(Secularization)라고 한다. 종교의 세속화는 종교적 세계관을 상대화시키고 다원화를 조장하게 되었다. 세속화가 진행됨에 따라서 과거에 성직자나 교직자들이 누렸던 성스러운 지위나 특권이 일반화되고 또한 그들에 의해 수행되었던 교육이나 복지의 기능과 직무가 일반화되고 있다.

21세기에는 종교의 세속화가 심화되는 한편, 지난 세기보다 산업화·도시화, 사회구조의 재편성이 더욱 급속히 진행될 것으로 예견하고 있다. 그에 따른 현대인의 새로운 욕구도 다양해질 것이다. 또한 인터넷 확산에 따른 사이버 공간의 출현과 함께 새로운 문제가 대두되고 있으며, 인류생존의 근원적인 문제인 생태계의 파괴나 환경오염이 날로 심각해지고 있다. 환경문제에 대한 관심은 정치·경제·사회·예술·종교 등 현대사회의 전 분야에서 고조되고 있다.

기성의 종교는 이와 같이 급격하게 변화해 가는 현실에 대하여 적응해야 할 과제를 많이 안고 있다. 불교나 그리스도교도 예외가 아니다. 그러나 종교가 이에 대하여 적극적인 대응을 하지 못한다면 종교는 무력하게 그 영향력을 상실하고 말 것이라고 전망한다. 종교사회학자인 브라이언 윌슨(B. R. Wilson)은 현대사회에 있어 종교는 외적인 모습뿐만 아니라 내적인 것까지도 쇄신해야 한다고 주장한다.[2]

오늘의 현대사회는 다양한 종교 신념과 다양한 가치관이 공존하는 다원화된 사회이다. 21세기는 종교들 간의 경쟁이 불가피한 시대이다. 종교에 시장상황(market situation)이 출현한 사회가 되었다고 한다. 종교 소비자가 종교를 선택할 수 있는 상황이 되었다는 것이다. 종교전통은 소비자의 상품이 되

---

2 B.R. 윌슨, 윤원철 역, 『현대의 종교변용』, 전망사, 1984, 54-60쪽.

는 시대로 진입한 것이다.

인간의 영혼이나 내세에 대한 입장이 오로지 종교의 문제로만 국한되지 않고, 오늘날에는 자연과학적인 해석도 이루어지고 있다. 현대과학에서는 영혼을 두뇌활동의 산물로 보고 신체활동과 유기적인 관계 속에서 일어나는 현상으로 보는 입장이다. 현대사회의 종교문화는 근본적인 문제에 대한 새로운 이해를 요구하고 있다. 뇌과학의 발달과 유전자공학의 발달은 인간 영혼에 대한 문제뿐만 아니라 종교 교리 전반에 걸친 새로운 이해를 요구하고 있다. 이와 같은 현대과학의 성과에 종교는 맞서기만 할 것이 아니라 과학적 성과를 포괄하는 은유와 상징의 지평을 넓혀가야 할 것이다.[3]

따라서 오늘날 우리 사회가 안고 있는 많은 문제들을 어느 한 종교만이 감당하여 해결하기 어려워졌다. 따라서 이 시대의 종교들은 독선과 편견으로부터 벗어나 관용적 태도[4]로 서로 대화해야 할 필요성을 요청받고 있다. 어느 종교나 서로 포괄주의적 태도를 견지한 채로 만나고 있다면 그것은 진정한 의미에서 대화라고 하기 어렵다. 예를 들면, 가톨릭 신학자인 칼 라너에 의하면 하느님은 모든 인류를 구원하려는 보편적 의지를 갖고 있는데, 이 보편적 의지는 인간의 본성 속에 '초월적 계시(transzendentale Offenbarung)'로서 내재되어 있기 때문에 다른 종교에도 이러한 초자연적 은총이 있다고 보았다. 칼 라너는 하느님의 보편적 구원의 의지를 신약성서의 "하느님께서는 모든 사람이 구원을 받게 되고 진리를 알게 되기를 바라십니다."(1디모 2, 4)에

---

3 최종석,「21세기와 불교의 사회화」,『천태학연구』제5집 참조.

4 멘슁(G. Mensching)은 종교를 거룩한 참된 실재와의 체험적인 만남이며, 이 거룩한 것에 의해 규정되는 인간의 행위라고 정의하고 있다. 그는 여러 종교에서 체험된 거룩한 것과의 진정한 만남을 통하여 타종교와의 대화에서 일치점을 찾으려 한다. 즉 종교의 근본적인 체험을 통한 관용의 입장을 말하는 것이다. G. Mensching, *Toleranz und Wahrheit in der Religionsgeschichte*, München 1955, 18f 참조.

근거하고 있다. 그러므로 비록 그리스도의 가르침을 모르지만 초자연적인 신앙이 성취되고 있는 타종교인을 '익명의 그리스도인(anonymen Christen)'이라고 불렀다. 타종교인 속에도 하느님의 보편적 구원의 의지가 활동하고 있으며 또한 그들도 초자연적 은총체험을 하고 있다는 견해이다. 그러나 칼 라너는 그리스도교만을 구원의 완성이라고 보기 때문에 결국 포괄주의적인 입장에서 벗어나지 못하고 있다. 칼 라너 스스로가 밝힌 것처럼 '비그리스도인의 구원문제'를 신학적으로 규명한 것은 종교 간의 대화를 전제로 하였다기보다는 타종교 전통에 대한 그리스도인의 이해를 분명하게 하기 위함이라고 하였다.[5] 자신의 종교만이 절대적이고 유일한 진리를 지녔으며, 더 나아가 현대사회의 문제를 해결할 수 있는 열쇠를 가졌다는 신념에서 벗어나서, 이웃 종교의 가르침에 귀 기울일 때 오히려 자신의 종교의 가르침이 더 깊고 넓게 이해되고 현대사회의 문제에 대한 대답을 찾을 수 있을 것이다. 이런 입장에서 불교의 해탈과 그리스도교의 구원이 이 시대의 우리에게 어떤 의미를 갖는지 살펴보기로 한다.

그리스도교 신앙의 목표는 구원에 있고, 불교의 목표는 해탈에 있다. 그리스도교에서는 신의 은총으로 구원받고, 불교에서는 지혜를 통해 해탈하는 것이기에 구원과 해탈에 이르는 방법이 다르다. 그리스도교에서는 신의 은총을 구하는 것이 신앙의 핵심이 된다면 불교에서는 지혜를 얻는 수행이 중심이 된다. 그리스도교에서는 인류의 선조가 지은 원죄를 상속받고 있기 때문에 그 죄를 용서받아야만 구원된다. 불교에서 말하는 해탈이란 인간이 어

---

5 K. Rahner, *Bemerkungen zum Problem des anonymen Christen: Schriften zur Theologie* X, Einsiedeln, 1972, 531ff. 포괄주의적 입장은 힌두교, 불교와 같은 인도계통의 종교도 전통적으로 취하고 있다. 불교의 방편설과 중국불교의 교상판석(教相判釋)이 이러한 입장을 나타내고 있다.

리석어 세상의 참모습을 제대로 보지 못하고 계속 다람쥐 쳇바퀴 돌듯이 잘못을 반복하고(윤회) 있기 때문에 그것으로부터 벗어나 자유로워지는 것을 말한다.

그리스도교의 원죄는 욕심과 어리석음과 교만으로 지은 죄라고 할 수 있다. 그 죄를 회개(metanoia)하고 은총을 받아 신의 차원에 동참하는 것이나, 인간이 본래 갖고 있는 탐욕과 성내는 교만함과 어리석음의 속성을 지닌 무명(avidyā)을 깨고 지혜로워져서 대자유의 차원으로 해탈된다는 것은 그렇게 다른 것이 아니다. 결국 구원의 전제조건은 인간이 원죄를 갖고 있다는 것이고, 해탈의 전제조건은 인간이 무명하다는 것이다.

해탈(解脫, vimokṣa)이란 말은 멸(滅, nirodha) · 열반(涅槃, nirvāṇa) · 보리(菩提, bodhi) 등과 같이 불교의 궁극적 이상을 말하고 있다. 불교의 궁극적 목표가 '자유롭고 지혜롭고 진리롭게 사는 삶의 실현'[6]이라 했을 때, 우리를 결박하고 속박하는 번뇌 망상과 미혹함으로부터 벗어나야 할 것이다. 그것을 해탈이라 할 수 있다.

그 해탈은 오늘날 어떻게 해석되어야 하고, 어떤 의미를 갖는가를 살펴보고자 한다. 다시 말하면 해탈과 구원을 초월적 사건으로만 이해하지 말고 지금 이곳, 현세에서 어떻게 이루어져야 하는지를 고민하자는 것이다. 일찍이 현대 불교학의 선구자인 이기영도 이 시대의 삶의 현실을 이렇게 진단하였다. 자신을 결박시키는 무명이 인간사회에 그 폐단을 미치고 더 나아가 자연에까지 치명적인 타격을 가하고 있으니, 이렇게 무명이 가져오는 결박을 탁악화(濁惡化)라고 하였다.[7] 탁(濁)은 찌꺼기를 뜻하는 것이고, 생명력을 잃은 것, 빛이 죽은 것이라고 했다. 그래서 중생이 죽어가고(衆生濁), 그 중생의 혼

---

6 이기영, 「해탈의 현대적 의미」, 『원효사상연구 II』, 한국불교연구원, 2001, 561쪽.

7 이기영, 위의 책, 567쪽.

탁한 상황에서 번뇌가 치성하고(煩惱濁), 견해가 사악해져(見濁), 그 결과 필연적으로 온 우주의 생명 자체가 위협을 받고(命濁), 이 시대는 멸망으로 이끌어 간다(劫濁)고 하였다. 이것은 모두 인간들 자신의 자업자득의 결과라고 단언한다.[8] 이렇게 무명은 자신만을 속박하는 것이 아니라 거대한 생명계를 감옥으로 만든다고 보았다.

이러한 시대적 상황에 있어서 종교적 과제는 무엇보다도 인간과 생태의 문제를 의식화시키는 일이며, 그 의식화된 것을 어떻게 실천할 수 있는지 그 방향을 제시하는 일이라고 하겠다. 인간의 욕망에서 비롯된, 다시 말하면 인간의 무명으로 야기된 자업자득의 혼탁한 생명계의 문제는 과학적 해결을 위한 접근이나, 정치적·사회적 접근을 넘어서 총체적으로 생명에 대한 자각과 인간의 사고의 변화를 도모해야 하는 종교적 접근이 이루어져야 할 것이다. 즉 종교적 문제로 더 나아가 문화로 발전시켜, 인간성의 문제까지 포함한 생명운동으로 그 폭을 넓혀 가야 할 것이다.[9] 이것이 이 시대가 요구하는 불교적 해탈과 그리스도교적 구원이라고 본다.

여기에서 이 시대의 문제를 풀어갈 수 있는 존재, 즉 불교의 현세적 해탈을 이루어가는 존재로서 보살을 제시한다. 보살은 대자유의 해탈을 얻고 그 자유를 다른 생명들에게 나누어 주는 존재이다. 보살은 해탈을 사회적으로 실현시키는 존재이다. 이처럼 해탈하고 있으면서도 혼자만의 해탈을 유보하고 이웃과 함께 해탈하려는 보살은 이 시대의 절실한 인간상이다.

그리스도교에서 보살과 같은 존재를 의인(義人)에서 찾아보았다. 의인은 이 세상을 감옥이 아닌 하느님의 나라, 즉 '자유롭고 평화롭고 진리롭게 구원된 삶'으로 바꿀 수 있는 길로 인도하는 존재로 보았다. 그리스도교에서

---

8 이기영, 위의 책, 568쪽.

9 최종석, 「21세기 환경문화와 불교」, 『생명연구』 제4집, 서강대 생명문화연구원, 381쪽.

하느님으로부터 구원되는 자는 의인이다. 의인은 회개한 사람이고 자신을 비운 자이다. 그래서 하느님과의 관계를 회복한 존재이다. 이 시대의 해탈과 구원의 사회적 의미를 밝히려면 바로 보살의 삶과 의인의 삶을 드러내야 할 것이다.

따라서 이 주제를 이끌어가기 위해서 먼저 불교에서는 세계를 어떻게 이해하고 있는지, 그리고 해탈과 구원의 전제조건이 되는 무명과 원죄는 무엇인지 살펴보고, 해탈하기 위해서 얻어야 할 보살의 지혜인 공(空: Śūnyatā)과 구원된 의인의 케노시스(Kenosis: 空化)를 살펴볼 것이다.

보살의 생태적 실천이 공(空: Śūnyatā)에 기초한 무분별지를 통해서 이루어진다면, 의인의 생태적 삶은 욕망의 절제인 아스케제(Askese)의 실현에 있다. 이처럼 두 종교가 서로 함께 갖고 있는 공통점을 찾아내 공감하면서, 함께 인류를 해탈시키고 구원하기 위해서 노력하는 일이 바로 이 시대의 종교적 요청에 부응하는 길이다.

Ⅱ. 해탈과 구원의 전제조건, 무명과 원죄

1. 불교에서 바라보는 세계와 무명

불교는 외재적 실재인 신(神)이나 우주의 발생 원리와 같은 초월적인 진리에서 시작하지 않고, 구체적으로 우리들이 인식할 수 있는 현실세계에 대한 관찰과 인식으로부터 출발하고 있다. 인식주체인 인간과 인식되어지는 대상이 만나는 곳을 일체(一切, sarvam)라고 한다. 여기에서 일체는 우주 전체를 가리키는 것으로서 세계나 세간(loka)과 같은 개념이다. 인식주체인 육근

(六根) 즉, 안(眼)·이(耳)·비(鼻)·설(舌)·신(身)·의(意)와 인식의 대상인 육경(六境) 즉, 색(色)·성(聲)·향(香)·미(味)·촉(觸)·법(法)을 합한 것을 12처(處)라고 하는데 모든 우주만물은 이 12처에 '들어간다'는 것이다. 처(處, āyatana)란 '들어간다'는 뜻이다. 세계란 바로 인식주체와 인식대상이 만나는 곳이라고 본다. 이것은 불교의 세계관의 특징을 보여 주는 교설이다. 세계, 즉 일체를 인간의 인식을 중심으로 하여 보고 있기에 현실적인 입장에서 인식되지 않는 것은 존재하지 않는 것으로 보고 있다. 따라서 인식 범위를 넘어선 초월적인 실재에 대한 형이상학적인 논구는 일단 부정하고 있다. 불교의 세계관인 12처설은 인식론적 존재론의 입장이다. 인간이 존재하기 때문에 대상을 볼 수 있고, 소리를 들을 수 있고, 냄새를 맡을 수 있고, 맛을 볼 수 있고, 촉감을 느낄 수 있고, 생각할 수 있는 것이 아니라, 반대로 소리를 듣고, 냄새를 맡고, 맛을 보고, 촉감을 느끼고, 생각하기 때문에 존재하는 것으로 보는 것이 불교의 입장이다. 붓다는 이 세계의 실상을 고(苦 duḥkha)로 보았다. 붓다의 가르침의 궁극적인 목적인 해탈, 즉 인격의 완성이란 바로 고로부터의 해방을 뜻한다. 즉 붓다의 깨달음의 내용은 한마디로 고의 원인을 바로 보고, 그 고로부터 벗어날 수 있는 방법을 제시한 것이다.

붓다는 이 세계가 갖는 속성을 세 가지로 말하였다. 모든 현상계의 존재는 영원하지 않고 끊임없이 변하고 있으며(無常), 따라서 모든 존재는 스스로 유지하려고 힘을 들이고 있으며(苦), 모든 것은 인연에 의해서 생겨난 것이기에 참다운 실체가 없다(無我)라고 하였다. 변하지 않는 실체가 없다는 무아(anātman)의 원리와 모든 것이 서로 의존하고 있기 때문에 자존적인 것이 없다는 연기(pratītyasamutpāda)의 원리는 불교의 근본적 교리라고 할 수 있다. 연기란 사물 간의 의존적인 발생과 그 관계성을 말하는 것이다.

일체가 무상하고 연기에 의해 발생하기 때문에 우주적 힘인 브라만이나 하나뿐인 유일신(唯一神)에 대한 관념은 불교적 관점에서 보면 궁극적으로 부적당한 것이다. 모든 사물은 관계적으로 발생하고 서로 의존적으로 존재하고 공생(共生)하고 있으므로 영원하고 실체적인 자아가 없는 것인데도, 사람들은 영원과 불멸이라는 환상에 빠져 자아에 집착하기 때문에 괴로움을 받게 된다. 즉 진리의 세계를 제대로 보지 못하고 현상의 차별적인 모습에만 집착함으로써 세상의 온갖 번뇌와 미망(迷妄)이 생긴다. 이처럼 인간의 모든 고통과 악은 세계의 진정한 모습인 '진여'를 올바로 보지 못하기 때문이고, '진여'를 올바로 보지 못하는 것은 인간의 욕망과 번뇌가 생겨나기 때문이다. 이 욕망과 번뇌의 근본적인 원인이 바로 '무명(無明)'이다. 이 무명은 탐욕과 성냄과 어리석음의 속성을 지녔다.

2. 그리스도교의 원죄

그리스도교 구원의 전제조건인 "원죄(原罪)는 원조의 편에서 본다면 맨 처음 지은 죄, 인류 사회에 맨 첫 번에 생겨나서 인류를 더럽힌 죄라는 뜻이요, 그 후손의 편에서 본다면 사람이 이 세상에 태어날 때 타고나는 죄란 뜻이다. 그러므로 원죄는 원조가 하느님의 명령을 어김으로써 인간이 하느님의 은총을 잃고 하느님으로부터 등을 돌려 하늘나라에 들어가지 못하게 된 죄의 상태이다."[10] 이같이 죄로 말미암아 인간은 죄 중에 있게 되었고, 죽음이라는 한계를 지니게 되었다고 여겨 왔다.[11]

원죄로 인하여 하느님과 결별하게 되었으며, 인간의 종말론적인 죽음의

10 윤형중, 『상해 천주교 요리』 상, 가톨릭출판사, 1990, 134쪽.

11 조규만, 『원죄론』, 가톨릭대학교출판부, 2000, 3-4쪽.

원인은 어느 누구의 탓도 아닌 바로 '인간 자신'의 죄에 있다고 본다.[12] 이러한 원죄론은 신약성서 로마서 5장 12-21절에 근거한다. 죽음은 아담 한 사람의 잘못으로 인해서 유전적으로 물려받은 결과가 아니라 모든 사람이 죄를 지은 결과라고 바오로는 말한다. 사람들은 아담처럼 신과의 약속을 깨는 죄를 여전히 짓고 있으며, 바로 이런 점에서 모든 사람은 아담과 연관되어 있다는 것이다. 이러한 맥락에서 보면 모든 사람은 아담과 '연대성'을 가지고 있다고 한다.[13] 즉 원죄(原罪)는 하느님과 인간 사이의 원초적 정의(正義), 조화의 상태를 상실하게 만든 것이라고 할 수 있다.[14]

히브리적 사고방식에서는 악이나 고통의 원인을 첫 번째의 죄에서부터 찾고자 하였다. 그들은 변화 속에서 본질적인 것을 설명할 때, 시간적으로 무엇이 처음 시작되었는지 찾으려 했다. 따라서 첫 번째 죄는 하느님으로부터가 아니라 자유로운 결단을 할 수 있는 인간으로부터 나왔음을 말하고자 하였던 것으로 이해할 수 있다. 이러한 맥락에서 악이나 고통의 기원으로서의 원죄는 단지 처음 일어난 과거의 사건으로 마무리되는 것이 아니라, '현재성'을 지니며 끊임없이 일어나고 있는 '보편적' 사건으로 이해되는 것이다. 그래서 바오로가 궁극적으로 지향하고자 했던 것은 아담의 죄와 '죄의 연대성'으로 인한 죽음의 상황이 아니라, 끊임없이 베풀어지는 하느님의 구원 행위이다. 원죄를 통한 하느님의 구원 행위로의 희망이라고 표현할 수 있을 것이다. 무명이 깨달음의 전제조건인 것처럼 원죄는 하느님의 구원 행위를 위한 전제조건이 된다고 할 수 있다.

---

12 조규만, 위의 책, 12-26쪽.
13 조규만, 위의 책, 28-37쪽.
14 조규만, 위의 책, 71쪽.

3. 무명과 원죄는 무엇이 같고 무엇이 다른가?

불교의 무명(無明)과 그리스도교의 원죄(原罪)에 대해서 간단히 살펴보았다. 여기서 공통점과 차이점을 살펴보고자 한다.

첫째는 불교의 깨달음이나 그리스도교의 구원을 위해서는 무명이나 원죄가 필요하다는 것이다. 즉 무명이 있어야 깨달음·해탈이 가능하며, 원죄가 있어야 구원이 가능하다는 것이다. 무명과 원죄는 바로 두 종교의 궁극적 목적인 구원이나 깨달음을 향한 출발점이 된다.

둘째는 무명이나 원죄가 모두 이 세상에 존재하는 고통이나 죽음, 악의 기원의 문제에 대한 물음에서 시작한다. 불교에서의 깨달음의 경지나 그리스도교에서 말하는 구원은 고통이나 악이 없는 상태라고 말할 수 있다. 그러나 지금 우리가 살아가고 있는 현실은 엄연히 악이 존재하며, 고통이나 죽음이 존재하는 현실이다. 그런 문제들이 어디에서 기인하는지 그 근원에 대하여 알고자 하는 물음이라는 점에서 공통점을 찾을 수 있다.

셋째는 그런 고통이나 죽음, 악의 기원으로서의 무명이나 원죄에 대한 이론이 부정적인 의미로만 제시되지 않는다는 점이다. 즉, 불교에서는 인간에게 무명이 있음을 바르게 인식하고 그 인식에서 출발하여 끊임없이 정진하면 깨달음(열반)의 경지에 이를 수 있다는 희망을 제시한다. 마찬가지로 그리스도교의 원죄 이론도 원죄로 인한 은총의 상실이 인간을 죽음과 고통의 길로 이끌었다는 것만 강조하기보다는, 그럼에도 불구하고 끊임없이 베푸는 하느님의 은총에 힘입어 구원의 길이 인간에게 열려져 있다는 것을 강조하고 있다. 즉, 무명과 원죄는 이 세상을 살아가는 인간들에게 깨달음과 구원의 희망을 제시하고자 하는 의도를 가지고 있다고 할 수 있다.

그러나 불교와 그리스도교는 분명히 서로 다른 종교이다. 위에서 무명과 원죄의 유사성을 찾아보았으나, 각각 다른 점도 확연하게 나타나고 있다.

첫째는 그리스도교의 원죄는 선악의 문제에 있어서 나쁜 것이지만, 불교의 무명은 좋거나 나쁨의 선악의 문제가 아니다. 그러기에 그리스도교에서는 악(惡)인 죄에서의 벗어남을 추구하는 것이 구원이지만, 불교에서는 우선 무명의 인식에서부터 깨달음이 시작되는 것이다.

둘째는 악이나 죄의 기원으로서 무명이나 원죄가 모든 인간에게 있는 것이지만, 불교에서 무명은 개인의 문제로 제시되는 반면에 그리스도교에서는 원죄의 '연대성'에 대해 언급한다.

셋째는 고통이나 죽음의 기원으로서의 무명과 원죄의 극복방법이 다르다. 우선 불교에서는 무명에서 벗어나 지혜를 얻어 깨달음을 이룰 수 있다고 하였다. 여기에서 그 깨달음의 주체는 처음부터 마지막까지 철저히 자기 자신이다. 자기 자신의 노력과 정진이 결국 깨달음의 경지, 즉 열반(涅槃)·해탈에 이르게 하는 것이다. 그러나 그리스도교에서의 원죄에 대한 인식은 결국 그리스도를 통한 하느님의 구원·은총으로 향하게 된다. 물론, 그리스도교에서도 개인의 노력이 간과되는 것은 아니다. 그 구원 은총이란 하느님의 계명〔하느님 사랑과 이웃사랑〕 실천과 깊은 연관을 맺고 있다. 그러므로 개인의 노력 또한 중요한 몫을 차지하겠으나 구원의 중심에는 나 자신이 아니라 '예수 그리스도'가 있다. 그리스도교에서의 은총은 인간 노력의 대가라기보다는 하느님의 선물인 것이다.

Ⅲ. 보살의 공(空: Śūnyatā)과 의인의 케노시스(Kenosis: 空化)

무명을 깨고 일어선 자는 보살(Bodhisattva)이고, 원죄에서 벗어나 하느님과 관계를 회복하려고 스스로 비운 자는 의인(Dikaios, δίκαιος)이다. 이들은 각각 불교와 그리스도교에서 추구하는 해탈과 구원을 이룬 존재들이다. 보살과 의인은 이 시대의 문제를 해결하는 사회적 해탈자요, 구원자이다. 따라서 보살은 어떤 존재이며, 보살이 깨달은 지혜인 공(空: Śūnyatā)이 무엇인지 알아볼 필요가 있다. 또한 하느님의 은총으로 구원되는 의인(義人)은 성서에서 어떻게 나타나고 있는지, 원죄를 벗어던지고 의화되는 의인의 자기비움(Kenosis: 空化)은 어떤 의미인지 알아보아야 할 것이다.

1. 보살의 삶

대승불교를 실천하는 이상적인 인간상을 보살이라고 하는데, 이는 산스크리트 'bodhisattva'를 소리나는 대로 옮긴 보리살타(菩提薩埵)의 준말이다. 보디(bodhi)는 깨달음이란 뜻이고, 사트바(sattva)는 살아 있는 존재, 즉 중생이란 말이다. 보살에 대한 정의 중에서 가장 보편적으로 사용되는 것은 '깨달음을 구하는 중생'이다.[15] 그 외에도 '깨달음을 소유하는 유정(有情)'[16], '보리를 구하고 있는 유정으로서, 보리를 얻을 것이 확정되어 있는 유정'[17] 등이 있다.

부파불교 시대의 수행자들은 자신만의 깨달음에만 몰두하고 현학적인 교학에 빠져 있었다. 덕분에 교학의 발전을 가져오기는 했지만, 이로써 불교는 현학적이고 번쇄한 학문으로 치닫는 결과를 초래하게 되었다. 당시의 출가

15 平川彰·梶山雄一·高崎直道 編, 鄭承碩 譯,『大乘佛教概說』, 김영사, 1989, 117-130쪽.

16 西義雄,『大承菩薩道の研究』, 平樂寺書店, 1968, 11-18쪽.

17 干潟龍祥,『本生經類 の思想史的 研究』, 山喜房佛書林, 1978, 57쪽.

승들이 추구하는 종교적 이상은 아라한(阿羅漢, arhant)이 되어 생사의 고해를 벗어나 열반을 증득하는 일이었다. 이러한 목적에 전념하고 있는 출가자들의 삶에 재가자들이 동참하기란 쉽지 않았다. 때문에 불교는 일반 민중과 거리가 먼 수행승들만의 종교, 학술상의 종교로 변질해 버려 대중적인 지지 기반을 잃고 있었다.

그러나 생로병사의 고통에서 벗어나 깨달음을 성취한 이후, 고통받는 이웃들에게 해탈과 구원의 밝은 목소리를 전하기 위해 일생동안 길에서 길로 중생들을 교화하다가 열반한 붓다 생존 당시의 정신으로 돌아가자는 운동이 재가자들을 중심으로 일기 시작했다. 대승불교를 추진했던 재가 신도들은 승원에서 자리적(自利的) 수도에만 몰두하던 출가 수행자와는 달리, 일상적인 생활을 해 나가면서 붓다에게 온 몸과 마음을 바쳐 귀의하고자 했다. 그 결과 재가 불자들은 붓다 전생 시절의 보살을 자신들의 이상형으로 삼아 보리심을 키워 나갔다. 뿐만 아니라 그들은 붓다의 지혜를 배워 타인에게 봉사하고 구제하는 일에 전념하였다. 그래서 석가보살처럼 그들도 장차 성불하리라는 대승의 보살임을 자청하여 보살집단을 형성하게 된 것이다. 그들은 아라한들의 이상인 생사의 세계와 단절된 열반의 적멸(寂滅)보다는 계속되는 생사의 세계 한가운데서 이타적 삶의 실천을 통해 성불한 붓다 자신의 깨달음을 자신들이 추구해야 할 목표로 삼은 것이다.

즉 보살의 정신은 상구보리 하화중생(上求菩提 下化衆生)으로, 문자 그대로 위로는 깨달음을 구하고 아래로는 중생을 교화한다는 것이다. 하나는 자신을 위하는 자리(自利)의 길이요, 다른 하나는 남을 위해 살아가는 이타(利他)의 길이다. 보살은 자비로써 중생의 삶에 동참한다. 그들의 고통과 아픔을 보살은 자신의 것으로 삼고 그들이 진 번뇌의 짐을 함께 지고 간다. 자비 때문에 보살은 생사의 세계로부터 단절을 가져오는 열반에 드는 것을 원하지 않고 스스로 중생의 길을 선택한다. 보살은 중생을 이익되게 하기 위하여 스스로 번뇌를 선택하는 것이다.[18]

대승불교의 보살도는 이타행의 원력에서 시작한다는 것이 자리 위주의 소승불교의 수행과 다른 점이다. 여기에 보살수행의 덕목으로 육바라밀이 설해진다. 바라밀이란 범어 'paramita'의 음사로서 보통 저 언덕에 이른다는 뜻으로 번역된다. 'para'는 저 언덕〔彼岸〕이란 뜻이고 'mita'는 도착된 상태를 뜻하는 말이다. 이 말은 동시에 최상의 상태가 되었다는 뜻과 모든 것이 완성되었다는 뜻이 함께 갖추어진 말이다. 그런데 이 바라밀을 실천할 수 있는 힘은 공(空: Śūnyatā)의 이치를 터득한 반야로부터 나온다.

2. 보살과 공(空: Śūnyatā)

공(空)은 산스크리트로 'śūnya' 혹은 'śūnyatā'이다. 번역하면 전자는 '공(空), 무(無)한'이고 후자는 '공(空), 무(無)한 것', '공성(空性)'이라 함이 적절하다. 공의 일반적 의미는 무상, 무아라고 하는 불교의 기본적 교리인 '자성이 없는 것', '실체성을 결한 상태'를 의미한다.

공에는 이론적인 의미와 실천적인 의미가 있다. 먼저 이론적인 공은 무자성(無自性)이라 한다. 자기 스스로 고정된 본체나 성질인 고정성이 없다는 것이다. 모든 법에서 불사불멸의 실체라고 하는 것과 같이 고정된 것은 없기 때문이다. 고정되어 있다는 것은 다른 존재와 관계없이 홀로 독립되어 존재

---

18 길희성, 「예수, 보살, 자비의 하느님」, 『종교신학연구』 6집, 351쪽. 길희성은 보살사상의 형성과 보살의 힘, 보살이 되는 길, 보살의 다양한 모습들을 고찰하여 예수와의 본격적인 만남을 시도하였다. 이러한 불교와 그리스도교의 본격적인 만남의 시도를 통하여 두 종교는 서로 깊이 이해할 수 있고 긍정적인 자기 변혁을 할 수 있을 것이다.

하는 것인데, 사회나 인생 모두에서 타자와 관계없이 홀로 존재하는 절대적 인 존재는 없다. 모든 것이 시간적으로나 공간적으로 타자와 관련되어 존재하는 상대적 존재인 것이다.

실천적 공에는 무소득(無所得)·무애(無碍)라고 하는 양면성이 있다. 무소득이란 집착이 없는 것이다. 무애란 장애나 걸림이 없는 자유자재한 상태를 말한다. 즉 무소득무집착(無所得無執着)이 진전되어 완성된 상태를 가리킨다. 이론적 공은 실천적 공을 얻기 위한 기초로 실천적 공을 체득하는 것을 목적으로 한다.[19]

용수(龍樹, Nāgārjuna)는 초기 대승경전인 『반야경』의 가르침을 기본으로 '공(空)'의 이론을 체계적으로 규명하였다. 그는 『중론(中論)』에서 반야사상이야말로 붓다가 설한 연기(緣起)와 중도(中道) 사상을 직접 계승하는 것이라 생각하여, 모든 사물의 공성을 깊이 연구하여 치밀한 이론으로 체계화하려 했다.

용수의 논법은 일상적인 언어가 의미상에서 예상하기 쉬운 실체성이나 자성을 철저히 파괴하는 것으로서 조금이라도 실체적·유적(有的)인 것을 인정하는 의견이 있으면 가차없이 비판했다.

공의 개념은 언어나 관념에 의한 고정화를 일체 배제하는 작용을 가지며 사물에 대한 고정적인 판단에서 자유롭게 되는 것, 즉 중도의 도리로 이어지고 있다. 또한 실유라고 생각하여 집착하는 '나', '내 것'이라는 관념을 제거하여 '나', '내 것'에 대한 공을 실현할 때 열반에 들어갈 수 있다고 밝힌다.

모든 사물의 공성이라는 관점에서 아비달마 문헌의 자료를 분석한 결과들 가운데 하나는 존재의 여러 측면 사이에 있는 차별의 중요성을 부정하

19 미즈고고겐, 석원연 역, 『불교용어 기초지식』, 들꽃누리, 2002, 180-181쪽.

는 일이었다.[20] 그중 가장 중요한 것은 아마도 '독자적 존재성인 자성(自性)'과 '다른 존재성인 타성(他性)' 사이에 있는 차별에 대한 부정이었을 것이다. 논리적으로 볼 때 의존적으로 발생하는 존재들 속에는 '독자적인 존재'가 있을 수 없다는 것이다. 용수는 이를 바탕으로 '속박'과 '해탈'의 차이를 부정하고 '윤회'와 '열반'의 차이를 부정하고 있다.[21] 실체를 정의하는 특성들은 일상적 삶에 유익한 관습적 명칭 이상의 것을 나타내지 못한다. 용수가 차별성을 부정한 것은 붓다가 이론적인 사색들을 부정한 것과 관련이 있다. 차별성이란 '구분된 것'이 그것을 다른 것과 '구분하게 하는' 일종의 본질적인 실체를 가지고 있다는 것을 전제로 하기 때문에 무명과 갈애(渴愛)의 지멸에 도움이 되지 않는다고 주장한다.

용수는 초기불교에서 인정되었던 인과관계들이 오직 실용적이고 관습적인 측면에서만 진리일 수 있다고 생각하였다. '사물은 다른 사물에 의존해서 생성된다'고 보는 연기(緣起) 관념의 최종적인 결론인 동시에 가장 중요한 취지는 '제일원인'을 거부하는 것이다. '원인'은 근본 원인으로 거슬러 올라가도록 하는 연쇄 반응의 관점으로 보아서는 안 되며 원인 자체가 조건적인 환경이나 조건들의 질서 정연한 유기적 집단으로 간주되어야 한다고 본다. 공성의 맥락에서 '의존적 상호 발생' 즉, 연기는 인과의 체계를 만들어 낼 수 있는 힘을 잃어버린다. 또한 모든 자기 충족적인 실체의 공성은 실재와 비실재, 원인과 결과 사이에 있는 관습적인 차이를 파괴한다. 그래서 마지막으로 '공한 실재'나 '공하지 않은 실재'가 생성되거나 파괴된다고 하는 것은 옳지 않

20 프레데릭 J. 스트렝, 남수영 역, 『용수의 공사상 연구』, 시공사, 1999, 53-71쪽.

21 "그런 관념들은 대립되는 본성을 가지는 어떤 실체에 의한 것이라고 말할 수 없다. 윤회와 열반의 구분이 실용적인 입장에서는 유익할지 몰라도, 그런 '사물들' 역시 우리의 명명 행위를 떠나서는 존재하지 않음을 망각하면 오히려 해로운 것이 될 것이다." 프레데릭 J. 스트렝, 앞의 책, 56쪽.

다고 말하게 된다. 용수는 자기 충족적이고 '실체적인 원인'이란 불가능하며, 모든 사물의 공성을 올바르게 인식한다면, 심지어 그런 관념조차도 무의미하다고 주장한다.[22]

지혜는 사람의 지성과 관계되지만, 개념적인 지식과 동일한 것은 아니다. 지혜의 참 기능은 마음과 감정에 의해서 허구적으로 만들어진 실체들에 대한 집착을 없애 주는 것이다. 마음이나 의식은 마음 밖에 있는 것처럼 보여진 '지식의 대상'과 무관하게 존재하는 것이 아니기 때문에 이런 기능이 가능하다. 지혜란 부분적으로는 '사물'에 대한 마음의 정신적이고 감정적인 집착을 없애 주는 집중 행위이다. 왜냐하면 그것은 모든 '사물들'이 공(空)임을 아는 자각이기 때문이다. 인간에게 '사물의 있는 그대로의 진실한 모습을 알도록 하는' 지혜는 종교적 관점에서 매우 중요하다. 왜냐하면 사람은 그가 아는 대로 '되기' 때문이다. 모든 사물의 공성에 대한 통찰이 착각을 부순다. 왜냐하면 그 착각은 지각이나 상상력에 의해 구분된 '사물'의 독자적인 존재성을 인정함으로써 생겨난 것이기 때문이다. 지혜는 현상 세계나 관념의 영역에서 궁극적인 것으로 가정된 것에 대한 집착을 해체하는 수행이다. '공성'을 아는 것은 곧 공성을 구현하는 것이다.

이처럼 초기불교 이래로 전승되어 온 근본적 관념들은 용수(龍樹, Nāgārjuna)에 와서 공(空, śūnyatā) 관념으로 확립된다. 자아의 부정은 자성

22 "정신적 차별이란 오직 관념의 허구일 뿐이며 '사물들에는 독자적인 특징이 없으며, 열반이나 윤회와 같은 관습적인 이분법 사이에는 실재적인 차이가 없다는 용수의 단언과 관련된 것으로 '조건적 유위(有爲)'이거나 '비조건적인 무위(無爲)' 현상들 속에 있는 진실한 실체의 부정과, 시간 속에 있는 연속적 순간들의 부정, 그리고 주관·객관·행위라는 세 가지 요소의 부정이 있다. 만약 이 모든 것들이 사실이라면, 진실한 실체들 없이는 진실한 원인도 있을 수 없을 것이다. 사건들의 사슬로 인식되는 인과 과정 그 자체는 단지 허구일 뿐이지만, 그것은 사람을 더 큰 어구에 붙들어 맬 정도로 강하다." 프레데릭 J. 스트렝, 앞의 책, 81-82쪽.

(svabhāva)의 부정으로 논리적 전개를 하게 되고, 다시 자성의 부정은 인간의 자아와 관계된 독립적인 실재의 부정뿐만 아니라, 존재나 실존의 내재적인 실체인 그 어떤 것도 부정되는 것이다. 이런 공의 논리는 모든 만물은 궁극적으로 존재하지 않는다는 존재론적 부정에 이른다. 여기에서 공성(śūnyatā)은 명사로서 또 다른 궁극적 실재를 상정하는 것이 아니고, 객관적 존재 자체를 부정함으로써 집착을 벗어난 관점이라고 생각해 볼 수 있다.

그렇다면 불교에서는 무엇이 궁극적 실재, 즉 무아의 반대 개념인 영원한 진아(眞我)이며, 그것은 과연 존재하는 것인가? 그것은 오로지 상의상관적 관계를 통해서 발견할 수 있는데, 이 관계성을 통하여 실재를 바라볼 수 있으며, 다시 이 관계성은 실재를 해방하게 한다. 여기에서 실재는 외형적인 현상(phenomena)일 뿐 어떤 '절대적인 실재 (Absolute Reality)'를 뜻하는 것은 아니다. 이것을 다른 말로 바꾸면 '총체적인 구조'라고 지칭할 수 있을 것이다. 이 '총체적인 구조'는 종교적 우주론으로 해석해 볼 수 있다. 이러한 총체적인 구조 혹은 총체적인 사고는 이원론적 구조나 이원론적 사고를 초월하게 하는 길을 제시한다.[23]

여기에서 보살의 조건은 다음과 같이 살펴볼 수 있다. 첫째로 보리심은 자신의 전 존재와 삶의 목표를 깨달음에 두고 그곳으로 향해 나가려는 강한 의지가 있어야 한다. 이는 자기 자신만의 해탈을 위해서가 아니라 무지와 탐욕의 혼탁한 세계에서 끝없이 방황하며 고통당하는 일체중생을 건져 내어 함께 궁극적 행복을 얻기 위함이다. 둘째로 불이지(不二智)라고 하는 보살의 지혜가 필요하다. 이는 자(自)와 타(他), 보살과 중생, 번뇌와 깨달음, 생사와 열반, 차안과 피안이 둘이 아님을 아는 지혜이다. 즉, 모든 분별과 집착을 떠

---

23 최종석, 「연기와 공의 종교신학적 이해에 대한 고찰」, 『공과 연기의 현대적 조명』, 고려대장경연구소, 1999, 230-231쪽.

난 무분별의 지혜이다. 다시 말하면 일체의 상(相)을 떠나는 공(空)의 진리를 깨닫는 반야지(般若智)가 보살에게 있어야 한다. 이러한 불이지로, 무차별지로 보살이 현실세계에서 자비를 베풀되 모든 집착으로부터 자유로울 수 있고, 중도의 지혜를 지닌 존재가 되는 것이다. 이제 보살은 자비를 베풂이 없이 자비를 베풀며 중생을 제도함 없이 중생을 제도한다. 보살은 보살이 아님으로 진정한 보살이 된다.[24]

현상계의 모든 존재가 인연에 의해 생겨났다는 것은 모두 공하다는 말이다. 그러나 이런 이론보다 더 중요한 것은 종교적으로 인간의 현실적인 괴로움을 해결하는 것이다.

3. 의인은 누구인가?

의인은 말 그대로 의로운 사람이다. 그리스도교에서는 하느님의 뜻에 따라 살았던 사람과 사는 사람을 말하고 있다.[25] 성서에서 예수는 "나는 의인을 부르러 온 것이 아니라 죄인을 부르러 왔다."고 하였다. 의인은 죄인과 상반되는 개념이다. 죄인이 어떻게 의인으로 변화될 수 있을까? 이 변화를 의화(義化)라고 한다. 의인(義人)에 해당하는 희랍어 'δίκαιος'는 'δίκη(정의, 공의)'라는 어근에서 나온 말로 법 개념과 관련을 맺고 있다.[26] 따라서 "의롭게 인정된다"고 하는 것은, 보통 소송 사건에서 상대방을 이기거나 자기의 정당한 권리를 관철하는 것을 의미한다. 즉, 자기 자신의 옳음을 분명히 하고 인정

24 길희성, 앞의 논문, 351-353쪽.

25 그리스도교대사전 편찬위원회, 『그리스도교 대사전』, 대한기독교서회, 1987년 8판, 847쪽.

26 게르하르트 킷텔, 게르하르트 프리드리히, 『신약성서 신학사전』, 요단 출판사, 1986, 192쪽.

받는 것을 말한다.[27]

70인 역 성서에서 의인이란 하느님 및 신정 사회에 대한 의무들을 이행하는 사람이며 오직 하느님의 요구에 응할 때에만 하느님 앞에서 의로운 명분을 갖게 된다.[28]

구약에서 의인으로 대표되는 욥은 인간이 하느님에게 호소할 수도 없으며, "그는 나와 같은 사람이 아니신데 나 어찌 그에게 말대답을 할 수 있으며 함께 재판정에 나가자고 주장할 수가 있겠는가."(욥 9, 32)하면서도, 자기가 의롭게 인정되는 것을 확신한다. 욥은 하느님과의 대결을 하나도 두려워하지 않는다. 하느님께서는 여기에서 한 사람의 의인과 싸우게 된다. 욥은 자신의 결백을 분명히 하고 하느님으로부터 의롭게 인정받고자 한다.[29]

의화의 핵심적인 의미는 하느님의 은총으로 인간 안에 일어난 내면적인 변화이다.[30] 신앙은 하느님의 말씀을 동의하고 받아들이는 것이지만, 이는 먼저 인간을 신앙에로 부르는 하느님의 은총 없이는 불가능하다. 여기에서 인간의 자유가 전적으로 소멸되는 것이 아니며 인간은 하느님의 은총에 협력한다는 것이다. 인간 안에서 실현되는 의화의 내용은 죄의 용서와 내면적 쇄신(로마 5, 1-5)이라고 이해하고 있다.

신약에서의 의인은 바오로의 사상에서 잘 드러난다.[31] 그러나 의인의 모범은 예수 그리스도이다. 예수 그리스도께서는 참 의인이며(사도 3, 14) 하느

27 X. 레옹-뒤푸르 편,『성서신학사전』, 광주가톨릭대학교출판부, 1984, 474쪽.

28 게르하르트 킷텔, 게르하르트 프리드리히, 앞의 책, 192쪽.

29 X. 레옹-뒤푸르 편, 앞의 책, 474쪽.

30 한국가톨릭대사전편찬위원회,『한국가톨릭대사전』 제9권, 한국교회사연구소, 2002, 6919쪽.

31 "내가 벌써 그것을 얻은 것도 아니고 이미 완성된 것도 아닙니다. 다만 내가 그리스도에게 사로잡혔으므로 나도 어떻게든 그것을 잡아 보려고 달음질하고 있습니다."(필립 3, 12-16)

님께서 기대한 그대로의 인간, 아버지이신 하느님의 마음에 드는 종이다(이사 42, 1; 마태 3, 17)라고 하였다. 그는 모든 의(義)를 완전히 수행하고 하느님에게 영광을 돌리기 위하여 죽었다. 그리하여 하느님의 위대함과 존엄이 그대로 세상에 드러나게 하였다고 본다. 예수 그리스도의 모습을 통해서 드러나는 의인이란 하느님 앞에 자신의 옳음을 주장하려 하지 않고 하느님의 뜻에 모든 것을 맡기고, 하느님을 그대로 드러내는 인간을 의미한다고 볼 수 있을 것이다. 이것은 예수의 자기비움(Kenosis)과 같은 의미이다. 의인은 자기비움을 통해 하느님의 구원에 참여(Engegement)하여 내적 변화, 즉 의화되는 것이다.

모든 사람은 자신의 구원을 위하여 하느님의 구원과 은총에 전적으로 의지한다. 사람은 죄인으로서 하느님의 심판에 놓여 있으며, 구원을 얻기 위해 스스로 하느님께 향할 수도 없고, 하느님 앞에서 자신의 공로로 의화를 얻을 수도 없으며, 자신의 능력으로 구원에 이를 수도 없기 때문이다. 의화는 오로지 하느님의 은총으로만 이루어진다. 의화란 곧 구원을 의미하는 것이다.

하느님은 은총으로 죄를 용서하며, 동시에 죄의 구속력(拘束力)에서 인간을 해방시킨다. 죄인들이 그리스도 안에서 하느님의 구원 활동에 대한 믿음으로 의화된다. 의화를 이루는 신앙으로 하느님의 약속을 신뢰하게 되는데, 이 신앙은 하느님에 대한 희망과 사랑을 지니고 있다고 한다. 의화란, 신앙 없이는 이루어질 수 없기 때문이다. 죄인들의 의화는 죄의 용서이다.

따라서 인간은 의화에 뒤따르는 선행을 하는데, 이것은 의화의 결실이다. 의화된 사람들이 그리스도 안에서 생활하고 그들이 받은 은총 안에서 활동하면, 성서의 용어로 좋은 열매를 맺는다. 그리스도인들은 전 생애에 걸쳐 죄를 거슬러 투쟁하기 때문에, 그들 또한 이런 의화의 결과를 성취하여야만 한다. 따라서 그리스도교의 의인은 자신의 구원만 성취하는 것이 아니라 의

인의 모범인 그리스도처럼 타인을 위하여 목숨을 내놓을 만큼 사랑의 선행을 할 수 있는 것이다.

4. 의인의 의화(義化), 케노시스(Kenosis: 空化)

케노시스(κενώσις)는 약 1세기부터 그리스도교 신학에서 일반적으로 육화와 동의어로 사용되었다. 이 용어는 그리스도의 비하(卑下), 또는 겸손을 강조하는 데 사용되었다. 이는 예수 그리스도의 비하와 관계되는 2고린 8장 9절[32]과 그의 영광에 관한 요한 17장 5절[33] 그리고 무엇보다도 필립보 2장 6-8절[34]에 그 근거를 두고 있다. 이 교리에 케노시스라는 이름을 붙이게 한 그리스어 동사는 필립보 2장 7절의 에케노센(ἐκενωσεν)인데, 이는 '자기를 비우다', '자신을 아무런 명성 없이 만들다'라는 뜻이다.[35] 케노시스란 어휘는 그리스도가 자신을 포기한 완벽함을 생생하게 드러내는 은유적 표현이다.

예수 그리스도의 생애는 하느님과 이웃을 위해 자신의 전체를 내어 준 자기비움, 케노시스라고 이야기할 수 있다. 그의 생애를 통하여 그리스도의 케노시스는 하느님의 아들로서 지닌 신적인 특권의 자발적인 포기, 십자가상

---

32 "여러분은 우리 주 예수 그리스도께서 얼마나 은혜로우신지 잘 알고 있습니다. 그분은 부요하셨지만 여러분을 위하여 가난하게 되셨습니다. 그분이 가난해지심으로써 여러분은 오히려 부요하게 되었습니다."

33 "아버지, 이제는 나의 영광을 드러내 주십시오. 세상이 있기 전에 아버지 곁에서 내가 누리던 그 영광을 아버지와 같이 누리게 하여 주십시오."

34 "그리스도 예수는 하느님과 본질이 같은 분이셨지만 굳이 하느님과 동등한 존재가 되려 하지 않으시고, 오히려 당신의 것을 다 내어 놓고 종의 신분을 취하셔서 우리와 똑같은 인간이 되셨습니다. 당신은 자신을 낮추셔서 죽기까지, 아니 십자가에 달려서 죽기까지 순종하셨습니다."

35 James Hastings, *Encyclopaedia of Religion and Ethics*, vol. 7, 1981, 680-687쪽; 성서백과대사전편찬위원회, 「케노시스」, 『성서백과대사전』 제11권, 성서교재간행사, 1981, 554쪽.

의 구원적 죽음 안에서 절정을 이룬 포기에 있다. 그는 자신의 지상생활 전반에 걸쳐 아버지 하느님의 뜻을 따라 살았고 그 뜻을 십자가의 죽음에서 전적으로 이루었다.

예수는 자신의 생명을 잃을 때, 하느님의 생명으로 자신이 채워짐을 보여주었다. 하느님에 대한 전적인 순명 그리고 종으로서 하느님의 뜻에 봉사하는 가운데 하느님 자신이 예수 안에서 현존하였고 예수 안에 하느님 자신이 드러났다는 것이다.

의인의 모델이 바로 예수라면 의인은 예수처럼 자신을 비우는 겸손과 자기부정을 통해 더 큰 긍정을 성취할 수 있다고 할 수 있다.

여기서 그리스도는 하느님과 동일한 신적(神的) 본능을 지녔으나 신적인 지위를 포기하고 종으로 자신을 낮추었다. 그렇게 그리스도는 하느님의 모습 안에서 자신을 비웠으며 죽음에 이르기까지 순종으로 자신을 비웠음을 보여준다.[36] 이러한 그리스도의 자기비움은 십자가에서의 죽음으로 완성된다고 한다. 이 완성은 인간 예수의 자기비움과 하느님의 자기비움이 일치하는 것에서 찾는다. 하느님을 향해 자신을 바침으로써 예수의 완전 무화(無化)가 이루어지고 그의 인격은 존재하지 않게 되며 인간을 위한 하느님의 사랑이 완성되는 것으로 본다.[37] 의인은 예수처럼 자신의 완전 무화를 통해 구원되는 존재이다.

5. 보살과 의인의 비교

불교의 보살과 그리스도교의 의인은 비슷한 점을 많이 가지고 있지만 그

---

36 阿部正雄, 변선환 역, 『선과 현대신학』, 대원정사, 1996, 85쪽.

37 심상태, 『그리스도와 구원, 전환기의 신앙이해』, 성바오로출판사, 1988, 88-92쪽 참조.

러나 동시에 많은 차이점도 가지고 있다. 불교의 보살은 구도자로서의 모습을 보이며 깨달음을 추구하고 있다. 그리스도교의 의인은 하느님과의 관계성 안에서 의화된다. 보살과 의인의 비교를 표로 만들어 보면 다음과 같다.

	보 살 (菩薩 : Bodhisattva)	의 인(義人 : Dikaios, δίκαιος)
정 의	깨달음을 구하는 사람. 공(空 : Śūnyatā)의 지혜를 얻은 존재	하느님의 뜻에 따라 의화된 사람. 자신을 비운(Kenosis: 空化) 존재
주 체	수행하는 자기 자신	하느님의 은총
수행과 실천	* 자아적 측면 – 지혜를 바탕으로 한 계속적인 수행으로 깨달음 * 이타적·사회적 측면 – 중생 구제의 자비	* 자아적 측면 – 계속적인 자기비움과 회개의 노력으로 의화됨 * 이타적·사회적 측면 – 타인을 향한 선행의 사랑
상이점	1. 수행적인 측면(붓다가 되기 위한 깨달음의 상향적 수행)이 강조된다. 2. 수행목적은 깨달음인 동시에 중생 구제에 있다.	1. 신앙적인 측면(신의 하향적 은총)이 강조된다. 2. 회개의 목적은 은총 상태의 관계성의 회복과 구원에 있다.
공통점	1. 이상적 인간상으로서 끊임없는 수행과 회개가 요구되고 있다. 2. 자기 자신의 구원〔성불〕만이 아니라 이웃들의 구원에도 힘써야 한다.(사랑의 이중계명과 상구보리 하화중생) 3. 불이지(不二智)의 공(空)과 자기비움 4. 자비〔중생과 자신을 구분하지 않는〕와 사랑〔원수까지 사랑하는 예수의 마음〕 5. 붓다와 예수를 모범으로 하여 뒤따라가는 존재 6. 보살서원의 회향과 의인의 선행	

Ⅳ. 보살의 무분별지와 의인의 Askese, 그 생태적 해탈과 구원

이 시대에 있어서 가장 중요하고 시급한 것은 생태계의 위기를 해결하는 일이다. 이제 보살은 무분별지의 지혜로 의인은 자기비움을 통한 자기절제(Askese)로 이 문제를 풀어야 할 것이다. 정작 이 시대의 구원과 해탈의 의미는 죽음 다음 세계에 관한 것이 아니고, 우리가 숨 쉬고 마시고 발을 딛고

사는 이 땅에서의 실현에 있다.

『지구 환경 보고서』에서 말하는 것처럼 환경문제는 국지적인 차원에서 해결해야 할 문제가 아니라 전 지구적인 관심으로 대두되어야 한다. 그런데 문제의 심각성은 우리의 당면과제가 그리 먼 미래의 일이 아니라 한 세대 내지 두 세대의 시간밖에 없다는 분석을 통해서 더 확연하게 드러난다.

이런 분석의 징후를 미래 학자들은 다음 몇 가지로 열거하고 있다.[38]

1. 급격한 인구증가, 이는 자원부족과 식량부족과 물부족으로 심각한 사회적·생물학적 안정성은 깨질 것이다.
2. 심각한 지구 화학적 변화가 일어나고 있다. 어떤 오염물질은 생태계의 중요한 조절 기능을 하는 지구화학적 순환구조를 바꿔놓고 있다. 그 대표적인 예는 탄소순환이다. 이는 화석연료 연소로 대기에 방출되는데, 이는 전체 생태계 질서에 큰 영향을 주고 대표적으로 산성비로 나타날 수 있다.
3. 독성 화학물질로 인해 장기적 위험이 나타나고 있다. 각종 화학물질 생산과 유독 폐기물 발생은 생태계와 우리 몸에 피해를 주고 있다.
4. 전 세계적으로 전례가 없었던 생물 혼합이 일어나고 있다. 이는 전 세계의 다양한 생태계가 침략적인 소수의 생물체에 점령되는 위기를 가져온다.
5. 전 세계 생물종의 숫자가 급격히 줄어들고 있다

이러한 위기의식 안에서 자연개발에 대한 논리는 더 이상 정당성을 갖지 못하게 되었다. 자연은 더 이상 인간이 소비하는 대상이 아니라 그 자체로서

38 월드워치, 생태사회연구소 공역, 『지구환경보고서 2003』, 도요새, 2003, 27-29쪽.

존재 가치를 인정하고, 지금 현재에만 가치를 두는 것이 아니라 미래의 전 생명에게도 그 가치를 가져야 한다는 논리가 힘을 얻고 있다.

그렇다면 이 시대의 종교문화는 어떤 가치나 윤리를 제시해야 할 것인가? 이 시대의 종교가 가장 큰 관심을 갖는 문제가 바로 환경과 생태라면, 환경과 생태에 종교적 의미를 부여하고 또 그 의미를 강화시켜 종교문화화 하는 것이 무엇보다도 중요하다. 환경과 생태에 종교적 의미를 부여하고 그것을 종교적 이상(理想)으로 승화시키는 것이다. 동시에 다시 그 이상을 현실적으로 실천할 수 있는 구체적인 방법을 제시해야 한다. 인간의 욕망에서 비롯된 생태위기는 근원적으로 인간의 욕망의 절제에서 그 해결의 실마리를 찾아야 한다. 21세기 생태의식의 혁명은 결국 인간중심의 문화적 차원을 넘어선 종교 문화적 차원으로 승화되어야 한다.[39]

1. 보살의 무분별지 수행

인간중심적인 관점에서 바라보는 환경에 대한 시각은 기본적으로 인간의 생존을 위한 전략이 숨겨져 있다. 자연환경이 훼손된 것은 인간이 생존하기 위해서 필요한 여건을 향상시키는 과정에서 야기된 부작용이라고 본다. 이런 관점은 인간이 세계의 중심적인 존재라는 가치관에 기초를 두고 있다. 이 관점에 따르면 앞으로 더 나은 인간의 생존을 위해서 사람들로 하여금 자연환경의 중요성을 각성하게 하여, 자연환경 파괴적인 생산 및 소비를 지양하게 하며 또한 환경 친화적인 기술과 산업을 개발해 가야 한다고 한다. 이런 관점은 한편 매우 타당한 논리로 보인다.

---

39 최종석, 「21세기 환경문화와 불교」, 앞의 논문, 381쪽.

그러나 자연환경을 인간을 위한 도구적 가치로 대상화하여, 인간의 생존을 위한다는 명분아래 파괴시킨다면, 장기적인 안목에서 보면 오히려 인간의 생존이 위협을 받게 되는 것은 자명한 일이다.[40] 이러한 인간중심적 윤리(ethics of anthropocentrism)는 인간만이 절대적 내재적 가치를 지니고 그 밖의 모든 존재들은 인간을 위한 도구적, 수단적, 다시 말해서 외재적 가치만을 지닌다는 견해이다.

인간을 비롯한 모든 자연물이 동등한 내재적 가치를 지닌다고 보며, 인간을 포함한 모든 자연물이 자연 그대로서 최선의 가치를 지니고 있다는 것이다. 이런 사고는 더 나아가 모든 생명체에 본연의 생명가치를 부여해야 한다는 생명 중심주의로 발전된다.[41]

불교의 연기론에서는 모든 존재를 평등하게 바라본다. 나를 둘러싼 모든 존재를 중생이라고 부른다. 중생의 개념이 초기경전에서는 유정(有情) 즉 생명체를 의미하다가 대승경전인 『화엄경』에서는 생명현상이 없는 무정(無情) 즉 무생명체까지도 포함하게 된다. 따라서 "모든 중생은 붓다의 성품인 불성을 지니고 있다(一切衆生悉有佛性)"라는 말은 붓다로 성불할 수 있는 범위가 인간을 넘어 모든 생명으로, 다시 생명체에서 모든 무생명체로 확대되어 간다. 이것은 전 존재를 평등하게 보는 불교의 생태관의 일면이다. 여기에서 모든 중생이 하나이고 구별되지 않아야 한다는 동체대비(同體大悲)의 불교적 생태윤리관을 『범망경』[42]에서 찾아볼 수 있다.

---

40 장회익, 『삶과 온생명』, 솔, 1998, 270-271쪽.

41 장회익, 위의 책, 272-273쪽.

42 『梵網經盧舍那佛說菩薩心地品』 권10하 (『大正藏』 24, p.1006중), "모든 흙과 물은 모두 나의 옛 몸이고 모든 불과 바람은 모두 다 나의 진실한 본체이다. 그러기에 늘 방생하고 세세생생 생명을 받아 항상 머무는 법으로 다른 사람도 방생하게 해야 한다. 만일 세상 사람이 축생을 죽이려 하는 것을 보았을 때에 마땅히 방법을 강구하여 보호하고 그 괴로

이러한 통찰은 세계와 내가 같은 뿌리에서 나온 것[物我同根]이라는 점을 알게 한다. 즉 모든 중생과 나는 서로 뗄 수 없는 자타불이(自他不二)의 관계성 안에서 존재한다는 것을 깨닫게 된다. 이렇게 나를 둘러싸고 있는 모든 존재가 나와 뗄 수 없는 관계라는 것을 깨달은 것을 무분별의 지혜라고 한다. 그리고 이 지혜의 실천을 자비라고 한다. 자비는 불교 생태윤리의 기본이다. 이 자비의 무분별적인 생태윤리는 인간중심적 사고에서 야기된 지구 환경의 문제를 해결하고, 모든 생명체들이 공존 공생해야 하는 21세기의 시대적 가치로 받아들여져야 할 종교적 윤리라고 할 수 있다.

보살이 가는 길로서 "상구보리 하화중생(上求菩提 下化衆生)"을 내세운다. '깨달음을 얻는 길이란 곧 자신을 둘러싸고 있는 모든 존재와 하나로 일치하는 삶을 사는 것이다'라고 해석해 본다. 여기에서 모든 존재, 즉 중생이란 살아있는 것이든 아니면 생명이 없는 것이든 간에 우리와 함께 존재하고 살아가고 있는 것을 의미하는 만큼 생태란 말로 바꾸어 말할 수 있다. 우리가 쓰고 있는 '생태'라는 말은 사실 '중생'이란 말과 다를 것이 없다. '일체중생실유불성'이란 말을 '일체생태실유불성'이라고 바꾸어 놓아도 크게 어긋나지 않는다. 더 나아가 이웃이라는 개념의 외연을 넓혀서 중생과 같은 의미로 사용하는 것도 크게 잘못이 없을 것 같다.

따라서 대승보살의 이상(理想)은 현대사회가 요청하는 생태적 가치관과 생태적 인간관을 제시한다. 대승보살은 세계의 모든 현상이 자신과 관계를 맺고 있음을 깨달은 존재이다. 모든 사물이 자신과 관계되지 않은 것이 없음을 알고, 자신을 둘러싸고 있는 이웃, 즉 생물과 무생물에까지 사랑을 보낸다. 이와 같은 지혜의 실천에서 오는 끝없는 사랑이 자비(maitri-karuṅa)이다.

움으로부터 풀어 주어야 한다."

자비는 불교의 인간관계에서 요구되는 기본 윤리이고 더 나아가서 모든 존재 사이에 기본이 되는 생태윤리이다. 현대의 자본주의 사회가 만들어 낸 인간성의 상실과 가치관의 전도, 개인주의의 피폐에 대한 근본적인 치유는 인간성의 회복에 있다. 인간성의 회복은 불교의 연기법에 따른, 모든 삼라만상이 자신과 유기체적으로 관계를 맺고 있음을 자각하는 데서 시작된다.

불교의 목표인 해탈은 바로 나와 이웃이 동일체라는 것을 깨닫고 무한한 자비를 실천함으로써 이루어진다. 이웃에 대한 사랑이 곧 나 자신을 완성하는 길이라는 것을 알고 온 세계를 빈곤과 무지와 괴로움이 없는 이상 세계, 즉 생태적으로 온전한 불국토로 만들려고 노력하는 것이 대승보살적인 삶인 것이다. 이를 다시 말해서 생태보살[43]의 길이라고 불러도 좋을 것이다.

그렇다면 어떻게 보살은 자신과 더불어 관계를 맺고 있는 존재들과 일치하는 지혜로운 삶을 살아갈 수 있는 것인가? 보살이 이웃과 더불어 사는 삶을 완성하게 하는 길이 여섯 가지로 제시되고 있는데 그것이 바로 보시·인욕·지계·정진·선정·지혜의 육바라밀이다. 보통 육바라밀은 피안에 도달하게 하는 수단으로 취급되어 왔으나, 바라밀(Pāramitā)의 뜻이 완성인 것으로 보아 육바라밀은 여섯 가지 완성되어져야 할 보살의 삶의 양식을 말하는 것이다.

보살이 완성해야 할 삶의 양식(樣式)으로서 보시(布施)는 '준다'는 말이다. 무엇을 준다는 것은 나에게만 머물지 않고 흘러가게 하는 것이다. 왜냐하면 나는 나 홀로 살 수 있는 존재가 아니고 다른 존재들과의 관계 속에서만 살

---

43 필자는 2000년에 「21세기 환경문화와 불교」라는 글에서 불교의 생태적 실천의 주체를 환경보살이라는 이름으로 부르자고 한 바 있으나, 환경개념보다는 그 외연이 넓은 생태개념이 불교의 생태적 실천에 적합하다는 생각에서 환경보살을 생태보살로 고쳐 부르기로 하였음.

아갈 수 있다는 것을 여실하게 알기 때문에 나에게만 머물러 있지 않고 때가 되면 흘러갈 수 있도록 열어 주는 것이 바로 보시라고 말할 수 있다. 보시는 마치 흐르는 물이 한 곳에만 머물지 않는 것처럼, 모든 관계들이 살 수 있도록 흘러가게 하는 생명의 원리인 것이다. 보시를 통해서 모든 존재와의 연대감과 일체감을 느낄 수 있다. 현대인이 갖고 있는 박탈감이나 소외감을 극복하는 '더불어 사는 삶'은 바로 보시를 통하여 구현 가능하게 될 수 있다.

인간의 욕망을 소유의 방향으로만 투사시킬 것이 아니라, 더불어 존재하고 있는 모든 존재를 향해 열려 있는 삶으로 지향하는 보살은 자신의 욕망을 절제해야 한다. 이 욕망의 절제를 생태보살이 가야 할 두 번째 삶의 양식인 인욕(忍辱)이라 할 수 있으며, 이렇게 자신과 전존재가 하나의 유기체적으로 연계되어 있음을 알고, 이 대전제 앞에서 자신을 극소화시키는 삶을 지킬 줄 아는 것을 지계(持戒)라고 할 수 있다. 정진(精進)은 이러한 생태적 균형 잡힌 삶을 영위하기 위해서 생태보살은 쉼 없이 노력해야 함을 의미하며, 이러한 노력으로 생태보살은 마침내 모든 존재와 원만한 관계성을 회복하여 평화로운 삶의 환경을 유지하는 것을 선정(禪定)이라 할 것이다. 이와 같은 생태보살의 완성되어져야 할 다섯 가지 삶의 양식은 모두 모든 존재가 나와 뗄 수 없는 관계성 속에 존재한다는 사실을 깨달은 지혜(智慧)를 바탕으로 하고 있다. 이 시대의 해탈은 바로 생태보살의 무분별적인 생태적 실천에 있다.

2. 의인의 삶, 아스케제(Askese)의 생태적 실천

그리스도교의 의인의 수행의 개념으로서 아스케제(Askese)[44]를 제시해 본

44 그리스도교의 수행의 뜻인 Askese의 어원은 본래 그리스어의 'ἄσχησις, askesis(연습, 생활지혜)'에서 비롯되며, "윤리적인 그리고 종교적인 이상을 실현하기 위한 강한 절욕적인

다. 'Askese'는 절제 · 자기수련 · 자기훈련 · 금욕 · 수덕 · 노력 · 수고 · 포기 등 다의적으로 사용되는 개념으로서, 끊임없는 자기부정과 자기포기 그리고 자기절제를 통한 하느님과의 일치를 이루기 위한 수행의 의미를 지닌다. 하느님의 부름을 내적으로 의화시킨 의인은 자기를 비운 존재이다. 자기비움의 수행은 곧 자기부정과 자기포기의 Askese 실천과 다르지 않다.

프리드리히 불프(Friedrich Wulf)는 Askese를 "그리스도교적 완전성에 도달하고자 하는 인간적 노력의 모든 행위들", 그리고 "투쟁과 포기가 함께 하는 지속적이고 질서 지워진 노력"으로 정의하였다. 여기에서 포기란 그리스도교적인 삶에서 "완전성"에 도달하기 위한 노력으로 이해되고 있다.[45] 칼 라너는 그리스도교적 Askese의 유형을 인간의 다양한 노력들 사이에 조화를 이루려는 윤리적 Askese와 다양한 종교전통 안에서 종교의식에 참여할 수 있는 전제조건으로서의 절제와 포기의 의미를 지닌 종교 의식적 Askese, 그리고 신적 체험을 가능케 하는 다양한 종류의 절제인 신비적 Askese로 나누어 보았다.[46]

그리스도교적인 Askese의 근원에는 이원론적인 인간관이 자리 잡고 있다. 육체는 약한 것 · 감옥 · 무덤으로 보아 투쟁하여 극복해 가야 할 것이며, 마침내 괴멸시켜야 할 것으로 보았다. 그래서 금욕주의적 훈련의 Askese는 육체의 약한 면을 극복할 뿐만 아니라 육체 자체를 이겨 나가는 과정으로 여겼다.

그리고 인종적(忍從的)인 삶의 방법" 혹은 "탐욕을 줄이고 삶에서 오는 무거운 짐을 극복하기 위한 속죄의 훈련"이란 뜻을 지닌다. James Hastings, *Encyclopaedia of Religion and Ethics*, vol.2, 1981, pp.63-80; Gehard Krause, *Theologische Realenzyklopädie*, Band IV, 1979, S.195-225.

45 Josef Weismayer, 전헌호 역, 『넉넉함 가운데서의 삶』, 분도출판사, 1996, 288쪽.

46 Josef Weismayer, 위의 책, 289-290쪽.

신약성서에서 Askese는 그리스도인의 투쟁과 훈련의 의미를 지니고 있다(1고린 9, 24-27; 필립 3, 31-14; 2디모 4, 7-8). 이것들은 그리스도를 닮으려는 노력으로서 죄, 육체, 세상을 극복함을 뜻한다.

11세기 이래로 예수의 인간성에 대한 관심이 커지면서 당연히 Askese에 대한 생각에도 변화를 가져왔다. 성 프란치스코의 Askese는 이 세상을 벗어난 성덕의 완전함을 구하는 것이 아니라 지상에서 예수 그리스도가 행한 것을 뒤따라가는 것이다. '가난한 예수'를 모범 삼아 이웃사랑을 구체적으로 실천하는 것이었다.

리페르트(Lippert)의 Askese에 대한 새로운 해석과 통찰은 현대 신학에 있어서 그 이해의 지평을 넓히게 하였다. 그는 Askese의 자기포기적인 성서적 표현은 오늘날 자기 자신을 찾고, 자신을 실현해야 한다는 요청과 대치된다는 문제를 출발점으로 삼는다. 서로 모순되게 보이는 이 양자의 관계가 사실은, 서로 목적과 방법의 관계로 존재한다는 것이다. 즉 구원과 참된 삶의 의미에서 자신을 찾고 실현하려는 것은 목적이고, 이 목적에 도달하기 위한 방법은 자기 자신을 부정하는 것이다.[47]

현대 신학자 중에서 잊혀져 가는 Askese의 개념을 중요시여긴 사람은 로마노 과르디니(Romano Guardini)이다. 그는 그리스도교의 Askese를 인간학적·교육학적·윤리학적·문화비평학적 바탕에서 고찰하고 있다.[48] 과르디니는 Askese를 통하여 궁극적으로 얻을 것을 모든 것으로부터의 자유로 보았다. 인간은 자기 자신 안에 들어 있는 각 종류의 본능적인 욕구들과 권력욕, 외부에서 다가오는 수많은 유혹들을 조절하여 자기 자신의 참된 주인이 되어

47 Josef Weismayer, 위의 책, 304-305쪽.

48 Reinhard Haubenthaler, *Askese und Freiheit bei Romano Guardini*, Parderborn, 1995, S. 5.

야 한다고 했다.[49] 인간이 자기 자신의 주인이 되고 자신을 진정으로 자유롭게 하는 것은 자기절제, 즉 Askese를 통하여 이루어질 수 있다는 점을 강조한 것이다. 이 시대의 생태문제에 대한 그리스도교적 해결은 바로 Askese의 생태적 실천에 있으며, 그것이 이 시대의 구원의 문을 여는 열쇠이다.

여기에서 의인과 Kenosis, 그리고 Askese의 상관 문제는 그리스도교 신학자의 과제로 남겨두기로 한다. 우리가 알고 싶은 것은 그리스도교에서 의화되어 구원받는 의인의 자기비움은 욕망의 절제인 Askese와 일치한다는 것이다. 따라서 오늘날 이 시대의 상황에서 요구되는 생태적 구원의 단초는 바로 욕망의 절제인 Askese의 생태적 실천에 있다.

V. 끝맺는 말

붓다는 모든 존재가 생명이 있는 유기체처럼 서로 뗄 수 없는 불이(不二)의 관계라는 점을 연기의 가르침으로 일깨워 주었다. 이렇게 모든 존재가 뗄 수 없는 관계 속에 있음을 자각한, 모든 존재들을 향한 무차별의 사랑이 바로 자비이다. 모든 존재는 차별되어지거나 함부로 취급될 수 없으며, 모두 존중되어야 한다는 무차별의 가르침은 생명 사이의 상호연관성을 일깨우면서 모든 존재들의 공존의 길을 알려 주었다.

이러한 연기설의 가르침은 대승불교에서 더욱 폭넓게 확장된다. 우리 모두가 부처가 될 수 있는 불성(佛性)을 지니고 있다. 뿐만 아니라 기왓장이나 지푸라기 같은 무생물에 이르기까지 불성이 있다고 가르친다. 이런 가르침

---

49 Romano Guardini, *Sorge um den Menschen*, Bd. I, Mainz, 1988, S. 55f.

으로 현대사회에서 가장 절실히 요구되고 있는 인간과 인간, 인간과 자연, 인간과 온 우주가 하나의 유기체적인 관련성 속에 존재하고 있다는 의식을 불러일으키는 것이다. 연기법은 존재와 존재 사이의 조화와 공존을 가능케 하는 원리이다.

결국 불교적 구원인 해탈은 인간 개인에 국한된 구원이 아니다. 왜냐하면 모든 존재는 서로 유기체적으로 관계를 맺고 있기 때문이다. 따라서 이 시대에 있어서 더욱 요구되는 불교적 해탈의 의미는 세계의 모든 현상이 자신과 관계를 맺고 있음을 깨달음에 있다. 모든 사물이 자신과 관계되지 않은 것이 없음을 알고, 자신을 둘러싸고 있는 이웃, 즉 생물과 무생물에까지 사랑을 보내는 인간이 이 시대의 사회적 해탈을 이루는 자이다. 이런 해탈의 모델이 보살이다.

여기에서 우리가 보살을 모델로 하여 살 때, 모든 중생(존재)과 함께 고통을 나눌 수 있는 자비(compassion)를 회복할 수 있을 것이며, 인격의 우주적 확산으로의 길을 가능하게 할 것이다. 이 시대의 불자들의 모델은 생태보살이다. 얽히고 또 얽힌 중중무진의 관계를 맺고 있는 것처럼 모든 생명·무생명들이 이와 같은 관계 속에 있다는 것을 아는 것이다. 다시 말해서 중중무진의 이웃을 끊임없이 사랑하는 일이 바로 깨달음의 길이다. 이 사랑의 구체적인 표현이 생태보살의 실천이고 수행이다.

자연환경문제나 인간환경의 문제는 인간 욕망의 극대화 과정에서 일어난 것이다. 따라서 이 문제는 근원적으로 인간의 문제로 귀결된다. 환경문제는 결국 인간의 문제이다. 때문에 21세기의 환경문화에 대한 접근은 종교적으로 이루어져, 결국 종교문화로 바뀔 때 보다 근본적인 해결책이 나올 것이다. 생태보살은 자연환경 회복에만 원(願)을 세운 보살이 아니라, 인간 환경의 회복에도 원을 세운 보살이다. 생태보살의 수행, 즉 생태보살도가 각 개인의 일상에서 이루질 때 청정불국토가 완성되는 것이다. 불교의 해탈의 생태적 해석을 통하여 이 시대의 해탈의 의미를 찾아야 할 것이다. 즉 생태의식의 종교문화화가 이 시대의 구원이요, 해탈이라는 것이다.

그리스도교에서 보살과 같은 존재는 의인(義人)이다. 의인은 이 세상을 감옥이 아닌 하느님의 나라, 즉 '자유롭고 평화롭고 진리롭게 구원된 삶'으로 바꿀 수 있는 길로 인도하는 존재이다. 의인은 회개한 사람이고 자신을 비운〔Kenosis〕 자이다. 그래서 하느님과의 관계를 회복해서 구원된 존재이다.

이 시대의 해탈과 구원의 사회적 의미를 밝히려면 바로 보살의 삶과 의인의 삶을 드러낼 필요가 있다. 이 시대에 있어서 요구되는 불교의 사회적 해탈은 보살처럼 공(空: Śūnyatā)에 기초한 생태적 무분별지의 실천을 통해서 완성되는 것이요, 그리스도교의 사회적 구원은 자기비움을 통해 의화된 의인처럼 욕망의 절제인 아스케제(Askese)를 실천하는 생태적 삶에 있다. 이처럼 두 종교가 서로 함께 갖고 있는 공통점을 찾아내 공감하면서, 함께 인류를 해탈시키고 구원하기 위해서 노력하는 일이 바로 이 시대의 종교적 요청에 부응하는 길일 것이다.

연기와 공의 종교신학적 이해에 대한 고찰
-팔정도의 새로운 해석을 통한 불교와 그리스도교의 자기 개혁적 접근 시도-

I. 들어가는 말 - 종교신학에 대한 이해를 위하여

독일의 가톨릭 신학자 칼 라너(Karl Rahner)가 서양은 더 이상 자신을 세계 문화의 중심지라고 생각할 수 없을 뿐만 아니라, 모든 종교는 모든 사람들을 위한 모든 문화적 가능성과 실존처럼 세계 속에 존재하는 하나의 물음이며, 모든 인간을 위해 제공된 하나의 가능성[1]이라고 말한 것은 바로 타종교에 대한 그리스도교의 배타주의적 태도의 극복을 의미하는 것이다.

종교적 진리에 대한 태도로서 배타주의(exclusivism)는 오직 한 종교만이 절대적 진리를 가르치고, 그 종교만이 구원에 이르게 한다는 입장이다. 따라서 배타주의는 '절대진리'에 대한 강한 열정을 가지고 자기 종교의 절대성과 최고성을 주장하기 때문에 비타협적이고 다른 신앙을 무시하거나 이단시하

1 Karl Rahner, "Das Christentum und die nichtchristlichen Religion", *Schritfen zur Theologie*, Bd. V, Einsiedeln, 1962, 197f.

는 위험이 있다. 그리스도교는 전통적으로 이 입장을 오랫동안 지키고 있었으며, 아직도 보수주의·선교주의 교단에서는 이 입장을 취하고 있다. 이러한 그리스도교의 '절대성 주장(Absolutheitsanspruch)'은 타종교에 대한 우월감을 나타내는 것이며 또한 타종교와의 대화의 단절을 가져오게 하였다.

오늘날 인류가 안고 있는 많은 문제들을 어느 한 종교만이 감당하여 해결하기 어려워졌다. 여러 종교들은 독선과 편견으로부터 벗어나 관용적 태도[2]로 서로 대화해야 할 필요성을 요청받고 있다. 타종교에 대한 가톨릭 교회의 태도를 최초로 밝힌 문헌은 제2차 바티칸 공의회 문헌 중에서 종교 간의 대화를 다룬 '비그리스도교에 관한 선언(Nostra aetate)'[3]이다.

이 문헌에서 가톨릭 교회는 타종교에서도 신적(神的) 은총의 효과적인 것, 즉 성령의 활동을 발견할 수 있다는 것을 선언한다. 이것은 하느님의 구원의 역사는 특별히 선택된 민족뿐만 아니라 모든 인류에게 열려 있다는 것을 의미하는 것이며, 하느님의 인류 구원의 보편적 의지에 기반을 둔 교회는 필연적으로 타종교와의 대화가 요구된다는 것이다. 이러한 가톨릭 교회의 입장은 막스 뮐러(Max Müller)의 '한 종교만을 아는 것은 아무 종교도 모르는 것'[4]이라는 비교 종교학적 태도라기보다는, 특정 종교만이 최고의 진리를 갖고 있고 다른 종교는 그 최종적 진리에 이르는 부분적 또는 과정적인 진리를 가질 뿐이라는 포괄주의(inclusivism)[5]에 가깝다.

2 멘슁(G. Mensching)은 종교를 거룩한 참된 실재와의 체험적인 만남이며 이 거룩한 것에 의해 규정되는 인간의 행위라고 정의하고 있다. 그는 여러 종교에서 체험된 거룩한 것과의 진정한 만남을 통하여 타종교와의 대화에서 일치점을 찾으려 한다. 즉 종교의 근본적인 체험을 통한 관용의 입장을 말하는 것이다. G. Mensching, *Toleranz und Wahrheit in der Religionsgeschichte*, München, 1955, 18f.

3 한국천주교중앙협의회, 제2차 바티칸 공의회 문헌, 1969.

4 Max Müller, *Introduction to the Science of Religion*, London, 1873, p.13.

5 포괄주의적 입장은 힌두교, 불교와 같은 인도 계통의 종교가 전통적으로 취하고 있다. 불

칼 라너의 신학 사상은 가톨릭 교회의 타종교에 대한 입장을 표명하는 데에 결정적인 영향을 주었다. 칼 라너에 의하면, 하느님은 모든 인류를 구원하려는 보편적 의지[6]를 가지고 있는데, 이 보편적 의지는 인간의 본성 속에 '초월적 계시(transzendentale Offenbarung)'로서 내재되어 있기 때문에 다른 종교에도 이러한 초자연적 은총이 있다고 보았다. 그러므로 비록 그리스도의 가르침을 모르지만 초자연적인 신앙이 성취되고 있는 타종교인을 '익명의 그리스도인(anonymen Christen)'이라고 불렀다. 타종교인 속에도 하느님의 보편적 구원의 의지가 활동하고 있으며, 또한 그들도 초자연적 은총 체험을 하고 있다는 견해이다. 그러나 칼 라너는 그리스도교만을 통해 구원의 완성이 된다고 보기 때문에 결국 포괄주의적인 입장에서 벗어나지 못하고 있다. 칼 라너 스스로가 밝힌 것처럼 '비그리스도인의 구원 문제'를 신학적으로 규명한 것은 종교 간의 대화를 전제로 하였다기보다는 타종교 전통에 대한 그리스도인의 이해를 분명하게 하기 위함이라고 하였다.[7]

배타주의와 마찬가지로 포괄주의적 입장에서 어떤 특정 종교가 다른 종교보다 우월하다고 주장하려면 그 주장이 '보편적 기준' 위에서 이루어져야 할 것인데, 그러한 범종교적 보편적인 기준은 존재하지 않으며 또한 새로이 설정하기란 가능한 일이 아니다. 결국 어떤 종교가 가장 우월하다는 주장은 어느 특정 개인이나 특정 집단에만 국한된 것이라고 할 수 있다.[8]

교의 방편설과 중국 불교의 교상판석(敎相判釋)이 이러한 입장을 잘 나타내고 있다.

6 라너는 하느님의 보편적 구원의 의지를 성서의 증언에 의지하고 있다. "하느님께서는 모든 사람이 구원을 받게 되고 진리를 알게 되기를 바라십니다." (1디모 2, 4)

7 K. Rahner, "Bemerkungen zum Problem des anonymen Christen", *Schriften zur Theologie* X, Einsiedeln, 1972, 531ff.

8 김성곤, 「종교 다원화 현상에 대한 세 가지 태도의 분석과 그 문제점」, 『종교문화와 대화』 제1집, 77쪽.

배타주의와 포괄주의적 입장을 반대하고 나온 다원주의(pluralism)는 존 힉(John Hick), 라이몬드 파니카(Raimundo Panikkar), 그리고 폴 니터(Paul Knitter)로 대표된다. 모든 세계종교(worldreligion)의 공존을 주장하는 다원주의는 서구인들이 세계의 여러 종교전통의 가치를 경험하게 되면서 전통적인 그리스도교의 세계관이 근본적으로 변화되어야 한다는 요청에서 비롯되었다. 다른 한편으로 다원주의는 불교나 힌두교의 포괄주의적 태도에 대한 비판으로부터 시작되었다.[9] 존 힉의 견해는 어느 종교가 다른 종교와 진지한 대화를 원한다면 자기 중심적인 종교관에서 벗어나 코페르니쿠스적인 혁명이 요구된다고 보았다. 즉 과거의 종교관이 지구를 중심으로 하여 태양이 돌고 있다고 믿었던 천동설(ptolemaic system)에 입각한 세계관에 비유될 수 있다면, 새롭게 요청되는 범인류적 종교관이란 그와는 반대로 태양을 중심으로 모든 혹성들이 함께 돌고 있다는 지동설적 세계관에로의 전회가 요구된다는 것이다. 모든 세계 종교는 각각 하나의 혹성으로서 새로운 절대자를 중심으로 함께 돌고 있다는 패러다임의 변화를 의미한다.[10] 존 힉은 이러한 다원주의적 종교관을 바탕으로 하여 절대자 즉 '영원한 一者(Eternal One)'가 다양한 종교문화 안에서 어떻게 상이하게 나타나고 있으며, 어떻게 인지되고 있는지 각 종교가 서로 협력하여 체계적으로 연구할 수 있는 '지구적 신학(global theology)'의 성립을 제의하고 있다.[11] 다른 종교에 대한 다원주의적 입장은 모든 종교는 서로에게 동반자이지 결코 경쟁자이거나 적이 아니므로 서로 배워서 이해하자는 태도이다. 다원주의는 종교 간의 갈등으로부터 평화를 지향하는, 종교 상호의 이해와 협력이라는 이상주의적 자세를 취한다고 할

9 김성곤, 위의 논문, 77쪽.

10 J. Hick, 이찬수 역,『하느님은 많은 이름을 가졌다』, 도서출판 창, 1991, 34-44쪽.

11 김성곤, 앞의 논문, 78쪽.

수 있다.

1980년대 이후 세계의 신학계는 종교 다원주의에 관한 논쟁과 함께 새로운 신학의 연구 분야로 종교 신학이 등장한다. 종교 신학(theology of religions)이란 '세계 종교 현상들에 대한 신학적 이해'의 줄임말이다.[12] 종교 신학에서는 인류의 역사 속에 존재해 왔고, 또 현재 존재하고 있는 세계종교들을 그리스도교와 아무런 관련이 없는 인간 종교 · 자연 종교 · 이방 종교 · 우상 종교로 볼 것이 아니라, 오히려 그리스도교 하느님의 구원 의지와 영적 현존의 다양한 형태로 이해하기 시작하였다. 이러한 새로운 발상법에의 전환에서 종교 신학은 그리스도교 신앙의 기초인 복음과 세계 종교의 관계를 신학적으로 연구하고, 또한 그리스도교 복음이 새로운 인간 상황 속에서 어떻게 보다 성숙한 창조적 변화 과정으로 이해될 수 있는지, 해석학적인 조명을 하려는 것이다.[13]

특히 종교 신학의 불교에 대한 관심은 지대하다. 불교와 그리스도교는 동서양을 대표하는 종교이고, 오늘날 불교와 그리스도교는 문화와 종교의 차원을 넘어서 신학의 분야에서도 가까운 이웃이 되어 가고 있다.[14] 이러한 경향에 대해 이미 영국의 역사학자인 아놀드 토인비도 "20세기는 원자탄의 발명으로 기억되기보다는 오히려 그리스도교와 불교 간의 진지한 대화가 시작되었다는 점에서 기억될 것이다."[15]라며 그리스도교 문명권과 불교 문명권의 접근과 대화에 주목하였다.

---

12 김경재, 『해석학과 종교신학』, 한국신학연구소, 1994, 16쪽.

13 김경재, 위의 책, 25쪽.

14 김광원, 『열린 기독교를 향하여』, 한들, 1997, 127쪽.

15 Hans Küng, *Projekt Weltethos*, Wien, 1991, p.149에서 재인용.

Ⅱ. 공(空: Śūnyatā)과 케노시스(Kenosis: 空化)

서구의 철학이나 신학은 그리스 사유 방식에 영향을 받아 실재(Reality)를 설명하기 위하여 이원론적 입장을 지켜 왔다. 이원론적 세계관은 중세의 교부들에게 신학의 틀로 받아들여졌다. 이원론적 세계관은 오랫동안 반문(反問)이나 비판의 대상에서 제외된 것이었다. 그렇지만 오늘날 이 절대적인 이원론의 구조가 갖는 취약점을 보완해야 할 뿐만 아니라 새로운 대안에 대한 필요성이 그리스도교 신학 안에서 요구되고 있다. 동서양의 일련의 신학자들은 탈이원론적 신학의 가능성을 불교와의 만남을 통하여 새로운 활로를 발견하였다. 예를 들면, 신학의 핵심적인 주제인 '궁극적 실재(Ultimate Reality)'의 본질과 만물의 관계를 이원론적 구조에서 벗어나 상호 연관적 연기성(緣起性)으로 이해하려는 점이다.[16] 즉 모든 존재가 연기적 관계 속에 있다고 본 불교적 존재론은 그리스도교 신학이 이원론을 극복하고 새로운 신학의 지평을 여는 통로 역할을 한 것이다. 이처럼 서구의 신학은 불교와의 만남에서 새로운 도전을 받게 되었고, 이로 말미암아 스스로의 신학적 지평을 넓히게 되었다.

불교와 그리스도교의 접근을 시도하는 신학자들의 중요한 주제 중의 하나는 불교의 공(空) 개념과 그리스도교의 신(神) 개념에 대한 새로운 해석이라고 할 수 있다. 그중에서 교토 학파의 한 사람인 아베 마사오(阿部正雄)는 이에 대하여 대단히 적극적인 태도를 보이고 있다. 그는 두 종교가 갖고 있는 기본적인 가정(假定)들을 철저하게 바꾸어 이해의 새로운 패러다임이 떠오를 수 있도록 근본적인 자기 변화를 요구하고 있다. 따라서 그는 불교의

16 정희수, 「창조와 공: 교토학파의 논점과 동양적 신학의 기초」, 『연꽃과 십자가』, 예수살기, 1993, 205-206쪽.

공 개념과 그리스도교의 신 개념을 혁명적으로 재해석할 것을 주장한다.[17] 그 이유는 불교와 그리스도교가 상호 대화를 하면 할수록 서로에게 더 깊은 종교적 차원을 열어 주는 것은 물론이고, 더 나아가 열린 차원에서 불교와 그리스도교의 진리가 과학주의 · 마르크스주의 · 프로이트 심리 분석 사상 · 니체 철학의 허무주의 등이 지닌 종교 부정의 원리를 극복하게 하고, 두 종교는 새로운 패러다임 안에서 새롭게 실현될 것이라고 전망한다.[18] 여기서 한 걸음 더 나아가 아베 마사오는 오늘날의 형태로 볼 때 불교나 그리스도교가 아직도 진정한 우주적·세계적인 종교의 모습을 갖추고 있지 못하고 있다고 본다. 불교는 동양에 있고 그리스도교는 서양에 있을 뿐이라는 것이다. 이 두 종교가 그들이 지향하고 있는 궁극적인 형태에 이르기 위해서 그리스도교는 반드시 동양적 차원을 수용해야 하고, 불교는 서양적 차원으로 발전시켜야 할 것으로 보았다. 이를 가능하게 하는 필수적인 방법은 바로 대화이며, 이 대화는 두 종교전통의 세계화와 보편화에 지대한 도움이 된다고 강조하고 있다.[19]

이제 간단하게 공 개념을 살펴보고, 어떻게 공 개념이 그리스도교 신의 '자기비움(kenosis)'과 새로운 차원에서 만날 수 있나 살펴보기로 한다. 여기에서의 만남이란 궁극적 실재에 대한 논의나 교리체계의 비교가 아니라 그 종교적 경험에 대한 대화를 의미하는 것이다.

불교는 외재적 실재인 신이나 우주의 발생 원리와 같은 초월적인 진리에서 시작하지 않고, 구체적으로 우리들이 인식할 수 있는 현실 세계에 대한

17 阿部正雄, 변선환 역, 『선과 현대신학』, 대원정사, 1996, 74쪽.

18 阿部正雄, 위의 책, 75쪽.

19 Masao Abe, "Zen and Western Thought", *International Philosophical Quarterly*, X/4, 1970, 501-541쪽 참조.

올바른 관찰과 인식으로부터 출발하고 있다. 인식 주체인 인간과 인식되어지는 대상이 만나는 곳이 일체(一切)[20], 곧 세계인데, 붓다는 그 세계의 실상을 고(苦, duḥkha)로 보았다. 붓다의 가르침의 궁극적인 목적인 해탈, 즉 인격의 완성이란 바로 고로부터의 해방을 뜻한다. 즉 붓다의 깨달음의 내용은 한마디로 고의 원인을 바로 보고, 그 고로부터 벗어날 수 있는 방법을 제시한 것이다.

붓다는 일체의 속성을 세 가지로 말하였다. 이는 고를 바탕으로 한 불교의 특징을 나타내고 있다. 모든 현상계의 사물은 영원하지 않고[無常], 따라서 일체는 괴로움이며[苦], 모든 것은 인연에 의해서 생겨난 것이기에 참다운 자아인 실체가 없다[無我]고 하였다. 변하지 않는 실체가 없다는 무아(anātman)의 원리와 모든 것이 서로 의존하고 있기 때문에 자존적인 것이 없다는 연기(pratītyasamutpāda)의 원리는 불교의 근본적 교리라고 할 수 있다. 연

---

20 불교에서 일체(一切, sarvam)라는 말은 우주 전체를 가리키는 대명사로서 세계나 세간(loka)과 같은 개념이다. 이 일체는 곧 12처(處)에 포섭된다고 한다. 인식주체인 6근(六根), 즉 안(眼)·이(耳)·비(鼻)·설(舌)·신(身)·의(意)와 인식의 대상인 6경(六境), 즉 색(色)·성(聲)·향(香)·미(味)·촉(觸)·법(法)을 합한 것을 12처라고 하는데, 모든 우주만물은 이 12처에 '들어간다'는 것이다. 처(處, yatana)란 '들어간다'는 뜻이다. 세계란 바로 인식주체와 인식대상이 만나는 곳에 들어있다고 본다. 이것은 불교의 세계관의 특징을 보여 주는 교설이다. 세계, 즉 일체를 인간의 인식을 중심으로 하여 보고 있기에 현실적인 입장에서 인식되지 않는 것은 존재하지 않는 것으로 보고 있다. 따라서 인식 범위를 넘어선 초월적인 실재에 대한 형이상학적인 논구는 일단 부정하고 있다. 여기서 인식주체인 6근의 순서가 눈, 귀, 코, 혀, 몸, 의식으로 된 것은 바로 인식 가능 거리의 크기에 따라서 정해진 것으로 볼 수 있겠다. 눈은 가장 멀리 있는 것을 볼 수 있고, 그 다음으로 귀가 소리를 들을 수 있는 거리가 멀고, 코로 냄새는 맡을 수 있는 거리는 그보다 짧다. 또한 불교의 세계관인 12처설은 철저한 실존적 입장이다. 인간이 존재하기 때문에 대상을 볼 수 있고, 소리를 들을 수 있고, 냄새를 맡을 수 있고, 맛을 볼 수 있고, 촉감을 느낄 수 있고, 생각할 수 있는 것이 아니라, 반대로 소리를 듣고, 냄새를 맡고, 맛을 보고, 촉감을 느끼고, 생각하기 때문에 존재하는 것으로 보는 것이 불교의 입장이다.

기란 사물 간의 의존적인 발생과 그 관계성을 말하는 것이다.

일체가 무상하고 연기에 의해 발생하기 때문에 우주적 힘인 브라만이나 하나 뿐인 유일신(唯一神)에 대한 관념은 불교적 관점에서 보면, 궁극적으로 부적당한 것이다. 모든 사물은 관계적으로 발생하고 서로 의존적으로 공생(共生)하고 있으므로 영원하고 실체적인 자아가 없는 것인데도, 사람들은 영원과 불멸이라는 환상에 빠져 자아에 집착하기 때문에 괴로움을 받게 된다고 본다.

이 진리의 깨달음이 바로 '지혜(Prajñā)'이며, 이 지혜를 현실 생활에서 말과 행동으로 실천하는 것이 '자비(metrakaruna)'인 것이다. 지혜와 자비가 현실적인 삶의 기초가 되며 또한 모든 형태의 속박과 집착에서 벗어나 완전한 자유의 상태를 이루게 하는데, 그것을 '열반(nirvāṇa)'이라고 한다. 이 열반에 이르는 구체적인 길이 붓다의 정신적인 깨달음과 도덕적 행위를 종합한 팔정도이다.

원시불교 이래로 전승되어 온 근본적 관념들은 용수(龍樹, Nāgārjuna)에 와서 공(空, śūnyatā) 관념으로 확립된다. 자아의 부정은 자성(svabhava)의 부정으로 논리적 전개를 하게 되고, 다시 자성의 부정은 인간의 자아와 관계된 독립적인 실재의 부정뿐만 아니라 존재나 실존의 내재적인 실체인 그 어떤 것도 부정되는 것이다. 이런 공(空)의 논리는 모든 만물의 실체는 궁극적으로 존재하지 않는다는 존재론적 부정에 이른다. 여기에서 공성(空性, śūnyatā)은 명사로서 또 다른 궁극적 실재를 상정하는 것이 아니고 객관적 존재 자체를 부정함으로써 집착을 벗어난 관점이라고 생각해 볼 수 있다.

그렇다면 불교에서는 무엇이 궁극적 실재 즉 무아의 반대 개념인 영원한 진아(眞我)이며, 그것은 과연 존재하는 것인가? 그것은 오로지 상의 상관적 관계를 통해서 발견할 수 있는데, 이 관계성을 통하여 실재를 바라볼 수 있으며, 다시 이 관계성은 실재를 해방시킨다. 여기에서 실재는 외형적인 현상(phenomena)일 뿐 어떤 '절대적인 실재(Absolute Reality)'를 뜻하는 것은 아니다. 이것을 다른 말로 바꾸면 '총체적인 구조'라고 지칭할 수 있을 것이다. 이 '총체적인 구조'는 '종교적 우주론'으로 해석할 수도 있다. 이러한 총체적인 구조 혹은 총체적인 사고는 이원론적 구조나 이원론적 사고를 초월하게 하는 길을 제시한다.

그리스도교에서 신(神)은 초월적 존재로서 유일하고 절대적이기에 인간의 이성을 초월하는 존재이지만, 신의 자기비움(kenosis)을 통하여 인간의 역사에 들어오게 되었다고 한다. 이때의 '자기비움'은 바로 하느님이 예수 그리스도로 육화되어 인간으로 나타났다는 것이다.[21] 이것을 나타내는 성경의 구절은 다음과 같다.

> "그리스도 예수는 하느님과 본질이 같은 분이셨지만 굳이 하느님과 동등한 존재가 되려 하지 않으시고 오히려 당신 것을 다 내어 놓고 종의 신분을 취하셔서 우리와 똑같은 인간이 되셨습니다. 이렇게 인간의 모습으로 나타나 당신 자신을 낮추셔서 죽기까지, 아니, 십자가에 달려서 죽기까지 순종하셨습니다."(필립보서 2, 6-8)

여기서 그리스도는 하느님과 동일한 신적(神的) 본능을 지녔으나, 신적인 지위를 포기하고 종으로 자신을 낮추었다. 그렇게 그리스도는 하느님의 모습 안에서 자신을 비웠으며, 죽음에 이르기까지 순종으로 자신을 비웠음을

---

21 이재숙, 「대승불교의 공사상과 그리스도 강생의 신비」, 『한국그리스도사상』 제3집, 1995, 92쪽.

보여준다.[22] 이러한 그리스도의 자기비움은 십자가에서의 죽음으로 완성된다고 한다. 이 완성은 인간 예수의 자기비움과 하느님의 자기비움이 일치하는 것에서 찾는다. 예수의 하느님에게 자신을 바침으로써 예수의 완전 무화(無化)가 이루어지고, 그의 인격은 존재하지 않게 되며, 인간을 위한 하느님의 사랑이 완성되는 것으로 본다.[23] 여기에서 예수 그리스도가 하느님이 되고 또 인간이 될 수 있는 것은 삼위일체의 역동적인 기능인 자기비움(kenosis)을 통해서 가능해진다는 것이다. 하느님이 삼위를 가진 하나의 존재라는 것이 성립되기 위해서는 삼위가 서로 전적으로 개방된 순수한 관계성 속에 있음을 상정해야 하고, 이런 관계성은 타자로부터 유래하는 존재인 동시에 다시 타자를 지향하는 존재이어야 하는 것이다.[24] 이와 같은 삼위일체에 대한 새로운 조명은 연기법적 사고에 힘을 입고 있는 것이다. 삼위일체 안에서 성부의 자기비움으로 예수로의 육화가 가능했고, 예수는 자기비움을 통하여 구원을 실현시켰으며, 성령은 성화적으로 자기비움을 나타내는데, 이것의 내적인 작용을 연기적 역동성으로 보게 되었다.

이처럼 삼위일체의 세 위격이 상호의존, 상호개방의 관계를 유지하면서도 아무런 장애 없이 본래의 정체성을 유지하는 것은 삼위일체가 폐쇄적이고 고정적인 상태가 아니라 그 자신 안에서 다른 이를 위하여 모든 것을 비우는 창조적인 상태라고 설명하게 되었다.[25] 이것은 다시 불교의 화엄 철학에서 보이는 법계(法界)의 상즉상입(相卽相入)의 상태에 비교할 수 있다. 법계에서는 모든 실체가 상호 관계 속에서 연기적으로 존재하기 때문에 홀로

22 阿部正雄, 앞의 책, 85쪽.

23 심상태, 「그리스도와 구원」, 『전환기의 신앙이해』, 성바오로출판사, 1988, 88-92쪽 참조.

24 이재숙, 앞의 논문, 96쪽.

25 이재숙, 위의 논문, 98쪽.

자신의 본성을 위해서 존재하는 것은 아무 것도 없다. 이처럼 하느님도 자기비움을 통하여 서로 상즉상입하는 관계를 갖게 되고, 삼위가 서로 안에서 구별이 없어지게 되므로, 자연스럽게 이원론이 극복된다고 본다. 이처럼 하느님의 자기비움을 불교의 공(空)에 비교할 수 있으며, 이러한 비교는 불교와 그리스도교의 궁극적인 실재에 대한 창조적인 대화의 단초가 될 것이다.

Ⅲ. 팔정도-깨달음을 얻는 길, 구원의 길

지금까지 공(空)과 자기비움(kenosis)의 개념을 비교하면서 불교와 그리스도교의 궁극적 실재에 대한 이해와 대화의 가능성에 대하여 알아보았다. 팔정도는 불교의 궁극적인 목표인 깨달음을 향한 구체적인 실천의 길을 제시하고 있다. 이제부터 팔정도에 대한 종래의 해석에서 벗어나 자기 개혁적인 해석을 시도해 보기로 한다. 물론 이와 같은 자기 개혁적인 해석은 팔정도의 뜻을 왜곡시킬 수 있는 위험이 있다. 그러나 이 작업은 결코 불교와 그리스도교의 교리를 비교하려는 것이 아니고, 두 종교가 갖는 종교적 체험의 공감대를 찾아내서 오늘날 요구되는 종교 간의 대화에 기여하고자 함이다.

팔정도는 열반으로 가는 길을 구체적으로 제시하고 있다. 이것은 곧 지혜와 실천의 복합적인 길이다. 불교에서의 종교적 이상이란 붓다가 이룬 깨달음의 경지를 얻는 것을 뜻한다. 인격을 완성하여 '깨달은 자', 즉 붓다(Buddha)는 스스로 자기 자신을 구원할 수 있다는 것을 보여 준다. 이 깨달음을 얻기 위한 수행법으로서 붓다가 발견한 열반으로 가는 길은 '팔정도(八正道)', 즉 '여덟 가지 거룩한 길'이다. 팔정도는 깨달음 이후의 붓다의 삶을 표현한 것이며, 동시에 깨달음을 이루려는 사람이 따라가는 길이기도 한 것이다. 팔정도는 붓다의 도덕적 행위와 정신적 깨달음을 종합하는 사상이라고 할 수 있다.

일부 서구의 불교학자들은 팔정도의 내용이 소승 불교적인 개인의 수행만을 강조한, 사회성이 없는 내용이라는 견해를 갖고 있다. 이웃의 고통과 불행을 외면한 채 자신만의 해탈을 위한 내용이라는 해석이다.[26] 또한 지금껏 팔정도를 마치 하나하나 떨어져 있는 실천 덕목으로 이해하려는 경향이 대부분이었다.

600년경 중관 학파의 바비베가(婆毘吠伽, Bhavaviveka)가 팔정도를 해탈을 인식하는 열쇠로 이해하고 적극적인 해석을 시도한 예가 있었다. 그것은 다음과 같다.[27]

(1) 정견(正見): 법신(法身, Dharmakaya)에 눈을 뜸.
(2) 정사(正思): 허망으로부터 자신을 고요히 지킴.
(3) 정어(正語): 법(法, Dharma) 앞에서 침묵하는 앎.
(4) 정업(正業): 업(業)을 짓는 행위를 하지 않음.
(5) 정명(正命): 유부(有部)의 가르침처럼 법의 불생불멸한 상주함을 인식함.
(6) 정정진(正精進): 해탈에 이르는 특별한 수행방법을 찾는 것이 무모함을 앎.
(7) 정념(正念): 존재와 비존재에 대한 곰곰이 생각하는 것을 포기함.
(8) 정정(正定): 법이나 의식(意識)의 속박으로부터 벗어나 자유로워짐.

26 Hans Wolfgang Schumann, *Buddhismus, Stifter Schulen und Systeme*, Olten, 1976, 152쪽 이하.

27 Hans Wolfgang Schumann, 위의 책, 153쪽.

그러나 위의 바비베가의 해석도 결국 고(苦)를 멸하는 길로서 팔정도를 각각 독립된 여덟 개의 해탈 열쇠로 해석한 것이다. 불교의 교설을 살펴보면, 12연기설 · 4성제 · 3법인 · 6근 등은 서로 순서에 맞게 논리적인 전개를 하고 있음을 알 수 있다. 마찬가지로 팔정도도 깨달음에 이르는 연결된 고리로서 첫 번째의 정견에서 마지막의 정정에 이르기까지 순서에 맞추어 설정된 것으로 보아야 할 것이다. 팔정도를 하나의 '흐름(srota)'[28]으로 이해하려는 경설(經說)이 있었다는 것은 연쇄적 순서로 팔정도를 해석하는 데에 뒷받침이 된다.

이제 팔정도를 따라 깨달음으로 나아가는 불교의 종교적 체험을 그리스도교의 성경에서 찾아내서 두 종교가 서로 공감할 수 있는지 알아보자. 여기에서 분명히 해 둘 것은 팔정도의 자기 개혁적 새로운 해석이 그리스도교적인 조명을 의미하는 것이 아니라는 점이다. 오히려 이와 같은 팔정도의 해석을 통하여 그리스도교 신앙의 발전 단계를 팔정도처럼 수행체계로 정형화할 수 있는가 그 가능성을 타진해 볼 수 있을 것이다.

그리스도교는 절대자의 은총에 자신의 구원을 맡기는 타력적 신앙으로 알려져 있다. 그러나 그리스도교의 신앙에도 자기 완성을 향한 모습을 찾을 수 있는데, "하늘에 계신 너희 성부 완전하심 같이 너희도 완전하라."(마태오 5,48)라는 구절에 나타난다. 여기서는 인간이 비록 나약하지만, 신과 같은 완덕을 이룰 수 있고 또 이루기를 요청받고 있는 것이다. 이것은 한편 그리스도교 신앙의 자력적인 면이라고 할 수 있다. 그리스도교 신앙인의 궁극적 목표는 그리스도를 닮아 가는 것이고, 그리스도처럼 하느님에 대한 사랑과 이웃 사랑에로 귀결된다. 다시 말해서 최고의 사랑을 완성하는 것이라고

28 *Samyutta Nikāya,* 4. p.295.

할 수 있다. 이것은 불교를 신행하는 사람은 누구나 장차 붓다가 되기 위하여 수행하는 것이며, 또 마땅히 붓다가 되지 않으면 안 된다는 요청과 같은 의미로 볼 수 있다.

(1) 정견(正見, samyak-dṛṣṭi, 바른 견해) : '진리를 향해 마주 봄, 무아의 진리를 받아들이는 결단'

윤리적 규범의 기반은 먼저 근본적인 진리를 향한 인식에 있다. 그 출발은 곧 나를 둘러싸고 있는 세상을 똑바로 인식하고 자각하는 데에 있다. 세상에 존재하는 모든 생명체는 모두 고통을 받고 괴로움의 지배를 받고 있다. 따라서 이러한 고의 극복을 위한 진리를 향해 눈을 뜨고 그 진리를 받아들이는 결단은 올바른 견해이다. 다시 말해서 연기의 원리를 찾아낸 붓다의 깨달음에 전적으로 동의하고 그 중도의 진리에 시선을 고정시키는 것이 정견이다.

그리스도교에서 하느님의 철저한 자기비움(kenosis)은 육화되어 인간 예수로 나타나고, 따라서 예수는 하느님인 동시에 인간이 된다. 예수의 생애는 끊임없는 자기비움의 상태였고, 이 비움은 "나와 아버지는 하나이다."(요한 10, 30)라고 일치를 이루게 한다. 여기에서 예수는 "나는 길이요, 진리요, 생명이다. 나를 거치지 않고는 아무도 아버지께 갈 수 없다."(요한 14, 6)라면서 스스로가 그리스도임을 선언하고, "나를 따르려는 사람은 누구든지 자기를 버리고, 제 십자가를 지고 따라야 한다."(마태오 16, 24)고 신앙에의 결단을 요구한다. 이와 같은 종교적 진리에 대한 결단은 어느 종교에서나 요구되는 보편적인 모습이다.

붓다의 깨달음을 받아들이는 결단이 정견이라는 의미는 지금까지 무아의 진리를 알지 못하고 아집과 잘못된 견해에 빠져 있던 자신을 과감하게 부정하고, 붓다의 깨달음인 연기법의 진리를 따르면, 궁극적으로 나도 붓다처럼 진리에 일치할 수 있다는 결단을 내린 것이라고 할 수 있다.

(2) 정사(正思, samyak-saṁkalpa, 바른 생각) : '진리를 항상 그리워 함, 진리를 향한 끊임없는 쏠림'

붓다의 깨달음의 진리를 받아들이기로 결단을 했으면, 그 진리를 향하여 끊임없이 그리워하는 것을 바로 정사유라고 볼 수 있다. 마치 남녀가 서로 사랑하는 사람을 늘 사랑하고 그리워하는 것처럼 마음이 진리를 향해 쏠리는 것, 진리를 향해 사랑하는 것이야말로 바른 생각이다. 따라서 이 정사, 정사유는 진리에 대한 그리움으로서, 진리를 내 안에 품겠다는 도덕성의 내면화를 의미하는 것이다. 'sam-kalpa'라는 말을 살펴보면, 'sam'이 '함께'의 뜻을 지녔고, 'kalpa'는 '맞추다'라는 뜻을 지닌 것으로 보아 정사유는 붓다의 진리에 '나의 생각을 맞춤'으로 해석해 볼 수 있다. 진리를 향한 그리움과 사랑, 즉 진리에 나의 생각을 쏠리게 하여 고정시키면, 다른 생각을 할 수 없게 됨을 말한다. 오로지 깨달음의 진리를 향한 생각, 이것을 올바른 생각이라고 한다.

예수도 마찬가지로 진리를 향한 태도로 "네 마음을 다하고 네 목숨을 다하고 뜻을 다하여 주님이신 너희 하느님을 사랑하라."(마태오 22, 37)고 요구하고 있다. 철저한 자아부정을 통한 참다운 진리와의 만남을 요구하는 것이다.

(3) 정어(正語, samyak-vāc, 바른 언어) : '진리 안에서 말의 참뜻을 살핌'

인류의 위대한 스승들은 모두 인간의 내적 평화를 가져오게 하는 온화하고 평온한 언어를 사용했다. 언어는 곧 진리의 강을 건너게 하는 배와도 같다. "언어는 존재의 집이다."라는 하이데거(Heidegger)의 말은 언어가 인간 집단 생활의 효능성을 위한 인간 정신의 산물로서 의사 소통을 위한 도구이고, 일종의 약속된 기호 체계라는 견해에 대단한 충격을 주는 말이다. 하이데거의 말은 곧 인간의 언어성에 대한 새로운 통찰이다. 즉 언어가 존재와 세계를 열어 보여 준다는 의미이다. 언어가 자아의 주관적 주체성에 의해 만들어지는 도구가 아니라 오히려 언어성이 인간으로 하여금 하나의 주체적 자아성을 갖게 한다는 말이다.

정어는 붓다의 진리에 맞추어서 말의 참뜻을 깊이 자각해야 하고, 다시 진리를 깨닫겠다는 의지의 표현으로서 말을 하라는 뜻으로 해석해 본다. 진리를 향한 쏠림과 진리에 대한 그리움의 표현으로서 하는 말은 올바른 말이 아닐 수 없다.

요한복음의 첫머리에 나오는 "한 처음 천지가 창조되기 전부터 말씀이 계셨다. 말씀은 하느님과 함께 계셨고, 하느님과 똑같은 분이셨다."(요한 1, 1)라는 구절에서 말씀은 로고스를 의미한다. 로고스는 법(法, Dharma)으로 이해할 수 있다. 붓다의 깨달음은 법, 즉 일체만유가 연기법에 의해 생성 · 소멸된다는 법을 깨달았다는 것이다. 여기에서 붓다의 법이 하느님 그리고 말씀과 일치할 수 있다는 붓다의 교설을 찾을 수 있다.

"법을 보는 이는 나를 보고, 나를 보면 법을 본다. 그것은 법을 보는 것에 의해 나를 볼 수 있기 때문이며, 그리고 나를 보는 것에 의해 법을 볼 수 있기 때문이다."[29] 붓다와 다르마가 동일시되는 것을 알 수 있다. 마찬가지로 "나를 보는 자는 아버지를 본다."(요한 14, 9)는 신약성서의 구절은 예수와 하느님을 동일시하고 있다.

---

29 *Samyutta Nikāya*, 22, p.8.

붓다는 법을 발견하고 실현시켰다. 붓다와 법이 동일시되는 것은 붓다의 자아가 완전히 법신(法身)의 상태가 된 것을 의미한다.

(4) 정업(正業, samyak-karma-anta, 바른 직업) : '늘 깨어 있는 행위'

진리 안에서의 올바른 말이 행동으로 옮겨진 것을 말한다. 지금껏 정업은 살생하지 말라, 도둑질하지 말라는 등의 계율로 이해되어 왔다. 그러나 정업은 깨어 있는 행위를 말하는 것이다. 나의 행위 하나하나가 진리를 향해 깨어 있는 것을 의미하는 것이다. 진리를 품고 이루어지는 적극적인 행위야말로 바른 행위라고 할 수 있으며, 그런 행위는 윤회를 일으키는 원인으로서의 업으로 남지 않게 된다.

신약성서에 보이는 구절로 "흥청대며 먹고 마시는 일과 쓸데없는 세상 걱정에 마음을 빼앗기지 않도록 조심하여라. 그날이 갑자기 닥쳐올지 모른다."(루가 22, 34)는, 늘 하느님을 향한 긴장을 놓치지 말고 항상 깨어 있는 삶을 영위하라는 뜻이다.

(5) 정명(正命, samyak-ājīva, 바른 생활, 바른 직업으로 의식주를 구하는 것) : '종교적으로 의식화된 생활'

정명은 바른 생활, 또는 바른 직업을 통한 바른 의식주라고 해석되어 왔다. 이것은 앞의 바른 정업에 따른 자연스런 사회 지향적 성격을 갖는 것으로 보인다. 종교적으로 의식화된 생활, 바른 가치관을 갖고 진리를 생활 속에서 체현하려는 것이 바로 정명이라고 볼 수 있다. 진리의 생활화는 도덕의 완성이고, 그것은 바른 생활이다. 타인과 내가 둘이 아니고 하나라는 것을 상의 상관성의 연기의 원리를 통해서 깨닫게 되면, 자타불이(自他不二)로써 이원론이 극복되고, 중생이 곧 붓다이고, 세속과 열반이 실체가 없이 같아지는 것이다. 이러한 지혜를 실천하는 것이 바로 자비이다. 모든 존재가 곧 나와 다르지 않다는 물아동근(物我同根)의 깨달음은 전우주적인 사랑으로 확산된다. 이 사랑은 동체대비(同體大悲), 즉 모든 존재 속에 내가 있고 내 속에 모든 존재가 들어있다는 것에 바탕을 둔 사랑이다.

여기에서 그리스도교의 "네 이웃을 네 몸같이 사랑하라."와 대비시킬 수 있겠으나, 그리스도교의 사랑은 이웃이 곧 너라는 뜻은 아니다. 그리스도교의 선행이나 사랑의 실천은 천국에 보화를 쌓는 것과 같아 사후에 그것으로 상급을 받게 된다고 한다. 자비는 자타불이에 기반을 둔 실천이기에 그리스도교의 사랑과는 다르다고 할 수 있다.

(6) 정정진(正精進, samyak-vyāyāma, 바른 노력) : '자신의 해탈뿐만 아니라 곧 이웃과 사회를 위한 노력과 관심'

종교적으로 의식화된 생활은 자신의 해탈만 지향하는 것이 아니고, 이웃과 사회를 위한 참다운 봉사와 깊은 관심 그리고 그에 맞는 실천을 의미하는 것이다. 따라서 정정진은 그렇게 올바르게 방향을 잡고 노력함을 뜻한다. 지금까지의 다섯 가지 연결 고리가 옳고 당위적인 것이며, 열반으로 이끌어 가는 길이라 해도, 실천이 따르지 않으면 소용이 없다. 왜냐하면 깨달음은 바로 정명에서 보았듯이 이웃을 향한 자비의 실천에 있기 때문이다. 올바른 노력이란 바로 깨달음을 향한 노력이고, 그 노력은 지속적인 자비의 실천을 의미한다.

성경에는 탈란트의 비유가 있다. 그 비유에서 각자에게 주어진 능력을 잘 발휘하고 게으르지 말기를 경고하고 있다.

(7) 정념(正念, samyak-smṛti, 바른 기억) : '진리를 향한 열정의 현재성'

정념은 바른 기억이라고 해석해 왔다. 그것은 진리에 대한 열정이 현재성을 지닐 것을 말한다. 진리에 대한 열정의 현재성은 시들지 않고 늘 새롭고 지루함에 빠지지 않는 것을 말한다. 진리를 향한 기쁨과 아름다움이 항상 새롭게 다가올 수 있도록 그 새로움 속으로 나를 밀어 넣는 것, 이렇게 항상 자신을 밀어 넣는 것을 기억해 내는 것이야말로 바른 기억이라고 할 수 있겠다. 그러므로 종교적 실천, 곧 구원에 이르기 위한 실천은 바로 이 순간에 바로 이곳에서 이루어져야 하는 것이지, 뒤로 미루고 주저하는 것이 아님을 말한다. 붓다의 진리를 항상 현재성 안에서 기억해 내는 일이다.

성경에서는 늘 깨어 기도할 것을 끊임없이 요구하며, 그와 함께 신앙의 현재적 실천을 강조한다. 종교적 진리가 갖는 현재성은 실천을 전제로 하고 있다. "하늘나라가 언제 올지 모른다. 도둑처럼 온다."

(8) 정정(正定, samyak-samādhi, 바른 집중, 바른 삼매) : '진리의 체현'

도덕성의 절정은 마음의 집중인 깊은 삼매로 이끈다. 내 마음의 동요가 없는 진리와의 만남이고 일치라고 말할 수 있다. 바른 삼매라는 의미는 진리와 일치된 삶을 뜻하는 것이고 열반이다. 열반은 살아 있는 동안 여기에서 얻어지는 것이고, 진리의 체현된 모습이다. 그것은 바로 진리의 체현을 통한 무한한 자유이고, 해방을 의미하는 것이다. 불교의 궁극적인 목표이다.

"진리가 너희를 자유롭게 할 것이다."(요한 8, 31)라는 성경의 가르침은 곧 하느님과의 일치를 의미한다. 진리와의 일치는 그리스도교 신앙의 완성이고, 그리스도교의 궁극적인 목표라고 할 수 있다.

지금까지 팔정도가 진리의 체현을 향한 길로서 서로 고리처럼 연결되어 있다고 보았다. 이와 같은 해석이 아직 보편적인 지지를 얻지는 못할지라도 이러한 작업은 계속적으로 이루어져야 한다. 한편으로 그리스도교 신앙의 속성과 꼭 맞아떨어지는 신앙 발전적 구조를 팔정도 안에서 제시하지는 못했지만, 이런 시도를 통해서 불교와 그리스도교 신앙이 서로 공감대를 찾을 수 있을 것으로 본다.

Ⅳ. 맺는 말

존 콥(John Cobb)과 같은 신학자는 불교와 그리스도교가 서로 대화하는 차원을 넘어서 상호 변혁으로 나아가야 한다고 하였다. 이와 같은 시대적인 요청에 발을 맞추어 불교와 그리스도교의 대화의 문턱을 낮추는 작업의 일환으로 팔정도를 통하여 두 종교의 종교 체험의 접근이 가능한 것인가를 살펴보았다. 물론 팔정도에 대한 해석뿐만 아니라 그리스도교 신학에 대해서도 충분히 검토되지 않은 부분들이 많았으며, 또한 억지에 가깝게 짜맞춘 면들이 있다. 이에 대해서는 앞으로 더 논의가 되어야 할 것이다. 다만 여기에서는 이런 무모에 가까운 작업이 두 종교 간의 대화의 장을 마련하는 데 조그만 초석이 될 수 있을 것이라는 희망과 함께 새로운 문제를 제기했다는 데에 의미를 찾아본다.

따라서 그리스도교 측에서 불교를 향해 '익명의 그리스도인'을 찾으려 했고, 그것으로써 대화의 실마리를 삼았다면, 이제는 반대로 불교 측에서도 그리스도교 안에 '익명의 불교도'를 찾아나서는 자기개혁 · 자기확산의 용기가 필요한 때라고 생각된다. 이것은 불교적 포괄주의를 표방하는 것이 아니라 불교의 자기 모습의 변혁은 이러한 시도를 통해서 가능하기 때문이다.

또한 공(空)은 신앙의 대상인 신(神)까지도 포괄할 수 있다[30]는 아베 마사오의 진술은 앞으로 불교의 공에 대한 해석이 그리스도교 신학에 많은 통로를 열어 줄 것이며, 특히 이원론적 신학 체계가 불교와의 적극적인 만남으로 극복되어 새로운 모습으로 변혁되어 갈 것으로 희망한다.

30 Masao Abe, *The Eastern Buddhist* II/2, p.28.

불교와 그리스도교의 평화

I. 들어가는 말

'평화' 개념은 동서양을 막론하고 다양한 의미로 이해되어져 왔다. 그리스어로 평화는 '에이레네(eirene)'인데, 민족 간 또는 폴리스 상호 간의 전쟁 상태에서의 일시적인 평온 기간, 즉 휴전을 의미했다. 라틴어로 '팍스(pax)'는 '에이레네'와는 달리 전쟁에 대한 반대 개념으로서 전쟁을 막기 위한 정치적 지배 체제를 공고히 하고 군사력을 동원하여 무력적으로 평정을 유지하는 소극적 의미의 평화였다. 히브리어 '샬롬(shalom)'과 아랍어 '살라암(salaam)'은 정의와 평등에 기초한 지속적인 평화를 의미했으며, 초기 기독교의 '아가페(agape)' 개념은 평화적 관계를 형성하는 데 중요한 비소유적 사랑을 의미했다.

인도에서 '아힘사(ahimsā)'는 생명체를 살해하거나 해하는 것이 아닌 '불살생'의 의미를 나타낸다. 불교나 자이나교에서 '아힘사'는 어떤 살아있는 생물을 해치는 것, 특히 살해하는 것을 일관되게 자제하는 생활 태도 혹은 양식을 의미하면서, 모든 차원의 비폭력을 뜻하는 말로 쓰이고 있다. '사타그라하(satyāgraha)'는 문자 그대로 '진실을 향한 주장 혹은 고수', '진리파지'의 의미를 지닌다. 간디에 의해 정의된 용어로서 단순히 수동적인 저항을 넘어선 사회적 행동으로서의 비폭력을 의미한다. 이러한 사회적 행동으로서의 비폭력이야말로 '참된 진실을 향한 주장'이라는 의미를 지닌다.

나아가 베다의 '샨티(śānti)'는 '그치다, 진정시키다, 고요하게 하다'는 말로서 '마음의 적정·평화·고요·평온'이라는 뜻이다. 이 개념은 내적 자아의 평화적 의미로 사용된다. 불교에서 '메타(mettā)' 개념이 친구라는 의미의 'mitra'와 'maitrī'에서 파생되어 나왔다는 것은 일체중생에게 타자가 아닌 친구처럼 자애로운 마음을 지녀야 함을 의미한다. 인간과 다른 모든 생명체에 대해 친절하고 연민을 가지려는 마음인 '메타'에서 평화의 의미를 도출해 낼 수 있다. 중국에서 '허핑(和平)'은 좁은 의미에서는 전쟁이 없는 상태를 말하고, 넓은 의미로는 사람들이 서로 화목하게 지내고, 개인과 사회, 자연의 모든 사물이 평형과 조화를 이룬 상태를 말한다.

이처럼 평화라는 개념은 단순히 전쟁이 없는 상태로서의 소극적 의미만 지닌 것이 아니라, 관계 안에서 야기되는 차별, 불평등의 구조적 폭력, 인간이 자연에게 가하는 생태적 폭력에 반대되는 의미도 지닌다. 나아가 평화의 개념은 내적 자아와 타자의 올바른 관계성을 위한 의미로서 내적 성찰까지도 포함하고 있다.

오늘날 인류가 자연환경의 오염, 생태계 파괴, 핵무기 위협, 끊임없는 분쟁 등의 위기에 직면해 있는 상황에서는 무엇보다도 평화의 회복을 위한 종교의 가르침이 새롭게 부각되어야 할 것이다. 또한 끊이지 않는 종교 간의 갈등에서 빚어지는 분쟁과 폭력을 보고 혹자는 종교가 평화를 조성하는 것이 아니라 오히려 종교는 평화의 적이라고 말하기도 한다.

불교와 그리스도교 속에서 찾아낸 '평화의 가르침'의 단초는 '자기부정의 길'에서 시작한다고 할 수 있다. 현대사회에서 종교 간의 평화와 소통을 위한 실천 방법과 더 나아가 생태계의 평화까지도 '자기부정의 길'에서 찾을 수 있는지 그 가능성을 모색하고자 한다. '타자에 대한 책임'을 위해 전제되는 '자기부정의 길'은 그리스도교의 '자기비움(kenosis)'과 불교의 '무아(anātman)' 개념이라 할 수 있다. 그리스도교의 '자기비움'과 불교의 '무아' 개념은 현대사회에서 평화의 기반이 되는 사회윤리적 연대성을 각성하게 하는 토대가 될 수 있을 것이다.

본 논문에서는 내적성찰로서의 평화의 기반이 되는 그리스도교의 '자기비움'과 불교의 '무아'를 대비시키면서 평화를 향한 실천 방법을 제시하는 데에 목적이 있다. 그리스도교에서의 평화 실천은 정의의 실현이고 구체적인 모범은 예수가 보여 준 자기비움을 통한 사랑의 완성이다. 즉 예수는 십자가에서 자기비움의 죽음을 통하여 평화의 완성을 보여 준 것이다. 붓다는 춘다의 공양이 원인이 되어 입멸을 맞게 되는데 여기에서 붓다는 진정한 무아의 완성으로서 열반의 모습을 보여 주고 있다.

불교의 평화는 무아를 기반으로 한 무차별적 사랑에 근거한다. 이 무아의 실천은 자비로 나타나는데, 그 구체적인 실천을 팔정도에서 찾아보려고 한다.

Ⅱ. 그리스도교의 평화

1. 정의의 실현으로서 평화

그리스도교 발생 당시 로마는 군사력으로 세계를 정복하고 그 군사력으로 평화를 유지하고 있었다. '로마의 평화(Pax Romana)'는 지배계급 위주의 평화였다고 할 수 있다. 로마의 지배를 받던 식민지 민중들은 착취와 폭력으로 고통을 당하고 있었다. '로마의 평화'는 진정한 의미에서 지배계급이 현상 질서를 유지하기 위해 무력으로 진압한 지배자를 위한 평화였던 것이다.

이러한 분위기 속에서 예수는 당시의 '로마의 평화' 개념을 달리 해석함으로써 새로운 시대의 도래를 예고하였다. '예수의 평화(Pax Christi)'는 먼저 동족인 이스라엘 민족이 만나거나 헤어질 때 늘 주고받았던 인사 '샬롬(shalom, 평화)'을 재해석하는 데서 드러나고 있다.[1] 예수는 제자들을 이스라엘 각지로 떠나보내면서 다음과 같이 당부하였다.

> "어느 집에 들어가든지 먼저 '이 댁에 평화를 빕니다!' 하고 인사하여라. 그 집에 평화를 바라는 사람이 살고 있으면 너희가 비는 평화가 그 사람에게

---

1 구약성경에서 평화를 뜻하는 '샬롬(shalom)'은 '샬렘(shalem)'이라는 동사에서 나온 명사로서, 사전적 의미는 강건함 · 전체 · 완전함이라는 뜻으로, 단순히 전쟁이 없는 부정적인 의미가 아니라 그 자체로 만족하는 긍정적인 의미를 가지고 있다. 샬롬은 이스라엘 민족의 아침 인사로 '샬롬 알레캠(salom alekem, 평화가 당신에게)'이라고 한다. 이는 육체적·정신적으로 조화와 통일을 이룬 온전함(Wholeness), 완전함(Completeness)을 뜻한다. 즉 개인의 안녕과 공동체의 안전을 의미하는 폭넓은 개념이라 할 수 있다. 나아가 샬롬은 신과의 관계 안에서 인간의 온전함을 신으로부터 부여받는 평화를 의미한다. 따라서 신으로부터의 관계성의 단절, 곧 소외는 삶의 좌절이며 폭력을 야기한다고 보았다. 박신배, 『평화학』, 프라미스키퍼스, 2011, 85-87쪽, 104-108쪽 참조.

머무를 것이고 그렇지 못하면 너희에게 되돌아올 것이다.”[2]

어느 집에 들어가서 ‘이 집에 평화’라고 인사하는 하는 것이 일상에 불과한 것일 수 있다. 그러나 예수가 제자들에게 평화의 인사를 당부한 이유는 이스라엘 민족에게 메시아의 평화를 전하라고 한 것이었으며, 하느님 나라를 선포하기 위한 것이었다고 할 수 있다. 또한 예수가 사후에 제자들 앞에 나타나 “여러분에게 평화를 빕니다.”[3]라고 인사하고 “나는 여러분에게 평화를 남겨 두고 갑니다. 여러분에게 내 평화를 줍니다. 내가 여러분에게 주는 것은 세상이 주는 것과 같지 않습니다. 여러분은 마음으로 당황하지도 말고 혼겁하지도 마시오.”[4]라고 하였다. 여기서 예수가 제자들에게 전하고자 한 평화의 의미가 무엇인지 살펴볼 필요가 있다.

먼저, 비폭력으로서의 평화라고 할 수 있다. 예수는 제자들을 이스라엘 각지로 파견하면서 지시하기를 “길을 떠날 때에 자루도 속옷 두 벌도 신발도 지팡이도 지니지 마시오.”[5]라고 하였다. 당시 팔레스티나에서 지팡이는 길을 걸을 때 보조 도구일 뿐만 아니라 강도나 짐승을 만났을 때 가난한 사람들이 대적할 수 있는 유일한 무기였으며, 신발은 재빨리 도망갈 수 있는 수단이자 장거리 여행에서 필수품이었다. 그런데 예수가 제자들에게 평화의 선포를 위해 길을 떠나면서 지팡이와 신발, 심지어 속옷마저 포기하라고 명한 것은 평화선포가 남을 공격하지 않는 것뿐만이 아니라 자기 방어까지도 전적으로 포기하라는 것이다. 무방비 상태에서 평화를 선포함으로써 비폭력의 평화를

---

2 루가 10, 5-6; 마태 10, 12-13.

3 루가 24, 36; 요한 20, 19; 20, 21; 20, 26.

4 요한 14, 27.

5 마태 10, 10; 루가 9, 3.

온 몸으로 보여줄 것을 요청한 것이라 할 수 있다.[6]

비폭력으로서의 평화는 다음에서 보이는 것처럼 이웃과의 수평적 관계를 통해 드러나고 있다.

> "당신이 제단에 당신의 예물을 바치려 할 때에 당신 형제가 당신에게 원한을 갖고 있다는 것을 기억하게 되거든 당신의 예물을 거기 제단 앞에 두고 물러가서 먼저 당신 형제와 화해하시오, 그리하고 난 후에 당신의 예물을 바치시오."[7]

예수는 메시아의 평화, 신의 나라의 평화를 베풀기 위해 먼저 이웃과의 관계성을 회복할 것을 요청하고 있는 것이다. 이러한 요청은 바로 예수가 강조한 사랑의 실천에서 나타난다. 예수가 설파한 이웃사랑은 새로운 가치를 실현하기 위한 비폭력의 저항이었다고 할 수 있다. 예수는 어떻게 비폭력적으로 저항할 것인지 구체적으로 다음과 같이 명한다.

> "눈은 눈으로, 이는 이로 갚으라는 것을 너희가 들었으나 너희는 악한 자를 대적하지 말라. 누구든지 네 오른 뺨을 치거든 왼편도 돌려대며, 또 너를 고발해 속옷을 가지려는 자에게 겉옷까지도 주며, 또 누구든지 너를 억지로 오 리를 가게 하거든 그 사람과 십 리를 동행하고, 네게 구하는 자에게 주며 네게 꾸고자 하는 자에게 거절하지 말라."[8]

---

6 G. 로핑크, 정한교 역, 『예수는 어떤 공동체를 원했나?』, 분도출판사, 1985, 95쪽 참조.

7 마태 5, 23-24.

8 마태 5, 39-44.

당시 고대사회에는 '눈에는 눈 이에는 이'와 같은 동해복수법(同害復讎法, talion)이 일반적이었다. 그런데 예수는 이러한 복수법과는 달리 오른쪽 뺨을 치거든 오히려 왼편 뺨까지도 돌려대라고 하고, 속옷까지 내주라고 하며 심지어 십 리까지 동행하라고 명하고 있다. 이러한 행위는 분명 단순한 체념이 아니라 비폭력적 저항을 구체화시킨 사랑의 실천이었다고 해석할 수 있을 것이다.

오른쪽 뺨을 내어 주고, 겉옷까지 내어 주고, 십 리까지 동행한 약자들은 강자들의 부당한 횡포에 무력으로 대항한 것이 아니라 오히려 요구하는 것 그 이상을 더 내어 준 사람들이다. 이러한 약자들의 완전한 내어 줌, 완전한 비움이 단순히 포기나 체념을 뜻하는 것이 아니라 올바른 관계 회복을 위한 내어 줌이라는 것이다. 예수의 이러한 비폭력의 사랑은 피가해자가 가해자에게 올바른 당혹감을 느끼게 하는 '이화(異化)' 효과를 가져온 것이며, 자기 통찰에 이를 수 있는 '변증법적 역전'을 불러일으켰다고 할 수 있다. 이로써 동해복수의 법칙은 깨지고, 비폭력으로 저항할 수 있는 각자의 의지의 표현이자 몸짓이 그 힘을 발휘하게 되는 것이다. 나아가 '원수를 사랑하고, 약자들을 박해하는 사람들을 위해 기도할 수 있는' 내적 자유를 얻게 되는 것이다. 따라서 예수가 요청한 사랑은 바로 약자가 강자와의 부당한 관계를 회복하고, 자신과 이웃과 세계를 자유롭게 볼 수 있도록 초대하는 계명이라고 할 수 있다.[9]

그렇다면 비폭력의 저항으로 정의로운 사회를 이루어낸 세상은 어떤 모습일까? 그 사회의 모습은 바로 예수의 산상수훈에서 잘 묘사되고 있다. 즉 마음이 가난한 사람들이 행복해하는 사회이고, 슬퍼하는 사람이 행복해하고

---

9 미야다 미쓰오, 정구현 역, 『그리스도교와 웃음』, 가톨릭대학교출판부, 2000, 109-111쪽 참조.

위로를 받을 수 있는 사회이며, 옳은 일에 주리고 목마른 사람이 행복해하고 만족해하는 사회일 것이다. 또한 사랑을 베풀고 마음이 깨끗한 사람들이 행복해하는 사회일 것이다.[10] 이와 같이 예수의 이 산상수훈은 행복의 선언이자 평화의 선언으로서 진정으로 아름다운 사회는 비폭력으로 정의가 실현되는 사회이며 바로 그 사회는 평화의 사회라는 것을 알려 준 것이다.

2. 예수의 자기비움(kenosis)과 평화

비폭력 저항의 절정은 예수의 자기비움(kenosis)[11]을 통한 십자가상의 죽음에서 확인할 수 있다. 필립보 2장 6–8절은 예수의 '자기비움'을 다음과 같이 표현하고 있다.

> 그리스도 예수는 하느님과 본질이 같은 분이셨지만 굳이 하느님과 동등한 존재가 되려 하지 않으시고 오히려 당신 것을 다 내어 놓고 종의 신분을 취하셔서 우리와 똑같은 인간이 되셨습니다. 이렇게 인간의 모습으로 나타나 당신 자신을 낮추셔서 죽기까지, 아니, 십자가에 달려서 죽기까지 순종하셨습니다.[12]

---

10 마태 5, 3–10 참조.

11 케노시스(kenosis)는 약 1세기부터 그리스도교 신학에서 일반적으로 육화(肉化)와 동의어로 사용되어져 왔다. 케노시스가 육화의 뜻으로 쓰이는 근거는 그리스도교의 하느님이 '자기비움(kenosis)'을 통하여 인간의 역사에 개입했다는 점에서 찾는다. 이때의 '자기비움'은 하느님이 예수 그리스도로 육화되어 인간으로 나타났다는 것을 말하는 것이다. 이재숙, 「대승불교의 공사상과 그리스도 강생의 신비」, 『한국그리스도사상』 제3집, 한국그리스도사상연구소, 1995, 92쪽 참조.

12 필립보 2, 6–8.

여기서 주목할 점은 예수가 신과 동일한 신적(神的) 본능을 지녔으나 신적인 지위를 포기하고 가장 미천한 종의 모습으로 자신을 낮추었다는 것이다. 더욱이 예수는 '자신을 낮추어 십자가에 못 박히는 순종'을 했다는 점이다. 예수가 자신을 낮춘 일은 자신을 비울 때만 가능한 일로서, 이 비움은 이웃을 위한 그리스도교의 자기희생적 사랑을 나타내고 있다.[13]

그렇다면 예수의 자기비움과 자기버림은 부분적인가 아니면 완전한 것인가? 예수는 자신의 신적인 실체를 버리고 십자가에 처형되는 극한에 이르기까지 인간적 실체를 취했다고 볼 수 있다. 이러한 의미에서 예수의 자기비움은 철저하고 완전한 자기부정의 실체 변화라고 할 수 있다.[14]

이러한 예수의 자기비움은 십자가에서의 죽음으로 완성된다. 이 완성은 인간 예수의 자기비움과 하느님의 자기비움이 일치하는 것에서 찾는다. 즉 예수가 하느님에게 자신을 바침으로써 예수의 완전 무화(無化)가 이루어지고 그의 인격은 존재하지 않게 되며 이로써 인간을 위한 하느님의 사랑이 완성되는 것으로 볼 수 있다.[15]

예수가 '스스로'를 비워 종의 모습을 취했다는 것은 하느님의 사랑에 근원을 두고 있으면서 하느님의 뜻에 의해 이루어진 행위라 할 수 있으며, 하느님의 경우에 있어서 자기비움은 하느님의 본래적인 본성, 곧 사랑 안에 함축되어 있다고 볼 수 있다. 이에 대하여 칼 라너(Karl Rahner)는 예수의 죽음이 곧 하느님의 죽음이라고 하면서 다음과 같이 해석하고 있다. "하느님이 사랑 안에서 사랑으로 자신을 내어 줌에 따라 하느님이 자신의 죽음 안에서 실현

---

13 최종석, 「붓다와 예수의 웃음: 갈등과 충돌에서 해탈과 해방으로」, 『종교연구』 54집, 한국종교학회, 2009, 47쪽 참조.

14 존 캅 외, 황경훈, 류제동 역, 『텅 빈 충만: 空의 하느님』, 우리신학연구소, 2009, 45-46쪽 참조.

15 심상태, 『그리스도와 구원, 전환기의 신앙이해』, 성바오로출판사, 1988, 88-92쪽 참조.

되고 드러내었으므로, 우리가 '소유하는' 하느님은 하느님에 의한 극단적인 포기-이를 통해 하느님 홀로 궁극적으로 우리에게 오시는-를 언제나 관통해야 한다(마태 27, 47; 마르 15, 4). 예수의 죽음은 하느님의 자기 발언이라 할 수 있다."[16]

나아가 예수가 하느님이 되고 또 인간이 될 수 있는 것은 삼위일체의 역동적인 기능으로 자기비움(kenosis)을 통해서 가능해진다는 것이다. 그리스도교의 신이 삼위를 가진 하나의 존재라는 것이 성립하기 위해서는 삼위가 서로 전적으로 개방된 순수한 관계성 속에 있음을 상정해야 하고, 이런 관계성은 타자로부터 유래하는 존재인 동시에 다시 타자를 지향하는 존재이어야 한다는 것이다.[17] 따라서 삼위일체 세 위격의 자기비움과 자기부정은 '자기의 해체'를 통한 '타자성의 획득'으로 볼 수 있다. 나아가 '서로의 차이를 극복하는 화해'이며 폭력을 비폭력으로 승화시키는 '평화의 씨앗'이라고 해석할 수 있다.

지금까지 살펴본 바와 같이, 예수는 실존론적 자기부정을 통한 자기비움으로 차별적 정의를 넘어서는 무조건적 사랑을 보여 주고 있다. 그렇기 때문에 예수는 "정녕 자기 목숨을 구하려는 사람은 목숨을 잃을 것이고, 나 때문에 자기 목숨을 잃는 사람은 목숨을 얻을 것이다."[18]라고 하였다. 자신의 생명을 부정하고 자신의 죽음을 온전하게 받아들일 때, 자기생명과 자기죽음에 대한 완전한 비움이 있을 때, 비로소 자신의 생명이 새롭게 태어날 것이라는 것을 강조한 것이다. 이로써 새롭게 태어난 사람에게 있어서 자기는 더 이상 자기가 아니고, 오히려 '참다운 자기'가 되었다고 본다. 자신의 '완전한

---

16 Karl Rahner, *Sacramentum Mundi*, vol. 2, Burns and Oates, 1969, pp.207f.

17 이재숙, 앞의 논문, 96쪽.

18 마태 10, 3-9.

해체'를 통해 '타자성을 획득'하였기 때문에 '평화의 씨앗'을 간직한 새사람이 되었다는 것이다. 그리스도교에서 비폭력의 평화는 완전한 자기비움과 자기부정을 전제로 하는 내적 변화를 기반으로 한다고 볼 수 있다. 현대사회에서의 종교 간의 갈등의 문제나 생태폭력의 문제 해결도 바로 자기비움과 자기부정을 전제로 하는 내적 변화에서 찾을 수 있을 것이다.

Ⅲ. 불교의 평화와 소통 – 무아의 실천

1. 붓다의 깨달음, 연기법
– 모든 존재를 사랑하기 위한 전제조건으로서 무아

인간의 궁극적 문제를 해결하여 대자유를 얻는 것을 깨달음이라 하고 그 깨달음의 가르침은 불교라 할 수 있다. 궁극적인 문제를 해결하여 대자유를 얻은 깨달은 자, 붓다의 가르침은 생명체든 무생명체든 모든 존재에 적용된다. 이는 모든 중생에게 대자유의 행복과 평화를 주는 가르침이다. 붓다는 진리에 대한 무지인 무명(無明, avidya)으로부터 인간의 모든 괴로움이 연기되고 있는 모습을 체계적으로 관찰하여, 그 무명과 욕망을 없앰으로써 열반을 증득하였다.

붓다의 깨달음은 '모든 것은 원인에 의해서 결과가 있으며, 모든 것은 그 어느 것도 홀로 있는 것이 아니라 서로 관계에 의해서 존재함을' 밝힌 연기법이다. 연기법은 존재의 관계성을 밝힌 가르침이다. 연기법(pratītyasamutpāda)은 수많은 조건들(pratītya)이 함께(sam) 결합하여 일어난다(utpāda)는 존재의 상호의존적 발생을 말하는 것이다. 인식주체인 육근(六根)

이 여섯 가지의 인식대상(六境)을 만나서 여섯 가지의 정신적 작용(六識)이 일어난 것을 12처라고 한다. 12처는 물질계와 정신계가 연기라는 원리에 의해서 통합되어 작용하는 하나의 세계이다. 즉 불교에서 말하는 세계, 일체는 나와 아무런 상관도 없는 세계를 말하는 것이 아니라, 여기 있는 나를 주체로 하여 나와 만나는 모든 것들을 합한 것을 의미한다.

세상에 존재하는 것 어느 것 하나 영원불멸하는 고정된 것이 있을 수 없고(諸行無常), 연기된 것은 서로서로 수고스럽게 존재하려고 힘을 들이고 있다(一切皆苦). 어느 것 하나 독자적으로 생성하여 존재하는 것이 아니다. 따라서 독립된 실체로서 독자적 동일성을 유지하며 존재하는 것이 없게 된다(諸法無我). 그렇지만 비록 모든 존재들이 실체가 없고, 끊임없이 변하는 것이라 해도 무질서하게 변하는 것은 아니다. 모든 것이 변하지만 그 변화 속에는 일정한 법칙, 즉 '인과의 법칙'에 의해서 진행된다. 또한 모든 사물은 서로 관계를 맺고 의지하여 생겨나고 사라진다. 모든 존재는 이와 같은 관계 속에서 끊임없이 서로 영향을 주고받으면서 존재하는 것이다. 이처럼 존재와 존재 사이에는 상의상관성(相依相關性)을 지닌다.

이를 『잡아함경』 335에서는 다음과 같이 말하고 있다.

> "이것이 있으므로 저것이 있고, 이것이 없으면 저것도 없으며, 이것이 생기면 저것도 생겨나고, 이것이 없어지면 저것도 없어진다."

이처럼 모든 것은 연기의 법칙 속에서 존재하기 때문에 어느 하나도 홀로 독립된 영원한 것은 없고, 서로의 관계 속에서 변하면서 존재하는 것이다. 연기론에서는 모든 존재를 평등하게 바라보며 모든 존재는 서로 뗄 수 없는 관계 속에서 한 시스템을 이루고 있다고 본다. 이것이 존재하는 모든 중생을 향한 연기론적 시선이다. 존재와 존재 사이의 경계를 허무는 것이 무아론이다. 존재의 개체를 인정하지 않는 것이 아니라, 존재의 실상은 끊임없는 관계 속에서만 존재할 수 있다는 점을 드러내는 것이다. 따라서 무아론의 핵심은 한 개체가 어떻게 타자와의 관계성 안에서 존재할 수 있는지 그 존재의 실상을 알게 하려는 것이다.

그러나 당시 브라만의 종교전통에서는 붓다의 연기론적 무아(無我)를 받아들이기 어려웠다. 인도뿐만 아니라 모든 문화권에서 인간에게는 변하지 않는 영구적 실체로서 '영혼'이나 '자아' 또는 '정령'이 있다고 믿어 왔다. 세계종교인 유대교, 그리스도교, 이슬람교, 힌두교, 자이나교에서도 인간의 영혼이 불멸하는 실체라고 가르치고 있다. 철학에서도 소크라테스나 플라톤 그리고 칸트 같은 철학자들도 영혼을 변치 않는 실체로 인정한다.[19] 특히 붓다 이전의 브라만교에서 오랫동안 믿어 온 영혼인 아트만(ātman)과 자이나교의 지와(jīva)를 정면으로 부정하는 무아(無我, anātman)는 당시의 사람들에게 받아들이기 어려웠던 것이다. 붓다는 인간에게는 영구 지속적인 실체가 없다고 가르치고 있다. 그러나 무아설이 영혼 자체를 부정한 것이 아니라 연기되어진 오온을 넘어선 불변적인 실체를 인정하지 않는 것뿐이다. 붓다는 변화하는 자아는 인정하지만 불변의 실체적 자아는 환상이나 망상일 뿐이라고 거부하는 것이다.[20]

무아(無我)는 연기론의 핵심이다. 무아는 존재와 존재를 구별 짓는 존재의 고유성과 독립성을 부정하는 것이 아니다. 모든 존재들의 본질적 의미를 존재 사이의 관계성 안에서 찾는 것이 무아의 개념이다. 무아는 존재와 존재의 만남에서 존재는 새롭게 변화하고 서로 영향을 주고받게 된다는 점을 강조

19 뿔리간들라, 이지수 역, 『인도철학』, 민족사, 1991, 68쪽에서 재인용.
20 뿔리간들라, 위의 책, 69쪽.

한다. 존재의 참모습은 시간의 흐름이 정지된 곳에 있는 것이 아니다. 존재의 실상은 시간의 흐름 속에 있다.

무아의 가르침은 존재와 존재 사이의 관계성의 중요함을 알려 준다. 따라서 무아는 중생들 사이의 관계성을 회복하여 평화롭게 하는 길을 열어 준다. 거의 모든 종교와 철학에서는 인간이 영구적인 영혼이나 자아를 갖고 있다고 가르치면서 다른 한편으로는 관용과 비이기성(非利己性)을 권고하고 있다. 그러나 인간이 변치 않는 영원한 자아나 영혼을 갖고 있다고 믿으면서, 자기 자신을 철저히 부정하고 비이기적으로 된다는 것은 쉬운 일이 아닐 뿐더러 오히려 부자연스럽다고 할 수 있다. 자비와 사랑의 실천이 영혼을 구원하고 천국으로 가기 위한 행위라면 그것은 또 다른 차원의 이기성의 발로이다. 여기에서 붓다의 무아에 대한 진실된 깨우침이야말로 모든 존재를 사랑할 수 있는 전제조건을 제시한 것이다. 무아는 중생 사랑의 전제조건이며, 무아는 모든 존재와의 온전한 관계의 평화를 이루기 위한 기반이 되는 것이다. 그렇기에 뿔리간들라(Puligandla)는 붓다의 무아설에 대하여 인간의 도덕적 발달에 가장 도움이 되는 존재론이라는 해석을 하게 된다.[21]

불교의 무아관은 존재의 실상을 밝히는 존재론적 이해를 넘어서 모든 중생을 향하여 자기를 열고 비우게 한다. 자기부정의 절정이다. 무아는 자신을 둘러싸고 있는 모든 존재와 뗄 수 없는 불이(不二)의 관계라는 것을 실제로 실천하게 하는 사랑의 대원리인 것이다. 이것이 곧 붓다가 알려 준 무아의 평화의 실천이다. 다시 말해서 모든 존재를 사랑하기 위한 전제조건으로서 무아는 타자와의 경계를 소멸하게 하고 모든 존재와 평화를 이루게 하는 근본원리인 것이다.

---

21 뿔리간들라, 위의 책, 72-73쪽.

2. 붓다의 열반 – 춘다의 공양을 받아들이는 사랑과 평화의 완성

우리에게 주어진 과제는 불교에서의 평화는 무엇이며, 그 평화는 오늘날 어떻게 해석되어져야 하고 또 어떤 의미를 갖는지 살펴보는 일이다. 여기에서 붓다의 열반 사건을 통하여 불교적 평화의 의미를 살펴보고자 한다. 붓다의 열반을 일회적인 초월적 사건으로만 이해해서는 안 된다. 무아 사랑의 극치를 보여준 붓다의 열반을 카이로스(Kairos)적 평화의 완성으로 받아들이는 것이 중요하다. 다시 말하면 무아 사랑의 극치를 보여 준 붓다의 열반을 일회적 사건으로만 기억하는 것이 아니라 평화의 실천으로서 반복적으로 그리고 지속적으로 받아들이는 일이 붓다의 길을 따르는 것이다.

열반(nirvāṇa)은 '불어서 끄다'라는 말로서 모든 번뇌와 갈애를 끊었다는 말이다. 윤회의 고리는 끊기고 모든 형태의 속박과 집착으로부터 벗어나 완전한 자유의 상태, 해탈을 이루게 되는데 이것을 열반이라고 한다. 존재의 불완전성의 원초적 근거는 무명이다. 존재의 본성에 대한 진리를 이해하고 무집착과 평정을 이룬 열반은 무명이 사라진 상태이다.

열반을 성취하면 인간의 생존도 함께 소멸되는 것으로 이해해서 죽음과 동일시하는 견해는 올바른 열반관이 아니다. 붓다는 "나는 심지를 끌어내린다. 불길이 꺼지는 것, 그것이 마음의 구제이다."[22]라고 했다. 열반은 생존한 상태에서 얻어지는 것이지, 죽은 후에 기대되는 낙원의 개념이 아니다. 열반을 성취한 사람은 완전한 인식과 완전한 평화와 완전한 지혜를 갖고 인간을 구속하는 모든 속박으로부터 완전히 해방된다.[23]

여기에서 우리는 붓다가 장엄하게 무여열반을 맞이하는 장면을 통하여

---

22 Therigatha 116.

23 뿔리간들라, 앞의 책, 1991, 62쪽.

붓다의 평화의 완성을 볼 수 있다.

대장장이 춘다는 세존께서 파바 마을에 도착하시어 '춘다의 망고 동산에 머물고 계신다'는 이야기를 듣고 자신의 집에 딱딱하고 부드러운 갖가지 맛있는 음식은 준비하였다. 그 가운데는 수카라맛다바(연한 돼지고기 또는 버섯 요리) 요리도 섞여 있었다. 세존께서는 준비한 음식 가운데서 수카라맛다바가 있는 것을 아시고, 대장장이 춘다에게 말씀하셨다.
"춘다여! 이 수카라맛다바는 모두 내 앞으로 가져오도록 하고, 비구들에게는 다른 것을 올리도록 하여라."
"잘 알았사옵니다, 세존이시여!"라고 대답한 대장장이 춘다는 준비한 수카라맛다바는 모두 세존께 드리고, 비구들에게는 다른 갖가지 음식을 올렸다. 이렇게 공양이 끝나자, 세존께서 춘다에게 말씀하셨다.
"춘다여! 이 남은 수카라맛다바는 구덩이를 파 그곳에 모두 묻어라. 춘다여! 이 세상에 이것을 먹더라도 완전하게 소화할 수 있는 사람은 악마와 범천, 신들과 인간들, 사문과 바라문을 포함하더라도 여래 이외에는 없기 때문이니라."
이렇게 대장장이 춘다로부터 공양을 받으신 세존께 심한 병이 엄습하였다. 피가 섞인 설사를 계속하는 고통으로, 죽음이 오고 있음이 느끼셨다.
그러나 그런 고통에도 불구하고 세존께서는 마음으로 괴로워하지 않으시고, 바르게 사념하시고 바르게 의식을 보전하면서 지그시 고통을 참으셨다. 그리고 이런 고통이 차츰 치유될 무렵, 세존께서는 아난다 존자에게 말씀하셨다.
"자, 아난다여! 우리들은 지금부터 쿠시나가라로 가자."
쿠시나가라에 도착하시어 바가라(비구가 입는 옷)를 겹쳐 모으시고 옆으로 몸을 눕혔다. 그리고 아난다 존자에게 말씀하셨다.

"아난다여! 장차 저 대장장이 춘다에게 비난이 있을지도 모른다. 즉 '그대 춘다여! 여래께서는 그대가 올린 공양을 마지막으로 입멸하셨다. 그것은 너에게 이익됨이 없을 것이다.' 그리고 아난다여! 그로 말미암아 대장장이 아들 춘다는 나에게 최후로 올린 공양을 후회할지도 모른다. 그러면 아난다여! 너는 이렇게 말하여 그를 위로하여라. '그대 춘다여! 조금도 후회할 것 없소. 여래께서 당신이 올린 최후의 공양을 드신 뒤 입멸하셨다는 것은 당신에게는 참으로 경사스럽고 좋은 일이오. 이렇게 말하는 것은, 그대 춘다여! 세존께서는 생전에 나에게 다음과 같이 말씀하셨기 때문이오. 음식을 시여(施與)함에는 큰 공덕과 큰 이익이 있는데, 그 가운데서도 뛰어난 큰 공덕을 가져오는 것이 두 가지가 있나니, 이들 두 가지가 가져오는 결과는 모두 같아 서로 우열이 없다. 그러면 그 두 가지 음식의 시여란 무엇인가? 하나는 그것을 먹고 여래가 위없는 바른 깨달음을 얻어 부처가 될 때이고 또 하나는 그것을 먹고 여래가 남김 없는 완전한 열반의 세계(無餘涅槃界)에 들 때이니라. 이러한 두 가지 음식을 시여한 공덕은 모두 동등하여 서로 우열이 없는데, 다른 음식의 시여와 비교한다면 훨씬 큰 이익과 복덕을 가져오느니라. 춘다 존자는 장차 장수를 가져오는 행위를 성취하며, 좋은 태어남으로 나아가는 행위를 성취하며, 안락함으로 나아가는 행위를 성취하며, 명성을 얻는 행위를 성취하며, 혹은 천계로 나아가는 행위를 성취하고, 춘다 존자는 왕후로 나아가는 선업을 쌓은 것이오. 이 얼마나 훌륭한 일이 아니겠소.'라고. 아난다여! 춘다에 대한 비난을 이렇게 말하여 춘다를 변호하고 위로하여라."

그리고 세존께서는 다음과 같이 기쁨의 시를 노래하셨다.

"베푸는 사람에게 복은 증가하고, 자제로운 사람은 원망하지 않으며, 선한 사람 나쁜 과보 받지 않고, 탐진치는 다하여 열반에 들으리."[24]

위의 장면에서 붓다는 춘다가 준비한 음식 가운데서 수카라맛다바를 먹으면 입멸에 들게 된다는 것을 이미 알았다. 그래서 다른 제자들에게는 수카라맛다바를 먹지 못하게 하였다. 그러면 왜 붓다는 춘다가 올리는 음식을 기꺼이 받아들인 것일까? '이 음식을 먹으면 죽게 된다'는 것을 알게 된 보통 사람 같았으면 분명 그것을 먹지 않고 물리쳤을 것이다. 그러나 붓다는 탐진치를 극복하고 깨달음을 증득한 상태였기에, 다시 말하면 무아를 완성한 존재이기 때문에 기꺼이 춘다의 공양물을 받아들일 수 있었던 것이다. 춘다가 세존께 공양하여 공덕을 지을 수 있는 기회를 빼앗지 않으려고 한 붓다의 위대한 사랑에 주목해야 할 것이다. 깨달은 자 붓다는 죽음을 넘어서는 위대한 사랑을 실천하고 무아를 실현하면서 평화의 완성을 보여 주고 있다.

진정한 불자의 삶은 이처럼 붓다의 무아적 사랑의 실천과 평화에 동참하는 것이라고 할 수 있다. 따라서 열반에 이른 사람은 세속의 일상사로부터 벗어나 은둔하고, 세계에 대해 무관심하고 초연하게 사는 것이 아니라, 이웃의 고통과 슬픔에 관심을 갖고 그들의 행복과 평화를 위해 무아를 실천한다.

그렇다면 붓다가 보여 준 열반을 우리는 일상에서 어떻게 구체적으로 실천할 수 있는 것인가? 그 길은 붓다 자신이 발견하여 걸어갔던 길로서 '여덟 가지 거룩한 길'인 팔정도이다. 팔정도의 길은 무아적 삶을 사는 길이고 무아적 평화를 완성하는 길이다.

---

24 『大般泥洹經』「長者純陀品」(『大正藏』 12, pp.857하-861상) 및 「隨喜品」(『大正藏』 12, pp.896상-899하)을 요약함. 강기희 역, 『대반열반경』, 민족사, 115-119쪽 참조.

3. 팔정도 – 평화 실천의 길

팔정도는 열반으로 가는 길을 구체적으로 제시하고 있다. 이것은 곧 지혜와 실천의 복합적인 길이다. 불교의 궁극적 목표는 붓다가 이룬 깨달음의 경지를 얻는 것이다. 붓다가 깨달음을 얻고 난 후에 알려 준 수행법이 '팔정도(八正道)', 즉 '여덟 가지 거룩한 길 (Arya–atthangika–magga)'이다. 팔정도는 깨달음 이후의 붓다의 삶을 표현한 것이며 동시에 깨달음을 이루려는 사람이 따라가는 길이다. 팔정도는 붓다의 도덕적 행위와 정신적 깨달음을 종합하는 사상이라고 할 수 있다.

일부 서구의 불교학자들은 팔정도의 내용이 소승 불교적인 개인의 수행만을 강조한 사회성이 없는 내용이라는 견해를 갖고 있다. 이웃의 고통과 불행을 외면한 채 자신만의 해탈을 위한 내용이라는 해석이다.[25] 그러나 팔정도는 무아의 실천이며 무아의 평화적 완성을 이루는 길이다.

이제 팔정도를 따라 불교의 종교적 체험, 즉 무아의 실천을 통한 평화의 길을 따라가 보고자 한다.

첫째, 정견(samyak–dṛṣṭi: 바른 견해)은 "진리를 향한 자기부정, 무아의 진리를 받아들이는 결단"이다. 정견은 바른 견해, 올바른 견해, 올바른 보기, 완전한 견해라고 한다. 바른 견해에는 두 가지가 있다. 바른 견해는 고집멸도를 아는 것, 부모에 대한 은혜 및 선악의 분별, 과보법을 아는 것, 윤회에 대한 믿음, 양극단에 집착하지 않는 것, 죄인지 죄가 아닌지를 아는 앎, 사성제와 연기법에 대한 이해 등의 여러 가지 의미를 포함하고 있다.

즉 정견은 모든 존재가 연기되어 무아의 속성을 지니고 있기에 존재와 존

25 Hans Wolfgang Schumann, *Buddhismus. Stifter Schulen und Systeme*, Olten, 1976, p.152.

재 사이의 경계를 허무는 지혜의 시각이다.[26] 자신의 아집과 잘못된 견해를 과감하게 부정하고, 붓다의 진리를 따르면 궁극적으로 붓다처럼 진리에 일치할 수 있다는 결단을 내린 것이라고 할 수 있다. 따라서 정견을 유지하는 것은 모든 존재와의 평화를 위한 지혜의 시선을 유지하는 것이라고 할 수 있다.

둘째, 정사(samyak-saṁkalpa: 바른 생각)는 "오로지 진리를 그리워함, 평화의 진리를 향한 끊임없는 쏠림"이다. 정사유는 바른 사유, 바른 생각, 완전한 사유라는 의미이다. 바른 견해를 가진 자가 마음을 열반으로 기울이는 것을 말한다. 따라서 바른 사유란 붓다의 깨달음인 중도의 가르침에 따라 마음을 열반에 기울이고 삿된 사유를 없애는 것을 말하는 것이다.[27] 즉 모든 존재를 향한 무아적 사랑의 완성인 열반을 향하는 끊임없는 마음이며 그 마음에서 오는 평화의 긴장을 유지하는 것이라고 할 수 있다.

셋째, 정어(samyak-vāc: 바른 언어)는 "진리 안에서 말의 참뜻을 살핌, 평화의 말씀으로 모든 존재를 사랑으로 감쌈"이다. 정어는 바른 말, 바른 언어, 완전한 언어적 행위를 말한다. 거짓말, 이간질 하는 말, 추한 말, 꾸민 말을 떠난 말을 의미한다.[28] 십선 가운데 언어적 행위의 네 가지를 말한다. 또한 바른 말은 두 가지가 있으며, 세속의 바른 말과 출세간의 바른 말로 구분된다. 세속의 바른 말은 망어·양설·악구·기어를 떠나는 것이여, 괴로움을 멀리한 출세간의 바른 말은 고집멸도를 생각하여 삿된 입으로 짓는 네 가지 악행과 다른 모든 입의 악행을 버리는 것을 말한다.

인류의 위대한 스승들은 모두 인간의 내적 평화를 가져오게 하는 온화하

---

26 『雜阿含經』, 『大正藏』 2, p.85하.
27 『中阿含經』, 『大正藏』 1, p.431하.
28 『中阿含經』, 『大正藏』 1, p.736상.

고 평온한 언어를 사용했다. 언어는 곧 진리의 강을 건너게 하는 배와도 같다. "언어는 존재의 집이다."라는 하이데거(M. Heidegger)의 말은 인간의 언어성에 대한 새로운 통찰이다. 즉 언어가 존재와 세계를 열어 보여 준다는 의미이다. 언어성이 인간으로 하여금 하나의 주체적 자아성을 갖게 한다는 말이다. 진리를 향한 쏠림과 그리움의 표현으로서 하는 말은 모든 존재를 사랑하는 무아를 바탕으로 한 평화의 언어이다.

넷째, 정업(samyak-karma-anta: 바른 직업)은 "늘 무아의 지혜로 깨어 있는 행위"이다. 정업은 바른 행위, 올바른 행동, 완전한 행위라고 하며 여기서는 올바른 신체적 행위를 말한다. 바른 행위는 살생, 도둑질, 사음을 떠난 행위이다. 오계 가운데 불살생, 불투도, 불사음의 행위와 동일한 의미이다.[29] 세속의 바른 행위는 살생과 도둑질과 사음을 떠난 것이며, 출세간의 바른 행위는 고를 고라고 생각하고, 집·멸·도를 생각하여 삿된 생활인 두 가지 악행과 다른 모든 몸의 악행을 버리고 번뇌가 없는 행위를 말한다.

진리를 향해 깨어 있는 자는 절제하는 자이다. 진리의 언어가 행동으로 옮겨진 것을 말한다. 즉 행위 하나하나가 무아의 진리를 품고 깨어 있는 것을 의미하는 것이다. 진리를 품고 이루어지는 행위야말로 바른 행위라고 할 수 있으며, 이런 행위는 무아의 평화를 실천하는 행위인 것이다.

다섯째, 정명(samyak-ājīv: 바른 생활, 바른 직업으로 의식주를 구하는 것)은 "종교적으로 의식화된 평화의 생활"이다. 정명은 바른 생활, 또는 바른 직업을 통한 바른 의식주라고 해석되어 왔다. 이것은 앞의 바른 정업에 따른 자연스런 사회지향적 성격을 갖는 것으로 보인다. 종교적으로 의식화된 생활, 바른 가치관을 갖고 진리를 생활 속에서 체현하려는 것이 바로 정명이라고 볼 수 있

---

29 『長阿含經』, 『大正藏』 1, pp.83하-86하.

다.[30] 진리의 생활화는 도덕의 완성이고 그것은 바른 생활이다. 타인과 내가 둘이 아니고 하나라는 것을 상의상관성의 연기의 원리를 통해서 깨닫게 되면, 자타불이(自他不二)로써 이원론이 극복되고 중생이 곧 붓다이고 세속과 열반이 실체가 없이 같아지는 것이다. 이러한 무아의 지혜를 실천하는 것이 바로 자비이다. 이웃이 곧 나와 다르지 않다는 깨달음은 전우주적인 사랑으로 확산된다. 무아를 통한 평화의 사회적 실천이라고 할 수 있다.

여섯째, 정정진(samyak-vyāyāma: 바른 노력)은 "자신의 해탈뿐만 아니라 이웃과 사회의 평화를 위한 노력과 관심의 지속"이다. 정정진은 바른 노력, 바른 정진, 완전한 노력과 정진을 의미한다. 이미 생긴 나쁜 법을 서둘러 없애고, 아직 생하지 않은 나쁜 법을 서둘러 생기지 않게 하고, 아직 생하지 않은 선한 법을 서둘러 생기게 하고, 이미 생한 선법은 물러나지 않고 머무르게 하는 것을 말한다.[31] 즉 정정진은 바른 방편으로 번뇌를 떠나려고 항상 노력하는 것이며, 게으름을 물리치며, 삿된 정진을 버리는 것을 말한다.

종교적으로 의식화된 생활은 자신의 해탈만 지향하는 것이 아니고 이웃과 사회의 평화를 위하여 노력과 관심을 지속적으로 유지한다. 따라서 정정진은 중생 사랑에 게으르지 않고 평화 실천에 노력함을 뜻한다.

일곱째, 정념(samyak-smṛti: 바른 기억)은 "순간순간 평화의 진리를 향한 열정의 현재성"이다. 정념은 바른 기억, 바른 마음챙김, 바른 마음새김, 완전한 기억, 완전한 마음챙김을 말한다. 또한 생각을 따르고 잊지 않으며 헛되지 않게 하는 것이다. 정지(正智)와 함께 구족되어 정진하는 자가 그의 마음을 잊지 않음이며, 삿된 마음챙김을 흔들어 버리며, 확립하는 것이며, 잊어버리지 않는 역할을 하고, 삿된 마음챙김을 버림으로 나타난다. 정념과 정지

30 『增壹阿含經』, 『大正藏』 2 p.746상.

31 『雜阿含經』, 『大正藏』 2, p.203하.

를 성취하고 모든 근의 보호 내지 해탈을 성취하게 되면 열반을 성취하게 된다.[32]

정념은 바른 기억이라고 해석해 왔다. 그것은 진리에 대한 열정이 현재성을 지닐 것을 말한다. 진리에 대한 열정의 현재성은 시들지 않고 늘 새롭고 지루함에 빠지지 않는 것을 말한다. 진리를 향한 기쁨과 아름다움이 항상 새롭게 다가올 수 있도록 그 새로움 속으로 나를 밀어 넣는 것, 이렇게 항상 자신을 밀어 넣는 것을 기억해 내는 것이야말로 바른 기억이라고 할 수 있겠다. 그러므로 종교적 실천, 곧 평화를 완성하기 위한 무아적 사랑의 실천은 바로 이 순간에 바로 이곳에서 이루어져야 하는 것이지 뒤로 미루고 주저하는 것이 아님을 말한다. 붓다의 진리를 항상 현재성 안에서 기억해 내는 일이다. 무아적 평화의 완성은 지금 이 순간에 사랑으로 이루어져야 하는 것이다.

여덟째, 정정(samyak-samādhi: 바른 집중, 바른 삼매)은 "붓다의 진리의 체현은 곧 무아적 사랑의 완성이고 평화의 완성"이다. 정정은 바른 집중, 바른 선정, 바른 삼매, 완전한 선정이라는 의미이다. 마음을 어지럽히지 않는 데 두고 굳게 거두어 가져 고요한 삼매에 든 한마음을 말한다.[33] 그리고 세속의 바른 선정은 마음이 어지럽지 않고 움직이지 않은 데 머물러 고요히 그치고 삼매에 들어 일심이 되는 것이며, 출세간의 바른 선정은 고를 고라고 생각하고 집·멸·도를 집·멸·도라고 생각하여 번뇌가 없는 생각과 서로 상응하여 마음과 법이 어지럽거나 흩어지지 않는 데 머물러, 고요히 그치고 삼매에 들어 일심이 되는 것을 말한다.

정정은 마음의 동요가 없는 무아의 진리와의 만남이고 일치라고 말할 수

---

32 『中阿含經』, 『大正藏』 1, pp.485하-486상.

33 『雜阿含經』, 『大正藏』 2, p.203상.

있다.[34] 바른 삼매는 진리와 일치된 삶을 뜻하는 것이고 열반이다. 열반은 살아 있는 동안 여기에서 얻어지는 것이고 진리의 체현된 모습이다. 그것은 바로 진리의 체현을 통한 무한한 자유이고 해방을 의미하는 것이다. 흔들리지 않는 무아적 사랑의 완성이고 평화의 지속을 의미하는 것이다.

Ⅳ. 맺는 말

1961년 미국 존 F. 케네디(John F. Kennedy) 대통령이 '평화 봉사단'을 시작하면서 '평화는 우리 사회 모두의 책임이다'라고 선포했다. 여기에서 평화는 단지 지정학적인 뜻이 아니라, 인간학적인 뜻으로 이해되어야 한다는 것을 의미한다. 오늘날 현대사회에서 종교 간의 갈등과 반목이 상존하고 있는 상황 속에서 케네디가 선포한 평화의 내용을 종교 간의 평화와 소통의 과제로 바꾸어 생각해 보면 '평화는 모든 종교인의 책임'일 수밖에 없는 것이다. 따라서 한국사회에서 종교적으로 영향력이 큰 종교인 불교와 그리스도교에서 바라보는 평화에 대하여 살펴보았다. 현대사회는 특히 양극화의 위기와 생태계의 위기 그리고 끊임없는 분쟁 등 위기에 직면해 있는 상황에서는 무엇보다도 평화의 회복을 위한 종교의 가르침이 절실하게 요구되고 있다.

자신에 대한 부정과 타인에 대한 책임이라는 평화의 단초를 그리스도교의 '자기비움(kenosis)'과 불교의 '무아(anātman)' 개념을 통해 고찰해 보았다. 내적성찰로서 평화의 기반이 그리스도교의 '자기비움'과 불교의 '무아'에서 출발하는 것이라는 점을 또한 살펴보았다. 이기적인 자기본유적 사유의 '완전

34 『增壹阿含經』, 『大正藏』 2, p.755하.

한 해체'인 자기부정을 통해 타인을 수용하는 것은 '타자성을 획득'하는 일이다.

불교와 그리스도교 속에서 찾아낸 '평화의 가르침'은 '자기부정'이 기반이 된다는 것을 알게 되었다. 즉 그리스도교의 '자기비움'과 불교의 '무아' 개념을 통해 현대사회가 요구하는 종교 간의 평화를 '자기부정의 길'에서 찾을 수 있을 것이다. 이 '자기부정'은 곧 존재와 존재 사이의 관계성을 새롭게 각성하게 하는 길이다. 그리스도교에서는 '자기부정'의 실천과 완성의 모범된 모습을 예수가 십자가에서 자기비움의 죽음을 통하여 평화의 완성을 보여준 것에서 찾았다. 불교에서는 붓다가 춘다의 공양을 받아들이면서 입멸을 맞게 되는데, 붓다는 춘다가 공덕을 지을 수 있는 기회를 빼앗지 않으려고 한 것이다. 붓다가 춘다의 공양을 받아들이면서 순순히 죽음을 맞이하는 것에서 처절한 무아의 사랑의 완성을 볼 수 있었다.

불교에서의 평화는 무아를 기반으로 한 무차별적 지혜의 사랑에서 이루어진다. 이 무아의 실천은 자비로 나타나는 것이고, 그 구체적인 실천을 팔정도에서 찾아보았다. 왜냐하면 팔정도는 붓다 자신이 발견하여 걸어갔던 길로서 이 길은 무아적 삶을 사는 길이고 무아적 평화를 완성하는 길이기 때문이다. 붓다가 보여준 평화의 열반을 우리는 일상에서 팔정도를 통하여 구체적으로 실천할 수 있는 것이다. 이 길에서 종교 간의 평화와 소통을 찾는 것은 물론이고, 팔정도는 더 나아가 모든 중생과의 경계를 허무는 무아적 지혜를 완성하는 평화의 길인 것이다.

결국 불교나 그리스도교의 자비와 사랑은 자기부정을 기반으로 하고 있음을 알 수 있다. 모든 존재를 향한 무차별적 사랑은 자기부정, 즉 "자기비움"과 "무아"에서 나오는 것이며, 이를 통하여 진정한 평화를 이룰 수 있는 것이다.

• 2부 •

불교와 생태 그리고 과학

1. 과학시대의 과학격의불교

2. 생태불교의 필요성과 가능성

3. 불교생태학의 이론과 실천

과학시대의 과학격의불교

I. 들어가는 말-과학격의불교의 가능성과 필요성

21세기의 과학문명은 지나온 세기와는 달리 새로운 차원으로 변화의 방향을 잡고 진행되고 있다. 그 한 가지 예로 과학의 종교에 대한 태도가 변하고 있다. 또한 이와 함께 과학에 대한 종교의 태도도 변화하고 있다. 지금껏 종교에서 과학을 바라보는 시각은 부정적이었다. 즉 과학의 발달은 인간성의 파괴와 함께 생태계의 파괴를 조장시키는 주된 원인이라고 간주하는 부정적 시각으로 일관되어 왔다. 그러나 금세기에 들어서 과학에 대한 이러한 부정적 시각이 교정되고 있으며, 오히려 일부 학자들은 종교와 과학의 창조적 만남의 필요성을 주장하기도 한다.

종교는 사회 변화와 문화 형성에 주된 원인으로서 독립변수의 역할을 하기도 하지만 다른 한편 종교는 시대적 변화에 따라 새로운 가치 정립을 해야 하는 세속화를 요구받게 된다. 이는 종교가 사회를 주도적으로 변화시키기는 역할만 하는 것이 아니라, 사회 변화에 따라 영향을 받고 변화되는 종속변수의 위치에 있다는 것을 말한다. 오늘날 과학시대의 종교는 사회를 주도적으로 변화시키는 독립변수의 역할만을 강조할 것이 아니라 시대 변화에 따라 종교 내부에서도 다양한 변용을 허용하는 종속변수로서의 역할을 균형 있게 수행해야 될 것이다.

과학시대의 종교는 교리체계에 있어서 가장 근본적인 문제에 대한 새로운 이해와 해석을 요청받고 있다. 뇌과학에서는 영혼을 두뇌활동과 신체활동의 유기적인 관계 속에서 일어나는 현상으로 보는 입장인 만큼, 뇌과학의 발달은 서구종교의 이원론적 인간 영혼관에 대한 새로운 이해를 요구하고 있다. 또한 유전자공학의 발달과 함께 인간복제가 가능해지는 시대가 오면 불교의 윤회와 업에 대한 진지한 해석을 요구할 것이다. 이처럼 기존 종교의 기존 교리체계는 전통적 해석과 과학적 연구성과 사이에서 균형을 잃는 딜레마에 빠질 수도 있을 것이다. 인간의 영혼이나 내세에 대한 종교 교리의 해석이 오로지 종교 안의 문제로만 국한되지 않고, 그 해석의 지평이 자연과학적 연구 성과와 융합되는 시대가 도래하고 있다.

과학시대의 종교는 비의적이고 신비주의적인 모습을 벗어나는 탈신화화의 과정을 계속해서 겪게 될 것이다. 즉 신화적이며 상상력으로 이루어진 교리는 탈신화화의 작업을 더욱 요청받게 될 것이다. 그리스도교가 자신의 교리와는 거리가 먼 지동설과 진화론을 결국 수용할 수밖에 없었던 것이 단적인 예라고 볼 수 있다. 현대과학에 무관심하던 종교는 이제 과학적 성과를 포괄하는 은유와 상징의 지평을 넓혀가야 한다. 결국 과학시대가 성숙될수록 종교와 과학은 서로 무관심하고 서로 맞서는 입장에서 벗어나 지난 세기와는 달리 새로운 차원에서 만남을 이루어야 할 것이다.

이처럼 시대에 따라 환경에 따라 종교에 대한 사회적 요구가 다양하게 변화하고 있다. 서양 과학문명의 피폐를 해결하는 방안을 서양의 전통적 종교인 그리스도에서 찾는 것이 아니라, 동양의 종교나 사상에서 찾을 수 있다는 시각은 이미 오래전에 대두되었다. 그러나 동양종교가 구체적으로 어떤 점을 어떻게 해결할 수 있으며 그 실천 방안이 무엇인지 적극적으로 제시하지 못하고 있는 실정이다. 서구의 종교가 자연과학의 도전으로 많은 변화를 가져온 것처럼 동양의 종교도 과학의 도전에 대응할 수 있어야 할 것이다. 막연하게 서구문명의 병폐를 치료할 수 있는 해결 방안이 동양종교 속에 있을 것이라는 기대감에만 머물러 있다면, 다시금 시대감각에 뒤떨어지고, 시대적 요청을 저버리지나 않을까 우려된다.

따라서 과학시대의 불교는 비의적이고 신화적인 요소를 과감하게 떨쳐내고, 과학적으로 대응하여 과학적인 성과를 포괄하여 과학적인 은유와 상징을 펼치는 태도를 보여야 할 것이다. 이러한 불교를 과학격의불교라고 부르고자 한다. 과학격의불교는 과학적으로 불교를 해석하는 것만을 의미하는 것이 아니라, 불교가 적극적으로 과학적 연구성과의 해석에 가담하고 그 해석의 근거를 불교의 가르침에서 제공하는 것까지 포함하는 것이다. 이것은 과학과 불교의 창조적 만남이라고 할 수 있다.

본래 격의불교라는 말의 '격의(格義)'는 불교를 노장철학의 개념과 용어들을 이용하여 이해하려는 초기 중국불교의 이해방식을 말한다. 종종 격의불교는 불교의 고유성을 왜곡시킨 것이라고 부정적으로 인식되어 왔다. 그러나 격의는 언어의 개념 해석이라는 차원을 넘어서 불교에 대한 다양한 해석을 가능케 했으며, 중국 문화와의 만남을 통하여 선사상을 배태시키고 중국적 불교를 만들어낼 수 있었다. 오히려 격의불교는 불교와 노장철학의 창조적 만남이었고 불교의 새로운 지평을 여는 계기가 된 것이다.

서구의 과학문명은 그리스도교와 지속적으로 대치하는 상태에서 전개되어 왔지만, 불교와 서구과학과의 본격적인 만남은 20세기에 들어서면서 이루어졌다. 물론 종교는 과학이 아니다. 종교는 과학으로부터 답을 들을 수 없는 인간의 궁극적 문제인 죽음과 죽음 이후의 세계에 대한 물음에 대답을 주고 있다. 그렇기 때문에 종교는 신비적이고, 비논리적이고, 비현실적인 면이 있어도 그것을 크게 문제로 삼지 않는다. 그러나 과학시대의 종교는 과학적 종교이기를 기대하고 있다. 그런 면에서 불교는 매우 유리한 위치에 있다. 불교의 기본 교리체계인 연기론은 철저한 인과율에 바탕을 두고 있기 때문에 과학적이다. 자연과학과 상치되거나 충돌하는 부분이 적다. 그러므로 과학문명이 점점 발달하면 할수록 불교는 더욱 적극적인 태도로 시대를 선도해 가는 종교의 모습을 띠게 될 것이다. 따라서 과학시대에 불교와 과학과의 만남을 다시금 새로운 격의불교라고 부정적으로 볼 것이 아니다. 불교가 과학시대를 선도하는 종교로 거듭나기 위한 계기로 삼아야 할 것이다. 앞으로 인류의 과학적 성과를 무시한 종교 교리체계는 그 입지가 점점 어려워질 것으로 보인다. 이러한 관점에서 과학시대의 불교는 과연 어떤 변화를 스스로 모색해야 할 것인가? 과학격의불교의 성립 가능성은 이미 요청받고 있다고 본다. 그렇다면 과학시대에 과학격의불교가 정작 필요한 것인가? 이것은 과학시대에 불교에게 부과된 새로운 종교적 과제라고 볼 수 있다.

이러한 관점에서 본 논문에서는 먼저 서구종교가 현실적으로 과학과 만나게 되는 모습을 살펴보고, 그 다음 현대 문명사회에서 이미 중요한 문제로 대두되고 있는 사이버 공간 그리고 생태환경문제를 중심으로 불교와 과학의 격의적 만남과 격의적 해석의 필요성과 가능성을 중심으로 살펴보고자 한다.

Ⅱ. 과학문명 시대의 서구종교

근대 서구 문명은 유럽을 중심으로 확산된 이래 전 세계를 주도하고 있다. 오늘날 근대 서구 문명의 핵심인 과학기술과 자본주의는 인류의 미래를 책임질 패러다임으로 사회 전반에 걸쳐 더욱 막강한 영향력을 행사하고 있다. 하지만 과학기술과 자본주의에 대한 맹신에서 새로운 문제들이 야기되고 있다. 무엇보다도 심각한 문제는 인간과 인간 그리고 인간과 자연의 관계성의 단절이라 할 수 있다. 지난 세기까지는 신분 계급이나 분배의 정의 등 인간과 인간 사이에서 일어나는 문제가 주요 이슈였다면, 오늘날에는 자원이 빠르게 고갈되어 가고 환경이 무차별하게 파괴되어 가면서 인간과 자연 사이의 문제가 심각하게 대두되고 있다. 이와 같은 문제는 자본주의의 탐욕스러운 팽창과 과학기술의 무분별한 남용에서 일어났다고 이구동성으로 말하고 있다.

20세기 후반부터 이러한 문제들을 적극적으로 해결하기 위하여 새로운 패러다임의 전환이 요구되기 시작했다. 환경운동, 공동체 운동, 신과학 운동, 대안교육 운동 등이 그것이다. 비약적으로 발전해 나가고 있는 과학기술과 빠르게 변화하고 있는 사회구조를 뒷받침할 수 있는 정신적 능력, 즉 올바른 세계관과 인생관을 정립할 수 있는 실천능력이 요구되고 있는 것이다. 근본적인 문명 전환의 패러다임이 바로 물질적인 능력과 정신적인 능력의 괴리를 인식하고 조화를 이끌어 내는 데 있다고 본다.[1]

---

1 물질적인 능력이란 자연을 효율적으로 조작함으로써 인간에게 필요한 여러 가지 도구를 만들거나 그것을 관리·유지하는 기능으로 구체적으로는 과학적 기술력과 생산 시스템을 뜻한다. 정신적인 능력은 올바른 세계관과 인생관 및 가치관을 세우고 그것을 실제적으로 삶 속에서 실천할 수 있는 능력을 말한다. 박석, 「문명 전환과 명상에 대하여」, 『대안, 새로운 지평을 연다』, 이채, 2003, 89-90쪽 참조.

지금껏 서구의 제도 종교는 근대 문명의 폐단의 원인으로 과학기술에 대한 맹신을 지적하며 과학기술에 대하여 부정적인 시각을 갖고 있었다. 특히 자원의 고갈과 환경생태계의 무차별적인 파괴와 더불어 인간과 자연의 관계의 단절을 일방적으로 과학기술의 무분별한 남용의 탓으로 돌렸다. 또한 서구의 대표적인 제도 종교인 그리스도교는 정신적인 능력인 올바른 가치관의 확립과 실천만을 요구할 뿐 과학기술이 인류에 공헌한 점은 무엇인지에 대해서는 애써 외면해 왔던 것이 사실이다.[2]

이러한 상황 속에서 서구의 종교지형에 변화가 시작됐다. 창조론에 입각한 종교전통을 더 이상 믿지 않으며 무신론자를 자처하는 사람들이 늘어나고, 신 중심의 그리스도교에서 개인의 구도와 수행을 중시하는 동양종교로 개종하거나 가종(加宗) 하는 서구인들이 늘어나고 있다. 게다가 과학기술을 통한 정신치료를 강조하는 새로운 종교 교단도 생겨나고 있으며, 특정한 교리, 사제나 교단이 없는, 즉 '보이지 않는 종교(invisible religion)'의 형태를 띠면서 전통 종교의 한계를 극복할 새로운 대안들이 활발하게 전개되고 있다.[3] 근대 문명을 주도적으로 이끌어 왔던 서구 사회에서 전통 종교인 그리스도교의 신자 수가 줄어들며 이전과는 달리 새로운 종교 사회로 변화되어 가고

---

2 1992년 스코틀랜드의 로슬린 연구소에서 성공한 복제양 돌리의 출현은 과학기술 분야에서뿐만 아니라 종교계에서도 큰 반향을 불러일으켰다. 특히 그리스도교 신학자들은 복제양의 성공사실에 대해 신의 주권에 도전하는 행위로 간주하면서 부정적이고 비판적인 반응을 보였으며, 종교의 근본적인 위기로까지 간주하였다. 김승철, 「생명공학, 생명윤리, 종교」, 『불교평론』 6호, 269-271쪽 참조.

3 유럽에서는 그리스도교의 신자수가 줄어들어 교회 건물이 갤러리, 서점, 나이트클럽, 이슬람 사원으로 그 용도가 바뀌고 있다. 영국에는 기독교, 이슬람교, 유대교로부터 무신론을 선언한 과학자, 의사, 교수 등 지식인들의 모임인 영국세속주의협회도 있다. 과학기술을 통한 정신 치료를 강조하는 신종교로는 사이언톨로지(Scientology)가 있으며, 보이지 않는 종교문화의 형태를 띠고 있는 운동으로 뉴에이지(New age)도 있다.

있는 것이다.[4]

제도 종교인 그리스도교는 서구의 이와 같은 종교적 상황의 변화 속에서 국면의 전환으로 영성(sprituality)의 회복을 강조하게 된다. 불과 한 세기 전만 해도 영성이라는 말은 거의 사용되지 않았다. 영성은 이국적이고 색다른 무엇, 이상한 비법 수행으로 인식되는 경우가 많았던 것이다. 또한 영성을 사람들이 가져야 할 무언가로 생각하며, 현실과는 동떨어진 것이라고 여기는 경우가 많았다고 한다.[5] 그러나 그리스도교는 이제 영성을 과학적으로 접근하여 해명하려는 시도를 하고 있다.

그리스도교는 인간의 타락(fall)과 신의 속량(redemption) 중심의 이원론적이고 배타적인 구원론 중심의 신학을 반성하게 되었다. 즉 여러 세기 동안 지배해온 이원론적·가부장적 신학모델을 극복하는 대안으로 창조영성을 찾아낸 것이다. 창조영성이란 개념은 본래 영성신학 전통에 있던 창조 중심의 신학[6]을 미국의 신학자인 매튜 폭스가 그리스도교의 새로운 패러다임으로 제시한다. 이를 통하여 그리스도교의 쇄신뿐만 아니라 그리스도교와 과학의 관계에서도 새로운 출발점을 삼고자 한 것이다. 그동안 그리스도교 신학은 타락과 속량의 전통적 신학 안에서 자연을 '타락한 것'으로 여기고 과학에 대한 관심을 묵살해 왔다.

반면 새롭게 대두되고 있는 창조영성신학에서는 인간과 자연의 관계 안에서, 나아가 우주 속에서 신의 의지를 찾음으로써 과학을 통한 자연의 지혜와 종교전통을 통한 자연의 지혜의 통합을 시도하려고 한다. 따라서 창조영성을 연구하는 학자들은 그동안 잊고 있었던 창조 중심 영성의 회복을 통하

4 필립 젠킨스, 김신권·최요한 역, 『신의 미래』, 도마의 길, 2009, 19-22쪽.

5 로널드 롤하이저, 유호식 역, 『聖과 性의 영성』, 성바오로, 2006, 17-18쪽.

6 매튜 폭스, 황종렬 역, 「창조 중심 영성의 계보」, 『원복』, 분도출판사, 2001, 333-340쪽 참조.

여 현대사회에서 그리스도교와 과학의 조화와 화해를 도모할 수 있다고 본다.[7]

현대 심리학의 발달과 뇌과학과 신경과학이 새로운 국면에 접어들면서 종래의 인간 지능의 범주를 한층 더 확장하고 있다. 일반적으로 알려져 있는 인지지능 IQ(Intelligence Quotient)와 1990년대 중반부터 다니엘 골드먼에 의해 제기된 감성지능 EQ(Emotional Quotient) 외에 '제3의 Q'가 있다고 한다. IQ가 주로 지적·이성적 지능으로서 논리적인 문제를 해결할 때 사용하는 지능이고, EQ가 자신과 다른 사람의 감정을 인식하고 공감하며, 고통이나 즐거움에 적절하게 반응하는 지능인 반면, 새롭게 대두되고 있는 영성지능으로 불리는 SQ(Spiritual Quotient)는 의미와 가치의 문제를 다루고 해결하려 할 때 사용하는 지능이라는 것이다.[8] SQ, 영성지능은 인간의 행동과 삶을 의미 있는 관계성 안에서 고찰할 수 있게 하는 능력이며, 주어진 상황의 한계에 대한 본질적인 의문을 갖게 하면서, 스스로 그 상황을 극복할 수 있게 하는 능력을 말하는 것이다. 즉 SQ는 IQ와 EQ가 효과적으로 제 기능을 수행할 수 있도록 기본 바탕이 되어 주는 지능이라는 것이다.

여기에서 불교의 오온설을 서구의 심리학이나 인지과학과 대비시켜 볼 수 있을 것이다. 신체인 색온(色蘊, rupa, material composition)은 물질〔지·수·화·풍〕, 육체〔육·골·액·기 등〕로 이루어졌다. 인간 구성의 하드웨어에 속한다고

---

7 매튜 폭스, 앞의 책, 9-11쪽 참조.

8 20세기 초반 인지적 지능인 IQ는 논리적인 문제나 전략적인 문제를 해결할 때 사용하는 지능으로 그 중요성이 부각되었다. 심리학자들은 인간의 지능을 측정할 수 있는 다양한 검사를 만들어냈으며, 이러한 검사들은 사람을 IQ라고 알려진 지능지수에 따라 일률적으로 분류하는 수단이 되었다. 1990년대 중반에 다니엘 골먼(Daniel Goleman)은 감성지능(EQ)이 IQ만큼 중요하다는 점을 신경학자와 심리학자들의 많은 연구를 바탕으로 발표하였다. 도나 조하, 이안 마셜, 조혜정 역, 『SQ 영성지능』, 룩스, 2000, 15-16쪽 참조.

볼 수 있다. 그리고 소프트웨어에 해당되는 마음을 구성하는 것이 나머지 수온(受蘊), 상온(想蘊), 행온(行蘊), 식온(識蘊)이다. 수온(受蘊, vedana, sensing)은 인상(印象) 감각을 담당하기에 고·락 등의 감수작용과 감각이나 감정 등을 느끼는 것으로 현대 심리학의 지능 범주에서 정서지능(Emotional Quotient)에 해당된다고 볼 수 있다. 상온(想蘊, samjna, perception)은 지각 및 표상작용을 담당하여 개념화·표상의 취상작용·심상작용·생각·사고를 담당하므로 이것은 인지적 지능(Inteligence Quotient)에 해당되고, 행온(行蘊, samskara, mental formations producing character)은 의지작용이기에 행동지능(Behavior Quotient) 또는 의지지능(Volition Quotient)이라고 명명해 본다. 마지막으로 식온(識蘊, vijnana, consciousness)은 인식판단의 의식작용이며 그 주체인 식체(識體)로서 의식, 전의식, 무의식을 담당하기에 영성지능(Spiritual Quotient)과 대비시킬 수 있다고 본다.[9]

서구의 인간관이 이원론적 인간관에서 다원론적으로 변화되고 있음을 알게 한다. 불교는 이미 오래전부터 이원론적 인간관을 극복한 상태이다.

영성수련이나 명상 수행을 통해 이른 심오한 경지는 대부분 각 종교의 구원관과 직결되기 때문에 항상 신비에 싸여 있었다. 하지만 오늘날과 같이 과학의 시대에서는 종교의 궁극적인 경지 또한 탈신비화되고 있다. 즉, 주관적이고 신비주의적이었던 체험이 객관화되고 있는 것이다. 실제로 신경학과 뇌과학의 발달로 그 심오한 경지 또한 과학적으로 증명되고 있으며, 의학으로 신체의 변화 효과까지 데이터로 증명하고 있다.

여기에서 불교의 인간관인 오온설을 다시 과학적으로 격의하여 보겠다. 오온이 가장 조화롭게 균형을 이룬 상태를 최고의 목표로 삼아서 그것

9 오온과 현대 심리학적 지능 범주의 대비 작업은 필자의 도움으로 조경자가 석사학위논문에 반영하였다. 조경자, 『상담심리의 불교적 접근』, 동국대 석사학위논문, 2001, 44쪽 참조.

을 지수로 나타내는 것이다. 즉 몸과 마음이 가장 수승한 상태를 불성지수(Buddhanature Quotient)가 최고점에 이른 것으로 보는 것이다. 이 불성지수는 色=PQ(Physical Quotient), 受=EQ, 想=IQ, 行=BQ, 識=SQ가 어떻게 조화되었는가를 나타내는 지표로 사용할 수 있을 것이다.

위에서 살펴본 바와 같이 그리스도교의 창조영성이나 SQ는 개인적 차원의 수행으로만 머무는 것이 아니라 나를 둘러싼 모든 관계들과의 유기적인 영성, 즉 관계영성을 통한 전인적 인간의 완성을 지향하고 있다. 서구에서의 영성 연구는 자신의 성찰을 통한 사회 전체와의 조화를 모색하는 데 있어서 과학적 탐구를 도외시하지 않고 오히려 반성과 함께 새롭게 조화를 형성해 나감으로써 과학시대 수행의 새로운 패러다임으로 제시하고 있다.

반면 내면의 성찰과 유기적 관계를 중시하는 동양의 종교전통은 국내 관계 연구자들의 적극적인 연구보다는 서구인들의 관심에 의한 연구가 지금까지 더 많이 이루어져 왔던 것으로 보이며, 또한 동양 사상과 과학은 전혀 다른 영역의 차원이라고 인식해 온 것으로 보인다. 한국의 동양철학 전공자들(100명) 및 인문사회 연구자들(88명)을 대상으로 실시한 설문조사 결과에 따르면, 동양철학 전공자들과 인문사회 연구자들의 약 80%가 동양철학이 현대문명에 대한 대안이 될 수 있다고 응답하면서도 '타학문과의 대화 부족, 현대적 해석에 있어서의 소극성, 대중과의 호흡 부족, 서구 중심주의' 등을 현안으로 지적하였다.[10] 위의 응답 중에서 '현대적 해석에 있어서의 소극성'이나 '서구 중심주의'를 현안으로 지적했다는 점은, 동양의 학자들이 늘 서구문명의 폐단으로 과학문명을 주범으로 인식하고 동양의 문명을 그 대안으로

10 박원재, 「동양철학, 그 인식의 현주소를 묻는다」, 『오늘의 동양사상』 6호, 98-113쪽.

주장하면서도 실제로는 구체적인 해결 방안에 대하여 제시하지 못하고 있음을 반증하는 것이라 할 수 있다. 또한 동양의 학자들 스스로가 과학에 대한 인식이 부족하다는 점을 드러내는 것이라고도 할 수 있다.

과학시대 속에서 이제 동양의 종교전통 또한 근대 문명의 폐단을 극복할 대안을 과학적 탐구를 바탕으로 한 틀에서 제시할 필요가 있다. 영성이라는 용어를 그리스도교, 또는 서구 중심적인 환경에서 발생한 것이라는 선입관에서 벗어나 동양의 종교전통 안에서, 특히 불교 안에서도 다양하게 사용될 필요가 있다.[11] 그리스도교의 창조영성은 불교의 연기적 사고와 유사점이 많다. 그리스도교가 개인 구원에서 전체적 구원을 지향하고 있는 점은 불교의 대승적 깨달음의 방향과 매우 유사하다.

실제로 서구 학자들은 불교와 도교를 과학적으로 접근하고 있다. 달라이 라마와의 공동 연구를 통해 기계론적으로만 인식되던 인간에 대하여 총체적인 연구를 하고 있으며, 나아가 생태학적 대안까지도 모색하고 있다.[12] 즉 서구 학자들은 과학적 탐구를 도외시하지 않으면서 동양 사상과의 대화를 통하여 새로운 패러다임을 모색하고 있는 것이다. 따라서 동양의 불교 학자들도 자연과학의 연구 성과에 무비판적인 부정적 시각을 갖기보다는 오히려 적극적인 관심과 연구 태도를 가질 필요가 있다.

이는 실증주의자 콩트가 지적한 대로 종교의 발달단계에서 과학이 종교의 기능을 대치한다는 과학 만능주의적 추론에 전적으로 동의하자는 것이 아니다. 그리스도교는 근세 과학과의 만남에서 천동설이 아닌 지동설을 인정하고, 나아가 진화론을 받아들이는 경험을 하면서 과학에 대한 반감이나

---

11 윤원철, 「불교와 영성」, 『종교와 영성』, 한들, 1998, 26-27쪽.

12 뇌과학과 불교의 질문과 대답을 다룬 『달라이 라마, 과학을 만나다』가 있으며, 현대 신경과학과 불교사상의 만남을 다룬 『마음이란 무엇인가』 등의 책자가 있다.

부정적인 입장을 취해 왔던 반면, 불교는 20세기 이후 과학과의 만남을 통해 불교의 교리가 여러 면에서 오히려 과학적으로 증명되고 확인되고 있다. 이러한 점에서 볼 때 불교에 대한 과학적 해석은 불교의 가르침을 왜곡시킨다기보다 오히려 불교가 과학적 종교라는 점을 알리게 될 것이다. 따라서 과학격의불교는 불교 교리의 과학적 해석의 단초를 열게 되며, 과학시대의 미래 지향적 종교의 모델이 될 수도 있다.

Ⅲ. 과학문명과 불교의 격의적 대응

1. 사이버 공간과 불교

인류사상 최초의 세계 제국을 세운 팍스 몽골리카(Pax Mongolica)의 원동력은 유목민이 신속한 이동 수단인 말을 이용하여 '사람과 기술의 이동'과 '정보의 공유'를 빨리 수행할 수 있었기에 가능했다는 관점이 있다. '사람과 기술의 이동', '정보에 대한 공유'는 일차적으로는 '지식의 교환'이라는 의미를 갖지만, 이 지식이 집합체를 이루고 교류의 차원으로 발전하면 이는 지식의 수준을 넘어 '생존'을 위한 정보가 된다.[13]

현대사회 전반에서 정보의 교류와 재생산의 중심에 정보기술인 IT(information technology)가 있다. IT는 나노기술, NT(nano technology)나 생명공학, BT(bio technology) 등과의 통합을 이뤄 내고 있다. 여기에서 가장 핵심

13 예컨대 바다를 항해하는 선원이나 사막을 횡단하는 캐러반에게 있어 계절에 따라 방향을 가늠할 수 있는 나침반과 별자리는 생활의 의미를 넘어선 생존과 직결된다. '언제 어디서나 존재한다'는 뜻을 지닌 단어 '유비쿼터스(ubiquitous)'는 자유로이 네트워크에 접속하여 정보를 주고받는 현대의 정보환경을 의미하게 되었다.

이 되고 있는 기준은 정보이다. 정보기술은 정보의 시스템 구축에 필요한 모든 기술과 수단을 활용하고 있다. 이러한 과학기술의 변화는 사회 전반에 걸쳐 총체적인 변혁을 가져오고 있다. 즉 과학시대의 세계는 정보를 중심으로 새롭게 개편되는 정보유목사회를 건설하고 있으며, 그 정보유목사회는 정보유목민으로 채워지고 있다.

현실 사회(real society)가 대상과의 접촉으로 이루어지는 오프라인(off-line) 세계라면, 가상 사회(cyber society)인 사이버 세계는 다수의 컴퓨터 네트워크로 연결된 온라인(on-line) 세계이다. 온라인 세계는 오프라인 세계가 없다면 존재할 수 없다. 그러나 인간의 필요에 의해 만들어진 온라인 세계가 정보생산의 주체인 인간에게 상당한 효력을 미치고 있다. 즉 인간이 만들어낸 온라인 세계에 의해 오프라인 세계는 긍정적 혹은 부정적으로 영향을 받는다. 오프라인 세계와 온라인 세계는 상보적 관계를 이루고 있는 것이다.

가상세계인 온라인 세계와 현실적으로 실재하는 오프라인 세계는 공통점과 차이점을 상호 내포하며 동시적으로 교류가 이루어지고 있다. 이러한 점에서 온라인 세계인 사이버 세계에서 이루어지고 있는 종교적 활동이 오프라인 종교 활동의 보완인지, 아니면 성스러운 공간과 시간의 역할을 새롭게 자리매김하는 대체 성소인지, 이에 대해서 심도있는 논의가 이루어져야 할 것이다. 그 이유는 투사된 객체인 오프라인 세계가 인간에게 끼치는 영향이 너무나 막대하기 때문이다. 즉 실시간으로 전개되는 정보 공유체인 인터넷이 21세기를 살아가는 현대인의 삶 속에서 진지하게 논의가 이루어지기 이전에 벌써 절대적인 위치를 차지하고 있다. 이미 새로운 성스러운 공간으로서의 인터넷은 오프라인 종교 활동을 대체하고 있으며, 종교 네트워크로서 그 입지가 점점 더 확고해지고 있는 점에서 과학문명 시대에 종교지형은 앞으로 많은 변화를 겪게 될 것이다.

사이버 공간이 종교 관련 정보의 교류와 친교의 공간으로 인식되어 오프라인 종교 활동의 보완적 수단으로 이미 인식되고 있다.[14] 전반적으로 인터넷상의 종교 사이트 이용량과 참여도가 양적인 측면이나 질적인 측면에서 증가하고 있다는 점은 향후 종교 사이트 이용을 통한 종교 활동도 계속 늘어날 것으로 예측하게 한다. 최근에 정보화 사회에 등장한 새로운 부류가 있다. 이들은 경제적으로는 풍족하지만 바쁜 업무로 미처 돈 쓸 시간이 없다는 딘트(Double Income no time)족이다. 이들은 탁월한 컴퓨터 활용력과 정보화 마인드로 무장했기에 사이버 세계 안에서의 종교 활동이 어쩌면 이들에게 부합되는 종교 신행 장소일 수도 있다.[15] 이처럼 새로운 정보유목사회의 정보유목민들은 문자 그대로 시공을 초월하여 사이버 공간을 떠돌아 다니고 있다. 오늘날 지구상에서 하루 동안에 사이버 공간에 접속하여 활동하는 정보유목민의 수는 가히 가공할 만한 것이다.

과거에 이루어진 정보 공유의 방식은 구비전승의 방법이나 경전의 조판, 필사 등을 통해 이루어졌다. 이렇게 이루어진 정보가 다른 문화권으로 이동되려면 최소 100년 이상의 시간이 필요했다. 그러나 현대사회에서는 보다 다양화·효율화된 전산자료로 사이버 세계를 통해 실시간으로 세계 각국에 전파하고 공유하는 것이 가능하다. 이처럼 실로 다채롭고 역동적인 현대 정보화 시대에서 사이버 세계에 대하여 불교가 대응해야 할 점은 종교의 본질 중 하나인 외경적 요소에 대한 입장까지 포함하는, 가상세계 안에서의 종교

---

14 박수호, 『인터넷 이용과 종교의식 – 한국 인터넷 종교 사이트 이용자를 대상으로』, 고려대 사회학과 박사학위 논문, 2004: 2001년 발표된 Brasher의 online religion 이론(Give Me That Online Religion, San Francisco)을 소개하는 한편 현행의 인터넷 종교 활동 분석과 특히 불교 사이트 이용자들의 사회경제적 특성과 포교 취약집단의 특성이 정확히 일치하고 있다는 점에 주목하여 과학적 통계방식을 적용하여 분석하고 있다.

15 박수호, 위의 논문 참조.

행위, 인간관계 등이다. 더욱 구체적으로 사이버 세계와 불교를 어떤 관계로 보아야 할지 고민해야 한다. 흔히 사이버 세계의 특성을 불교의 인드라망과 비교한다.

과연 사이버 세계와 인드라망의 비교는 가능한 것인가? 사이버 공간은 다수의 컴퓨터로 연결된 정보를 유통하는 네트워크이다. 이 네트워크는 화엄법계의 인드라망에 비유된다. 인드라망은 그물을 말하는데, 그 그물코에 구슬거울이 달려 있다. 각각의 구슬에 전체가 비치고 또한 각각의 구슬 속에 다른 구슬 하나하나들이 비친다. 개체에 전체가 비치고 전체에 개체가 비치고 있는 것이다. 이처럼 구슬 모두가 상즉상입, 원융무애의 중중연기의 관계를 이루고 있다. 이처럼 네트워크상의 컴퓨터들도 화엄법계의 중중무진법계처럼 서로 관계를 맺고 있다. 이런 점에서 네트워크로 이루어진 사이버 세계와 인드라망을 비교할 수 있다.

그러나 화엄법계가 상즉상입, 원융무애의 중중연기의 관계를 이루고 있을 수 있는 것은 각각의 개체가 자성이 없이 연기하기 때문이다. 즉 개별의 존재들은 그 존재들의 고유한 정체성을 규정할 수 있게 하는 변하지 않는 본질, 즉 자성이 없이 다른 존재들과 인연으로 얽혀 있다. 화엄법계는 이처럼 자기 자신의 고유한 실체가 없는 개별자들로 이루어졌기 때문에 다른 존재들이 그 개별자 안으로 무한히 들어올 수 있다. 이 개별자들은 공(空)한 존재들이다. 그러나 가상공간에서 네트워크로 연결된 각각의 컴퓨터들은 고유위치, 고유 주소를 지니면서 작동하고, 그들이 모여서 가상공간을 형성하고 있는 것이다.[16] 이런 점에서는 사이버 공간을 이루는 컴퓨터 네트워크와 인드라망은 차별된다.

---

16 윤원철, 「사이버문화와 종교적 인식론」, 『종교와 과학』, 아카넷, 2000, 205-206쪽.

용수(龍樹)의 이제설(二諦說)을 여기에 적용시켜본다면 일상적 체험의 세계는 조건에 따라 변하는 상대적인 것으로 가상적인 것이다. 따라서 가상은 인간이 일상에서 인식하는 끊임없이 변하는 내용일 뿐이다. 그렇다면 실상은 무엇인가? 실상의 세계가 따로 가상의 세계와 떨어져 존재하는가? 실상의 세계는 가상의 세계와 별개로 존재하지 않는다. 용수는 가상이든 실상이든 모두 동일한 세계의 상(相)으로 본다. 이 세계가 연기되어진 실체가 없는 가상의 세계인데도 이 세계가 실상인 줄 착각하고 살아가는 것이 실상이라는 것이다. 여기에서 가상을 가상으로 인식하는 실상의 깨달음은 사이버 공간에서 불교가 새로운 종교적 차원을 제시할 수 있을 것이다.

오늘의 종교는 가상현실을 어떻게 이용해야 할지, 아니면 어떻게 적응해야 할지 제대로 방향을 잡지 못하고 있는 실정이다. 가상공간에의 적응은 새로운 진화를 이루어 낼 수 있다. 인간이 다른 동물과 달리 진화할 수 있었던 것은 인간 특유의 언어세계, 즉 언어공간과 밀접한 관계가 있다고 한다. 가상현실은 인간 언어의 세계를 새로운 차원으로 발전시키고 있다. 따라서 인간은 가상현실을 새로운 문화로 발전시켜 나가면서 새로운 문명의 진화를 이루게 될 것이다. 종교는 이 새로운 문화에 적응해 갈 수밖에 없을 것이다. 특히 불교의 윤회를 지구 안에서만 이루어지는 것으로 여겨 왔던 종래의 교리가 우주적으로 확산되는 계기를 기대해 볼 수 있다. 우주의 여러 행성을 이주해 다니는 생명의 역사를 진화의 역사로 논하는 가상현실과 가상문화가 출현할 수 있다. 이에 대하여 불교는 이제 새로운 자세로 임해야 할 것이다. 불교는 사이버 공간에 대한 보다 구체적이고 과학적인 태도로 대응해야 할 것이다.

불교의 가르침, 특히 용수의 이제설은 사이버 공간에 대하여 도구적 장치의 차원을 벗어나게 하며 인간이 주체적으로 사이버 공간을 인식하고 주도

할 수 있게 한다.[17] 여기에서 불교의 인식론적인 구원관은 사이버 공간의 종교 활동에 시사하는 바가 크다.

2. 생태환경문제와 불교

1960년대부터 환경문제가 거론된 이래로 생태환경문제는 오늘날 가장 많이 논의되고 있는 주제이며, 이러한 논의는 자연과 인간의 올바른 관계정립뿐만 아니라 삶의 양식, 세계관의 문제로까지 확대되고 있다. 그만큼 인류가 직면한 위기감이 다른 그 어느 시대보다도 크기 때문일 것이다. 이는 인간중심주의적인 관점에서는 도저히 인류가 직면한 생태적인 문제를 해결할 수 없음을 절감하고 있기 때문일 것이다.

오늘날의 위기인 생태계의 파괴는 과학의 발달에 기인한다는 것이 일반적인 견해였다. 근대의 과학적 진보는 자연을 도구적 성격으로 파악한 서구의 자연관에 바탕을 두고 있으며, 이러한 서구의 자연관을 기초로 오늘날과 같은 기술문명을 이룩하였고, 이 과학기술문명은 불행히도 생태계의 위기를 야기했다는 것이다. 물론 인간중심주의를 바탕으로 한 과학기술의 남용과 인간의 욕망을 극대화시키는 자본주의 경제체제가 생태계의 불균형을 초래한 것은 사실이다. 그렇다고 과학기술을 발전시키지 않는 것이 생태계의 위기를 극복할 수 있는 유일한 방안일까?

과학은 현대 문명을 형성하는 데 큰 역할을 해 온 지식이다. 과학은 객관적이고 신뢰할 만한 지식을 확보하는 유용한 방식이라 할 수 있다. 예컨대 고대에는 인간이 경험하는 세계의 질서를 신화적으로 설명했던 반면, 오늘

---

17 윤원철, 앞의 논문, 210-211쪽.

날 현대과학에서는 150억 년 전으로 거슬러 올라가는 우주 생성의 기원에 대한 탐구를 시작으로 하여 그 우주 내에 형성된 에너지 속에서 생명현상을 설명하고 있다. 인간에 대한 이해 또한 생명에 대한 전체론적인 관점에서 파악하고 있다. 따라서 인간 존재와 우주신화에 대하여 상상과 환상으로부터 벗어나는 탈신화화(Entmythologisierung) 과정을 수행했으며, 과학적 지식을 바탕으로 한 구체화된 세계 속에서 인간의 모습과 우주에 대하여 이해할 수 있게 되었다.[18]

이러한 점에서 과학은 도구나 수단이 아닌 우주 내에서 인간의 존재성을 파악하게 해 주는 중립적 성격을 띠고 있다. 그런데 가치중립적인 과학이 도구적으로만 활용되는 가장 큰 원인은 인간의 욕망에 있다고 할 수 있다. 물질적 여건이 열악했던 과거에는 인간이 자신들의 생활 여건을 향상시키는데 급급하였으며 오랫동안 기술적 능력의 한계 속에서 불편과 빈곤에 시달려야 했다. 그런데 활용가능성이 많은 과학이 등장하자 인간 삶의 물질적 여건은 비약적으로 향상되었다. 이때부터 과학은 인간의 욕구 충족을 위한 도구로 사용되기 시작했다. 즉 물질적 여건을 구성하는 생산 기술이 현대과학과 제휴함으로써 과학기술이라고 하는 새로운 형태를 낳게 된 것이다. 과학은 가치중립적이지만, 과학기술은 생산성을 비약적으로 증대시키면서 현대인에게 정신적 측면보다는 물질적 측면을 강화시켰다. 이러한 과학기술에 의해 강화된 물질적 측면과 사회적·정신적 측면은 서로를 규정하는 관계를 넘어섰다. 이제는 과학적 기술을 정신적·사회적으로 규제하기 어려울 만큼 그 영향력과 세력이 대단히 강력해졌다.[19]

과학적 기술 능력을 갖게 된 인간은 자본주의적 시장경제 체제 속에서 이

18 장회익, 『삶과 온생명』, 솔, 1999, 222-242쪽 참조.

19 장회익, 위의 책, 244-246쪽 참조.

기술을 마음껏 활용하고 있다. 과학기술과 자본주의의 시장논리가 결합되면 어느 정도 욕구가 채워진다고 만족하는 것이 아니고, 이익의 재창출을 위한 새로운 욕구는 계속해서 생겨나게 된다. 이 새로운 욕구가 생기면 생길수록 인간은 새로운 기술을 개발하는 데 몰두한다. 이와 같이 현대사회에서 과학은 인류를 위하여 비판적·창조적 지성으로 활용되기보다는 인간의 욕망에 따라 설정된 목적을 완성할 도구로 활용되고 있는 것이다.

지금까지 살펴본 바와 같이, 과학의 발달에 따라 생태계와 자연환경이 파괴되었다기보다, 생태문제는 오히려 과학기술과 접목된 인간 욕망의 극대화에 그 원인이 있다. 그럼에도 불구하고 현대인은 과학에 대해 이중적인 사고를 해 왔다. 놀라운 과학문명의 혜택을 백분 누리면서도 생태문제에 대해 언급하면 늘 과학을 주범으로 지목했던 것이다. 지금까지는 과학과 종교가 늘 대치해 왔지만, 이제는 종교와 과학이 만나야 한다.

현대 과학시대에 생태문제 또한 새로운 기술 개발을 통해 해결하려는 기계론적 발상이 대두되고 있지만 생태문제의 주된 원인이 인간의 욕망의 극대화에서 야기된 것인 만큼, 과학시대에 생태문제는 종교와 과학이 함께 해결 방안을 모색해야 한다. 다시 말하여, 생태문제의 근본 원인은 인간의 욕망이기에 욕망의 절제에 대한 종교적 해결책을 찾아야 할 것이다.

대승불교에서 보살은 세계의 모든 현상이 자신과 관계를 맺고 있음을 깨달은 존재이다. 보살은 모든 사물이 자신과 관계되지 않은 것이 없음을 알고, 자신을 둘러싸고 있는 이웃, 즉 생물과 무생물에 이르기까지 사랑을 보낸다. 이 사랑은 지혜의 실천에서 오는 끝없는 사랑으로서 바로 자비를 말하는 것이다. 이러한 자비는 불교의 인간관계에서 요구되는 기본 윤리이고 더 나아가서 모든 존재 사이에 기본이 되는 생태윤리라 할 수 있다. 생태적 관점에서 대승보살은 바로 이웃에 대한 사랑이 곧 나 자신을 완성하는 길이라는 것을 알고 온 세계를 빈곤과 무지와 괴로움이 없는 이상 세계, 즉 생태적으로 온전한 불국토로 만들려고 노력하는 존재이다. 이것이 바로 생태보살의 삶의 길이다.[20]

생태보살이 자신과 더불어 관계를 맺고 있는 존재들과 생태적으로 일치하는 삶을 살기 위해서 실천하는 길이 바로 보시·인욕·지계·정진·선정·지혜의 육바라밀이다. 다른 존재들과의 뗄 수 없다는 관계성을 생태적으로 실천하는 길이다.

이 생태보살은 이제 과학과의 만남을 통하여 자신의 생태적 삶의 모범을 과학적으로 보여야 할 것이다. 자연개발에 대한 무조건적인 반대가 아니라 어떻게 현대인이 현대의 삶 속에서 생태적인 실천을 이룰 수 있을 것인가 구체적인 실천 방안을 제시해야 한다. 예를 들면 왜 생활쓰레기를 줄여야 하는지, 절수, 절전, 빗물의 재활용의 의미와 필요성을 교리적으로 설명하고 해석해 주어야 한다. 풍력 에너지의 개발과 활용, 태양광 에너지의 활용 등이 종교적으로 어떤 의미를 지니는지 교리적으로 뒷받침해 주어야 한다. 불교의 생태적 삶은 경제적인 이익을 넘어서 불교적인 차원에서 자타불이, 물아동근, 동체대비의 구체적 실천이라는 점을 강조하면서 이를 종교문화적으로 확산시켜야 할 것이다.

생태적으로 균형 잡힌 삶이란 모든 존재와 원만한 관계성을 회복하여 평화로운 삶의 환경을 유지하는 것을 말하며, 이는 모든 존재가 나와 뗄 수 없는 관계성 속에 존재한다는 사실을 깨달은 지혜(智慧)를 바탕으로 하고 있다.[21] 이웃에 대한 사랑이 곧 나 자신을 완성하는 길이라는 것을 알고 이 땅

20 최종석, 「보살과 의인의 현대적 구원관 비교」, 『불교연구』 28집, 248쪽.

21 최종석, 위의 논문, 248쪽.

을 생태적으로 완성을 이루는 것을 생태적 정토의 완성이라 부를 수 있다.[22]

따라서 불교계의 생태환경운동이 교리와 과학이 조화를 이루면서 생명운동, 생명평화운동으로 나아갈 때, 과학시대의 생태적 차방정토 완성을 기대할 수 있다. 과학과 불교가 생태적 차원에서 구체적으로 만남을 모색할 때 생태적 과학격의불교의 새로운 지평을 열게 될 것이다.

Ⅳ. 남기는 말

과학시대의 종교는 교리체계에 있어서 가장 근본적인 문제에 대한 새로운 이해와 해석을 요청받고 있다. 과학시대의 불교는 과학적으로 대응하고, 과학적인 성과를 포괄하여 과학적인 은유와 상징을 펼치는 태도를 보여야 할 것이다. 이러한 불교를 과학격의불교라고 했다. 과학격의불교는 과학적으로 불교를 해석하는 것을 넘어서 적극적으로 과학적 연구성과에 대한 해석과 함께 그러한 해석을 가능하게 하는 근거를 불교의 가르침에서 제공하는 것까지 포함하는 것으로 보았다. 이것을 과학시대에 과학과 불교의 창조적 만남이라고 할 수 있다.

본래 격의불교는 불교의 가르침을 왜곡시킨 것이라고 부정적으로 인식되어 왔다. 그러나 격의는 언어의 개념 해석의 차원을 넘어서 불교에 대한 다양한 해석을 가능케 했다. 중국 문화와의 만남을 통하여 선사상을 배태시키

22 생태보살의 계율에는 현대적 실생활에서 요청되는 계율이 포함되어야 할 것이다. 콜라 깡통이나, 껌, 담배꽁초 등을 아무 곳에나 버리면 정토극락에 갈 수 없다는 환경 생태계율이 필요하다. 이것은 현대인을 위한 현대적 차방정토 사상의 구체적 실천을 위한 첫걸음이라고 할 수 있다.

고 중국적 불교를 만들어 낼 수 있었던 것처럼 오늘날 과학과 불교의 만남은 또 다른 불교의 새로운 지평을 여는 계기가 될 것이다.

물론 종교는 과학이 아니다. 종교는 과학으로부터 답을 들을 수 없는 인간의 궁극적 문제인 죽음과 죽음 이후의 세계에 대한 물음에 대답을 주고 있다. 그렇기 때문에 종교는 신비적이고, 비논리적이고, 비현실적인 면이 있어도 그것을 크게 문제로 삼지 않는다. 그러나 과학시대의 종교는 과학적 종교이어야만 할 것이다. 이런 면에서 불교의 연기론이 철저한 인과율에 바탕을 두고 있기 때문에 과학적 종교로서 손색이 없다. 따라서 과학문명이 점점 발달하면 할수록 불교는 더욱 적극적인 태도로 시대를 선도해 가는 종교의 모습을 띠게 될 것이다. 그렇기 때문에 불교와 과학의 만남을 다시금 새로운 격의불교라고 부정적으로만 볼 것이 아니다. 오히려 불교가 과학시대를 선도하는 종교로 거듭나기 위한 계기로 삼아야 할 것이다. 앞으로 인류의 과학적 성과를 무시한 종교 교리체계는 그 입지가 점점 어려워질 것으로 보인다. 이러한 관점에서 과학시대의 불교는 과연 어떤 변화를 스스로 모색해야 할 것인가? 과학격의불교의 가능성은 이미 시작되었다고 본다. 그렇다면 과연 과학격의불교가 정작 필요한 것인가? 이것은 과학시대의 새로운 종교적 과제라고 볼 수 있다.

이러한 과학격의불교의 과제로서 불교의 인간관인 오온설을 현대 인지심리학과 대비하여 격의하여 보았다. 또한 사이버 공간에 대한 불교의 입장을 용수의 이제설(二諦說)을 적용시켜 인식론적 구원관을 사이버 공간 안에서 격의할 수 있다고 보았다.

또한 현대 과학시대에 생태문제 또한 새로운 기술 개발을 통해 해결하려는 기계론적 발상이 대두되고 있지만 생태문제의 주된 원인이 인간의 욕망의 극대화에서 야기된 것인 만큼, 과학시대에 생태문제는 종교와 과학이 함께 해결 방안을 모색해야 한다고 보았다. 과학과 불교가 생태적 차원에서 구체적으로 만남을 모색할 때 생태적 과학격의불교의 새로운 지평을 열게 될 것이다.

생태불교의 필요성과 가능성

-환경보살의 수행을 통하여-

Ⅰ. 들어가는 말-환경문화의 종교문화화를 위하여

지구는 약 46억 년 전에 형성되었다. 인간이 지구상에 나타난 것은 약 250만 년 전이다. 인류의 문명이 발전한 것은 약 1만 년에 불과하다. 지구가 형성되어 오늘에 이른 기간을 1년으로 환산해 보면, 지구상에 인간이 출현한 것은 현재로부터 불과 5시간 밖에 되지 않는다. 호모 사피엔스라고 불리는 현생인류가 등장한 것은 약 11분 정도이며, 인류의 문명이 존재한 것은 1분도 안 된다고 한다. 지구의 역사상 수십 억 년 동안 일어난 어떤 변화보다도 더 많은 변화를 초래한 지난 200년은 지구시간의 0.00000044%(약 2-3초)에 불과하다고 한다. 오래 동안 지구에 생존하면서 지구를 지배하던 공룡이 지구상에 출현하여 사라질 때까지 소요된 시간이 13일 정도라고 한다. 만약에 현재와 같이 인류의 문명이 진행되어 간다면 과연 인간이 지구시간의 단 하루를 지구상에서 존재할 수 있을 것인가 회의를 하게 된다.[1]

지금 이 순간에도 지구의 곳곳에서는 환경재앙이 계속 진행되고 있다. 단 하루 사이에 20만 에이커(약 8만 정보, 1정보는 3000평) 이상의 열대 우림이 파괴되고 있으며, 3만 6000에이커(1만 4000정보)의 땅이 사막화되어 불모지로 변하고 있다고 한다. 또한 1300만 톤의 유독성 화학물질이 공기 중으로 방출되고, 그에 따른 오존층의 파괴는 날로 빠르게 진행되고 있으며 토양의 오염, 수자원의 오염, 산성비, 지구의 온난화, 산림파괴와 함께 하루에 130여 종에 이르는 생물이 멸종된다고 한다. 매우 심각한 환경재앙을 겪고 있는 것임에 틀림이 없다. 이런 상태로 진행되어 간다면 결국 지구는 50년을 넘기기 어렵다는 진단이 나오고 있다.[2]

이와 같은 위기의식은 이성에 바탕을 둔 과학화와 산업화가 더 나은 방향으로 진보·진화·발전한다는 단선적인 역사관에 회의를 갖게 하였다. 또한 성장과 진보를 가치 있는 것으로 간주하던 낙관주의적인 역사관에 따른 가치관이 근원적으로 흔들리게 된 것이다. 결국 오늘날 인류가 당면한 이 심각한 상황의 원인을 주로 인간중심의 세계관에 바탕을 둔 근대 서구 과학기술문명에 돌리게 된다. 근대의 과학적 진보의 바탕에는 자연을 도구적 성격으로 파악한 서구의 자연관이 깃들어 있으며 그 결과 오늘날과 같은 기술 문명을 가져다 주었고, 이 과학기술문명은 생태계의 위기를 낳게 한 원인이라고 이구동성으로 그 의견이 모아진다. 그러나 여기에서 분명히 해야 할 것은, 과학기술은 가치중립적인 것인 만큼 과학 그 자체가 인류를 위기에 빠뜨린 것이 아니고, 그 과학을 인간의 욕망을 충족시키기 위한 수단으로 삼았기 때문에 문제가 된다. 인간 욕망의 극대화를 지향하고 있는 기술문명이 인류를 절박한 위기로 몰아

---

1 Lester W. Milbrath, *Envisioning A Sustainable Society: Learning Our Way Out*, Albany, 1989, pp.1-2.

2 김욱동, 『한국의 녹색문화』, 문예출판사, 2000, 15쪽.

가고 있다면, 이러한 위기로부터 벗어나고 극복할 수 있는 대안을 모색해야 할 것이다.

21세기에 들어선 인류는 전환기에 처해 있음을 자각하고 있다. 이는 인류를 암울한 미래로부터 구원할 수 있는 새로운 세계관으로 일대 전환이 요구됨을 의미한다. 이와 같은 환경, 생명, 생태계, 자연에 대한 관심과 위기의식은 세계관과 인간관에 변화를 가져오고 있으며 또한 새로운 종교문화를 요청하고 있다. 인간 욕망의 실현을 위한 인간중심의 문화에서 생태계와 영성, 생명에 관심을 기울이는 종교문화로 전환이 요구되고 있다.

종교와 사회의 이상적인 관계는 R. Bellah가 말한 대로 종교가 초월적인 이상세계를 지향하면서도 현실세계의 의미를 인정하여 종교적 이상을 현실세계에 실현시키려 하는 데에 있다고 할 수 있다.[3] 이 말은 곧 종교가 개인에게 제시하는 궁극적인 문제에 대한 대답은 다시 일상에서 부딪치는 문제에 대한 해결의 길을 열어준다는 것이다. 마찬가지로 종교는 사회에 대해서도 그 사회가 지향해야 할 방향을 제시하고 보편적 가치와 윤리를 제공함으로써 종교의 사회통합적 기능을 갖게 되는 것이다. 이 기능이 원활하게 이루어질 때 바람직한 종교문화가 형성된다고 볼 수 있다.

그렇다면 이 시대의 종교문화는 어떤 가치나 윤리를 제시해야 할 것인가? 이 시대의 종교가 가장 큰 관심을 갖는 문제가 바로 생태계와 인간환경이라면, 생태와 환경에 종교적 의미를 부여하고 또 그 의미를 강화시켜 종교문화화하는 것이 무엇보다도 중요한 관건이라고 할 수 있다. 환경에 종교적 의미를 부여해서 그것을 종교적 이상(理想)으로 승화시키는 동시에 다시 그 이상을 현실적으로 실천할 수 있는 구체적인 방법을 제시해야 할 것이다. 인간의 욕망에서 비롯된 생태계의 위기와 환경위기는 근원적으로 인간 욕망의

3 Robert Bellah, 박영신 역, 『사회변동의 상징구조』, 삼영사, 1981, 172-174쪽.

절제에서 그 해결의 실마리를 찾을 수 있다. 21세기 환경의식의 혁명은 결국 인간중심의 문화적 차원을 넘어선 종교문화적 차원에서 이루어져야 한다고 본다.

여기에서는 불교의 세계관과 환경윤리를 살펴보고, 이어서 불교의 연기사상이 생태학적 화두인 공생의 패러다임으로서의 가능성을 모색해 보기로 한다. 불교의 연기사상은 다분히 시간성을 강조하고 있다. 우리가 살고 있는 지구의 현실적 문제의 해결을 구체적으로 제시하려면 인과의 시간성으로부터 자유로움을 목표로 하는 해탈관보다는, 이상적 공간을 제시하는 대승의 정토사상에서 보다 구체적인 생태적 해결 방안을 찾을 수 있다고 본다. 따라서 생태적 이상(理想)을 현실적으로 실천하기 위한 구체적 모델로서 대승불교의 이상적 인간상인 보살(菩薩)을 삼았다. 대승보살이 이 시대에 요구되는 환경보살 또는 생태보살로 새롭게 해석되어지고 이해되어진다면, 이 시대의 환경문화가 종교문화로 자리 잡는 데에 기여할 것이라고 본다. 환경보살의 삶의 목표는 자신을 둘러싸고 있는 모든 존재와의 생태적 조화로움에의 자각이며, 이 자각을 통한 원만한 관계성의 회복이라고 할 수 있다. 이를 위한 구체적인 실천 방안은 바로 환경보살이 지향하는 종교적인 수행이 된다.

Ⅱ. 생태불교의 자비-생태불교의 무차별적 윤리

환경(environment)이란 말의 속뜻에는 계몽사상의 연장선에서 인간중심적 관점을 갖고 있다. 그에 비하여 생태계(ecosystem)란 말은 탈인간중심적 관점을 지니고 있다고 하겠다. 오늘날 인간중심적인 관점에서 바라보는 환경에 대한 시각은 기본적으로 인간의 생존을 위한 전략이 숨겨져 있다. 환경이 훼손된 것은 인간 생존에 필요한 여건을 향상시키기 위한 과정에서 야기된 부작용이라고 본다. 이것은 인간이 중심적인 존재라는 가치관에 기초를 두고 있다. 이 관점에 따르면 앞으로 더 나은 인간의 생존을 위해서 환경의 중요성을 각성하게 하여, 환경 파괴적인 생산 및 소비를 지양하게 하며 환경 친화적인 기술과 산업을 개발해 가야 한다고 한다.

그러나 환경을 인간을 위한 도구적 가치로 대상화하여, 인간의 생존을 위한다는 명분 아래 환경을 파괴시킨다면 장기적인 안목에서 보면 오히려 인간의 생존이 위협을 받게 되는 것은 자명한 일이다.[4] 이러한 인간중심적 윤리(ethics of anthropocentrism)에서는 인간만이 내재적 가치를 지니고 그 밖의 모든 존재들은 인간을 위한 도구적, 수단적, 다시 말해서 외재적 가치만을 지닌다는 견해를 갖고 있다.

이렇게 환경의 파괴가 인간중심주의 가치관의 산물임에 틀림이 없다면 인간중심적 사고에서 벗어나 새로운 사고의 틀을 구축해야 한다는 입장이 있는데 이는 생태계에 내재적인 가치를 부여하려는 관점이다. 인간을 비롯한 모든 자연물이 동등한 내재적 가치를 지니며, 그것은 인간을 포함한 모든 자연물이 자연 그대로서 최선의 가치를 지니고 있다는 것이다. 이러한 사고는 더 나아가 모든 생명체에 본연의 생명가치를 부여해야 한다는 생명중심주의로 발전된다.[5]

싱어(Singer)와 같은 학자는 윤리공동체를 인간사회에서 동물사회로 확장시켜야 한다고 주장하는데 이는 고통을 알고 감정을 가진 동물도 윤리적 대상이 되어야 한다는 동물중심적 윤리(ethics of animocentrism)를 의미한다. 여기에서 한 걸음 더 나아가 동물은 물론 식물까지 포함한 모든 생명체들은 그

4 장회익, 『삶과 온생명』, 솔, 1998, 270−271쪽.

5 장회익, 위의 책, 272−273쪽.

자체로서 가치가 있는 만큼 존중되어야 하고 윤리적인 배려를 받을 권리를 주장하는 생물중심적 윤리학(ethics of biocentrism)에서는 윤리공동체의 범위를 모든 생물에까지 확장시킨다. 여기에서 인간중심적, 동물중심적 윤리관은 존재양식 사이에 서로 환원될 수 없는 절대적 단절성을 인정하고 있으나 생물중심적 윤리관은 인간과 동물과 식물 사이에 절대적 단절보다는 연속성을 인정하고 있다. 그러나 생물중심 윤리관에서도 생물계와 무생물계간의 불연속과 절대적 단절성이 전제되고 있다.[6] 이처럼 존재양식 사이의 단절성과 비연속성을 전제로 하여 존재 사이를 질적으로, 절대적으로 구별해 보는 것은 서양의 세계관에 기인한다.

불교에서는 자아와 세계를 연기(緣起)로 인식한다. 자연 만물의 원리나 본성이 연기(pratītyasamutpāda)되었다는 것은 곧 수많은 조건들(pratītya)이 함께(sam) 결합하여 일어난다(utpāda)는 상호의존적 발생을 의미한다. 이렇게 일체 현상이 상호의존성에 의해서 성립되었기에, 어느 것 하나 영원불변하는 고정된 것이 있을 수 없고(諸行無常), 연기된 것은 서로서로 존재하려고 힘을 들이고 있으며(一切皆苦), 그리고 독자적으로 생성하여 존재하는 것이 아니기 때문에 어느 것 하나 독립된 실체로서 독자적 동일성을 유지하며 존재하는 것이 없다(諸法無我)는 것이다. 이렇게 모든 존재들은 서로 상호의존적으로 관계를 맺고 있다고 보는 것이 불교의 기본 교리인 연기론이다.

불교에서 바라보는 세계란 바로 나의 인식주체인 육근(六根)이 여섯 가지의 인식대상(六境)을 만나서 여섯 가지의 정신적 작용(六識)이 일어난 것으로 본다. 이것을 일체라고 하는데 물질계와 정신계가 연기라는 원리에 의해서

6 박이문, 『자비의 윤리학』, 철학과 현실사, 1994, 209-211쪽.

통합되어 작용하는 하나의 세계를 의미한다. 이 세계는 수많은 조건들이 서로가 서로를 반영하는 인과의 연쇄이다. 그러나 이 세계의 모든 구성원들의 인과관계는 원인과 결과가 고정된 선후관계나 실체성을 고집하지 않는다. 마치 현대의 생태학적 시스템 이론과 매우 유사하다고 하겠다. 생태시스템 이론에 의하면 자연은 서로 연결된 자기 조직적 그물망(network)이기에 근대의 기계론적 인과론과는 달리, 자연 안의 여러 사물들의 인과관계는 결과가 원인에 재투입되기도 하는 환류적이고 비선형적 인과관계를 이룬다고 본다. 이처럼 인과의 상호성과 복잡성을 중시여기는 생태시스템이론은 불교의 연기론과 같은 맥락에 서 있다.[7]

따라서 연기론에서는 모든 존재를 평등하게 바라본다. 나를 둘러싼 모든 존재를 중생이라고 부른다. 중생의 개념이 초기경전에서는 유정(有情) 즉 생명체를 의미하다가 대승경전인 『화엄경』에서는 생명현상이 없는 무정(無情) 즉 무생명체까지도 포함하게 된다. 따라서 "모든 중생은 붓다의 성품인 불성을 지니고 있다(一切衆生悉有佛性)"라는 말은 붓다로 성불할 수 있는 범위가 인간을 넘어 모든 생명으로, 다시 생명체에서 모든 무생명체로 확대되어 간다. 이것은 전존재를 평등하게 보는 불교적 생태관의 일면이다.

여기에서 모든 중생이 하나이고 구별되지 않아야 한다는 동체대비(同體大悲)의 불교적 생태윤리관을 보여 주는 『범망경』의 구절을 보기로 한다.

> 모든 흙과 물은 모두 나의 옛 몸이고 모든 불과 바람은 모두 다 나의 진실한 본체이다. 그러기에 늘 방생하고 세세생생 생명을 받아 항상 머무는 법으로 다른 사람도 방생하게 해야 한다. 만일 세상 사람이 축생을 죽이려 하

7 김종욱, 「자연과 인간의 바람직한 관계」, 『불교평론』 2, 405쪽.

는 것을 보았을 때에 마땅히 방법을 강구하여 보호하고 그 괴로움으로부터 풀어 주어야 한다.[8]

이러한 통찰은 세계와 내가 같은 뿌리에서 나온 것(物我同根)이라는 점을 알게 한다. 즉 모든 중생과 나는 서로 뗄 수 없는 자타불이(自他不二)의 관계성 안에서 존재한다는 것을 깨닫게 된다. 이렇게 나를 둘러싸고 있는 모든 존재가 나와 뗄 수 없는 관계라는 것을 깨달은 것을 지혜라고 한다. 그리고 이 지혜의 실천을 자비라고 한다. 자비는 불교적 생태윤리의 기본이다.

이와 같은 불교의 생태윤리는 생물중심적 윤리를 넘어 생태중심적 윤리(ethics of ecocentrism)라고 말할 수 있다. 즉 모든 개개의 존재는 존재 전체의 일부로서 서로 뗄 수 없는 관계를 맺고 있기에 생태중심적 윤리공동체는 바로 자연 전체이고 존재 전체와 일치하고 동일한 것이다. 불교의 자비심은 사람에게뿐만 아니라 동물에게도, 동물뿐만 아니라 식물에게도, 식물뿐만 아니라 돌·물·흙에게도 미쳐야 한다.[9] 이 자비의 생태윤리는 인간중심적 사고에서 야기된 지구환경의 문제를 해결하고, 모든 생명체들이 공존·공생해야 하는 21세기의 시대적 가치로 받아들여져야 할 종교적 윤리라고 할 수 있다. 환경문제가 근원적으로 모든 생명체의 존재위기로까지 인식되고 있기 때문에 이제는 종교적인 차원에서 그 근본적인 해결책을 찾아야 할 시점에 이르렀다. 따라서 인간중심적 환경윤리가 생태중심적 종교윤리로 승화되어야 하는 것은 이 시대의 종교적 당위라고 할 수 있다.

---

8 「梵網經盧舍那佛說菩薩心地品」 권10하, 『大正藏』 24, p.1006중.

9 박이문, 앞의 책, 214쪽.

Ⅲ. 연기법(緣起法)의 환경패러다임

불교의 가르침에서는 근본적으로 모든 만물은 서로서로 밀접한 관계를 맺고 존재하고 있다고 본다. 만물들은 서로 관계를 맺으면서 끊임없이 생겨나고, 잠시 머물다가는 변하고 사라진다. 어떤 물질이나 현상도 적절한 조건에서는 나타났다가 다시 그 조건이 바뀌면 그에 따라서 물질이나 현상도 사라진다. 이렇게 모든 현상과 존재를 관계성에 바탕을 두고 설명하는 것이 연기법이다.

21세기의 환경문화는 자연과 인간의 관계를 바라보는 시각, 우주와 사물에 대한 시각을 새롭게 설정함을 요구하고 있다. 이를 패러다임(Paradigm)의 전환이 요구된다고 말한다. 이제는 더 이상 자연과 인간, 인간과 인간이 서로 대상화되어 정복하고 정복당하는 지배와 복종의 주종 관계로 이해되어서는 안 되겠다는 것이다. 생태계의 위기가 인류에게는 가장 심각한 문제로 대두되었고 이 위기를 극복하기 위해서는 인간이 자연의 일부이며 자연 없이는 인간이 존재할 수 없다는 유기체적 관계로의 발상이 요청되고 있다. 이 새로운 발상은 연기법에서 극명하게 드러나고 있는, 모든 존재들이 서로서로 의지하고 관계를 맺고 있다는 상의상관성에서 찾을 수 있다. 서구적인 이원론적인 사고방식에서 과감하게 벗어나 모든 생명체들이 서로 상호의존하며 살아가고 있다는 연계의 사고(Interconnectedness)로 변환할 것을 말하는 것이다. 『잡아함경』에서 붓다는 연기법을 이와 같이 설명한다.

> "이것이 있으므로 저것이 있고, 이것이 없으면 따라서 저것도 없어지며, 이것이 생겨남에 따라 저것도 생겨나는 것이며, 이것이 없어지면 곧 저것도 없어지게 된다." (잡아함경II 65)

붓다의 가르침은 실로 모든 사물이 절대적으로 홀로 생성되고 존재하는 것이 아니라 서로 의존하면서 존재하고 있음을 밝히고 있다. 이 연기의 법칙은 인간중심주의에서 벗어나 생명중심주의(Life-centrism) 사고로 더 나아가서 생태중심적인 사고로의 변화를 요구하는 것이다. 이는 인간과 인간, 인간과 자연, 인간과 온 우주가 하나의 유기체적인 관련성 속에 존재하고 있다는 의식을 불러일으키고, 따라서 존재와 존재 사이의 조화와 공존을 가능케 하는 원리이다. 이러한 연기법적 세계관에 기초한 생활은 바로 이 시대에 요구되는 삶의 패턴이다. 여기에서 인간은 모든 중생(존재)과 함께 고통을 나눌 수 있는 자비(compassion)를 회복할 수 있을 것이며, 인격의 우주적 확산으로의 길을 가능하게 한다. 이와 같은 환경패러다임으로서 연기법은 미래의 환경위기를 극복하게 하는 희망의 패러다임이라 할 것이다.

이처럼 환경문제는 전 인류와 지구가 하나의 유기체적 존재라는 것을 각성시켰다. 서구문명은 인간 위주로 자연을 대상화하여 개발해 왔기에 그 결과로 자연환경은 파괴되어 가고, 생태계가 균형을 잃어 가고 있다는 말은 이제 이미 식상할 정도로 많은 사람들이 이구동성으로 이야기하고 있다. 또한 그와 함께 물질적인 풍요를 지향하는 기술문명은 자연환경의 파괴뿐만 아니라 인간성의 상실을 초래하는 결과를 가져왔다. 이러한 문제들을 안고 있는 현대문명의 미래에 대해 많은 사람들은 낙관적인 전망 대신에 깊은 회의를 지니게 됨은 당연한 일이다. 특히 생태주의자들은 인류가 종래의 세계관에 따라 살아간다는 것이 얼마나 위험한 일인가를 자각하고 계몽하고 있으며 지금까지 물질문명에서 야기된 가장 심각한 문제인 환경파괴의 문제를 미래에 대한 위기의식으로 받아들이고 있다. 따라서 21세기의 환경문제는 인종과 국가 그리고 종교를 초월하여 공동으로 대처해야 할 문제라는 것을 인식하게 되었다. 인류는 환경문제에 대하여 인류공동체적 노력과 협조를 경주해야 하는데, 여기에 연기법적 환경패러다임이 기본 원리가 될 수 있을 것이다.

종래의 환경의식이 자연 파괴나 생태계의 파괴에 대한 자각과 그 치유책을 제시하려고 했다면 21세기의 환경문화는 종교문화로 발전시켜, 인간성의 문제까지 포함한 생명운동으로 그 폭을 넓혀 가야 할 것이다. 인간의 욕망이 환경파괴의 주된 원인이었다는 점에서 근원적으로 인간의 문제로 돌아가야 할 것이다. 이런 관점에서 21세기의 환경문화는 과학적 해결을 위한 접근이나, 정치적·사회적 접근을 넘어서 총체적으로 생명에 대한 자각과 인간의 사고의 변화를 도모해야 하는 종교적 접근이 이루어져야 할 것이다. 이러한 환경문제의 해결을 위한 종교적 접근을 위해서 불교의 연기법은 환경패러다임으로서 크게 부상되고 새롭게 해석될 것임에 틀림이 없다.

Ⅳ. 대승보살, 환경보살의 수행의 길

인류의 역사를 통하여 불교만큼 인간의 본연의 모습과 주체성을 강조하고 인간의 완성을 지향한 사상은 없다. 대승불교에서 추구하는 이상적인 인간상은 보살(菩薩, Bodhisattva)이다. 보살에게 있어서 깨달음(Bodhi)은 삶(Satta)을 떠나서 따로 있는 것이 아니라는 것을 아는 것이다. 보살은 현재의 삶을 붓다의 가르침에 따라 철저하게 구현하는 지혜를 지녔다. 일반적으로 보살이 가는 길로서 '상구보리 하화중생(上求菩提 下化衆生)'을 내세운다. 이 말은 '위로는 깨달음을 구하고 아래로는 중생을 교화한다'라고 하여 깨달음의 길과 중생교화의 길을 따로 떼어 이분법적으로 해석해 왔다. 그러나 '상구보리(上求菩提)'와 '하화중생(下化衆生)'의 이 둘을 시간적으로 떼어서 선후가 있는 것처럼 보면 보살의 삶과 어울리지 않는다는 점에 주목해야 할 것이다. 보살은 '상구보리'하고 난 후에 '하화중생' 할 수가 없다. 그렇기 때문에 '상구보리'란 곧 '하화중생'이라는 뜻으로 읽어야 한다. 즉 '깨달음을 얻는 길이란 곧 자신을 둘러싸고 있는 모든 존재와 하나로 일치하는 삶을 사는 것이다'라고 해석해야 할 것이다. 여기에서 모든 존재 즉 중생이란 살아있는 것이든 아니면 생명이 없는 것이든 간에 우리와 더불어 함께 존재하고 살아가고 있는 것을 의미하는 만큼 환경이란 말로 바꾸어 말할 수 있다. 우리가 쓰고 있는 '환경'이라는 말은 사실 '중생'이란 말과 다를 것이 없다. '중생'이란 대승불교에서 일체 유정과 무정을 모두 칭하는 말이다. 즉 우리를 둘러싸고 있는 모든 존재를 총칭하는 말이다. 그렇다면 그것은 곧 우리를 둘러싸고 있는 '환경'이라는 뜻이다. 보살은 자신을 둘러싸고 있는 존재들이 자신과 뗄 수 없는 유기체적인 관계를 지니고 있다는 것을 자각한 존재이다. 그는 모든 존재를 차별하지 않고 그 모든 존재와 연기론적인 관계를 회복한다. 이 회복이 공간적으로 실현된 것이 바로 정토이다. 이는 생태적인 관계가 회복된 공간이요, 바로 극락정토이다.

대승보살의 이상(理想)은 현대사회가 요청하는 생태적 가치관과 생태적 인간관과 일치한다. 대승보살은 세계의 모든 현상이 자신과 관계를 맺고 있음을 깨달은 존재이다. 모든 사물이 자신과 관계되지 않은 것이 없음을 알고, 자신을 둘러싸고 있는 이웃, 즉 생물과 무생물에까지 사랑을 보낸다. 이와 같은 지혜의 실천에서 오는 끝없는 사랑이 자비(maitri-karuṅa)이다. 자비는 불교의 인간관계에서 요구되는 기본 윤리이고 더 나아가서 모든 존재 사이에 기본이 되는 생태윤리이다. 현대의 자본주의 사회가 만들어 낸 인간성의 상실과 가치관의 전도, 개인주의의 피폐에 대한 근본적인 치유는 인간성의 회복에 있다. 인간성의 회복은 불교의 연기법에 따른, 모든 삼라만상이 자신과 유기체적으로 관계를 맺고 있음을 자각하는 데서 시작된다.

결국 불교의 목표인 인격의 완성은 바로 나와 이웃이 동일체라는 것을 깨닫고 무한한 자비를 실천함으로써 이루어진다. 이웃에 대한 사랑이 곧 나 자신을 완성하는 길이라는 것을 알고 온 세계를 빈곤과 무지와 괴로움이 없는 이상 세계, 즉 생태적으로 온전한 불국토로 만들려고 노력하는 것이 대승보살적인 삶이라고 할 것이다. 이를 다시 말해서 환경보살이 가야 할 길이라고 불러도 좋을 것이다.

그렇다면 환경보살은 어떻게 자신과 더불어 관계를 맺고 있는 존재들과 일치하는 지혜로운 삶을 살아갈 수 있는 것인가? 대승보살이 이웃과 더불어 사는 삶을 완성하게 하는 길이 여섯 가지로 제시되고 있는데, 그것이 바로 보시 · 인욕 · 지계 · 정진 · 선정 · 지혜의 육바라밀이다. 바라밀(Pāramitā)의 뜻이 완성인 것으로 보아 육바라밀은 여섯 가지 완성되어져야 할 보살의 삶의 양식을 말하는 것이다. 이 여섯 가지 보살의 수행을 생태불교적으로 살펴보자. 환경보살의 수행으로 해석하여 보기로 한다.

환경보살이 완성해야 할 삶의 양식(樣式)으로서 먼저 보시(布施)를 들 수 있다. 보시는 '준다'는 말이다. 무엇을 준다는 것은 나에게만 머물지 않고 흘러가게 하는 것이다. 왜냐하면 나는 나 홀로 살 수 있는 존재가 아니고 다른 존재들과의 관계 속에서만 살아갈 수 있다. 환경보살은 이러한 관계성을 여실하게 알기 때문에 무엇이든지 자신에게만 머물러 있지 않게 하고, 때가 되면 흘러갈 수 있도록 열어 주는 것이 바로 보시라고 말할 수 있다. 마치 흐르는 물이 한 곳에만 머물지 않는 것처럼, 보시는 모든 관계들이 살 수 있도록 흘러가게 하는 생명의 원리인 것이다. 보시를 통해서 모든 존재와의 연대감과 일체감을 느낄 수 있다. 현대인이 갖고 있는 박탈감이나 소외감을 극복하는 '더불어 사는 삶'은 바로 보시를 통하여 구현 가능하게 될 수 있다.

인간의 욕망의 극대화를 지향하는 기술문명이 미래를 위기로 몰고 가고 있으며, 생태계의 문제를 야기시킨다고 보았다. 결국 이 모든 문제의 근원적인 뿌리는 인간의 욕망이라고 볼 수 있다. 불교의 깨달음의 정점인 열반이 욕망의 제로 상태를 뜻하는 것이라고 할 수 있다. 더불어 존재하고 있는 모든 존재들과 연기론적인 관계성의 회복을 통해, 그것들과 유기체적으로 일치하는 삶을 지향하는 보살은 자신의 욕망을 절제해야 한다. 이 욕망의 절제가 환경보살이 가야 할 두 번째 삶의 양식인 인욕(忍辱)이라 할 수 있다.

이렇게 자신과 전존재가 하나의 유기체적으로 연계되어 있음을 알고, 이 대전제 앞에서 자신을 극소화시키는 삶을 지킬 줄 아는 것을 지계(持戒)라고 할 수 있다. 정진(精進)은 이렇게 생태적으로 균형 잡힌 삶을 영위하기 위해서 환경보살은 쉼 없이 노력해야 하는 것을 의미한다.

이러한 노력으로 환경보살은 마침내 모든 존재들과 생태적으로 원만한 관계성을 회복하여 평화로운 삶의 환경을 유지하게 된다. 이를 생태불교적인 선정(禪定)이라 할 것이다. 따라서 선정은 인과적 시간성으로부터의 자유로움만을 의미하는 것이 아니라, 자신을 둘러싸고 있는 존재들과의 생태적인 관계성이 회복된 공간까지 의미하여야 한다. 이 공간을 극락정토라고 한다. 환경보살은 바로 이 극락을 완성하려는 커다란 원(願)을 세우고 그것을 실천하는 존재이다. 이와 같은 다섯 가지 환경보살의 완성되어져야 할 삶의 양식은 모두 모든 존재가 나와 뗄 수 없는 관계성 속에 존재한다는 사실을 깨달은 지혜(智慧)를 바탕으로 하고 있다.

Ⅴ. 나가는 말

생태계의 위기나, 환경문제는 인간의 욕망의 극대화 과정에서 일어난 것인 만큼 이 문제는 근원적으로 인간의 문제로 귀결된다. 따라서 환경문제가 총체적으로 복합적인 문제라고 해도 결국 인간의 문제이기 때문에 이 시대의 환경문화는 종교문화로 바뀔 때, 보다 근본적인 해결책이 나올 것으로 여겨진다.

생태불교의 가능성은 불교의 가르침이 보다 현실적인 문제와 연계해서 구체적인 실천 방안을 제시하는 데 있다. 따라서 생태문제를 종교문화적으로 이해하여 불교의 수행을 생태적 해결 방안으로 유도하여야 할 것이다. 이에 대승보살의 수행을 환경보살의 수행으로 치환하여 보았다. 아직 그 수행의 방안을 구체적으로 제시하지는 못하고 있지만 이러한 생태불교적 해석은 끊임없이 이루어져야 할 것으로 본다. 인과적 고리가 끊어진 절대자유인 열반만을 추구하는 교리적 불교에서, 자신이 모든 존재와 뗄 수 없는 유기적인 관계라는 것을 자각하고, 그 관계를 회복하는 실천적 생태불교의 필요성이 강조되어야 할 것이다.

따라서 극락정토의 현실성이 강조되어야 할 것이다. 극락이 사후에 가야 할 곳임을 알려주는 타방정토 신앙뿐만 아니라, 현생에서 모든 존재들 사이의 관계가 생태적으로 원만하고 조화롭게 회복된 공간이라는 점을 더 많이 강조해야 할 것이다.

불교생태학의 이론과 실천

I. 들어가는 말

현대의 생태위기는 이론적으로 체계를 세우고 논리적으로 이해만 해서 해결될 일이 아니다. 우리의 삶이 근원적으로 위협을 받고 있기 때문에, 이러한 위협을 조장한 관습적 생활태도의 근본적인 변화가 요청되고 있는 것이다. 따라서 현대에서 생태학은 지금까지 우리 자신의 삶과 자연에 대하여 대답해온 종교와 깊은 관계를 맺고, 미래의 인간 운명에 대한 새로운 대답을 해야 할 위치에 서 있다.

현대사회에 있어서 종교적 과제는 무엇보다도 인간과 생태의 문제를 의식화시키는 일이며, 그 의식화된 것을 어떻게 실천할 수 있는가 그 방향을 제시하는 일이라고 하겠다.

불교에서는 대상을 지배·정복하기보다 생명 사이의 상호연관성을 일깨우면서 모든 존재들의 공존의 길을 알려 주었다. 이러한 연기설의 가르침은 대승불교에서 더욱 폭넓게 확장된다. 우리 모두가 부처가 될 수 있는 불성(佛性)을 지니고 있다. 뿐만 아니라 기왓장이나 지푸라기 같은 무생물에 이르기까지 불성이 있다고 가르친다. 세상 만물이 불성을 지니고 있다는 점에서 모든 존재는 같은 뿌리에서 나왔다고 본다. 따라서 모든 존재는 차별되어지거나 함부로 할 수 없으며 모두 존중해야 한다는 무차별의 가르침으로 전개된다.

즉 연기의 가르침은 인간중심주의에서 벗어나 생명중심주의 사고로 더 나아가서 생태중심적인 사고로 변화를 요구하는 것이다. 이는 현대사회에서 가장 절실히 요구되고 있는 인간과 인간, 인간과 자연, 인간과 온 우주가 하나의 유기체적인 관련성 속에 존재하고 있다는 의식을 불러일으키는 것이다. 연기법은 존재와 존재 사이의 조화와 공존을 가능케 하는 원리이다.

지금껏 불교의 생태에 대한 학문적인 관심과 노력이 전혀 없던 것은 아니다. 그럼에도 불구하고 한국에서는 불교생태학이 학문적으로 체계화되어 하나의 독립된 학문의 영역으로 자리 잡고 있지 못하다. 최근에 불교생태학에 대한 논의가 본격적으로 이루어지고 있다.[1]

한국불교의 종교적 과제의 실천을 위한 작업으로 먼저 불교생태학의 이론적인 배경으로서 불교의 연기법과 상의상관성 그리고 생명윤리의 근본이 되는 사무량심(四無量心)과 사섭법(四攝法)에 대한 것을 고찰하고 몇 가지 예를 경전에서 찾아보도록 할 것이다. 이제 더 나아가 불교의 생태

1 동국대학교 불교문화연구원에서는 '불교생태학 그 오늘과 내일'이라는 주제로 2003년 5월 2일에 세미나를 개최하였으며, 다시 제2회 불교생태학 세미나를 2003년 10월 14일 '자연, 환경인가 주체인가'라는 주제로 개최하였다. 이런 일련의 작업을 통하여 불교생태학이 이론적으로 체계화되고, 학문적으로 독자적인 모습을 갖추게 될 것으로 보인다.

학적 실천의 주체로서 대승보살, 즉 생태보살의 실천수행을 살펴보아야 할 것이다. 대승보살의 이상(理想)은 현대사회가 요청하는 생태적 가치관과 생태적 인간관과 일치한다. 따라서 불교생태학의 실천적 덕목인 불살생과 생태보살의 생태적 수행실천을 찾아보기로 한다.

앞으로 불교생태학은 어떤 방향으로 나아가야 할 것인가? 서구의 불교학자들에게는 대체로 불교사상 전반에 대한 조망이 결여되어 있기에 그들의 불교생태학에 접근하는 태도도 편협적이라는 점을 지적하고, 미래의 불교생태학이 학문으로서 정립이 되고 더욱 발전하려면 포괄적이고 전체적인 조망 아래 동서양의 학자들이 협동연구를 할 때에 가능할 것이다.

Ⅱ. 불교생태학의 성립

1. 현대 생태학의 의미

'생태학(ecology)'이란 말은 원래 1896년 독일의 생물학자이자 철학자인 헤켈(Haeckel, Ernst Heinrich)이 처음 사용하였다. 그는 생태학을 '생물과 환경 및 함께 생활하는 생물과의 관계를 논하는 과학'으로 정의하였다. 다시 말해서 생태학은 '생물 상호간의 관계 및 생물과 환경의 관계를 규명하는 학문'으로 생물학의 한 분과로서 출발했다. 즉 생태계의 구조와 기능에 대한 학문을 생태학이라고 한다.

오늘날의 생태학(ecology)은 근대화의 반성으로 태어난 학문이라 할 수 있다. 현대사회는 300년 전의 산업혁명 이래로 양적으로 그리고 질적으로 굉장히 빠른 속도로 발전해 왔다. 이러한 급속한 발전은 의·식·주를 포함하는 인류의 기본적인 생활을 크게 변화시켰고, 아울러 생태 · 인구 · 경제 · 계층 등의 사회구조 전반과 가치관과 규범 등의 인간관계 구조 및 의식의 변화를 가져왔다. 그런데 이러한 변화가 인류사에 긍정적인 영향[2]만을 끼친 것은 아니다. 오늘날 우리는 과학문명의 발전이 가져다 준 신속함과 편리함으로 결국 인간 삶의 터전인 자연환경이 훼손되는 대가를 치렀다는 것을 알게 되었고, 환경재앙은 현재 인류가 안고 있는 심각한 문제 중의 하나가 되었다.

일반적으로 그러한 재앙을 생태계의 파괴, 자연환경의 파괴라고 말하는데, 이는 바로 인간과 자연의 관계가 깨어졌음을 의미하는 것이라 할 수 있다. 그렇기 때문에 우리는 생태계·환경이라는 말의 뜻을 짚고 넘어갈 필요가 있다.

생태계(ecosystem)는 생물이라는 생물학적 구조와 생물을 제외한 환경이라는 무생물학적인 구조로 이루어져 있다. 생물은 식물과 동물과 미생물로 나누어지며, 환경은 생물을 제외한 무생물, 물 또는 흙이나 공기 중에 들어 있는 각종의 원소들과 온도 변화나 습도, 태양광선 등의 기상학적 요소로 구성되어 있다. 생물은 생태계 내에서 수행하는 역할에 따라 생산자와 소비자와 분해자로 나뉜다. 여기서 생산자는 무기물에서 유기물을 만들어 내는, 즉 광합성 작용을 하는 식물이며, 동물은 그런 식물이 생산해 낸 유기물과 산소를 사용하는 소비자이다. 여기서 최종소비자는 동물과 식물을 모두 섭취하는 인간이다. 생산자와 소비자 이외에 제3의 요소는 분해자로, 세균이나 곰팡이, 바이러스 등의 미생물이 이에 해당된다.

---

2 현대 과학문명의 발전은 다른 어느 시대보다 인류에게 생활의 편리함을 안겨주었고, 의학의 발달은 인류를 수많은 질병의 공포에서 해방시켜 인간의 수명을 연장시켰다. 그 결과 20세기 초 16억이었던 세계인구는 한세기 동안에 4배에 가까운 60억으로 증가했다(최종석, 「현대사회의 모습」, 『불교의 이해』, 금강대불교문화연구소, 356쪽 참조).

이들은 생산자인 식물과 소비자인 동물의 사체를 분해하여 유기물질을 무기물질로 되돌려 놓는다. 이런 분해자의 역할로 인해 식물은 다시 광합성을 할 수 있는 원료를 마련하여 유기물을 또 다시 생산해 내는 것이다.[3]

바로 구성원인 생산자와 소비자 그리고 분해자 각각이 자신의 역할을 제대로 하여 모든 물질의 순환이 이루어질 때, 생태계는 유지될 수 있으며, 이러한 물질의 순환성은 상호의존성으로 이어져 있다. 즉 생태계는 생산되지 않으면 소비될 수 없고, 분해되지 않으면 생산될 수 없다는 순환성과 생물과 환경의 상호의존성이라는 구조적 원리로 유지되고 있는 것이다. 따라서 생태계란 "상호의존성을 바탕으로 적합한 삶의 터전을 이루고자 생물과 그 환경 간에 이루어지는 상호 작용의 체계"[4]라 할 수 있다.

일반적으로 환경(environment)은 어떤 주체를 둘러싸고 그 주체에게 영향을 미치는 유·무형의 객체의 총체를 의미한다. 보통 환경의 주체는 생명체이다. 공기, 물, 돌과 같은 무기물은 반드시 주변의 환경을 필요로 하지 않기 때문에 생명의 주체로 보지 않는다. 반면 생명체들은 주변의 환경으로부터 에너지, 물, 공기 등을 몸 안으로 받아들여 생존에 필요한 것을 사용하고 저장한 다음에 폐기물은 밖으로 내보낸다. 생명체는 자기를 둘러싸고 있는 환경조건에 지배를 받고 다시 영향을 주면서, 이 관계는 복잡하게 이루어진다.[5]

그런데 인간은 다른 식물이나 동물과는 달리 삶을 영위하는 데 많은 요소, 즉 물리·화학적인 자연 환경 이외에도 인공적인 환경도 필요로 한다. 인공적 환경은 인간에 의해서 조성된 환경으로서 물리적 인간환경, 사회

---

3 김종욱, 『불교생태철학』, 동국대학교출판부, 2004, 20-21쪽.

4 김종욱, 위의 책, 25쪽.

5 최종석, 앞의 책, 357쪽.

적 인간환경 그리고 심리적 인간환경으로 세분화 된다. 물리적 인간환경은 인간이 만든 여러 가지 시설, 집, 도로, 병원, 학교와 같은 고정물로서 이러한 시설 안에서 인간은 자라고, 생활하며, 다시 이런 시설을 새롭게 인간생활에 맞추어 개량해 가는 것을 말한다. 사회적 인간환경은 무형의 인간 환경을 말하는 것으로서, 언어·사회제도·조직·법률·윤리의식 등의 인간의 경험과 지성적 작업에 의해 형성된 것을 의미한다. 인간은 이러한 사회적 환경 안에서 성장하며 자신의 삶을 실현시킨다. 심리적 인간환경은 사회와 개인 안에 있는 종교적 신념·미적 감각·철학 등과 같은 진선미를 추구하는 인간의 모습과 다시 그 가치관에 의해 제약되는 인간환경을 말한다. 이러한 환경 속에서 인간은 정신활동을 하는 존재로서 유한성을 넘어 초월적 세계를 추구하고 또한 자신의 종교적 신념에 따라 행동한다.[6]

위에서 살펴본 바와 같이, 생태계(ecosystem)란 말은 탈인간중심적 관점을 지니고 있는 반면, 환경(environment)이란 말은 자연생태에 국한된 의미가 아니라 인간이 생존해 나가는 데 필요한 다양한 요소를 지칭하고 있다. 즉 환경은 인간중심적 관점에 그 바탕을 두고 있다고 할 수 있다. 그렇기 때문에 오늘날의 환경문제와 그 대책에 관한 용어로서 '환경'이라는 개념보다는 '생태'라는 개념이 더 옳은 표현이라 하겠다.

2. 서구 자연관의 전환

생태학에서는 오늘날 일어나고 있는 환경 파괴의 원인을 산업화에서 시작된 근대 서구 과학기술문명에서 찾고 있지만, 보다 심층적인 원인은

---

6 최종석, 위의 책, 357-358쪽.

바로 산업화자체보다는 그런 산업화와 과학기술문명을 낳은 인간의 사고 방식, 계몽사상의 연장선에 있는 인간중심적 관점(anthropocentrism)이라 할 수 있다. 그러므로 먼저 서구에서 발전해 온 자연과 인간관의 관계를 살펴볼 필요가 있다. 이에 대한 대표적인 사상적 흐름은 바로 그리스적 전통과 유대 기독교적 전통이라 할 수 있다.

그리스인들에게 있어 세계는 살아 있는 유기체였고, 자연은 그 자체가 신적인 존재였다. 자연(nature)이라는 단어의 어원인 그리스어 '퓌지스(physis)'는 꽃핌이나 용솟음이라는 뜻으로 일종의 발현[7]을 의미하는 것이다. 여기에는 자연이라는 말에서 흔히 떠올릴 수 있는 사물들 전체뿐만 아니라 그러한 사물의 내적 본성이나 원리까지도 포함하고 있다. 즉 물질과 신적 존재는 하나로 일치되어 있었다. 그들에게 있어서 자연은 영원하며, 생성도 없으며, 모든 피조물을 위한 이 우주는 신에 의한 창조도 인간의 창조물도 아니며, 그것은 언제나 그렇게 있어 왔으며 지금도 그렇게 있고, 앞으로도 이법(logos)에 따라 타오르고 이법에 따라 소실될 영원히 살아 있는 불과 같은 것이었다. 그리스인들의 관심은 인간이 아니라 자연과 우주의 무질서를 조화로 설명하는 일이었다. 사물의 본성과 만물의 근원을 탐구하면서 그 안에서 자연과 생명의 조화의 원리를 추구하려 하였다. 그렇기 때문에 인간 역시 만물 유전의 이법에 따라야 하는 자연의 대상으로 간주되었다.[8]

---

7 여기서 발현이라는 의미를 두 가지 측면에서 살펴볼 필요가 있다. 하나는 내부의 그 어떤 것이 용솟음쳐 나오는 것을 뜻하며, 또 다른 하나는 그렇게 해서 용솟음쳐 나오게 된 것이 구체적으로 있는 것을 말한다. 전자는 사물의 내적 본성을 가리키며, 후자는 그런 본성이 구현된 각각의 사물 혹은 그러한 사물 전체를 가리킨다. 따라서 퓌지스에는 본성으로서의 자연과 전체로서의 자연이라는 의미가 함께 내재해 있다고 볼 수 있다(김종욱, 앞의 책, 124-125쪽).

8 구승회, 『생태철학과 환경윤리』, 동국대학교출판부, 2001, 23-24쪽; 김명자, 『동서양의 과

그런데 소피스트(Sophist)들이 등장하면서 철학적 논의의 중심은 자연에서 인간과 사회로 전환되었다. 그들에 의하면, 사회의 도덕이나 법은 절대불변의 것이 아니라, 합의나 관습에 따라 항상 변할 수 있는 상대적인 규약에 불과한 것이며, 자연은 도덕과는 전혀 관계가 없으며, 자연의 본성은 말 그대로 자연적 본성일 뿐이었다. 이러한 혼란한 철학적 분위기 속에서 소크라테스는 절대적으로 보편타당한 원리가 있음을 주장하였고, 그의 확신은 플라톤, 아리스토텔레스에게 이어졌다. 그들에게 인간은 보편적으로 사유하는 이성적인 인간이며, 자연 사물의 본성은 인간이 자신의 이성을 통해 파악한 질서와 원리였으며, 자연은 그러한 원리에 의해 조화롭게 질서 잡혀진 것, 즉 코스모스였던 것이다.[9] 자연의 본성이나 원리는 인간의 정신에 의해서만 알려지는 것이라고 보았다. 이때 이미 자연보다는 인간을 그 위에 두고 있었다고 할 수 있다.

이러한 인간중심주의적 성향은 중세시대에 접어들면서 그리스 자연철학에서 나타나던 자연의 신성은 제거되고, 자연의 생성에 창조론이 도입되면서 구체화된다.

그리스어 '퓌지스(physis)'는 중세시대에 '나투라(natura, 태어남)'로 번역이 되었는데, 여기서 나투라는 태어나면서부터 지닌 것이라는 의미에서 '본성'을 뜻하며, 그런 본성을 지니고 태어난 것이라는 의미에서는 사물 또는 사물 전체를 뜻한다. 무언가가 생겨난다는 점에서 그리스어의 퓌지스와 라틴어의 나투라는 동일한 의미를 지니고 있다고 할 수 있다. 그런데 꽃이 핀다는 것은 꽃이 적절한 때를 만나 제 스스로 피어난다는 것을 함축하고 있는 것으로, 그리스에서의 자연은 고유한 본성이 스스로 발현된 자

학전통과 환경운동』, 동아출판사, 1997, 43-44쪽.

9 김종욱, 앞의 책, 125-127쪽.

립적인 것을 말하는 반면 태어난다는 것은 자신의 존재 근거를 자기 안에 갖고 있지 않기 때문에 스스로 존립할 수 없다는 것을 뜻한다. 따라서 퓌지스가 스스로 움직이는 자율적 자연을 의미한다면, 나투라는 신에 의해 움직이는 피동적 자연을 의미한다. 여기서 나투라는 '제작의 산물(즉, 있던 것에서 있는 것으로 됨)'을 의미하던 퓌지스에서 '창조의 산물(즉, 없던 것에서 있는 것으로)'로 그 의미가 바뀌게 된다. 왜냐하면 기독교인들은 만물의 근원을 제일원인으로서, 무로부터 모든 것을 창조해 내는(creatio ex nihilo) 신으로 보았기 때문이다. 이로써 신은 창조주가 되고 자연은 피조물이 된다. 창조주는 피조물을 초월한 절대 타자이기 때문에 이 둘은 서로 가까이 할 수 없는 관계가 된다. 그러면서도 신은 다른 피조물들과는 달리 인간만은, 창세기 1장에서 표현된 것처럼, 자신의 형상대로(Imago Dei) 창조하였다는 것이다. 그렇기 때문에 인간은 자유의지와 인격성을 갖추고 있는, 신의 영광을 반영할 수 있는 유일한 존재로 간주한다. 인간은 신에 의해 창조된 피조물의 공간인 자연 속에서 활동할 수 있도록 그 역할도 부여받는다. "너희는 온 땅에 퍼져서 땅을 지배하여라."(창세기 1, 28)라는 구절에 근거하여 인간은 자연의 지배를 신의 은총으로 여기게 되었다. 이와 같이 신과 자연의 관계에서 인간은 그 중간적 존재로서 신을 섬기고 자연을 지배하는 자가 되었다.[10]

"이렇게 많은 자연의 생성에 창조론이 도입됨에 따라, 많은 그리스적 사유 유산들이 기독교적으로 변형되었다. 개별적 사물에 대한 보편적 형상의 초월성(플라톤)은 피조물에 대한 창조주의 초월성으로 바뀌고, 개별적 사물 속에 내재하는 자체 본질로서의 기능과 목적(아리스토텔레

10 김종욱, 앞의 책, 129-130쪽; 구승회, 앞의 책, 23-24쪽 참조.

스)은 창조의 역사 속에 내재하는 신의 의지로서의 섭리와 목적으로 대체되었다."[11]

이와 같이, 그리스도교의 자연관은 자연을 정복하고 대상화하는 명목을 제공하였다. 17-18세기에 본격적으로 발달하기 시작된 기술과학은 자연에 대한 인간의 지배권 회복으로 이해하였으며, 근대의 과학적 진보는 인간이 죄로 말미암아 잃었던 자연에 대한 지배권을 인간 스스로의 힘으로 다시 획득해 가는 것으로 보았다. 기술과학의 발달은 인간이 신과의 약속을 어겨 짓게 된 죄로부터 해방될 수 있다는 세계관을 가져오게 하였다. 이러한 세계관은 그리스도교적 자연관과 근대의 데카르트, 베이컨 이래 이분법적 자연 이해와의 만남에서 이루어진 것이다.[12]

중세시대에는 신의 형상을 지닌 인간이 자연에 비해 분명 우월한 존재로 간주되었으면서도 자연과 인간은 신의 피조물로서 신의 섭리 속에서 연결된 존재들이었다. 하지만 근대로 넘어 오면서, 데카르트가 '나는 생각한다. 그러므로 나는 존재한다(cogito ergo sum)'라고 했던 것처럼, 자신의 사유를 통해 스스로의 확고부동한 존재의 토대를 마련하게 된다. 즉 인간의 주체성을 강조함으로써, 신과 인간의 관계는 느슨해졌고, 자연과 인간은 완전히 분리되었다. 이와 같이 완전히 분리된 자연과 인간의 관계는 칸트에 의해 주관과 객관의 관계로 더욱 명확해진다. 칸트에 의하면, 자연은 그 자체로서는 스스로의 존재를 드러내지 못하기 때문에, 저 밖에 있는 그 무엇인데, 사회구조 속에 종속될 경우에만 관심영역 안에 나타난다. "자연은 기술을 가지고 고문하고, 처벌하는 조건 하에서만 자신을 드러

11 김종욱, 앞의 책, 131-132쪽.

12 최종석, 앞의 책, 364쪽.

내기 때문"[13]에 자연에 대한 탐구〔자연과학의 방법〕는 공격적일 수밖에 없었다. 즉 근세 이후 자연과학은 인간이 자연과는 다르다는 것을 강조함으로써, 자연을 정복의 대상으로 인식함으로써 발전해 나가기 시작했다. 그래서 셸러(Max Scheller)나 하버마스(Juergen Habermas) 같은 학자들은 근대 자연과학을 지배기술, 자연에 대한 지배의 계기로 규정하게 된다.

그런데 오늘날 이러한 기술과학은 오히려 인간을 기술과학의 노예로 전락시키고 있다. 현대사회는 그에 따른 인간의 상실과, 무차별한 자연 개발에 따른 자연환경의 파괴와 생태계의 위기라는 문제에 직면해 있다. 여기서 절실히 요구되어지는 것은 기존의 세계관, 즉 인류를 멸망으로 이끌지 모를 현대의 과학기술문명에 대한 반성과 재해석, 그리고 위기로부터 벗어나고 극복할 수 있는 해결책을 찾는 일일 것이다. 그 해결책은 단순히 과학적 기술에 기반을 둔 환경윤리정책이 아니라, 바로 인간중심적이었던 세계관으로부터 벗어나 새로운 세계관, 즉 생태학적 세계관으로 일대 전환하는 것이다.

3. 불교생태학의 의미

오늘날 불교생태학(Buddhist Ecology, Eco-Buddhism)은 기존의 인간과 자연관의 관계를 불교사상의 관점에서 재정립할 수 있다는 점에서 생태학의 중요한 하나의 분과라 할 수 있다. '불교생태'라는 용어는 불교와 생태, 불교의 생태, 불교에 나타난 생태, 불교적 생태, 불교에서의 생태, 불교에서 바라본 생태로 불리기도 한다. '생태불교'라는 용어는 생태와 불교, 생태

13 구승회, 앞의 책, 41쪽.

에 대한 불교, 생태를 위한 불교로 이해된다. 그런데 불교생태가 보편적으로 사용되고 있다.[14]

위에서 살펴본 바와 같이, 생태계의 본질이 상호의존성이며, 생태계는 이러한 상호의존성을 바탕으로 적합한 삶의 터전을 이루고자 생물과 그 환경 간에 이루어지는 상호작용의 체계라고 했을 때, 그리고 생태학이 그러한 상호연관성을 지닌 생태계의 구조와 기능에 관해 연구하는 학문이라 했을 때, 중심이 되는 사상은 생물과 환경의 상관성·상호의존성이라 할 수 있다.

이를 불교식으로 표현하면 바로 '연기의 법칙'이 된다. 연기(緣起)는 석가모니 붓다가 보리수 아래에서 깨달은 진리로서, 현상세계에서 일어나는 모든 변화는 특정한 존재들의 개별적이고 독립적인 작용에 의하여 일어나는 것이 아니라, 그러한 존재들이 상호의존적인 관계를 맺으면서 생멸(生滅)한다는 법칙을 올바로 파악하는 것이 바로 불교의 진리를 깨닫는 것이라 할 수 있다. 게다가 여기서 필요한 것은 하나의 실천으로서 생태학적 수행일 것이다. 생태학적 수행은 바로 일체중생에 대한 상호존중의 실천으로서, 일체중생에 대한 비폭력〔不殺生〕과 생명해방〔放生〕이라 할 수 있을 것이다.

그렇기 때문에 불교생태학은 "상호의존과 상호존중이라는 연생(緣生)과 상생(相生)의 불교정신에 입각해 제반 학문들 사이의 연계를 도모하여, 생태계의 구조와 기능을 이론적으로 분석하고, 생태계의 조화와 생명해방을 구현할 수 있는 실천 방안들을 탐구하는 학문"[15]이라 할 수 있다.

또한 불교생태학(Buddhist Ecology)은 "우리가 사는 중생세간과 기세간,

---

14 백도수, 『불교와 생태』, 해조음, 2004, 13쪽.

15 김종욱, 앞의 책, 28쪽.

정보(正報)와 의보(依報) 속에서 연기와 자비의 관점 속에서 연구하는 학문"[16]이라고 할 수 있으며, "인간의 욕망을 어떻게 자율적으로 절제할 것인가, 문명과 자연의 상생을 어떻게 도모할 것인가 등의 주요한 명제"들이 불교생태학을 이루는 근간이라고 볼 수 있다.[17]

불교생태학이란 명칭과 정의에 대해서 다양한 의견이 있다. 왜냐하면 불교생태학을 불교의 한 영역으로 보는 것이 아니라, 생태학의 한 분과로 보는 입장이 있기 때문이다. 다시 말하자면 생태학[18]은 유기체의 상호작용에 대한, 또 이들이 속한 환경에 대한 관계를 탐구하는 생물학의 하부분과를 지칭하기 때문이다. 따라서 '불교생태학'이라는 명칭은 불교의 종교적 여러 현상과 행태를 생태학적으로 연구하는 생물학의 한 영역으로 이해될 수도 있다는 것이다. 그러나 이것은 현실적으로 거의 불가능한 학문분야이며, 설령 가능하다 할지라도 별다른 의미가 없는 학문이 되고 만다.[19] 불교생태학이라 부를 때 불교학이 순수 자연과학에 소속될 수 있냐는 우려를 나타내는 것이다. 여기에서 생태학에 해당하는 'ecology'는 '생태', '생태학 방법론', '생태철학', '환경윤리' 등의 보다 확장된 의미로도 사용되고 있다. 오늘날 '생태학'이란 말 역시 하나의 문화적 경향을 표현하는 유행어처럼 사용되고 있다.[20]

---

16 고영섭, 「'종파주의'를 넘어서 '중도의 불(교)학'을 향해」, 『불교평론』, 1999, 겨울호, 178쪽.

17 고영섭, 위의 논문.

18 그리스어 '오이코스(οικs)'에 어원을 둔 생태학이라는 말은 18세기까지만 해도 '가계(家計)'라는 의미로만 쓰였다. 즉 가사(家事) 혹은 '집에 대한 교의'이다. 그러던 것이 자본주의의 발달과 더불어 경제행위가 복잡해지면서 한편으로는 '경제학'으로 되었고 다른 한편으로는 생명체들 간의 관계에 대한 또 이들이 속한 환경에 대한 관계를 탐구하는 생물학의 인접학문인 생태학이 되었다. 이렇듯이 생태학의 대두는 경제와 밀접한 연관을 가지고 있다(구승회, 『에코필로소피』, 새길출판사, 1995, 1장 참조).

19 박경준, 「불교생태학 프로그램의 발전적 추진방향」, 『불교학보』 제42집, 2005, 240쪽.

20 박경준, 위의 논문, 240쪽.

그러나 이러한 명칭의 문제와는 별개로 오늘날의 생태계 위기, 환경 파괴를 고려하면 생태학적 사유에 기초한 불교학 연구는 다양한 응용불교의 분과들 중에서 아주 유력한 분야가 될 수 있다. 아직 학문분야로 정착되지는 않았지만 '불교생태학'의 개념을 대개 두 가지로 나누어 보는 견해가 있다.[21]

첫째, 협의의 '불교생태학'으로서 환경·생태의 문제를 불교사상의 관점에서 연구하는 응용불교학의 한 분과학문이다. 그러므로 이때의 '불교생태학'은 '불교생태사상(The Buddhist Thought of Ecology)' 또는 '불교생태론(The Buddhist Theory of Ecology)'으로서 '생태불교학'으로 부를 수 있을 것이다. 영어로 표현한다면, 'Eco-Buddhology', 'Buddhist Ecology', 혹은 'The Buddhist Studies of Ecology'가 될 것이다.

둘째는 광의의 불교생태학이다. 이것은 '불교와 생태학의 이념을 바탕으로 유기적인 학제간 연구를 통해 이루어지는 통합적 학문'으로 정의하고 있다. 즉 불교생태학 프로그램 안에서 이루어지는 전반적인 학문 활동들을 포괄하는 개념이라는 것이다. 여기에는 불교학과 생태학을 중심으로 생물학, 환경공학, 건축·토목공학, 문학, 역사, 철학, 예술 등이 참여 가능한 학문분야이다. 이런 경우에 '불교생태학'은 영어로 'The Interdisciplinary Research in Buddhism and Ecology'라고 표기될 수 있을 것으로 보고 있다.

응용불교학에 해당되는 불교생태학을 좀 더 세분화해서 보자면 시대구분에 따라 초기불교생태학·부파불교생태학·대승불교생태학·밀교생태학·선불교생태학 등으로 구분할 수 있으며, 나라별로는 인도불교생태학·중국불교생태학·한국불교생태학 등 지역불교생태학이 있을 수 있으

21 박경준, 앞의 논문, 241쪽.

며, 불교생태학분야와 연관학문분야를 고려하여 구분하자면 불교정치생태학 · 불교사회생태학 · 불교경제생태학 · 불교문화생태학 · 불교생태윤리학 · 불교여성생태주의 · 불교환경생태학 등으로 구분될 수 있을 것이다.[22]

위에서 보는 바와 같이, 불교생태학은 생태학과 마찬가지로 다양한 영역과 관련을 맺으면서 광범위하게 연구되고 있다. 이는 2500여 년을 걸쳐 형성되어 온 불교가 오늘날 학문의 영역이라 할 수 있는 역사, 문화, 철학, 정치, 경제, 사회, 예술 등 거의 모든 학문적 요소들을 복합적으로 포함하고 있다는 것을 보여 주는 것이다. 게다가 불교가 보여 주는 사상적 특징은 일방적인 지배의 논리나 일시적인 생태학적 환경보호 차원의 방안을 해결책으로 제시하는 것이 아니라, 생태계 위기 문제를 불교철학의 입장에서 철저하게 반성할 것을 요청하고 있으며, 나아가 시대적 요청에 부합하는 실천 방안도 제시하고 있다.

Ⅲ. 불교생태학의 이론적 배경

1. 만물의 원리로서의 연기법

일반적으로 오늘날 인류가 당면한 심각한 생태위기의 근원적인 원인을 인간 중심의 세계관에 바탕을 둔 근대 서구 과학기술문명에 두고 있다. 하지만 여기서 분명히 해야 할 점은, 과학기술은 가치중립적이기 때문에 그 자체가 인류를 위기에 빠뜨린 것이 아니라, 인간이 욕망을 충족시키기 위한 수단으로 삼았기 때문에 위기를 맞이하게 된 것이다.

22 백도수, 앞의 책, 15쪽.

『마하카피(Mahakapi) 자타카(Jātaka)』[23]에서는 인간의 탐욕과 증오, 어리석음이 자연을 향해 얼마나 악한 행동으로 이어지고 있는지 잘 보여 주고 있다.

"옛날에 어떤 남자가 그의 소를 찾으려고 정글로 들어갔다. 그는 정글을 샅샅이 헤매고 다니다가 결국 길을 잃게 되었다. 1주일 간 그는 음식도 마실 물도 찾을 수가 없었다. 마침내 그는 틴두카(Tinduka, 인도의 감나무)를 발견하고는 약간의 열매를 따려고 하였다. 그런데 그만 깊은 구멍으로 미끄러져 떨어졌고, 거기에 갇혀 열흘 동안 지쳐 쓰러질 수밖에 없었다. 마침 그때 열매를 따려고 나무에 올라간 원숭이 한 마리가 이 남자가 구덩이에 빠져 있는 것을 보았다. 원숭이는 어렵사리 노력하여 가까스로 그 남자를 빼내어 주었다. 그리고 원숭이는 너무 피곤해서 잠이 들어 버렸다. 그러던 중에 그 남자는 배가 고파서 돌을 가져와서 원숭이의 머리를 때려 잡아먹으려 하였다. 원숭이는 그의 행동을 알아채고는 나뭇가지 위로 뛰어올랐다. 원숭이는 상처로 피를 흘리면서 그 남자가 땅 위에서 자기를 쫓아오도록 유도했다. 그리고는 그를 그의 마을로 안내해 주었다."[24]

23 『Jātaka』에는 총 547개의 이야기가 있다. 자타카 문학은 인도사회에 기원을 두고 있는데, 현재 북인도로 알려진 인도의 중앙지역(Jambupia)에서 발달한 것이다. 자타카에 서술된 모든 사건들은 인도 왕국과 인도사회와 연결되었지만, 다른 한편으로는 보편적인 것으로 성자(覺者)의 전생에서 그가 이전 삶에 어떻게 존재했는지, 그리고 그가 깨달음을 얻고자 하는 의문에서 득도에 도달하기까지 얻은 가치 있는 행위를 보여주고 있다(무왜타가마 그난아난다, 「자타카 문학의 생태학적인 해석」, 『불교사상의 생태학적 이해』, 동국대학교 BK21불교문화사상사교육연구단 편, 433-434쪽 참조).

24 무왜타가마 그난아난다, 위의 논문, 436쪽.

위의 이야기는 욕망을 위해서는 죽음으로부터 구해 준 원숭이까지 죽이려 한 인간의 잔인한 면모를 적나라하게 보여 주고 있다. 이러한 인간의 모습은 바로 오늘날 자연에 엄청난 해악을 끼치고 있는 우리들의 모습이며, 동물을 포함한 생태계는 인간의 탐욕으로 인하여 끊임없이 착취를 당하고 있다. 그렇기 때문에 불교는 인간중심주의적 세계관에 대한 철저한 반성으로서 지배와 집착의 마음을 버리라고 말한다. 왜냐하면 불교에서는 자아(自我)와 세계를 연기로 보기 때문이다.

자연 만물의 원리나 본성이 연기(pratītyasamutpāda)되었다는 것은 수많은 조건들(pratītya)이 함께(sam) 결합하여 일어난다(utpāda)는 상호의존적 발생을 말한다. 그렇기 때문에 어느 것 하나 영원불멸하는 고정된 것이 있을 수 없고〔諸行無常〕, 연기된 것은 서로서로 존재하려고 힘을 들이고 있으며〔一切皆苦〕, 그리고 독자적으로 생성하여 존재하는 것이 아니기 때문에 어느 것 하나 독립된 실체로서 독자적 동일성을 유지하며 존재하는 것이 없다〔諸法無我〕.[25] 그런데 비록 실체가 없고 변하는 것이라 해도 무질서하게 제 마음대로 변하는 것은 아니다. 모든 것이 변하지만 그 변화 속에는 일정한 법칙, 즉 '인과의 법칙'에 의해서 진행되고 있는 것이다. 다시 이 인과의 법칙을 살펴보면, 먼저 일차적인 원인인 인(因)과 이차적인 원인인 연(緣)이 결합되는 인연화합(因緣和合)의 성질이 있다. 또한 모든 사물은 서로 관계를 맺고 의지하여 생겨나고 사라진다. 모든 사물은 상의상관성(相依相關性)을 지니고 있다. 모든 존재는 이와 같은 관계 속에서 끊임없이 서로 영향을 주고받으면서 존재하는 것이다.

이를 경전에서 다음과 같이 말하고 있다.

25 최종석, 앞의 책, 364-365쪽.

"이것이 있으므로 저것이 있고, 이것이 없으면 저것도 없으며, 이것이 생기면 저것도 생겨나고, 이것이 없어지면 저것도 없어진다."[26]

모든 것은 연기의 법칙 속에서 존재하기 때문에 어느 하나도 독립된 영원한 것은 없고, 서로의 관계 속에서 변하면서 존재하는 것이다. 불교에서 바라보는 세계는 바로 나의 인식주체인 육근(六根)이 여섯 가지의 인식대상(六境)을 만나서 여섯 가지의 정신적 작용(六識)이 일어난 것인데, 이를 일체라고 한다. 일체란 물질계와 정신계가 연기라는 원리에 의해서 통합되어 작용하는 하나의 세계이다. 즉 불교에서 말하는 세계, 일체는 나와 아무런 상관도 없는 세계를 말하는 것이 아니라, 여기 있는 나와 그리고 나와 만나는 모든 것들을 모두 합한 것을 의미한다.

그렇기 때문에 연기론에서는 모든 존재를 평등하게 바라보며 나를 둘러싼 모든 존재를 중생이라고 부른다. 중생의 개념은 초기경전에서 유정(有情), 즉 생명체를 의미했지만 대승경전인 『화엄경』에서는 생명현상이 없는 무정(無情)·무생명체까지도 포함하고 있다.

"모든 나라들이 나의 몸속에 있으며

---

26 틱낫한과 같은 스님은 연기의 법칙을 설명하는 데 있어 다음과 같은 비유를 든다. "만일 여러분이 시인이라면, 여러분은 이 한 장의 종이를 보면서, 하늘에 구름이 있다는 것을 명확히 인식할 것이다. 구름이 없으면 비가 없고, 비가 없으면 나무가 자랄 수 없고, 나무가 없으면 종이를 만들 수 없다. 구름은 나무가 존재하기 위해서 반드시 필요한 존재이기에, 만일 구름이 여기에 없다면, 이 한 장의 종이도 또한 여기에 있을 수 없을 것이다." Naht Hanh, Thich, *The Heart of Understanding: Commentaries on the Prajnaparamita Heart Sutra*, Parallax Press, 1988(수마나 라뜨나야카, 「불교의 승가공동체와 녹색사회」, 『불교사상의 생태학적 이해』, 동국대학교 BK21불교문화사상사교육연구단 편, 동국대학교 출판부, 2006, 395쪽에서 재인용).

또한 그와 같이 붓다들도 거기에 살고 있네.

나의 모공들을 보라

그러면 나는 너희에게 붓다의 세계를 보여 주리라.

땅의 본질이 하나인 것처럼

일체 존재가 각기 떨어져 살고 있지만

그럼에도 불구하고 땅은 같다거나 다르다는 생각을 내지 않네.

붓다의 진리 또한 이와 같다네."[27]

위의 『화엄경』에서 보는 바와 같이, 모든 존재는 동일한 본질, 즉 불성(佛性)을 지니고 있다. '일체중생이 모두 붓다의 성품인 불성을 지니고 있다〔一切衆生悉有佛性〕'는 말은 성불할 수 있는 범위가 인간을 넘어 모든 생명으로, 다시 생명체에서 모든 무생명체까지 확대되었음을 의미한다. 이는 전 존재를 평등하게 바라보는 불교의 생태관이라 할 수 있다.

2. 만물의 물아동근적(物我同根的) 상의상관성

모든 존재가 동일한 본질인 불성을 지녔다는 통찰은 세계와 내가 같은 뿌리에서 나온 것〔物我同根〕이라는 점을 알게 해 주며, 모든 중생과 내가 서로 뗄 수 없는 자타불이(自他不二)의 관계성 안에서 존재한다는 것을 깨닫게 해 준다.

다음의 이야기는 모든 존재의 상호의존적 관계, 유대관계를 잘 보여 주고 있다.

---

27 바트(S. R. Bhatt), 「불교와 생태학」, 『불교사상의 생태학적 이해』, 동국대학교 BK21불교문화사상사교육연구단 편, 동국대학교출판부, 2006, 22쪽.

"옛날 Brahmadatta가 Benares(Varanasi)를 다스릴 때, 보살이 숲 속의 나무의 정령으로 환생하였다. 멀지 않은 곳에 또 다른 나무의 정령이 아주 거대한 나무에 살고 있었다. - 그런데 이 숲 속에 사자와 호랑이가 살고 있었다. 사자와 호랑이에 대한 두려움 때문에 어느 누구도 거기에서 농사를 짓지도 않았고, 나무를 베지도 않았다. 어떤 사람도 뒤를 돌아 똑바로 쳐다 볼 용기를 갖지 못했다 - 그런데 사자와 호랑이는 거기에서 모든 동물들을 죽이고 먹어치웠다. 먹다 남은 것은 그냥 내버려 두었다. 그래서 숲 속에서는 고기 썩는 고약한 냄새가 났다.

어느 날 눈이 멀어 그 원인을 알아채지 못한 나무의 정령이 보살의 정령에게 말했다. "사자와 호랑이 때문에 우리 숲은 고기 썩는 냄새로 가득 찼다. 나는 그들을 쫓아낼 것이다." 보살의 정령은 대답했다. "우리의 보금자리는 호랑이와 사자 덕분에 보호를 받고 있어. 그들이 잡히면, 우리의 보금자리도 파괴될 거야. 인간은 사자와 호랑이가 안 보이면, 숲 전체를 베어낼 것임에 틀림없어. 그럼 평지로 개간되고 들판이 만들어지겠지. 이런 일이 너희들에게 생기지 않길 바래."

하지만 이렇게 말을 해도, 어느 날 나무의 정령은 어리석게 행동했다. … 사자와 호랑이를 위협해서 달아나게 했다. - 이제 사자와 호랑이가 보이지 않게 되자, 그들(사람들)은 사자와 호랑이들이 다른 숲으로 옮겨 갔음을 알고, 숲 속의 나무를 베어 내기 시작했다.

나무의 정령은 보살의 정령에게 가서 말했다. "난 네 말대로 하지 않고 그들을 쫓아냈어. 하지만 사람들이 사자와 호랑이가 더 이상 없음을 알고 숲 속의 나무를 베어 내고 있어. 어떻게 하면 좋지?" 보살의 정령이 말했다. "지금 사자와 호랑이가 이 숲 속에 살고 있어. 지금 가서 그들을 데려와." - 당장 나무의 신은 동물들이 있는 곳으로 가서, 그들에게 두

손을 모으고 다음과 같이 말했다.

"오세요, 호랑이여, 돌아와 주세요,

다시 울창한 숲으로 돌아와 주세요!

숲에 있는 나무들이 쓰러지지 않도록 돌아와 주세요."

그러나 호랑이들이 나무의 정령의 거절했다. "가세요. 우리는 더 이상 가지 않아요." 그러자 나무의 정령은 혼자 숲으로 돌아가야만 했다.

며칠 후에 사람들은 숲의 모든 나무를 베어 내고 들판을 만들어서, 거기에 경작을 하기 시작했다."[28]

붓다는, 전생에 일어난 일인 호랑이에 관한 우화를 설명하면서, 다음과 같이 말하였다.

"옛날에 어리석은 정령은 코카리카(Kokalika)였고, 사자는 사리풋타(Sariputta)였고, 호랑이는 목갈라나(Mogallana)였다. 현명한 정령은 바로 나였다."[29]

붓다의 두 제자 사리풋타(Sariputta)와 목갈라나(Mogallana)가 이미 동물로 환생했을 때, 당시에 그는 보살(Bodhisattva)로서 나무의 신이었고, 코카리카(Kokalika)도 마찬가지였다. 여기서 붓다는 현재 코카리카가 우유부단하며, 다른 제자들, 사리풋타와 목갈라나와 서로 어울리지 못하고 있는 원인을 악업 때문이라고 말하고자 하였다.

---

28 『Jataka』 in: Dutoit 1909, II, S. 403-406, in: Peter Gerlitz, *Mensch und Natur in den Weltreligionen, Grundfragen einer Religionsökologie*, 1998, S. 10-11.

29 『Jataka』 in: Dutoit 1909, II, S. 403-406, in: Peter Gerlitz, S. 11.

그런데 이 이야기는 불교생태학적 관점에서 동물과 숲, 또는 나무와의 관계를 통해 그들의 상호의존적인 관계(verwandtschaft, Abhängigkeit)를 고찰해 볼 수 있다. 나무의 정령은 사자와 호랑이가 도움이 되기보다는 해를 끼치고 있으며, 숲을 무방비 상태로 내버려 두는 것을 이해할 수 없었다. 그리하여 보살 정령의 충고를 어기고 그들을 멀리 쫓아내 버렸다. 사자와 호랑이들이 사라졌음을 알게 된 사람들은 숲으로 들어와 나무의 정령이 살고 있는 나무를 포함하여 모든 나무들을 베어 버렸다. 그럼으로써 나무/숲과 동물간의 조화 또는 균형은 끝났으며, 자연의 일체감은 무너졌다. 여기서 사자와 호랑이와 같은 맹수가 숲 속에서 나무에게 해가 될 수도 있었겠지만, 다른 한편으로는 인간들에게 겁을 줌으로써 숲을 보호하는 역할도 했다는 것을 상기할 필요가 있다. 그리고 한번 깨져 버린 나무, 동물, 인간의 균형은 다시 되돌릴 수 없다는 것을 명심할 필요가 있다.

붓다는 이미 자신이 보살(Bodhisattva)이었을 때, 언젠가 발생하게 될 이러한 일을 예고한 것이다. 그는 전생에서 현세에 일어날 일을 예감했던 것이다. 그는 우화를 통해 제자들의 덕·부도덕뿐만 아니라 동시에 어떻게 인간의 특성이 일반화될 수 있는지, 그리고 그로 인해 어떤 결과가 나타날 수 있는지도 보여 주고 있는 것이다.[30]

이처럼 불교에서는 모든 존재들이 서로서로 뗄 수 없는 관계 속에서 존재하고 있음을 깨우치게 하고 있다. 또한 모든 존재 사이의 조화와 평화는 올바른 관계성의 회복에 있음을 알려 주고 있다.

---

30 Peter Gerlitz, *Mensch und Natur in den Weltreligionen*, *Grundfragen einer Religionsökologie*, 1998, S. 13.

3. 생태학적 생명윤리 – 사무량심(四無量心)과 사섭법(四攝法)

인간은 무명한 존재이다. 인간은 천지동근과 만물동체의 생명윤리관을 깨닫지 못하는 데서 우리의 몸으로는 무엇을 죽이려하기도 하고 죽이기도 하며, 훔치려하기도 하고 훔치기도 하며, 간음에 있어서 심리적으로나 행위로 저지르게 된다. 입으로는 거짓말로 속이려하기도 하고 속이기도 하며, 이간질하려고 하기도 하고 이간질하기도 하며, 아첨하려 하기도 하고 아첨하기도 하며, 저주나 악담을 하려고 하기도 하고 저주나 악담 등을 서슴없이 저지르게 된다. 이러한 악업은 탐욕의 지나친 마음과 성냄의 지나친 신경질과 어리석은 마음으로부터 일어나는 것으로 본다.[31] 그러나 존재하는 모든 것들이 서로 한 몸이라는 것을 깨닫게 되면 무량한 자비를 베풀 수 있게 된다.

『숫타니파타』에 무량한 자비심을 마치 어머니의 애정에 비유한 이야기가 있다.

> "마치 어머니가 자기의 외동아들을 신명을 걸고 지키는 것과도 같이, 그렇게 일체의 살아 있는 것에 대하여서도 무량의 자비의 마음을 수행해야 한다. 또 전 세계에 대하여 무량의 자비심을 수행해야 한다. 상에도 하에도 또한 옆으로도 가림 없이, 원한 없이, 적대심 없는 자비를 수행해야 한다. 서거나, 걷거나, 앉거나, 눕거나, 잠들지 않는 동안은 이 자비심을 확립해야 한다. 이 세상에서는 이러한 상태를 자비의 숭고한 경지라고 부른다."(149-151)

31 조용길, 「불교의 생명윤리관」, 『한국불교학』 29집, 355-356쪽.

여기에서는 모든 존재에 대한 무량한 자비심을 마치 어머니가 그의 외동아들에게 주는 절대 무조건적인 사랑에 비유하고 있다. 이러한 깊은 애정을 모든 생명 있는 중생에게도 미치도록 해야 한다고 설하고 있는 것이다. 이러한 무량의 자비심은 전 세계의 모든 것에 대해서도 원한이나 적대감이 없는, 또 화내지 않는 마음으로써 대해야 한다는 것을 설한다. 그리하여 그러한 자비심은 행주좌와(行住坐臥)로서 늘 잊지 않고 지녀야 한다는 것을 자비심의 숭고한 경지라고 말하고 있는 것이다.[32] 자비심은 원시불교에서는 '자(慈)'와 더불어 '희(喜)'나 '평정(平靜)'이라는 덕목에 대하여 설해지는 경우가 많았다. '희'는 사람의 행복을 보고 기뻐하는 마음이며, '평정'은 '사(捨)'라고 한역되었는데, 그것은 사람에 대하여 공한심이나 집착심 등을 버려서 마음이 평안(平安)한 상태를 뜻하는 것이다.

이 자비에 대한 가르침이 『전륜성왕사자후경(轉輪聖王獅子吼經)』에서는 네 가지의 마음을 모아서 설하게 된다.

> "비구들이여, 비구가 재보에 부하다는 것은 무엇인가. 비구들이여, 여기에 어떤 비구가 있는데, 자비심을 가지고 한쪽에 편만(遍滿)하여 머문다. 마찬가지로 제2의 방향에, 또 마찬가지로 제3의 방향에, 또 마찬가지로 제4의 방향에 편재해서 머문다. 이와 같이 상(上)으로 하(下)로 횡(橫)으로 모든 곳에, 두루 일체를 포함하는 세계에 널리 크게 무량하게 원한 없이 노여움이 없이 자비심으로써 편만하게 머문다. 애처로워 하는 마음으로써…. 기쁨을 함께 하는 마음으로써 … 평정을 지니는 마음으로써 편만하게 머문다. 비구들이여, 그것이 비구가 재보에 부하다는 것이다."[33]

32 곽만연, 「불교의 생명윤리사상연구」, 『정토학연구』 제6집, 298쪽.

33 『長部』 26(곽만연, 앞의 논문, 299쪽에서 재인용).

위에서 설한 바와 같이 자(慈)·비(悲)·희(喜)·평정(平靜)의 네 가지 마음이 일체 한량없이 충만한 것을 원시불교에서는 '사무량(四無量)' 또는 '사무량심(四無量心)'이라고 한다. 이처럼 경전에서는 산의 동물뿐만 아니라 풀 한 포기, 나무 한 그루도 함부로 베지 않는 철저한 생명윤리관을 가지고 있다. 천지와 모든 생명에 대한 무량한 네 가지 넓고 깊은 마음을 베푸는 일이다. 첫째, 자무량심은 어머니의 넓은 사랑과 같은 정을 베푸는 생명윤리의 실천이다. 둘째, 비무량심은 깊고 깊은 아버지의 사랑과 같은 정을 베푸는 생명윤리의 실천이다. 셋째, 희무량심은 현인들의 사랑과 같은 환희의 정을 나누는 생명윤리의 실천이다. 넷째, 사무량심은 성인들의 사랑과 같은 무차별의 생명윤리의 실천을 베푸는 것이다.[34] 여기에서 다시 『불반니원경(佛般泥洹經)』에서 설해지고 있는 자비심을 살펴보자.

> 부처님께서 제자들에게 말씀하셨다.
> "수행하는 사람은 자비로운 마음으로 세상을 보아야 한다. 부처님을 대할 때도 자비로운 마음이어야 한다. 설사 남이 꾸짖더라도 맞서 대응하지 말고 자비로운 미소로써 대해야 한다. 설사 죄를 지어 감옥에 갇혀 있더라도 그를 대함에 자비로워야 하고, 이웃을 만날 때에도 자비로운 마음으로 상대해야 하느니라. 항상 자신의 마음을 잘 다스려 남들이 업신여기더라도 화내지 말고 혹 추켜세우더라도 들뜨지 않으면 근심걱정이 없으리라. 입을 단속하여 함부로 말하지 말고, 공연한 말로써 남의 마음을 상하게 하지도 말아야 한다. 입은 재앙을 불러들이는 문이 되기도 하나니 입을 단속하지 못하면 도를 얻기가 어려우니라."[35]

---

34 조용길, 앞의 논문, 357쪽.

35 『佛般泥洹經』 권상(『大正藏』 1, p.161하), "比丘僧. 當有慈心於天下. 有慈心於佛. 人罵

세상을 자비로 바라본다는 것은 나를 둘러싸고 있는 모든 존재들과 나를 떼어서 보는 것이 아니라 그들과 연계되어 있다는 불이(不二)의 관계성을 의미하는 것이다. '자비심으로 세상을 보라'는 내용은 바로 환경 생태윤리의 핵심이 된다. 이는 바로 너와 나는 동체라는 윤리로 발전되며, 이 자비의 윤리는 인간과 인간 사이뿐만 아니라, 생태계에 이르는 회복의 윤리인 것이다. 불교의 자비의 특성은 일체의 차별성을 버리고, 모든 존재를 향한 평등성을 지향하는 점에 있다. 그러므로 불교의 자비와 평등은 서로 안과 속의 관계에 있다고 할 수 있다.[36]

사무량심(四無量心)의 실천을 구체적으로 알려주고 있는 바 그것이 사섭법(四攝法)이다. 이 사섭법은 곧 불교 생명윤리의 근본을 이룬다. 그 첫째가 보시섭으로 어렵고 힘든 사람과 생명들에게 자신의 것을 나누어 주는 것이다. 둘째는 애어섭으로 좋은 말과 용기를 주는 말로써, 또한 사랑의 마음으로 도와주는 일이다. 셋째는 이행섭으로 서로 서로에게 손해가 되지 않고 이익이 되도록 베풀어 주는 것이다. 넷째는 동사섭으로 서로 같이 동고동락의 삶을 영위하고자 하는 것이다. 이와 같이 불교 생명윤리의 근간에는 네 가지의 무량한 자비의 사상과 그것을 구체적으로 실천하게 하는 네 가지 덕목이 있다.

不得應. 不得恨. 持慈心向天下. 如獄中有繫囚. 常慈心相向. 人處世間. 亦當慈心轉相愍念. 比丘執心人罵無怒. 將踧無喜生有是心. 可以無憂. 所以不與世人諍者. 譬如牸牛食芻草. 出乳乳出酪. 酪出酥. 酥成醍醐. 持心當如醍醐. 奉佛戒法. 可久端. 舌莫妄語. 語莫傷人. 意舌當端. 舌不端. 使人不得道."

36 곽만연, 앞의 논문, 333쪽.

Ⅳ. 불교생태학의 실천과 전망

1. 환경윤리 - 불살생(不殺生)

모든 존재가 나와 같은 뿌리에서 나오고, 나와 뗄 수 없는 관계라는 것을 깨달은 사실을 지혜라고 한다. 그리고 이 지혜의 실천을 자비라고 하며, 자비는 불교 생태윤리의 기본이자 불교의 생태학적 실천이라 할 수 있다.

이와 같은 불교의 생태윤리는 생태중심적 윤리(ethics of ecocentrism)이다. 즉 모든 개개의 존재는 존재 전체의 일부로서 서로 뗄 수 없는 관계를 맺고 있기에 생태중심적 윤리공동체는 바로 자연 전체이고 존재 전체와 일치하고 동일하다는 것을 인식하고 실천하는 것이다.

불교의 자비심은 사람에게 뿐만 아니라 동물에게도, 동물뿐만 아니라 식물에게도, 식물뿐만 아니라 돌·물·흙에도 미쳐야 한다.[37] 이 자비의 생태윤리는 인간중심적 사고에서 야기된 지구환경의 문제를 해결하고, 모든 생명체들이 공존·공생해야 하는 21세기의 시대적 가치로 받아들여야 할 종교적 윤리라고 할 수 있다.

위에서 살펴보았듯이, 인간중심적 윤리는 서구에서 사상적 토대를 마련함으로써 눈부신 과학기술의 발전을 가져왔다. 하지만 이는 결과적으로 생태계의 파괴라는 재앙을 가져왔고, 인간 자신도 그 재앙으로부터 생존의 위협을 느끼는 상황에 처했기에, 이를 극복하고자 하는 노력으로 서구인들은 스스로 생태학이라는 학문을 탄생시키게 되었다. 그리하여 오늘날

---

37 박이문, 『자비의 윤리학』, 철학과 현실사, 1994, 214쪽.

에는 인간중심적 윤리에서 생물중심적 윤리(ethics of biocentrism)로 점차 전환하고 있다. 즉, 인간의 욕망이 환경파괴의 주된 원인이었다는 점에서 근원적으로 인간의 문제로 돌아가야 한다는 것을 보여주는 것이다. 즉 총체적으로 생명에 대한 자각과 인간 사고의 변화를 도모하는 데 종교적 접근이 필요하다는 것을 인식하고 있는 것이다.

그렇기 때문에 불교의 목표인 인격의 완성은 바로 나와 만물이 동일체라는 것을 깨닫고 무한한 자비를 실천함으로써 이루어진다. 자비의 실천은 제일 먼저 불교의 불살생 교리에서 나타난다.

> "이른바 선(善)이라고 하는 것은 살생을 떠나 세상의 모든 중생을 거두어 줌으로써 그들을 두려움이 없게 하는 것이다. … 모든 법은 목숨으로 근본을 삼고 사람은 다 제 목숨을 보호한다. 그러므로 살생하지 않으면 그것은 곧 목숨을 주는 것이요, 목숨을 주는 것은 모든 즐거움을 주는 것이다. 그러므로 제일가는 보시란 이른바 목숨을 주는 것이니 이와 같이 생각하는 것은 천상에 태어나는 인(因)이 된다."[38]

불살생은 불교의 제1의 보살계이다. 비구나 비구니는 아힘사에 대한 의무를 염두에 두고 출가하며, 재가신도도 사찰에서 수행을 할 때, 그 계명을 굳게 맹세한다. 불살생은 모든 불교신자가 고백하는 계율이며, 항상 간직해야 하는 계율인 것이다.

---

38 『정법염처경(正法念處經)』(김용정, 「생태학과 불교의 공생 윤리」, 『환경과 종교』, 민음사, 1997, 130쪽에서 재인용).

2. 생태적 수행 – 생태보살

자비를 실천한 본보기는 바로 대승불교에서 추구하는 이상적인 인간상인 보살(菩薩, Bodhisattva)에서 찾을 수 있다. 보살은 현재의 삶을 붓다의 가르침에 따라 철저히 구현하는 지혜를 지녔다. 생태적 수행을 하는 보살은 자신을 둘러싸고 있는 모든 존재와 일치되는 삶을 지향한다. 즉 생명이 있는 것이든 없는 것이든 우리와 함께 더불어 존재하고 있는 모든 존재에 대한 태도로써 주체와 객체의 구분 없이 하나로 일치되는 삶을 살고자 한다. 이런 점에서 오늘날의 '생태', '생태적 삶'에 부합된다고 할 수 있다.

오늘날 생태학적 관점에서 보살의 모습을 살펴본다면, 보살은 자신을 둘러싸고 있는 존재들이 자신과 뗄 수 없는 유기체적인 관계를 지니고 있다는 것을 자각한 존재이다. 그는 모든 존재를 차별하지 않고 그 모든 존재와 연기론적인 관계를 회복하려고 한다.

결국 불교의 목표인 인격의 완성은 바로 나와 이웃이 동일체라는 것을 깨닫고 무한한 자비를 실천함으로써 이루어진다. 이웃에 대한 사랑이 곧 나 자신을 완성하는 길이라는 것을 알고, 생태적으로 온전한 불국토로 만들려고 노력하는 것이 대승보살적인 삶인 것이다. 이를 다시 말해서 생태보살[39]의 길이라고 불러도 좋을 것이다.

그렇다면 어떻게 보살은 자신과 더불어 관계를 맺고 있는 존재들과 일치하는 지혜로운 삶을 살아갈 수 있는 것인가? 보살이 이웃과 더불어 사는 삶을 완성하게 하는 길이 여섯 가지로 제시되고 있는데, 그것이 바로

39 필자는 2000년에 발표한 글에서 불교의 생태적 실천의 주체를 환경보살이라는 이름으로 부르자고 한 바 있으나, 환경개념보다는 그 외연이 넓은 생태개념이 불교의 생태적 실천에 적합하다는 생각에서 환경보살을 생태보살로 고쳐 부르기로 하였다.

보시 · 인욕 · 지계 · 정진 · 선정 · 지혜의 육바라밀이다. 육바라밀은 피안에 도달하게 하는 수행방법이지만, 한편 바라밀(Pāramitā)의 뜻이 완성인 것으로 보아, 육바라밀을 여섯 가지 완성되어져야 할 보살의 삶의 양식으로 해석할 수 있을 것이다.

보살이 완성해야 할 삶의 양식(樣式)으로서 보시(布施)는 '준다'는 말이다. 무엇을 준다는 것은 나에게만 머물지 않고 흘러가게 하는 것이다. 나는 나 홀로 살 수 있는 존재가 아니고 다른 존재들과의 관계 속에서만 살아갈 수 있다는 것을 깨달았기 때문에, 무엇이든지 나에게만 머물러 있게 하지 않고 늘 흘러갈 수 있도록 열어 주는 것이 바로 보시라고 할 수 있다. 보시는 마치 흐르는 물처럼 모든 관계들이 상생할 수 있도록 흐르고 있는 생명의 원리이다.

인간의 욕망은 끊임없이 무엇인가 소유하려고 한다. 그러나 모든 존재를 향해 열려 있는 삶으로 지향하는 생태보살은 소유에 대한 욕망을 절제한다. 이 욕망의 절제가 생태보살이 가야 할 두 번째 삶의 양식인 인욕(忍辱)이다. 이렇게 자신과 전존재가 하나의 유기체적으로 연계되어 있음을 알고, 이 대전제 앞에서 자신을 극소화시키는 삶을 지킬 줄 아는 것을 생태보살의 지계(持戒)라고 할 수 있다. 정진(精進)은 생태적으로 균형 잡힌 삶을 영위하기 위해서 생태보살은 쉼 없이 노력해야 함을 의미하며, 이러한 노력으로 생태보살은 마침내 모든 존재와 원만한 관계성을 회복하여 평화로운 생태적 삶의 환경을 유지하는 것을 선정(禪定)이라 할 것이다. 이와 같은 다섯 가지 생태보살의 완성되어져야 할 삶의 양식은 모두 모든 존재가 나와 뗄 수 없는 관계성 속에 존재한다는 사실을 깨달은 연기론적 지혜(智慧)를 바탕으로 하고 있다 할 것이다.[40]

---

40 최종석, 「생태불교생의 필요성과 가능성」, 『불교학보』 제42집, 2003, 232-233쪽.

이처럼 생태보살의 길을 실현하려는 노력을 통하여 이 시대에 있어서 가장 중요한 환경의 문제나 개인주의의 피폐는 그 해결점을 찾을 수 있을 것이다.

3. 불교생태학의 전망

현대사회의 여러 문제인 인구팽창·환경오염·식량과 자원의 고갈, 그리고 이런 상황들과 관련된 사회적·정치적 문제들이 생태학적 문제와 연관되어 고찰되고 있다. 모든 존재들이 상호 연관되어 있다는 사유는 생태학과 불교가 공유하고 있는 점이라고 할 수 있다. 1960년대 이후 미국과 유럽을 중심으로 일어난 생태계와 환경 운동가들 사이에서 그 이론적 근거를 모색하게 되었다. 환경론자와 불교학자 양측 모두 그 어떤 종교보다도 불교가 환경윤리 내지는 생태철학에 가장 적합한 종교사상이라는 점을 인식하였다. 현재 서구에서 논의되고 있는 불교생태학과 국내의 불교생태학의 전망을 살펴보고자 한다.[41]

이런 맥락에서 보았을 때 앞서 나왔던 소로나 뮈어 그리고 특히 레오폴드 같은 사람은 이러한 생태신앙의 성인인 셈일 것이다. 하지만 오늘날 '종교로서의 생태학(ecology as religion)'의 대중적 신봉자라 할 수 있는 인물은 그린피스(Greenpeace)의 창시자 헌터(Hunter)라고 할 수 있다. 그린피스는 1971년 캐나다에서 조직되어 미국의 지하 핵실험 중지와 고래잡이 반대를 촉구하는 운동을 벌였다. 이들의 정치적 운동의 배후에 있는 근본 철학은 신학적이며 그 활동은 매우 제의적이다. 그린피스가 비폭력적인 데

41 아래의 내용은 류승주, 「불교생태학의 현주소」, 『불교학보』 제42집, 2003, 191-196쪽에서 정리하였음.

비해 폭력까지도 불사하겠다며 나온 새로운 생태행동주의(ecoactivism)는 포먼(Foreman)이 1980년에 창설한 '지구우선(Earth first)'이다. 이들은 지구를 성스러운 지모신이라고 불렀으며, 지구인 어머니를 강간하고 있는 현대사회에 대하여 비폭력적 대응은 매우 소극적이고 부자연스러운 것으로 간주한다. 자연을 훼손하는 행위는 화해가 아니라 연장을 들고 저지해야 한다고 주장한다.

생태학과 환경윤리에 대한 관심이 확대되고 있지만, 과학적 정보에 기반을 둔 환경윤리의 확대만으로는 심각해지고 있는 현대의 환경문제를 해결하는 데 한계가 있다는 점이 지적되고 있다. 바로 인간의 근본적인 관습으로부터의 생태학적 혁명이 필요하다고 보는 것이다. 현대의 생태위기는 과학적 계산이나 이론으로 해결될 일이 아니라 우리 삶의 밑바탕에 깔려 있는 관습적 생활태도의 근본적인 변화가 요청되고 있다.

1996년 5월부터 1998년 10월까지 하버드 대학의 세계종교연구센터(Center for the Study of World Religions)에서 '종교와 생태학'을 주제로 일련의 포럼을 개최하였다. 그 첫 번째가 바로 '불교와 생태학'이었다.

Buddhism and Ecology, May 3~5, 1996

Confucianism and Ecology, May 30~June 1, 1996

Shinto and Ecology, March 21~24, 1997

Hinduism and Ecology, Oct. 2~5, 1997

Indigenous Traditions and Ecology, Nov. 13~16, 1997

Judaism and Ecology, Feb. 22~24, 1998

Christianity and Ecology, April 16~19, 1998

Islam and Ecology, May 7~10, 1998

Taoism and Ecology, June 5~8, 1998

Jainism and Ecology, July 10~12, 1998

이 학술대회에서 불교, 유교, 신도(神道), 힌두교, 토착종교, 유대교, 기독교, 이슬람교, 도교, 자이나교 등의 종교 사상들에 나타난 생태학적 사유를 논의하였다. '불교와 생태학' 포럼에서는 남방불교와 생태학, 참여불교, 불교와 동물, 선불교와 생태학, 불교적 생태학의 정의와 문제설정, 미국 불교와 생태학 등을 주제로 서구의 여러 불교학자들이 불교적 생태학의 가능성을 다양한 관점에서 모색한 바 있다. 여기서 랑카스터(Lewis Lancaster)는 '문화공동체와 불교적 생태학의 문제들'이라는 제목으로 여러 지역의 불교문화권에서 생성된 전통적 문화 양태를 생태학적으로 분석하여 불교와 생태학의 관계를 개괄적으로 논의하였다.

먼저 '남방불교와 생태학' 분과회의에서는 스폰슬(Leslie Sponsel)이 '태국에서 녹색 사회로서의 불교승단'이라는 제목으로 태국 승단의 환경문제에 대한 인류학적·생태학적 접근을 시도하였다. '참여불교 불교생태학적 세계관의 정책 차원들'이라는 주제를 다룬 분과에서는 크래프트(Kenneth Kraft), 라플뢰르(William LaFleur), 머콧(Susan Murcott), 그로스(Rita Gross) 등이 핵문제와 토양 및 수질오염, 인구와 소비문제 등 생태 환경의 구체적인 문제들을 다루었다. '불교와 동물'에서는 초기 불교적 전통 속에서 동물에 대한 인식과 중국 불교에서 동물에 대한 생명존중 및 중세 일본 불교에서의 방생(放生) 의례의 의미에 대해 다루었다. '선불교와 생태학' 분과에서는 일본의 선불교 전통에 있어서 자연과 환경에 대한 태도에 대해 일본 조동종(曹洞宗)의 선승인 도겐(元道, 1200-1253) 사상을 중심으로 논의하였다. '불교적 생태학의 정의와 문제설정' 분과에서는 티벳 불교적 전통

속의 환경관이 논의되었고, 공(空) 사상에 근거하여 자연의 개념을 해석함으로써 인간중심주의에 대한 비판이 시도되었으며, 지구 헌장의 제정에 있어서 불교의 공헌이 논의되었다. '미국 불교와 생태학'이라는 주제 아래 승가를 중심 개념으로 한 스나이더(Gary Snyder)의 불교적 자연관을 소개함으로써 불교적 환경윤리의 정립을 시도하였고, 미국 남캘리포니아에 위치한 젠마운틴센터(Zen Mountain Center)에서 펼치고 있는 환경운동과 녹색종교운동을 소개하였다. 세계종교연구센터에서는 이 포럼에서 발표된 논문들을 수정 · 보완하여 『불교와 생태학』[42]이란 단행본을 출간하였다.

1990년대 이후 국내에서도 생태학을 불교적 관점에서 다루기 시작하였다. 목정배는 교학적 관점에서 자연 환경을 해석하여 불교적 환경윤리 정립에 기여하였고, 오형근은 유식사상을 바탕으로 물질과 생명의 문제를 다루었다. 이중표는 초기 불교의 관점에서 불교의 생명관과 자연관을 정리하였으며, 박경준은 현대 아시아에서 전개되고 있는 참여불교운동을 국내에 소개하는 한편, 불교생태학의 프로그램 개발에 참여하였다. 최종석은 연기법과 자비를 불교의 생태 윤리의 기본 개념으로 설정하고 생물중심적 윤리를 넘어선 생태중심적 윤리(ethics of ecocentrism)를 주장하면서 이 시대의 대승보살을 실천적 생태보살로 해석할 것을 제시하였다. 고영섭 역시 연기와 자비를 불교적 생태관의 핵심 요소로 파악하고 불교의 자연관과 생태관 및 환경관을 다루었다. 김종욱은 불교생태철학의 이론적 기반을 체계화하는 데 기여하였다. 뒤를 이어서 남궁선, 서재영 등은 본격적으로 불교생태학을 주제로 한 박사학위논문을 제출하였다. 한편 법륜 스님과 수경 스님은 보다 실천적인 측면에서 각기 한국불교환경교육원과

42 『불교와 생태학』은 동국대학교 불교문화연구원의 불교생태학총서 2권으로 번역되어 2005년에 발간되었음.

불교환경연대를 기반으로 하여 환경운동을 펼치고 있다. 또한 최근 유전공학과 생명복제가 생태계와 환경문제의 새로운 핵심으로 부각되면서 불교계에서도 이에 대해 활발한 논의를 펼치고 있다.

그러나 무엇보다도 불교생태학에 있어서 획기적인 일은 2006년 5월에 열린 동국대학교 건학 100주년 기념 국제학술대회이다. 이 학술대회의 주제는 '지식기반사회와 불교생태학'이었다. 모두 네 분과로 나누어 국내외 학자들이 모여 불교생태학에 대한 다각적인 고찰을 시도한 것이다.[43] 이 학술대회가 가지는 의미는 세계 불교생태학 발전에 커다란 공헌을 한 일이라고 할 수 있다.

서구의 불교학자들이 안고 있는 공통적인 한계라고 할 수 있는 것은 불교사상사에 대한 전체적 조망이 결핍되어 있다는 점이다. 그들은 주로 초기 불교나 티벳 불교 또는 일본 선불교에 경도되어 있기 때문에 불교생태학에 접근하는 태도도 편협적이라고 할 수 있다. 불교생태학에 대한 접근이나 시각이 특정 학파나 특정 문헌에만 근거하여 이루어지는 것은 매우 위험한 일이다.

앞으로 불교생태학은 보다 포괄적이고 전체적인 조망 아래 동서양의 학자들이 학제간의 협동연구를 할 때, 미래의 생태학적 사유와 환경윤리를 제공할 수 있을 것이다.

---

43 동국대학교 건학100주년기념 국제학술대회의 주제인 '지식기반사회와 불교생태학'은 네 분과로 나뉘어 논의되었다. 제1분과는 '지식기반사회와 환경문제', 제2분과는 '불교생태학과 서양사상', 제3분과는 '불교생태학의 학제적 접근', 제4분과는 '미래사회의 평화와 불교생태학'이다.

V. 나가는 말

현대사회에 있어서 불교의 종교적 과제는 무엇보다도 인간과 생태의 문제를 의식화시키는 일이며, 그 의식화된 것을 어떻게 실천할 수 있는가에 대한 방향을 제시하는 일이라고 하겠다. 불교에서는 생명 사이의 상호 연관성을 일깨우면서 모든 존재들의 공존의 길을 알려 주었다. 이러한 연기설의 가르침은 모든 존재는 차별되어지거나 함부로 할 수 없으며 모두 존중해야 한다는 무차별의 가르침으로 전개된다. 그러나 현대사회는 인간과 인간의 관계뿐만 아니라 인간과 생태계의 관계가 무너져 가고 있다. 이러한 위기상황에서 태어난 학문이 생태학(ecology)이라 할 수 있다. 현대사회는 산업혁명 이래로 양적으로 그리고 질적으로 급속한 발전을 하였다. 인류의 기본적인 생활구조와 인간관계 및 의식의 변화를 가져왔다. 그러나 이러한 변화가 인류사에 긍정적인 영향만을 끼친 것은 아니라는 점이다.

오늘날 우리는 과학문명의 발전이 가져다 준 신속함과 편리함을 향유하는 대신에 인간 삶의 터전인 자연환경이 훼손되는 대가를 치르게 되었다. 따라서 오늘날 우리에게 절실히 요구되는 것은 기존의 세계관에 대한 반성과 재해석이며, 앞으로 도래할 환경재앙에 대한 대책이다. 그 대책은 단순히 과학적 기술에 기반을 둔 환경윤리정책이 아니라, 바로 인간중심적이었던 세계관으로부터 벗어나 새로운 세계관, 즉 생태학적 세계관으로 일대 전환을 하는 것이다.

바로 불교의 생태학적 세계관이 주목을 받는 이유는 불교에서는 모든 존재들이 자신과 뗄 수 없는 유기체적인 관계를 지니고 있으며, 그 모든 존재들은 차별되지 말아야 된다는 연기론에 기초를 두고 있기 때문이다.

여기에서는 불교생태학의 이론적 배경으로서 연기법과 자비심을 들었다. 그리고 생태적 실천의 한 방도로서 불살생의 생명윤리와 생태보살의 실천수행을 제시하였다.

앞으로 불교생태학은 어떤 방향으로 나아갈 것인가? 서구의 불교학자들이 안고 있는 공통적인 한계는 불교사상 전반에 대한 조망이 결핍되어 있다는 점이다. 그들의 불교생태학에 접근하는 태도도 편협적이다. 미래의 불교생태학은 보다 포괄적이고 전체적인 조망 아래 동서양의 학자들이 학제간의 협동연구를 할 때, 현대사회의 생태문제에 대한 대책으로 요청되는 생태학적 사유와 환경윤리를 제공할 수 있을 것이다.

• 3부 •

불교와 동양문화의 교섭

1. 한국불교와 도교신앙의 교섭

2. 신라 미륵신앙과 첨성대

3. 신라 용신신앙과 불교

4. 그리스도교와 도교의 수행

5. 한글과 불교경전

6. 불교의 한국화 과정

한국불교와 도교신앙의 교섭

– 산신신앙, 용왕신앙, 칠성신앙을 중심으로 –

I. 들어가는 말

불교를 비롯하여 도교와 유교가 중국으로부터 한반도에 전래된 것은 삼국시대이다. 불교는 고려시대까지 국가종교의 위치에서 한국 종교전통의 지층을 형성하였으며, 조선시대에는 억불숭유의 기치 아래 교단은 쇠퇴하였으나 불교신앙의 명맥은 꾸준히 이어져 왔다. 유교는 국가통치 이념으로서 조선조에서 꽃을 피웠다. 그러나 도교는 한반도에 전래된 이래 교단을 조직하고 종교적 제의나 포교활동을 하지 않았다. 한반도에서 도교가 제도적 종교로 존재하지 않았기 때문에 도교를 신앙하는 신도가 실제로 존재하지 않았다고도 할 수 있다.

그렇다면 왜 불교나 유교는 한반도에서 제도적 종교로 교단을 이루었는데 반해 도교는 교단을 이루지 못하였는지, 그 원인을 여러 가지 면에서 찾을 수 있는데, 이능화는 이미 우리나라에서 상고시대부터 자생적으로 존재한 신앙형태가 중국에서 전래된 도교와 유사하기 때문에 자연스럽게 동질화 되었다고 보고 있다. 중국 민간신앙의 혼합체인 도교가 한반도에서 교단으로 성립하지는 못했지만 한반도에 기존한 무교와 적극적인 습합을 하면서 우리나라의 민간신앙의 기층을 이루게 되었다는 것이다. 즉 불교나 유교는 새로운 사상을 제공하는 역할을 하였다면 도교는 불교에 포섭되거나 유교와 습합하거나 우리나라의 무교신앙과 혼융되었다고 볼 수 있을 것이다.

따라서 본 논문에서는 먼저 도교의 범위를 살펴볼 것이다. 왜냐하면 중국에서 발생한 도교는 매우 그 범위가 넓고 복잡하기 때문이다. 또한 한반도에 전래된 도교의 변용을 살펴보도록 한다. 여기에서 한국도교의 모습을 국가적인 제사에 동원된 관방도교와 민간신앙 속에 숨어 있는 민간도교로 나누어 살펴볼 것이다.

마지막으로 도교와 한국불교의 교섭에 대하여 고찰할 것이다. 다만 여기에서는 한국불교 속에 습합되어 있는 도교적 요소로서 무엇이 있는지 찾아보려 한다. 한반도에서 불교가 도교에 어떤 영향을 주었는지 알아내기는 어렵다. 왜냐하면 위에서 말한 것과 같이 한반도에서 도교가 교단을 형성해서 조직적인 종교 활동을 하지 않았기 때문에 구체적으로 도교 속에서 불교적 요소를 찾아낼 수가 없기 때문이다.

그렇다면 구체적으로 한국불교 속에 포섭되어 있는 도교적 요소가 무엇인가? 여기에서는 오늘날 한국 전통사찰에서 쉽게 만날 수 있는 칠성각, 산신각, 용왕각에서 이루어지는 종교현상에서 도교신앙 요소를 찾아보려고 한다. 이들 칠성신·용왕신·산신이 순수한 도교신앙에서 연원한 신격으로만 보기에는 무리가 있지만, 또한 순수한 불교신앙에 기원을 두고 있지는 않다. 비록 이 신격들이 도교와 무교의 습합된 신앙의 대상이라고 볼 수 있는데, 이들 신격이 불교의 전각에서 불교식으로 실제적인 종교의례가 이루어지고 있다는 점에 주목해야 할 것이다. 따라서 본 논문에서는 『석문의범(釋門儀範)』에 의해 행해지고 있는 불공 속에서 산신청·용왕청·칠성청이 중요한 위치를 차지하고 있음을 보고, 이들 신앙의 기원과 성격 그리고 불교 속으로 섭입(攝入)되어 변용되어 가는 과정을 살펴보려고 한다.

Ⅱ. 도교의 범위와 한반도 전래

1. 도교의 정의와 범위

도교는 그 역사가 장구하고, 포함되는 내용 또한 광범위하기 때문에 학자들마다 다양하게 정의하고 있다. 각자 자신이 연구하고 관심 갖는 분야에 따라 정의를 하는 경우가 많다. 용어를 지칭하는 데 있어서도 도교(道教)와 도가(道家)를 구분하여 사용되기도 하였으나, 때로는 도교와 도가를 동일시하여 명명하기도 하였다. 즉 서구에서는 'Taoism(혹은 Daoism)'이 노장사상과 종교 전통을 모두 포함하는 용어로 지칭되었던 반면, 한자 문화권에서는 도가가 철학에, 도교가 종교에 해당되는 것처럼 이해되어져 왔다.[1]

---

1 이연승, 「도교 개념의 적용 범위에 대한 소고」, 『종교문화비평』 제12집(종교문화연구소, 2007), 190-192쪽; 한국도교사상연구회 편, 『한국도교와 도가사상』, 아세아문화사, 1991, 66-69쪽 참조: 후쿠이 후미마사는 도가와 도교가 근대 이전까지 구분없이 사용되어져 왔다는 점을 주장하면서, 이를 시대의 흐름 속에서 다음과 같이 정리하였다. 먼저, '도교'라는 말이 처음 등장할 때는 단지 '도에 관한 가르침'이라는 의미로서 특정 사상의 종류나 종교 전통과는 무관한 일반명사로 사용되었다. 기원전 1세기경에 '도가'라는 용어가 처음으로 등장하기 시작하는데 『사기』의 '육가요지(六家要旨)'와 『한서』 '예문지'의 도가 조목에 처음으로 '도가'라는 용어가 언급되었다. 위진(魏晉)시대에는 현재 우리가 사용하고 있는 '도교'가 '도가'라는 말로 명명되었다. 동진(東晋)시대인 4세기가 되어 '도가'와 '도교'를 구

도교를 도가(道家)와 도교(道敎)로 구분하여 정의하고 있는 펑요우란(馮友蘭)은 중국의 전통사상을 철학과 종교로 엄격하게 구분하는 입장이다. '가(家)'는 선진시대의 제자백가의 사상을, '교(敎)'는 종교적 성격을 띤 종교화된 사상체계이기 때문에, 도가와 도교의 가르침은 상이(相異)할 뿐만 아니라 어떤 경우에는 상반되는 모습을 보인다고 하였다. 그래서 철학에서의 도가는 생명이 다하면 죽음이 온다는 자연의 도(道)를 가르치는데 반해 종교로서의 도교는 죽음을 피하여 불로장생(不老長生)을 꾀하는, 즉 자연에 역행하는 술(術)을 가르쳤기에 양자는 근본적으로 서로 다르다고 정의하였다.[2] 구보 노리따다(窪德忠)도 노자·장자의 사상을 기초로 하는 선진시대(先秦時代)의 철학사상을 도가(道家, Philosophical Taoism)로 지칭하고, 다양한 민간신앙이 결합되어 종교적인 의례와 체제를 갖추어 후한대(後漢代)에 성립되고 전개된 종교형태를 도교(道敎, Religious Taoism)라고 지칭함으로써 도가와 도교를 구분하였다. 이러한 구분을 토대로 구보 노리따다는 도교를 중국 고대 민간신앙의 기반 위에 신선설(神仙說)이 자리를 잡았고 거기에 노자와 장자로 대표되는 도가철학(道家哲學)을 위시해서 주역(周易)·음양설(陰陽說)·오행설(五行說)·참위설(讖緯說)·점성술(占星術)·의학(醫學) 그리고 무속신앙(巫俗信仰)까지 더해졌으며, 조직과 체제는 불교를 모방하여 종합한 종교라고 정의하였다. 도교의 주된 목적은 불로장생으로서 주술적인 색채가 강한 현세적인 자연종교라고 하였다.[3]

분하여 사용하였다. 즉 후한 이후(약 5세기 이후)에 '도교'와 '도가'는 구별되면서 '도교'는 종교교단을 지칭하였다. 그러나 '도교'라는 말은 유교, 불교와 비교할 경우 '도가'라는 말 대신 사용되었고, '도가'와 '도교'의 구별은 의미 내용에서가 아니라 사용상의 차이였다. 그 이후에도 '도가'와 '도교'의 차이는 엄밀하게 구분하여 명명되지 않고 현대에 이르기까지 같은 의미로 사용되어져 왔다.

2 馮友蘭, 정인재 역, 『중국철학사』, 형설출판사, 1988, 21쪽.

3 구보 노리따다, 최준식 역, 『도교사』, 분도출판사, 1990, 55쪽.

물론 도가와 도교를 명확하게 구분한다는 것이 무리라는 견해도 있다. 후대에 성립된 도교가 주로 신선술(神仙術)·장생술(長生術)·연단술(鍊丹術)·방중술(房中術) 등으로 현세적인 행복을 추구하는 성향이 강한 것은 사실이지만 도가 즉 노장사상(老莊思想)에서도 불만족스런 현실로부터 정신적인 초탈을 통해 행복을 추구한다는 점에서 궁극적으로 일치한다고 보는 견해도 있기 때문이다.

따라서 도가와 도교를 서로 이질적인 것으로 간주하기보다는 도교를 하나의 사상의 흐름으로 볼 때, 도교 안의 도가철학 및 여러 요소들이 단순히 혼합되었거나 절충된 것이 아니라, 그 여러 요소들 사이에는 내면적으로 동질성과 통일성을 일관되게 지니고 있다고 보는 것이 더 합당할 것이다. 도가와 도교에 대한 바람직한 이해는 도가와 도교를 연속선상에서 파악할 때 가능한 것이며, 도가와 도교 사이에 있는 이질성 속에서 동질성을, 다양성 속에서는 통일성을 읽어 내야 할 것으로 본다.[4] 실로 도교 속에는 다양한 요소들이 시대적 추이에 따라 폭넓게 조합(調合)되어 있음을 위의 정의들을 통해 알 수 있다.

2. 도교의 한반도 전래와 변용

한반도에서 도교의 시작은 6세기 초에 중국에서 성행하던 오두미도(五斗米道)가 7세기 초 영류왕 때 전래되면서부터라 할 수 있다. 당시 중국은 천사도(天師道)와 같이 정비된 도교가 생겨나고 있던 반면, 고구려에는 천사도의 전신인 오두미도가 해안지대로 북상하면서 전해진 것이다. 『삼국유사(三國遺事)』 권3에 인용된 기사(寶藏奉老 普德移庵)에 의하면, 당(唐)의 고조(高祖)는 고구려 사람들이 오두미도를 신봉하고는 있으나 그 오두미도는 신봉할 가

4 윤찬원, 「도교개념의 정의에 관한 논구」, 『인천대학교논문집』 제15집, 1981, 240-257쪽 참조.

치가 없다며 중국의 도사(道士)와 천존상(天尊像)을 고구려에 보냈다고 한다. 도교가 본격적으로 전래되고 성행하게 되면서 당시 고구려에서 종교적 기반을 다지고 있던 불교는 타격을 받았다고 한다. 이 기사에 따르면, 보덕화상(普德和尙)은 도교가 지나치게 성행하고 있음을 왕에게 수차례 간언하였으나 받아들여지지 않자 고구려를 떠나 백제로 갔다고 전해지고 있다.[5]

『삼국사기(三國史記)』의 「백제본기(百濟本紀)」에 의하면 근초고왕(近肖古王) 때 장군인 막고해(莫古解)가 태자였던 근구수(近仇首)에게 간언하면서 노장(老莊)에 대해 언급했다는 점에서 도교는 일찍이 백제에 전해졌음을 알 수 있다. 그러나 백제의 도교에 대해서 알려진 바는 거의 없다.

신라는 당(唐)과의 문화교류가 활발했기 때문에 도교가 일찍이 전해졌으며 또한 상당히 유행했을 것으로 미루어 짐작해 볼 수 있다. 그러나 사료가 없어 도교가 신라에 언제 전해졌는지 정확히 알 수는 없으나 국모신(國母神)인 유술성모(酉述聖母)를 선도성모(仙桃聖母)라 하며 후에 선녀(仙女)로 숭배되고, 국가의 제사에 오악신(五岳神)을 모셨다는 점에서 신라시대에 도교문화가 수용되었음을 알 수 있다. 또한 신라의 시조(始祖)와 결부된 신선고사(神仙故事)[6], 사선(四仙)에 관한 전설[7], 화랑(花郞)[8]에서 신라의 토속신앙과 도

---

5 한국도교사상연구회 편, 『도교와 한국사상』, 범양사출판부, 1987, 64-65쪽.

6 『삼국사기』와 『삼국유사』 등의 관련된 기사를 살펴보면 중국 제실의 딸인 파소(婆蘇)는 복신설을 체득하고 있으므로 주 선도림에 살면서 부군없이 어린아이를 갖게 되어 성자인 혁거세를 낳아 해동의 시조와 함께 천선이 되었다는 것이다. 이와 같이 신라 건국 초부터 그 시조와 결부된 신선고사가 있었다는 것은 도교 수용의 일면을 나타내고 있다.

7 4선은 술랑(述郞)·남랑(南郞)·영랑(永郞)·안상(安詳) 등을 가리킨다. 고유선풍을 계승하고 있는 이들은 산수를 소요하며 세속사를 떠나 초탈하게 인생을 즐긴 하나의 표본으로서 신라사회에 널리 알려져 있었던 것 같다.

8 화랑은 '현묘지도(玄妙之道)'라 칭하여 거기에 도가의 요체가 포함되어 있다. 즉 현묘는 노자의 『道德經』 1장의 "玄之又玄 衆妙玄之門"을 연상시키는 도가적 용어이다. 그렇기 때문에 화랑도는 도가적 의의가 깊다는 것을 나타내고 있다. 화랑은 신라사선의 유풍 이

교문화가 습합된 형태도 나타난다. 신라 말에 이르러서는 당나라 유학생들을 통해 수련도교(修練道教)가 전래되면서 단학(丹學)을 중심의 도맥(道脈)을 형성하게 되었다.[9]

한반도에서 도교가 종교로서 체계를 갖추게 된 시기는 고려시대라 할 수 있다. 가장 큰 특징은 초제(醮祭)와 같은 도교적인 의례가 국가적으로 집행되었다는 점이다. 태일신에게 제사를 지내는 태일초, 생명을 관장하는 노인성에게 올리는 노인성제 등 수많은 초제가 정기적으로 거행되어졌으며, 홍수나 가뭄 등 재해를 당했을 때도 거행되었다. 또한 예종 때 처음으로 복원궁(福源宮)이라는 본격적인 도관이 세워졌다. 이와 같이 고려시대에는 민간중심의 도교보다는 국가가 주도하는 관방도교가 성행하였다. 즉 양재기복(禳災祈福)을 위한 의식(儀式)중심의 국가적 도교였던 것이다. 한편 별(星辰) 신앙, 부적(符籍), 경신회(庚申會) 등의 도교문화는 고려시대에 민간신앙으로 변용되었다. 도교문화와 불교가 습합된 경향을 보이기도 했는데, 가장 대표적인 예로서 팔관회(八關會)를 들 수 있다. 하늘의 큰 영(天靈)이나 다섯 개의 큰 산(五岳)에 제사를 지냈는데, 산신숭배는 전형적인 도교문화로서 불교의례에 도교적 종교문화가 습합된 것이라 할 수 있다.[10]

조선시대에 들어오면서 숭유(崇儒)정책으로 고려시대 성행하던 도교는 쇠퇴하게 된다. 먼저 소격전(昭格殿)을 제외하고 복원궁을 비롯한 도관들이 폐쇄되었다. 도교가 이단으로 배척을 당하면서 관방도교는 점차 사라지고 수련적 도교가 도맥(道脈)을 유지하게 되었다.

지금까지 살펴본 바와 같이, 7세기에 도교가 한반도에 전래된 이래 다음

외에도 토속적 신앙요소가 부가되어 있다.

9 한국도교사상연구회 편, 앞의 책, 65-66쪽.

10 한국도교사상연구회 편, 위의 책, 68쪽 참조.

과 같은 특징을 지니고 전개되었다. 먼저 한국 도교는 국가를 위해 양재기복하는 재초(齋醮)중심의 과의적(科儀的) 도교였다. 특히 고려시대에 도교의 재초는 빈번하게 거행되었으며 조선 초기까지 그 명맥을 유지하였다. 두 번째는 수련적 도교의 성행이다. 외단법을 지양하고 공행(功行)을 쌓아 득도선화(得道仙化)하는 내단법으로 신라에서 시작되어 조선시대까지 전승되었다. 특히 도교의 양생법은 조선의학을 체계화하는 데에도 많은 영향을 주었다.[11]

이와 같이 한반도에 유입된 도교는 수련적 도교로 자리 잡고 전개되어 갔지만, 다른 한편으로는 무교와 습합하면서 토착신앙과 혼합된 기복적 요소를 지닌 민간신앙으로 머물기도 하였다. 그러므로 한반도에 전래된 도교가 어떻게 혼융되고 변용되어 가는지 살펴볼 필요가 있다.

Ⅲ. 한국불교 속의 도교신앙

1. 산신신앙의 성격과 불교의례

우리의 민간신앙 중 다음과 같은 ①주황천존신(主皇天尊神)·주황상제(主皇上帝), ②성신(星神)·노성신(老星神)·노신(老神)·칠성신(七星神)·일월성군신(日月星君神)·문창제군신(文昌帝君神)·남정성신(南正星神)·용궁칠성신(龍宮七星神), ③선녀신(仙女神), ④산신(山神)·산천신(山川神)·산천장군신(山川將軍神), ⑤용신(龍神)·사해용왕신(四海龍王神), ⑥수신(水神)·수부신(水夫神)·수령신(水靈神), ⑦토지신(土地神)·지신(地神), ⑧성황신(城隍神)·서낭(西娘), ⑨오왕신(五王神)·오왕신장신(五王神將神), ⑩신장(神將), ⑪명부시왕신(冥府十王

11 차주환, 『한국의 도교사상』, 동화출판공사, 4-6쪽 참조.

神), ⑫조왕신(竈王神), 신격(神格)들은 도교로부터 유래한 것으로 보고 있다.[12] 이 도교의 신격 중에서 ②성신·노성신·노신·칠성신·일월성군신·문창제군신·남정성신·용궁칠성신, ④산신·산천신·산천장군신, ⑤용신·사해용왕신은 전통적인 한국사찰에 만날 수 있는 산신각, 칠성각 그리고 용왕각을 중심으로 하여 산신신앙, 칠성신앙, 용왕신앙으로 불교 속에 자리 잡고 있다.

불교의 여러 의례들은 크게 세 가지로 구분할 수 있을 것이다. 첫째는 불교 본연의 불사로서 부처님 오신날, 출가절, 성도절, 열반절을 기리는 4대 명절, 예불과 법회가 있다. 둘째는 내세의 명복을 비는 재(齋)로서, 49재, 100일기도, 수륙재 그리고 예수재 등을 들 수 있다. 셋째는 현세의 복락을 축원하는 기도들로서 자식을 바라고, 장수연명을 기원하는 칠성기도 그리고 사업성공과 번창을 비는 산신기도이다. 여기에서 첫 번째 불교 본연의 불사는 승려와 독실한 신도의 정기적인 의례라고 한다면, 명복을 비는 재나 현세복락을 축원하는 의례는 보다 대중적인 민간신앙 형태의 기도로서 비정규적 의례라고 할 수 있다.[13]

『석문의범(釋門儀範)』은 오늘날 행해지고 있는 불교의례를 집성해 놓았다. 여기에서 산신은 호법신중의 한 신격으로서 주요 신앙의 대상으로 자리 잡고 있음을 알 수 있다.[14] 『석문의범』에 산신불공을 안내하는 문구로 다음과

---

12 김태곤, 「한국민속과 도교」, 『도교와 한국문화』, 정신문화연구원 발표논문초고집,1988, 112쪽.

13 오출세, 『한국민간신앙과 문학연구』, 동국대학교출판부, 2002, 185쪽; 정각, 『한국의 불교의례』, 운주사, 2001, 29-44쪽.

14 홍윤식, 「불교의식에 나타난 제신의 성격」, 『민간신앙』, 교문사, 1989, 336-347쪽; 안진호, 『석문의범(釋門儀範)』, 법륜사, 1982, 353-359쪽: “南無 一心奉請 后土聖 五岳帝君 職典嵬峨 八大山王 禁忌五蘊 安濟夫人 益聖 保德眞君 十方法界 至靈至聖 諸大山王 竝從眷屬 唯願承 三寶力 降臨道場 受此供養 山王經 大山小山山王大神 大岳小岳山王大神 大覺小覺山王大神 大丑小丑山王大神 尾山在處山王大神 二十六丁山王大

같이 제시되고 있다.

> "산은 인간의 젖줄입니다. 인간은 산에서 났다가 산으로 돌아갑니다. 아기가 어머니의 젖줄을 여의고는 살 수 없듯 인간도 산을 떠나서는 살 수 없기 때문에 산을 경외(敬畏)하고 존중한 것입니다. 산신청은 바로 이 산의 수호신을 청하여 예배 공양하는 것입니다. 의식은『천수경』으로부터「정법계진언」까지 먼저 외우고 다음에「거목」으로 들어갑니다."[15]

이처럼 민간의 희원을 직접적으로 담고 있지 않지만 실제로 산신제나 신신기도는 현세적인 복락을 비는 형태의 의례로 이루어지고 있다. 그렇다면 오늘날 불교의례 중에서 중요한 위치를 차지하고 있는 산신에 대한 신앙은 어떻게 기원하는지 알아보기로 하자.

고대에 있어서 한반도와 동북만주에 걸쳐 거주하던 종족은 주로 예맥인들로서 수렵과 원시적인 목축과 농경을 생활 수단으로 하였을 것으로 추측된다.[16] 그들은 미개시대에 있어 주로 수렵생활을 영위하였기에 산악은 그들 활동의 주된 장소였다. 의·식·주의 대부분을 산악에 의지하였기에 산악은 고대인들에게 매우 중요한 의미를 갖게 되었으며 산악에서 서식하는 동물을 가려서 존숭하고 제의를 지냈다. 이러한 수렵제의는 수렵문화권에서 나타나는 종교현상으로서 니오라쩨(Nioradze)나 파프로트(Paproth)와 같은 학자는 살

神 外岳名山山王大神 四海被髮山王大神 明堂土山山王大神 金櫃大德山王大神 靑龍白虎山王大神 玄武朱雀山王神 東西南北山王大神 遠山近山山王大神 上方下方山王大神 凶山吉山山王大神."

15 안진호, 위의 책, 353쪽.

16 이병도,『한국사 고대편』, 진단학회 편, 을유문화사, 8-9쪽.

해된 동물들의 복수에 대한 공포감에서 그 기원을 찾고 있다.[17]

한민족의 단군신화는 건국신화의 형태를 취하고 있으나 고대 종교현상과 문화의 원형을 이해하는 중요한 실마리를 제공하고 있다. 단군신화의 요지는 천제의 자손 단군이 나라를 세우고 다스리다가 은퇴하여 산신이 되었다는 것이다. 여기에서 고대인의 하늘에 대한 신앙, 즉 천신신앙의 성격과 또한 산신의 양태를 찾아 볼 수 있다.

환인은 본래 불교의 호법신으로 33천(天)의 천주(天主)인 석제환인(釋帝桓因, 혹은 釋迦提婆因陀羅, Śakra-devānām indra)을 말하는 것이다. 이를 우리말에서 '환'이란 광명을 나타내고 '환임'은 광명한 하늘의 신을 표시하기 위하여 그 음에 가까운 '환인'을 사용한 것으로 보는 견해가 있는데,[18] 사실은 우리 민족 고유의 하늘신을 불교적 천신인 천제 곧 천제석환인으로 그 개념을 정립시킨 것으로 볼 수가 있을 것이다. 다시 말하면 토착신인 하늘신이 불교적 이름을 빌려온 것이며, 불교가 일반화되면서 불교적 용어로 표기된 것이다. 이는 곧 토착신앙에서의 천상개념이 불교의 천상개념을 빌려 체계화되었음을 보여주는 것이다.

천신 환인의 아들인 환웅은 풍백(風伯), 우사(雨師), 운사(雲師)를 거느리고 지상으로 강림한다. 바람(風)·비(雨)·구름(雲)은 원시 농경사회에서 가장 중요한 자연현상들이다. 농경사회로 발전된 고대국가 사회에서 자연현상을 주관할 뿐만 아니라 또한 곡물을 지상으로 가지고 내려온 존재로서 환웅은 지고한 신으로 신앙된다. 따라서 단군신화는 곡물재배민의 농경신화이며, 환인은 농경과 가장 밀접한 관계를 지닌 태양신 즉 천신이고, 환웅의 지상에로

17 G. Nioradze, 이홍직 역, 『시베리아 제민족의 원시종교』, 신구문화사, 1976, 68쪽; Paproth, "Das Bärenfest der KETO in Nordsibirien", in: *Anthropos* Bd. 57, 1962, 55ff.

18 유동식, 『한국무교의 역사와 구조』, 연세대학교출판부, 1975, 30쪽.

의 강림은 곡물재배민의 원초적 파종의 신화적 투사로 보기도 한다.[19] 따라서 환웅의 자손인 단군은 산신이 되는데 이 산신은 천신의 자손이고 천신을 대행하고 있다. 단군은 한민족의 시조이며 산신이라는 점을 주목해야 할 것이다.

수렵사회로부터 형성되어 전승되어 오던 동물 토템 신앙이 농경민들에게 있어서는 대지의 딸인 웅녀로 재생되어 태양신의 아들 환웅과 결합하게 되는 것이다. 이것은 상징적으로 태양신과 지모신의 결합에서 풍성한 농작물·많은 가축·자식·부·강우를 구하는 제례를 뜻하는 것으로 본다.[20] 여기에서 한가지 더 추정할 수 있는 것은 수렵사회와 달리 농경사회는 식물문화(Vegeculture)를 이루게 되고, 농경에서의 노동의 개념은 사냥이 아니라 작물을 재배하는 것이다. 자연스럽게 땅으로부터 풍요를 바라는 염원은 호랑이의 날렵한 용맹성보다는 곰의 둔중함과 끈기가 대지와 더 친근하다고 느꼈을 것이다.

이제 조금이나마 산신의 윤곽을 그릴 수 있게 되었다. 초기의 산신신앙은 애니미즘적 산악숭배였다가 수렵 사회속에서 웅호(熊虎)의 토템적 신앙으로 변모하게 되었고, 다시 수렵사회가 농경사회로 변천되면서 농경신적인 천신강림의 남성적 태양신과 결합하는 여성적 지모신으로 웅호의 성격이 발전하였다는 것을 알아 보았다.

따라서 산신도에서 보여지는 백발노인이란 웅호의 여성적 의미와 결합한 남성으로서의 천신이라고 추정을 해 본다. 이는 산신신앙의 주된 목적이 강우·자손·수호·구병·풍요 등으로서 곡물재배민들의 원망을 위한 부락제로 전승되었다는[21] 것으로 보아도 알 수 있다. 이로써 천신의 자손인 단군이

19 황패강, 『한국서사문학연구』, 단국대학교출판부, 1972, 118쪽.

20 황패강, 위의 책, 119쪽.

21 유동식, 앞의 책, 270쪽.

"후에 아사달로 은퇴하여 산신이 되었다"는 『삼국유사』의 기사는 농경신적 산신신앙의 성격을 알려 준다.[22]

이와 같은 동물숭배는 산악숭배와 결합되어 더욱 확고한 종교적인 의미를 갖게 되었으며 곰과 호랑이는 산신으로 추앙된 것으로 볼 수 있다.[23] 그러나 곰이나 호랑이가 산신으로 숭배되기 이전의 시원적인 산신숭배는 애니미즘(Animism)적인 성격을 띠고 있었다고 보며, 여기에 동물숭배와 결합된 토템적인 산신의 모습을 보이게 되고, 다시 산신은 인격화(personification) 과정을 거쳐 복합적인 요소를 지닌 산신으로 발전된 것으로 볼 수 있다.

먼저 토템산신 이전의 산신은 여러 문화권에서 보편적으로 발견되는 산에 대한 일반적인 종교현상이다. 산을 두려움과 외경의 대상으로 보지 않는 민족은 거의 없으며 각 민족마다 산과 연관된 신들과 정령들에 대한 신앙을 전해 왔는데 역시 시원적인 모습은 산 그 자체가 갖고 있는 광대한 크기나, 우뚝 솟은 형태, 세상과 떨어져 있으면서 구름에 잠긴 신비스러운 분위기 등에서 비롯된다고 볼 수 있다.[24]

다음으로 동물이 산신의 위치를 차지하게 되는데 이것은 민담이나 전설에서 호랑이를 산군령으로 부르고 있으며 산신당이나 산신도에도 호랑이의 모습이 나타나 있는 것으로 보아 알 수 있다. 한편 곰 숭배도 널리 분포되어 있으니 북유럽에서부터 동북아시아를 거쳐 미국에 이르기까지의 광막한 지대에 걸쳐 곰의 제의가[25] 존재하며 아이누 족은 곰을 신앙의 대상으로 삼았으며 또한 곰은 산신이었고 그들의 조상이라고 믿었다는 프레이저(Frazer)의

22 최종석, 「한국토착신앙과 불교의 습합과정」, 『불교학보』 35집, 1998, 1-4쪽.
23 김정학, 「한국민족형성사」, 『한국문화사대계 I 』, 고대민족문화연구소, 348쪽.
24 이은봉, 『한국고대종교사상』, 집문당, 1984, 100쪽.
25 이은봉, 위의 책, 128쪽.

보고가 있다.[26]

이처럼 산에 대한 신앙이 애니미즘이나 토템신앙에서 시원한 것이라면 중국의 도교가 한반도에 전래되기 전부터 토착신앙으로 존재하고 있었을 것이다. 산신신앙이 불교에 섭입되기 이전에 도교와의 만남이 과연 어떻게 이루어졌는지 알기가 쉽지 않다.

다만 오늘날까지 산신신앙이 그 명맥을 이어오게 되는 주된 원인 중에 하나로 알려진 바로는, 중국의 명 태조가 조선으로 하여금 산악숭배를 하게 하여 명나라를 종주국으로 숭모시키는 방편으로 이용하였다는 점을 들 수 있을 것이다.[27] 조선의 산악숭배의 근원이 중국과 같지 않았다고 해도 당시의 모화사상은 산악숭배의 맥을 중국의 산악숭배에 두고자 하였을 것이다. 중국의 산악숭배는 일찍이 한나라 때부터 오악에 천자가 제사를 지내는 것으로 시작되었다. 오악은 태산·화산·형산·항산·숭산인데 이 중에서 제일 신성시 되었던 산은 동악인 태산이다. 태산의 신은 태산부군 또는 동악대제로서 도교의 신이다.

고려시대에는 몽골의 침략을 불교의 법력으로 이겨내려고 팔만대장경을 조판했던 것처럼, 조선의 조정은 임진왜란과 정유재란을 겪으면서 불법의 힘을 빌리지 않고, 일반 민간들의 신앙인 산신신앙의 힘으로 국난극복의 기대를 걸었다고 보는 견해가 있다. 왜냐하면 임진왜란과 정유재란이 끝난 후 성황당이나 산신당이 전란의 피해가 적었다는 점을 산신의 영험으로 탓으로 돌린 것이다. 이를 계기로 조선 중기에는 전국에 명산은 물론이고 주·군·현 단위로 산신제를 지내게 되었다.[28]

---

26 Frazer, 장병길 역, 『황금가지 II』, 삼성출판사, 177쪽.

27 윤열수, 『산신도』, 대원사, 1998, 19-20쪽.

28 윤열수, 위의 책, 17쪽.

초기의 산신신앙의 형태는 주로 국가차원이나, 부족·부락·마을 단위로 신봉되는 공동체 신앙형태에서 점차 후대로 내려오면서 개인이나 소수 집단의 수복·강녕·부귀·다남과 같은 행복을 기원하는 신앙으로 그 모습이 변하였다. 이러한 변화는 불교나 유교가 특수층의 종교신앙 형태에서 대중화된 결과이며, 또한 전쟁이나 천재지변으로 인한 격변 때문이라고 본다. 특히 임진·정유 양란은 조선사회를 종교적으로 크게 변화시키는 계기가 된다. 다시 말하면 전쟁을 겪으면서 침체되었던 불교가 회생되고, 명나라 군대가 개입하면서 중국 도교의 중요한 신격인 군신(軍神) 관운장을 모시는 관왕묘(關王廟)가 세워지는데, 이는 도교와 불교가 새롭게 만나는 계기가 되었다고 할 수 있다.[29]

조선 후기에는 임진왜란에 출정한 승병들의 공으로 불교를 바라보는 인식이 달라졌다. 17-18세기를 조선조의 문화가 꽃을 피운 진경시대라고 하는데, 이 시기에 구복의 민간신앙이 적극적으로 불교에 수용되었다고 본다. 즉 산과 사찰을 외호하는 산신과 바다를 관장하는 용신, 집안의 터주를 담당하는 성주신, 수명을 담당하는 칠성신, 재물과 복을 비는 독성 등이 성행하였고, 사찰의 경계를 알리는 장생석표가 장승으로 변했다고 한다. 또한 전통사찰의 불전(佛殿)이나 법당보다는 한 차원 아래의 각(閣)들로서 산신각·칠성각·삼성각·용왕각 등이 생겨나게 되는데, 이는 당시의 17-18세기의 불교신앙이 소박한 구복신앙의 특징을 띠고 변모하였음을 나타낸다. 특히 이 시기에 여러 민간신앙 가운데 산신신앙과 칠성신앙이 불교의 호법신중으로 활성화 되었다는 것이다.[30]

윤열수가 산신도 연구를 통하여 밝힌 바에 따르면, 특히 17-18세기에 사

29 윤열수, 위의 책, 21쪽.

30 윤열수, 위의 책, 37쪽.

찰에 산신각이나 삼성각들이 많이 생겨나는데 이들의 성격을 보면, 본래 삼성은 고려 말에 3대 성승으로 추앙받았던 지공(指空)·나옹(懶翁)·무학(無學) 대사를 봉안하였으나, 조선 후기에는 산신·독성·칠성 등의 삼신을 모시는 전각으로 변하였다고 한다. 한편으로 가람의 배치나 지역적 여건에 따라서 산신각이나 칠성각, 독성각이 별개로 세워지기도 하고, 또 영험에 따라서 한 전각만을 모시기도 하였다고 한다. 그러나 일반적으로 알려진 산신이 일찍부터 사찰 내 호법신중단인 중단의 호법신으로 자리 잡았을 것이라 추측을 하지만, 언제부터 어떠한 형태로 사찰 내에 정착했는지 정확하게 알기 어렵다고 본다.

다시 19세기 말 20세기 초, 개화기에는 산신각이나 산신신앙이 전국의 명산, 사찰, 마을 단위 심지어는 집집마다 모셔지면서 민족종교와 같은 성격을 띠게 되었다고 한다. 사회가 혼란해지고 민심이 불안해지는 시기에 민간에서는 무엇인가 믿고 의지하려는 심리적인 충동이 일어나게 되는 것은 자연스러운 현상이라고 할 수 있다.

이러한 산신신앙은 지역에 따라 다양한 이름의 각을 세우게 되는데, 즉 산신각, 산왕각, 산령각, 영산각, 산신당, 산제각, 지령당, 성모각 등의 여러 가지 명칭을 가지게 된다. 1920년대 일제 강점기가 시작되면서 마을 공동제나 부락제 등의 민족의식이 고취되는 신앙은 미신이고 비위생적이라는 명목으로 탄압을 심하게 받게 된다. 그러나 산신신앙은 흔들리지 않고 오히려 민간신앙으로서 확고한 위치를 차지하게 된 것이다.

더욱 특이할 만한 일은 1960년대 말 불교정화 운동의 일환으로 불교 사찰 내의 산신신앙은 정법이 아닌 신앙 행위이기 때문에 타파하라는 조계종 총무원의 지시가 있었으나 오랫동안 민간신앙으로 자리를 굳혀 온 산신신앙 행위는 막을 수 없게 되었다.[31]

31 윤열수, 위의 책, 39-40쪽.

이처럼 오늘날 산신신앙은 한국불교 안에서 호법신중으로서 확고한 자리를 차지하면서 그 역할을 담당하고 있다. 일반 대중들에게는 뿌리깊은 민간신앙으로서 기복의 대상이 되고 있다. 다만 과연 한국의 산신신앙 속에 얼마나 중국의 도교신앙 요소가 혼합되어 있는지 자세한 내용에 대해서는 앞으로 더 찾아내는 작업이 필요하다.

2. 용신신앙 -도교신앙과 미륵신앙의 습합

용(龍)은 동서양을 막론하고 신화나 설화에서 다양한 기능을 지니고 그 모습을 나타낸다. 특히 동양의 농경문화권에서는 용이 천후(天候)를 조절하는 능력을 지닌 농경신으로 숭앙되었다. 농경에 있어서 물과 기후는 절대 불가분의 관계임에 분명하다. 천후는 인간이 마음대로 필요에 따라 조절할 수 있는 것이 아니다. 따라서 농경에 필요한 물과 기후를 조절하는 능력을 용이 지녔다고 믿었던 농경용신에 대한 신앙은 농경문화에서 매우 중요한 위치를 차지하였다. 이렇게 농경신에 기원을 둔 용은 농경신앙의 기층에 자리 잡고 있으면서 정치적·사회적·문화적 변화에 따른 다양한 요소들이 용신앙과 결부되어 전개되었다. 이런 의미에서 용은 한마디로 규정하기 어려운 복합적 의미를 지닌 상징체라고 할 수 있다.

본 논문에서는 먼저 고대 한국의 농경신으로서 용의 기원과 그 종교적 성격을 간단히 살펴보고, 이 땅에 전래되어 온 불교와 토착신앙의 습합 과정을 고찰함에 있어, 용신신앙을 중심으로 하여 살펴보고자 한다.[32]

여기에서 주의할 점은 중국의 도교에서도 용신이 기우(祈雨)와 관계있는

32 최종석, 「신라 용신신앙의 기원과 전개」, 『천태학연구』 제2집, 2000, 318-322쪽.

신으로서 숭배의 대상[33]이 되고 있다고 해서 한반도에 전래된 도교 속에 과연 중국용신이 함께 유입되었나 하는 점이다. 만약 중국 도교의 용신이 전래되었다면 어떻게 한국 민간신앙과 습합하고 다시 한국불교 속에 자리를 잡는지 그 과정은 밝히기 어렵다. 그렇다고 한국불교의 제례 속에 자리 잡고 있는 용왕신앙을 순수한 한국의 토속신앙이 불교 속으로 섭입되었다고 보기도 어렵고, 아니면 순수한 불교의 용신앙으로 간주하기도 어렵다.

오늘날 한국불교의 사찰에서 쉽게 용왕각을 만날 수 있으며, 용왕은 예경의례에서 신중단의 중단에 소속되어 있다.[34] 또한 불공의식에서 용왕청은 제불통청 · 미타청 · 약사청 · 미륵청 · 관음청 · 지장청 · 나한청 · 칠성청 · 산신청 · 독성청 · 조왕청 · 현왕청 · 사천왕청 다음에 자리하고 있으며, 다음으로 제석청 · 가람청 · 정신청 · 테세청 · 풍백우사청으로 이루어져 있다.[35]

이처럼 용왕신앙은 불교사찰에서 실제로 이루어지고 있는 종교현상이다. 따라서 본 글에서는 한반도에서도 용이 농경신으로서 자생하였을 것으로 보고 나아가 중국에서 한반도로 도교가 전래되면서 중국적 용신앙이 함께 유입되어 토속 용신과 습합되었다고 보고자 한다. 따라서 본 논문에서는 토속적 용신앙과 도교적 용신앙의 혼합된 형태가 한국불교 속에서 호법신중으로 자리 잡게 되는 과정을 고찰해 보기로 한다.

한국 용신신앙의 기원에 관한 자료로서 삼국시대 이전의 것을 찾기는 어렵다. 또한 언제부터 용이 신앙의 차원으로 등장했는지 자세한 기록을 찾을 수 없지만, 대체적으로 한반도의 용신앙의 기원은 두 갈래로 나누어진다. 하

---

33 葛兆光, 『도교와 중국문화』, 동문선, 1993, 430쪽.

34 안진호, 앞의 책, 227쪽 참조.

35 안진호, 위의 책, 382-387쪽: "南無 一心奉請 秘藏法寶 主執群龍 娑伽羅龍王 難陀龍王 跋難陀 龍王 和修吉龍王 德叉伽龍王 阿那婆達多龍王 摩耶斯龍王 優婆羅 龍王 如是乃至 無量無邊 諸大龍王 并從眷屬 唯願 承三寶力 降臨道場 受此供養…(下略)…."

나는 한국의 용신앙은 중국으로부터 전래되었거나, 중국의 용신앙과 같은 기원을 갖고 있다고 보는 견해이며, 다른 하나는 한반도에도 독자적인 용신앙이 중국의 용신앙이 전래되기 이전부터 존재하였다는 견해이다.

먼저 한반도의 용신앙이 중국으로부터 전래되어 영향을 받았거나, 아니면 중국의 용신앙과 같은 기원을 갖고 있다는 견해를 살펴보자. 일부 학자는 한반도를 선사시대로부터 청동기에 이르기까지 요녕지방의 농경문화권으로 편입시켜 묶는다. 그 이유는 요녕지방과 한반도가 같은 지석묘문화권이며 비파형동검 문화권이라는 점이다.[36] 이 지역은 농경이 발달할 수 있는 자연 환경을 지닌 곳인데, 요녕 지방에서 신석기시대의 것으로 추정되는 옥룡(玉龍)이 출토된[37] 점으로 미루어 볼 때, 비록 한반도에서는 옥룡과 같은 유물이 출토되지 않았지만 용신앙은 고조선 당시부터 존재했을 것이라고 추정한다.[38] 여하튼 용이 선사시대부터 등장하고 있으며 중국 은대의 갑골문에도 용을 형상화한 문자가 있는[39] 것으로 비추어 볼 때 용은 일찍부터 고대 동북아의 농경 사회에서 중요한 존재로 자리 잡고 있음은 분명하다.

반면 중국의 용의 기원에 대해서는 그 견해들이 다양하다. 첫째, 악타(鰐鼉)라는 설이다. 악타는 크고 깊은 연못이나 강과 바다에 사는데 비가 오기 전에 울부짖는다고 한다. 천둥 번개와 비바람에서 고대인들은 동류상감의 자연 현상으로 이해하고 악타 즉 용을 경외하였으며, 그것을 수신·우신·우뢰신·농경신으로 삼았을 것이라는 견해이다. 둘째, 용토템이 있었다고 본다.

---

36 김정학, 『한국상고사연구』, 범우사, 1990, 126쪽.

37 송화섭, 「韓國의 龍信仰과 彌勒信仰 -전북지역을 중심으로-」, 『遼寧省博物館藏寶錄』 192쪽(『韓國文化의 傳統과 佛教』, 『蓮史 洪潤植教授停年退任紀念論文集』, 2000, 223쪽에서 재인용).

38 송화섭, 위의 논문, 224쪽.

39 中國科學院考古研究所, 『갑골문편』, 중화서국, 1965, 458-459쪽.

고대 중국의 삼황을 어로, 목축 및 농경의 선구자인 용토템족으로 본다. 한 예로서 복희씨는 뱀의 몸을 한 사람이었다는[40] 것을 예로 들고 있다. 셋째, 용을 뱀의 형상에 갖가지 동물들의 모양과 기능이 합쳐진 것으로 보는 설이다. 넷째, 용이 돼지의 머리 모양에서 변형되어 왔다는 설이다. 다섯째, 용을 번개, 무지개, 천둥, 구름 등의 자연 현상을 신격화 또는 물태화(物態化)한 것으로 보는 견해이다. 여섯째, 용은 고대의 공룡에서 기원하는 것으로 보는 견해이다.[41]

이상의 중국 용의 기원에 대한 다양한 견해에서 찾아볼 수 있는 공통점은 기본적으로 용이 물과 관계되는 동물로 형상화되어 있다는 점이다. 『좌전(左傳)』에 물을 맡은 장관이 없었으므로 용을 산 채로 잡을 수 없었다고 하여 마치 용을 잡을 수도 있는 물짐승으로 인식하고 있다. 용이 수물(水物)이라는 것은 『회남자(淮南子)』의 「원도훈(原道訓)」에 교룡(蛟龍)은 물에 살고 호표(虎豹)는 산에서 서식하며, 이것이 천지의 모습이라고 하고 있으며, 「수지편」에서도 용은 물에서 살고 오색을 띄고 헤엄친다고 설명하고 있다.

우리나라에도 용자(龍字)가 붙은 산에는 대개 산 어딘가에 샘이나 못이 있어 거기에 용이 서식한다는 전설을 가지고 있다. 용연이라 불려지는 샘이나 호수에는 용이 살고 있고 가물었을 때 거기에 기우하면 비를 내려 준다는 전설을 가지고 있다. 용연은 어떤 형태의 기우제를 지냈던 곳이었다고 할 수 있겠다.[42] 결국 용이 물의 정(精)으로서 수신이라는 것이다. 이처럼 용은 농경에 있어서 불가결한 물을 조절하는 수신이며, 중국 농경문화 속에서 형성된 용신앙이 신격화되어 한국으로 전래된 것으로 용신의 기원을 찾을 수 있다.

---

40 『列子』, 「黃帝篇」, "庖犧氏, 女媧氏, … 巳身人面, 牛頭虎鼻…."

41 王大有, 『용봉문화원류』, 동문선, 1994, 165-255쪽.

42 이은봉, 앞의 책, 195쪽.

한편 중국에서 용에 대한 민간 의식의 형태가 도교 속에 섭입되어 혼재되어 있는 것을 알 수 있게 하는 의식이 있다. 즉 기우제를 지낼 때 성황이나 토지신, 여조, 천존 등의 소상(塑像)을 만들고 머리에는 버드나무 가지로 엮은 모자를 쓰고 왼손에는 향을 들고 오른 손은 연기나는 향을 든 다음 입으로는 '태을구고천존'과 '용왕'의 이름을 부르면서 태양 아래에서 몇 바퀴를 돈 다음 넓은 곳에 소상을 갖다 놓는다. 그런 다음에 연신 고개를 조아리면서 비가 오기를 청한다는 것이다.[43]

다음으로 외래의 용사상, 용신앙이 유입되기 이전에 한반도에서 발생한 고유한 용신앙이 이미 존재했다고 보는 견해가 있다. 즉 수신에 관한 신앙은 중국의 용신신앙이 한반도에 전해지기 이전에 이미 형성되었다는 주장이다. 서북 소흥안령(小興安嶺)으로부터 한반도에 이르는 지역에 거주하던 북방민족을 예맥이라고 불렀는데, 이 예맥은 한 종족에 대한 명칭이 아니고 예(濊)와 맥(貊)은 성격을 달리한 두 종족을 함께 붙여서 부른 것으로 추정한다.[44] 맥인(貊人)은 주로 산의 계곡에 살면서 사냥과 원시적 농업에 종사하던 농경족이었고, 예인(濊人)들은 바닷가나 큰 강변에 거주하며 고기잡이를 생업으로 하던 물가에서 살던 부족들로서, 그들의 생업인 고기잡이와 관련된 수신을 신앙했을 것인데, 그 수신신앙의 구체화를 통하여 용신관념을 형성하게 되었다는 것이다.

한국에도 용과 같은 고유한 관념이 있었음을 알게 하는 것으로서 용의 의미를 지닌 말이 '미르·미리(彌里)' 등의 한국 토착 고유어라는 점을 증거로 삼고 있다.[45] 용이라는 말은 물론 한자에서 왔지만, 중국의 한자를 사용하기

---

43 葛兆光, 앞의 책, 430쪽.

44 三上次男, 『古代東北アジア史研究』, 吉川弘文館, 1966, 408쪽 이하 참조(유동식, 앞의 책, 99쪽에서 재인용).

45 권상로, 「한국고대신앙의 일련」, 『불교학보』 제1집, 동국대 불교문화연구원, 95-102쪽;

이전에 용에 해당하는 토착어가 있었으며, 중국에서 용신신앙이 전래되기 이전부터 고대 한국에도 이에 해당하는 '미리신앙'이 있었다는 것이다.[46] 그러나 보다 발달된 중국의 문화가 전래되면서부터 '미리'는 중국어인 '용'으로 대치되고, 용신은 바람과 비와 물과 가뭄 등을 지배하는 농경신으로 자리 잡게 된 것으로 본다.[47]

이상으로 한국 용신의 기원에 관한 두 견해를 살펴보았다. 어느 것이 더 타당하고 옳은 견해라고 단정할 수 없다. 다만 한국의 용신신앙이 한반도 안에서 독자적으로 기원된 것이든 아니면 중국 대륙으로부터 전래되어 온 것이든 간에 한국 용신이 다양한 의미와 다양한 기능을 지니게 되기까지 중국 혹은 인도 등의 외래 용신의 영향을 받았을 것이다.[48] 즉 한반도의 문화는 오랜 세월에 걸쳐 주변 문화와 끊임없는 상호 영향 밑에서 형성되었고, 그와 함께 다양한 변화를 거듭하였다는 점에서 용신신앙의 형성도 이와 같은 성격을 지닌다고 볼 수 있다.

이와 같이 농경문화에서 용에 대한 관심이 지대한 것은 무엇보다도 용이 기본적으로 물과 관계있는 존재라는 사실에서 연유함은 당연하다. 수신인 용은 자연히 농경신적 성격을 지니게 되고, 그와 함께 기우제의 신앙 대상도 된다. 수신이 용의 형상을 가지고 나타나는 것은 중국을 비롯하여 아시아 일

서정범, 「미르(龍)語를 통해서 본 용궁사상」, 『경희대논문집』 8, 1974, 97쪽.

46 권상로, 위의 논문, 95-102쪽.

47 권상로, 위의 논문, 95-102쪽.

48 윤열수, 『용, 불멸의 신화』, 대원사, 1999, 34-35쪽 참조. 필자의 견해로는 중국에 불교가 유입되면서 고대 중국 '龍' 이미지가 인도의 'Naga'와 혼합되었을 가능성이 크다고 본다. 불교에서 말하는 용왕은 불법을 수호하는 팔부신중의 하나이다. 팔부중은 천, 용, 야차, 건달바, 아수라, 가루나, 긴나라, 마후라가를 가리킨다. 용은 선악의 양면성을 지니는데 선룡(善龍)은 불법을 수호하는 용이며, 이 용들은 비를 오게 하고 오곡풍작과 관계가 있다. 8대용왕은 난다, 바난다, 사카라, 바수키, 탁사가, 아나바달다, 마나사, 우파라 등이다.

대에 공통된 신앙 양상이다. 『열자(列子)』의 「황제편(黃帝篇)」에서 고대 중국의 복희씨, 신농씨 등이 뱀의 몸을 한 사람이었으며, 복희씨는 용마도를 등에 지고 강물에서 나와 팔괘를 그렸다고 전하는 점으로 볼 때 용의 관념과 물 그리고 뱀이 서로 같은 의미 체계 속에 있음을 알 수 있다.

따라서 중국의 고대 신화에서는 용의 관념을 구성하고 있는 것이 땅의 뱀과 하늘의 별로 자리 잡게 된다. 이는 용이 물의 동물인 뱀의 기능성을 지니면서 다시 하늘과의 관계에서 비를 내리게 하는 신령이라는 관념으로 발전했을 것으로 추측할 수 있다. 그리하여 용은 중요한 농경신의 위치를 차지하게 되었으며, 동시에 기우제를 주관하는 무당들의 신앙 대상으로 되어 갔다는 것이다.[49]

신라시대나 고려시대의 사람들은 한발이 엄습했을 때에는 용의 그림을 그려 놓거나 흙으로 용을 만들어 기우제를 지냈다고 한다.[50] 용신제라 하여 유월 유두날이면 용신에게 풍작을 비는 제사를 올리는 풍속도 바로 농경수호신으로서의 용의 위치를 명백히 보여 주는 것이다. 또한 7·8월경 중복에 용제가 행해졌는데 그것은 제수를 드리고 풍작을 기원하기 위한 제례였다.[51]

한국 농경문화에서 용은 조화신으로서 수우신(水雨神)이고, 수호신으로서는 재앙을 멀리하게 하고 복을 불러들이는 역할을 한다. 용에 대한 신앙을 농경을 배경으로 하는 지모신 신앙의 한 흐름으로 이해할 때, 용신의 종교적 의미는 뱀신앙에 기초한 지신관념에서 수신으로서의 농경신으로 자리 잡고, 다시 불교와의 습합을 통하여 불법수호의 기능을 지니게 되고 나아가 국가

---

49 森三樹三郎, 『中國古代神話』, 淸水弘文堂, 1969, 248-255쪽.

50 예컨대 『三國史記』 권4, 眞平王條에는 "夏大旱移市畵龍祈雨"라 하였고, 『高麗史』 「世家」 顯宗 十二년 四月條에도 "五月庚辰造土龍於南省庭中集巫覡禱雨"라고 하여 祈雨의 기사가 게재되어 있다.

51 三品彰英, 『古代祭政と 穀靈信仰』, 平凡社, 1973, 296-297쪽.

수호의 관념으로까지 확대된 것으로 볼 수 있다.

신라의 종교문화가 부단한 창조적인 변용의 전개 과정을 통하여 성립된 것처럼 신라의 용신신앙도 불교의 미륵신앙과의 습합을 통하여 새로운 국면을 맞게 된다. 신라 민중의 종교적 에너지는 지배계층 중심의 미륵신앙을 끌어내려 미륵, 즉 용이라는 신라 특유의 민중미륵신앙을 이루게 하였다.

여기에서는 용신신앙이 신라 민중의 종교적 요구에 부응하여 미륵용신신앙으로 변용·형성되었다는 점을 강조하고자 한다. 즉 일반 민중들의 현세적 농경신앙에 뿌리를 둔 용신신앙은 불교의 미륵신앙과 결합되어 독특한 신라의 미륵용신신앙으로 형성되어갔다. 다른 한편 불교의 미륵신앙은 농경·용신신앙과의 습합 과정을 통하여 지배계층의 자리에 머물렀던 왕은 곧 미륵의 구도로부터 민중의 자리로 내려오게 된 것이다.

따라서 용신으로 대표되는 토착농경신앙과 지배의 이념으로 자리 잡고 있던 지배층의 불교 인식은 갈등과 대립이라는 대결 구도를 갖지 않았다고 할 수 없다.

그렇다면 토착신앙으로 대표되는 용신과 미륵의 대립 구도가 어떻게 극복되는지 살펴보는 것은 흥미로운 일이다. 더군다나 신라 사회에 불교의 전래가 쉽지 않았던 요인 중에서 토착종교와의 갈등을 빼놓을 수 없다는 점을 감안할 때, 이런 용신과 미륵의 화해와 융화의 습합 과정을 살펴보는 것은 더욱 흥미로운 일이다.

호국 용신신앙으로 표현되었던 토착신앙은 백성의 종교적 요청이 재앙과 질병으로부터 벗어나 복을 구하는 주술적 기능으로 바뀌게 되면서, 그에 따라 미래에 출현하는 미륵불신앙에 희망을 걸게 된 것이라 할 수 있다. 이로써 농경신의 기능에 뿌리를 둔 용신신앙은 다시 용신미륵이라는 독특하고 새로운 신앙형태로 발전되어 간 것으로 볼 수 있다.

따라서 한국불교 속의 용신신앙은 글자 그대로 다양한 종교적 의미가 혼합된 신앙형태라고 할 수 있다. 즉 도교적 요소, 토착 신앙적 내용, 불교의 호법용 그리고 미륵신앙까지 혼융되어 있는 것이다.

3. 불교 속의 칠성신앙

칠성이라 이름이 붙은 신앙은 크게 두 가지로 구분된다. 하나는 불교사찰에 있는 칠성각에서 이루어지는 것이고 다른 하나는 제주도에 있는 부군칠성신앙(府君七星信仰)이다. 전자는 북두칠성 숭상에서 온 도교적·불교적인 것이고 후자는 사신(蛇神)과 재신(財神)신앙의 토속적인 것으로 서로 완연히 다르다.[52] 불교에 현재 전해지는 칠성신앙에 관련된 경전은 『북두칠성염송의궤』·『칠성여의륜비밀요경』·『불설북두칠성연명경』·『북두칠성호마법』·『칠요성신별행법』 등이다. 이들 경에서는 불교에서 나타나는 칠성신앙의 특징을 보여주고 있는데, 박복한 중생들에게 내세에 대한 믿음을 주려고 설해진 것들이다. 도교에서는 칠성을 칠아성군이라 부르고 이들 각 별들은 사람들이 자기 띠에 맞는 부적을 써 붙이고 해당되는 별을 향해 공양을 올리고 7배를 드리면 만복을 내려 준다는 신앙이 있다.[53] 칠성은 인간의 수명장수를 관장하는 신이다. 칠성신앙의 영험은 수복연명과 자식 점지에 있다.

중국의 도교는 본래 불로장생을 추구하는 것에서 시작된 만큼 인간의 수명에 대하여 관심이 많다. 위에서 언급한 불교의 칠성신앙 경전에 속하는 『불설북두칠성연명경』의 이름만 보아도 '북두칠성이 수명을 늘린다'는 뜻인데, 이 경은 중국에서 성립되었으며 우리나라 고려대장경 안에도 들어 있다.

52 고려대민족문화연구소, 『한국민속대관』 3, 민간신앙 종교편, 1982, 115쪽.
53 한국민속사전편찬위원회, 『한국민속대사전』, 민족문화사, 1991, 1415쪽.

따라서 칠성신앙은 중국에서 도교와 불교의 만남에서 불교화 되었으며, 한반도로 유입된 것으로 보아야 할 것이다.[54]

중국에서는 불교적 천문사상이 후한 환제(桓帝, 147~167) 시기에 중앙아시아 안식국(安息國)의 태자였던 안청(安淸, 호는 世高, 148~170)이 중국으로 와서 서역의 천문성수 내용을 담은『사두간경(舍頭諫經)』을 번역하면서 처음 유입된 것으로 알려져 있다. 북두칠성을 비롯한 이십팔수 등 여러 가지 성수신앙은 6~7세기경에 정립되는 밀교의 영향으로 절정에 이르게 된다.[55]

한반도에 전래된 칠성신앙은 민간은 물론이고 궁중에서부터 사대부에 이르기까지 각 계층에서 신앙하는 보편적 신앙의 모습을 띠게 되었다. 또한 칠성신앙의 대상이 7개의 별인 만큼 수명은 물론이고 기우, 재물, 재능, 풍요, 평안까지 모든 일을 칠성신에게 의지하게 된다. 이렇게 다양한 신앙적 기능을 지녔기에 불교에 흡수된 토착신들 가운데 북두칠성신은 그 지위가 매우 높다. 불교 전통에서 전개된 북극성 신격은 크게 두 가지 흐름으로 나눌 수 있는데, 하나는 여래의 신격으로 격상된 치성광여래(熾盛光如來) 신앙이며, 다른 하나는 보살의 반열로 북진보살(北辰菩薩)로도 불리는 관음보살의 화현인 묘견보살(妙見菩薩) 신앙이다. 이에 대하여 김일권의 연구를 정리하여 보면 다음과 같다. 백제는 북극성을 관음의 화현으로 보는 묘견보살 신앙이 주를 이루었고, 고려시대는 치성광여래를 중심으로 한 구요신앙이 왕성하게 진행된 것으로 보았다. 고려시대의 치성광만다라에서 도불교섭의 모습을 여실하게 볼 수 있는 바, 치성광여래 바로 아래 도교의 지존 중 하나인 천황대제가 면류관을 쓴 복장으로 묘사된 것을 도불교섭의 증거로 보고 있다. 고려불교의 천문신앙이 치성광여래를 비롯한 구요가 중심되었는데 이 흐름

54 윤열수, 앞의 책, 77쪽.

55 김일권,『우리역사의 하늘과 별자리』, 고즈윈, 2008,162쪽.

이 조선 전반기까지 이어져 왔다고 한다. 칠성신앙은 조선시대에 들어서 성행하였는데, 임진과 정유 양란 이후에 구요에서 칠성으로 바뀐 것으로 보고 있다. 이는 조선조의 숭유억불 정책에 따른 불교 사상계의 변동과 관계가 있을 것이며, 양란 이후 황폐화된 사회 변화와도 관계가 있을 것으로 유추해 볼 수 있을 것이다. 즉 고려시대는 천문 만다라를 통하여 하늘의 세계를 지상에 그대로 옮겨 놓으려고 했지만, 양란 이후에는 개인의 수요장단과 길흉화복에 관심을 둔 점성적 칠성신앙으로 변화되고 확산되어 갔을 것으로 보고 있다.

『석문의범』의 칠성단 예경문 중에서 "紫微大帝統星君 十二宮中太乙神"[56]이란 대목은 도교의 천문사상과 관련된다. 도교 천문 전통에서 북극성 신격으로 옹립된 자미대제(紫薇大帝) 또는 한대(漢代)의 천문 전통에서 북극성 신격으로 제기되었던 태을신(太乙神, 다른 말로는 太一神)을 불교의 치성광여래와 동일한 신격으로 간주하였음을 보여 주는 것으로서 도불교섭의 명백하고도 중요한 측면을 보여 주고 있는 것이다.[57]

그렇다면 실제적으로 이루어지고 있는 칠성신앙이 과연 어떠한 기능을 갖고 있는지, 불교의례에 나타난 칠성단 의식의 청사(請詞) 내용을 보면 아래와 같다.

> 북두 제1은 자손에게 만덕을 주고, 북두 제2는 장애와 재난을 없애 주고, 북두 제3은 업장을 소멸시켜 주고, 북두 제4는 구하는 것 모두를 얻게 하고, 북두 제5는 백 가지 장애를 없애 주고, 북두 제6은 복덕을 두루 갖추게 해 주고, 북두 제7은 수명을 오래도록 연장시켜 준다. 파군성군은 왼쪽에서 보필하고 오른쪽에서 보필하며, 삼태육성 이십팔수(天球의 28자리)가 두루

56 안진호, 앞의 책, 244쪽.

57 김일권, 앞의 책, 163-192쪽.

하늘에서 빛을 발한다.[58]

이러한 신력(神力) 때문에 일반 대중들은 칠성을 신봉하게 되었다. 이런 대중의 염원을 구체화된 부처님의 모습으로 수용하여 불교적으로 변용시켜 나간 것으로 보인다. 그러기에 도교의 칠성을 불교의 칠여래(七如來)로 신앙하고 있음을 칠성신앙의궤(七星神仰儀軌)나 칠성탱화에서 찾아볼 수 있게 된다.[59] 이를 도표로 만들면 다음과 같다.

〈표1〉 도교의 七星과 불교의 七如來

도교	불교	비고
북극성 (北極星)	치성광여래 (熾盛光如來)	
해 (日)	일광편조보살 (日光遍照菩薩)	
달 (月)	월광편조보살 (月光遍照菩薩)	
탐랑성군 (貪狼星君)	동방최승세계운의통증여래불 (東方最勝世界運意通證如來佛)	자손만덕 (子孫萬德)
거문성군 (巨門星君)	동방묘법세계광음자우여래불 (東方妙寶世界光音自在如來佛)	장난원리 (障難遠離)
녹존성군 (祿存星君)	동방원만세계금색성취여래불 (東方圓滿世界金色成就如來佛)	업장소제 (業障消除)
문곡성군 (文曲星君)	동방무우세계최승길상여래불 (東方無憂世界最勝吉祥如來佛)	소구개득 (所求自得)
염정성군 (廉貞星君)	동방법의세계광달지변여래불 (東方淨住世界光達智辨如來佛)	백장진멸 (百障殄滅)

58 안진호, 앞의 책, 325-326쪽: "一心奉請 北斗第一 子孫萬德 貪狼星君 北斗第二 障難遠離 巨門星君 北斗第三 業障消除 祿存星君 北斗第四 所求皆得 文曲星君 北斗第五 百障殄滅 廉貞星君 北斗第六 福德具足 武曲星君 北斗第七 壽命長遠 破軍星君 左補弼星 右補弼星 三台六星 二十八宿 周天列曜."

59 오출세, 앞의 책, 192쪽.

도교	불교	비고
무곡성군 (武曲星君)	동방법의세계광해유희여래불 (東方法意世界法海遊戱如來佛)	복덕구족 (福德具足)
파군성군 (破軍星君)	동방유리세계약사유래광여래불 (東方琉璃世界藥師琉璃光如來佛)	수명장원 (壽命長遠)

칠성탱화의 도설내용을 보면 중앙주불(中央主佛)에 치성광여래(熾盛光如來), 그 좌우보처에 일광(日光)·월광보살(月光菩薩), 그리고 칠성의 불교화를 나타내는 칠여래(七如來)와 칠원성군(七元星君), 그 이외의 삼태육성이십팔수(三台六星二十八宿) 등으로 되어 있다.

이렇게 불교의 의식과 신앙 속에 확고하게 자리 잡은 칠성신앙은 칠성각을 중심으로 하여 칠성불공으로 나타난다. 그런데 재미있게도 칠성각이란 명칭은 20세기에 들어서 사용된 것으로 추측하고 있다. 그렇다면 칠성각에서 이루어지는 칠성각 예배는 어떤 복을 구할 수 있는지 정각 스님이 정리한 것을 알아보자.

1월 10일의 예배를 통해 연발환생(緣髮還生: 작은 선행으로 인해 환생함)을, 2월 6일에는 면재득복(免災得福: 재앙을 면하고 복을 얻음)을, 3월 8일에는 면피광란(免避狂亂: 광란치 않음)을, 4월 7일에는 소구개득(所求皆得: 구하는 바를 모두 얻게 됨)을, 5월 2일에는 무병장수(無病長壽: 병 없이 장수함)를, 6월 27일에는 소구여의(所求如意: 구하는 바 뜻과 같이 됨)를, 7월 5일에는 장명부귀(長命富貴: 수명이 길고 부귀하게 됨)를, 8월 5일에는 원무비환(元無悲患: 슬픔과 우환이 없음)을, 9월 9일에는 자무관송(自無管訟: 관에 송사되는 일이 없음)을, 10월 20일에는 득금옥백(得金玉帛: 금과 옥, 비단을 얻음)을, 11월 3일에는 득기재보(得其財寶: 재보를 얻게 됨)를, 12월 27일에는 노마자지(奴馬自至: 말과 노비가 스스로 찾아옴)를 얻게 된다[60]는 것이다.

60 정각, 『한국의 불교의례』, 운주사, 2001, 327쪽.

이처럼 민간신앙에서 칠성신앙은 산신신앙과 용신신앙 등과 함께 중요한 신앙으로 자리 잡고 있다. 산신신앙이 집안의 재앙을 피하고 행복을 기원하며, 용신신앙이 농사일과 관계가 있다면, 칠성신앙은 위에서 살펴본 것처럼 사람이 살아가는 데에 필요한 모든 분야에 걸쳐 복을 구하고 있다고 할 수 있다.

Ⅳ. 남기는 말

지금까지 도교가 한반도에 전래되어 불교와 습합한 신앙형태인 산신신앙, 용신신앙 그리고 칠성신앙에 대하여 살펴보았다. 도교가 한반도에서 하나의 독자적인 종교교단으로 조직화되지 못하고 또한 포교활동도 하지 못한 이유는 도교가 한반도에 전래될 무렵인 삼국시대에 도교와 유사한 토착신앙들이 이미 존재하여 자연스럽게 서로 융화되었기 때문이라고 보았다. 따라서 도교가 교단을 성립해야 할 필요성을 갖지 못했다고 보았다. 나아가 중국에서 성립된 도교도 이미 밝혀진 바와 같이 중국의 토착종교인 무격이 중국 도교의 기층을 이루고 있는 만큼 한반도 전래에 있어서 저항을 받지 않을 수 있었던 것이다.

따라서 한반도에서 도교와 불교의 교섭은 직접적인 교섭이나 습합이라기보다는 도교가 이미 한반도의 토착종교인 무교와 습합을 이루고 난 연후에 불교와 만남이 이루어졌다고 보아야 할 것이다.

또한 오늘날 불교사찰에서 행하는 불교의식인 신중작법에서 산신, 용신, 칠성신은 불법을 수호하는 호법신중으로서 예경의 대상이 되고 있다. 이 신격들은 각각 독립적으로 산신각, 용왕각, 칠성각에 모셔지고, 신앙의 대상이 되어 대중들의 다양한 희원을 들어 주는 신격으로서 중요한 위치를 차지하고 있다는 점에 주목했다.

여기에서 간과해서는 안 될 점이 있다. 오늘날 한국의 사찰 안에 산신각, 용왕각, 칠성각이 존재하기 때문에 한국불교는 정법불교가 아니라고 하면서 민간신앙과 다를 바 없는 기복불교라고 폄하하는 경우가 종종 있다. 그러나 이것을 부정적인 시각으로만 볼 것이 아니다. 왜냐하면 한민족이 무수한 역경과 전쟁 그리고 재해를 겪으면서 그들을 지켜주고 그들에게 희망과 극복의 의지를 안겨주었던 신앙이 불교뿐만 아니라, 사찰에서 공존하고 있던 산신신앙, 용신신앙, 칠성신앙도 함께 하였기 때문이다. 이들 신앙은 민간의 삶과 함께 몽고침략, 임진왜란, 개화기, 일제강점기 등의 커다란 변혁의 시대에 대중을 지켜 주는 민족신앙으로 그 역할을 충분히 하였다는 점을 간과해서는 안 될 것이다. 이렇게 민족 공동체 의식을 지켜 준 민간신앙을 불교가 포용하고 그들과 습합하였기에 불교가 더 이상 외래종교로 머물지 않고 한국의 종교전통으로서 이 땅에 뿌리를 내릴 수 있었던 것이라고 보아야 한다.

도교는 한반도의 민간신앙들과 습합을 하면서 한국종교 지층 속으로 스며들어 다양하게 변용되었고, 이렇게 습합된 이들 도교와 민간신앙은 불교와의 만남을 통하여 다시 새롭게 이해되고 대중적 신앙으로 자리 잡게 되었다. 또한 도교와 습합된 이들 신앙이 불교와 습합되면서 불교가 이 땅의 전통적 종교로 자리 잡을 수 있게 하는 토양의 역할을 하였다고 보아야 할 것이다.

신라 미륵신앙과 첨성대

I. 들어가는 말

첨성대에 관한 해석은 지금까지 다양하게 이루어졌다. 동양최고의 천문대로 보는가 하면 종교적 상징물로 보기도 한다. 첨성대를 종교적인 의미를 지닌 축조물로 본다면 과연 어떤 종교적 의미와 기능을 지닌 것인가? 첨성대는 실로 역사의 수수께끼라고 할 수 있다. 본 논문에서는 지금까지의 첨성대에 대한 여러 해석들을 살펴보고, 그 다음에 미륵신앙과 관련된 종교적 축조물이란 점에서 살펴보고자 한다.

신라의 미륵신앙은 불교가 수용된 초기부터 중요한 위치를 차지하는 신앙이었다. 미륵신앙은 농경을 업으로 삼고 살았던 신라 백성들의 농경신인 용신과 결합되어 토착신앙으로 자리 잡게 된다. 국왕은 미륵신앙으로써 귀족세력과의 화합을 꾀하고, 왕권을 강화하는 데 이용하였다. 더 나아가 미륵신앙은 국가적 차원에서 불교적·호국적 수련단체인 화랑과 결합된다. 이처럼 신라에서의 미륵신앙은 복합적 성격을 지닌다.

본 논문에서는 먼저 신라의 미륵신앙은 어떤 특성을 지니고 있는지 먼저 미륵신앙과 화랑의 관계를 살펴보고 다시 미륵신앙과 신라의 토착신앙인 용신신앙과 어떻게 습합하는지 살펴볼 것이다. 다음으로 첨성대에 관한 다양한 해석들을 일별하고, 선덕여왕은 왜 첨성대를 축조할 수밖에 없었는지 첨성대 축조가 요구되어진 당시 삼국정세와 함께 신라의 상황을 알아보아야 할 것이다. 당시의 긴박했던 신라의 상황에서 선덕여왕은, 여왕이기 때문에 이웃 국가로부터 업신여김을 받았고, 그것을 극복하기 위해 자장 율사의 제안을 받아들여 황룡사 구층탑을 건조한다. 황룡사 구층탑은 대외적으로 신라왕권의 위엄을 보여주는 것이다. 마찬가지로 당시의 국내 상황은 귀족과 일반백성들의 힘과 의지를 하나로 결집시켜야만 했다. 이러한 상황에서 미륵신앙은 매우 중요한 의미를 지니는 것이었다. 따라서 미륵신앙과 습합된 용신신앙의 의미를 살피고 그것이 첨성대의 축조와 어떤 관계를 맺고 있는지 살펴보기로 한다.

Ⅱ. 신라 미륵신앙의 성격

『삼국유사』에서 찾아볼 수 있는 미륵신앙과 관련된 자료들을 보면, 미륵신앙은 신라불교 초기부터 중요한 위치를 차지한 신앙이면서, 상당히 보편된 신앙임을 알 수 있다. 예를 들면, 법흥왕이 불교를 공인(518)한 이래 최초로 건립된 흥륜사에 봉안된 존상은 미륵존상(彌勒尊像)이었다는 점으로 보아, 당시 미륵신앙이 얼마나 중요한 비중을 차지했는지 알 수 있다. 무엇보다도 진지왕(眞智王, 576-579) 때의 미륵선화(彌勒仙花)에 관한 이야기는 신라의 미륵신앙과 관련된 사료(史料)로서 가장 최초의 것이다. 『삼국유사』의 미륵선화의 내용은 다음과 같다.[1]

> 진지왕 때에 이르러 흥륜사의 중 진자란 이가 있어 항상 당주 미륵상 앞에 나아가 발원하기를 "우리 대성이여 화랑으로 화신하여 이 세상에 나타나 내가 항상 가까이 시종하게 하소서." 하였다. 그 간곡한 정성과 지극히 기원하는 심성이 나날이 두터워지더니 어느 날 밤 꿈에 한 스님이 이르기를 "네가 능천 수원사에 가면 미륵선화를 볼 수 있으리라." 하였다. …… 그 절에 이르렀다. 절 문 밖에 훌륭하게 한 소년이 웃으면서 반갑게 맞이하여 객실에 이르렀다. 진자가 읍하면서 말하기를 "그대가 나를 모르건대 어찌 나를 접대함이 이렇게 은근하오." 하니 랑이 대답하기를 "저 역시 서울사람이라 대사께서 멀리서 오시는 것을 보고 위로하고 영접했을 뿐입니다." 하고 조금 이따가 문 밖으로 나갔는데 그 간 곳을 알 수 없었다. …… 진자가 그 말대로 산 아래에 이르니 산신령이 노인으로 변하여 맞으며 이르기를 "여기 와서 무엇을 하려느냐." 하니 진자가 "미륵선화를 뵙고 싶습니다." 하였다. 노인이 이르기를 "전에 간 수원사 문 밖에서 이미 미륵선화를 보았는데 다시 무엇을 구하러 왔느냐." …… 진자가 돌아와 널리 찾으니 황홀하게 차린 미목이 수려한 한 소년이 영묘사 동북쪽 길가 나무 밑에서 거닐며 놀고 있었다. 진자가 놀라 맞아 말하기를 "이분이 미륵선화이다." …… 왕이 경애하여 받들어 국선을 삼았다. …… 그의 풍류가 세상에 빛남이 무릇 7년에 홀연 간 곳이 없어졌다.[2]

1 동국대학교 불교문화연구원 편, 『한국 미륵신앙사상』, 1997, 49쪽.

2 『三國遺事』 권3, 〈塔像第四〉, 彌勒仙花 未尸郎 眞慈師條.

위의 설화에 나타나는 바에 의하면, 흥륜사 진자 법사는 국선을 보좌하는 낭도로서 마침 국선의 자리가 비어 훌륭한 국선을 맞이하고자 자신이 신봉하는 미륵상 앞에 나아가 미륵대성께서 화랑으로 이 세상에 출현하기를 기도하였다. 그의 발원으로 드디어 미륵이 직접 화랑, 미시랑(未尸郞)으로 화생(化生)하였으며, 국왕은 그를 국선(國仙)으로 받들었다는 것이다. 그가 7년 동안 국선으로 있다가 갑자기 자취를 감추었다는 것은 세간의 인연을 끝내고 다시 미륵의 본 모습으로 되돌아간 것이라고 볼 수 있다.

이는 도솔천에 상주하면서 제천상(諸天像)을 설법교화(說法敎化)하는 미륵보살이 신라의 땅에 내려와 미륵선화, 즉 국선이 되었다는 것이다. 미륵보살이 신라 땅에 직접 내려왔다는 것으로 보아, 당시 신라시대의 미륵신앙은 『미륵하생경』에 기반을 두었다고 볼 수 있다.

신라의 미륵신앙은 국가적 차원에서 전제 왕권을 강화하는 형태로 수용되어 전개되었음을 알 수 있다. 그 예로 삼국의 대치 상황에서 미륵신앙이 삼국통일의 과업을 수행하는 데 중요한 역할을 담당했던 귀족세력의 자제들인 화랑과 결합되었다는 점을 들 수 있다. 신라에 불교가 수용된 이래, 불교는 두 방향으로 수용되어 전개되었다고 본다. 하나는 왕실 중심의 귀족불교로 전개되었고, 다른 하나는 민중들 속에서 당시의 다양한 토착신앙과 결합되어 전개되어갔다. 신라는 불교이념으로 사회를 통합하는 방법을 내세웠기 때문에, 국왕을 석가불로, 나아가 전륜성왕으로 간주하고, 화랑을 미륵의 화신으로 보았다.

다른 한편으로 미륵신앙은 농경사회에서 천후(天候)와 밀접한 관계를 맺고 있는 용신신앙과 습합하였음을 볼 수 있다. 백성들에게 있어서 천후는 매우 중요한 것이다. 농경에 절대적인 것은 순조로운 천후이다. 이런 천후를 조절하는 존재를 용이라고 믿었던 용신신앙은 당시 농경사회에서는 매우 중요한 신앙형태였다고 할 수 있다.

이처럼 미륵신앙은 한편으로 국가적 차원에서 수용되었다면, 다른 한편으로 일반 백성들의 생업과 관련되어 그들의 생활과 밀접하게 관련된 종교적 원망(願望)을 채워 주는 신앙으로 전개되었다고 볼 수 있다.

1. 미륵신앙과 신라의 화랑

미륵선화(彌勒仙花) 설화에 따르면 미륵보살은 신라에 미륵선화 국선으로, 즉 화랑으로 탄생했다고 믿어졌다. 미륵불의 화신이 곧 화랑인 것이다. 여기에서 국선이 '나라의 미륵님'을 뜻한 것이라면 그 국선제도를 마련한 진흥왕은 분명히 미륵신앙을 흥국 및 나라를 위하는 제도인 풍월도에 응용한 것이라고 할 수 있다.[3] 즉 그는 귀족자제 가운데 용모가 단정한 자를 골라 화랑으로 삼고 그를 중심으로 하는 수백 내지 수천의 낭도들로 구성된 단체를 창설했는데, 이 단체는 집단훈련을 통하여 국가가 요청하는 이상국가의 인물을 양성시키는 수양단체였던 것이다. 그러므로 화랑의 교화(敎化)가 곧 미륵의 풍류교화(風流敎化)라는 것을 보여주는 것이라 할 수 있다.

이에 관한 또 다른 예로서, 죽지랑과 김유신에 관한 설화가 있다. 『삼국사기』에 의하면, 화랑 죽지랑의 탄생설화에서 미륵이 등장하고 있으며, 김유신

3 김영태, 「삼국시대의 미륵신앙」, 『한국미륵사상』, 동국대학교 불교문화연구원, 1997, 51쪽. 국선은 그 선왕인 진흥왕이 국가적 필요성으로 원화가 실패하자, 여러 해 뒤에 국가를 흥하게 하자면 먼저 풍월도를 일으켜야 한다는 생각으로 양가의 제자 중에 덕행 있는 자를 뽑아 화랑으로 삼고, 상수(上首)화랑으로 받들었던 화랑의 최고 책임자를 일컫는 이름이라는 것이다. 그 최초의 국선은 설원랑(薛原郞)이었고 한다. (김영태, 「삼국시대의 미륵신앙」, 『한국미륵사상』, 1997, 50쪽). 여기서 미륵선화(彌勒仙花)의 '선(仙)'이 미륵대성을 지칭한 것과 마찬가지로 국선(國仙)의 '선' 자도 신선이 아닌 미륵을 가리키는 것이라 할 수 있다.

이 15세에 화랑이 되었을 때 당시 사람들이 그 단체를 용화향도라고 하였다고 한다. 용화향도란 한마디로 말해서 '미륵신도'라는 뜻이다. 용화는 앞으로 미륵불이 하생하여 성불(成佛)할 때의 용화(龍華) 보리수(菩提樹)를 가리키는 것이다. 그 나무 밑에서 성불하고 또 그곳에서 삼회(三會)의 설법을 통해 중생을 제도하기 때문에 용화는 미래에 성불하는 미륵불을 상징하는 말이라고 할 수 있다. 향도는 예불향화지도(禮佛香華之徒)의 줄임말이며 '부처님께 향사르는 단체'라는 뜻이다. 그러므로 화랑의 무리를 '미륵님께 향사르는 단체'라고 불렀다는 것이다.

『화랑세기』에 의하면, 당시 신라에는 많은 화랑집단이 존재했던 것으로 보이는데, 이들은 그 유파에 따라 대원신통(大元神通)과 진골정통(眞骨正統)과 통합원류(統合元流)로 나눠진다. 그런데 이 가운데 주로 미륵신앙을 신봉했던 집단은 진골정통계에서 나타나고 있다.[4]

이러한 '나라의 미륵님을 받드는 무리' 또는 '미륵님께 향사르는 단체'의 이념은 이상국가의 실현, 즉 불교의 이상국토관인 미륵정토를 구현하는 데 있었다고 하겠다. 진흥왕 대에 창설된 화랑은 곧 국가가 요청하는 인재의 양성을 위한 종교적 수련단체라고 할 것이다. 여기서 신라의 이상국가란 용화수 아래 삼회의 설법을 만나 왕생을 얻고자 하는 미륵하생신앙이 신라라는 땅에 그대로 이루어진 나라를 의미한다.[5] 게다가 진흥왕은 자신의 두 아들의 이름을 각각 동륜(銅輪)과 금륜(金輪)으로 지음으로써 『미륵하생경』에서 말하는 이상국가를 현실의 신라국토에 건설하려던 진흥왕의 종교적 이념이 그대로 드러났다고 볼 수 있다.[6]

---

4 장지훈, 『한국고대미륵신앙연구』, 집문당, 1997, 76쪽.

5 김삼룡, 『한국미륵신앙의 연구』, 동화출판공사, 1983, 79쪽.

6 김삼룡, 위의 책, 79쪽.

불교가 신라에 수용되는 과정에서 왕권과 귀족세력의 갈등이 있었다는 것은 주지의 사실이다. 이기백은 왕권과 귀족세력의 관계를 석가불과 미륵보살에 대한 신앙으로 해석하고 있다.[7] 또한 왕권이 석가불로만 상징된 것이 아니라 전륜성왕으로 상징되었다고 본다. 진흥왕이 아들을 동륜과 금륜으로 부른 것은, 바로 진흥왕을 전륜성왕에 빗댄 것으로 해석한다.[8] 진흥왕은 실제로 신라의 국토를 크게 확장시킨 왕이다. 신라의 왕을 전륜성왕에 비기던 것이 후대에 가서는 석가불로 자리를 잡게 되었다고 본다. 그 좋은 예로서 진평왕은 석가불의 아버지인 백정(白淨)의 이름을 갖고 있으며 그의 비(妃)는 석가불의 어머니인 마야부인(摩耶夫人)의 이름을 따왔다. 결국 그 사이에서 석가불을 기다린 것이다. 이러한 왕즉불(王卽佛) 사상은 북방불교의 영향으로 본다.[9] 신라의 국왕을 석가로 상징화한 것은 석가의 권위를 빌려 왕권을 강화하려는 것으로 보인다.[10] 여기에서 신라의 왕권과 불교의 결합에 많은 역할을 한 존재는 자장(慈藏)이었다. 그는 북방의 호국불교적인 경향을 신라에 심었다. 한 예로서 선덕여왕에게 황룡사에 구층탑을 세우게 한 것이 좋은 예이다. 이렇게 왕권이 석가불의 권위에 빗대지면서 왕권과 귀족세력을 각각 석가불과 미륵보살로 상징된다고 이기백은 보고 있다.[11] 화랑은 귀족세력의 자제들이고 그들은 미륵보살로 상징되었다. 화랑의 교화는 곧 미륵의 풍류교화라고 할 수 있다. 따라서 화랑을 미륵선화라고 불렀다. 화랑 낭도들은 용화교주인 미륵을 향하여 따르는 교도(敎徒)이기에 용화낭도라 부른 것이다.

---

7 이기백, 『신라사상사연구』, 일조각, 1986, 79-80쪽.

8 김영태, 「미륵선화고」, 『불교학보』 3·4합집, 1966, 145쪽.

9 김철준, 「신라 상대사회의 Dual Organization」下, 『역사학보』 2집, 1952, 92쪽.

10 이기백, 위의 책, 82쪽.

11 이기백, 위의 책, 87쪽.

신라에서는 불교를 국가적 차원에서 수용하면서, 왕권과 귀족세력의 조화로운 관계를 석가불과 미륵보살의 관계로 자리매김한 것이라고 살펴보았다. 그러나 화랑과 미륵신앙과의 결합이 전제 왕권을 강화하고 귀족국가를 옹호하는 역할을 했다는 점에서,[12] 당시 백성들이 원하는 소박한 신앙과는 거리가 있다고 보인다.

2. 미륵신앙과 토착신앙

불교가 신라에 수용된 이래 두 방향으로 수용되어 전개되었다고 앞에서 간략하게 설명하였다. 하나는 왕실 중심의 귀족불교로 전개되었고, 다른 하나는 백성들 속에서 당시의 다양한 토착신앙과 결합되어 전개되어 갔다. 불교가 전래된 이후 신라는 불교이념으로 사회를 통합하는 방법을 내세웠기 때문에, 국왕을 석가불로, 나아가 전륜성왕으로 간주하고, 화랑을 미륵의 화신으로 보았다. 이러한 신라의 호국불교적인 특징과 함께 백성들 사이에서 널리 퍼져 있었던 것은 미륵신앙과 결합된 용신신앙이라고 할 수 있다. 그 대표적인 것으로 호국신앙과 용신신앙의 결합이 있다. 예를 들면, 문무왕이 죽은 뒤에 호국대룡(護國大龍)이 되어 나라와 불법을 지키겠다고 했다든지, 처용의 설화 등 호국사상과 관련한 모티브가 『삼국유사』에 자주 등장하고 있

12 화랑의 전형이라 할 사다함은 훌륭한 가문에서 태어난 미목이 수려한 인물로 표현되고, 그가 이사부의 부수로 가야 정벌에 참가했다는 기록을 볼 때, 그리고 원효 역시 귀족 가문의 출신으로 화랑의 낭도였으며, 군사적 직책을 갖고 있었다는 점으로 보아, 화랑은 권력 계층의 신분으로서 고대 정복 국가의 무사로 수련 중인 젊은이들이라 할 수 있다. 게다가 화랑도들이 지켜야 할 계율인 세속 오계를 만든 원광법사의 경우에도, 종교 신앙의 입장에서보다는 세속적인 규범과 관련되는 율법사로 간주되기 쉬운 점에서 귀족 중심의 전제 왕권에 밀착되어 있다고 본다(황선명, 『민중 종교 운동사』, 종로서적, 1981, 163쪽).

다. 이러한 호국신앙과 연결된 용신신앙은 본래 농경 부족 사이에 전승되던 수신(水神)신앙에서 기원하는 것이다. 불교의 팔부중(八部衆)의 하나인 용에 대한 신앙이 불교와 함께 전래되었고, 이것이 우리나라 고대 부족 사회의 고유한 전승인 수신신앙과 습합된 것으로 본다.[13] 그렇기 때문에 신라의 미륵신앙이 지배계층 위주의 호국신앙으로만 전승되었던 것이 아니라, 백성들 사이에서 미륵신앙은 당시의 농경신앙인 수신신앙과 결합되어 자신들의 종교적 원망(願望)을 담았던 것으로 보인다.

이처럼 신라의 종교문화는 창조적인 변용의 전개과정을 통하여 성립된 것이다. 신라의 용신신앙도 불교의 미륵신앙과의 결합을 통하여 새로운 국면을 맞게 된다. 신라 백성의 종교적 에너지는 지배계층 중심의 미륵신앙을 끌어내려 미륵즉용(彌勒卽龍)이라는 신라 특유의 민중미륵신앙을 이루게 하였다고 볼 수 있다.

여기에서는 용신신앙(龍神信仰)이 신라 백성의 종교적 요구에 부응하여 미륵(彌勒)-용신(龍神) 신앙으로 변용 형성되었다는 점을 강조하고자 한다. 즉 일반 백성들의 현세적 농경신앙에 뿌리를 둔 용신신앙은 불교의 미륵신앙과 결합되어 독특한 신라의 미륵-용신 신앙으로 형성되어 간 것으로 보려는 것이다.

신라시대의 왕은 군사적 또는 정치적인 통치자이자 동시에 제사장이었다. 따라서 왕에게는 농경에 필요한 천후(天候)의 조절능력이 요구되었던 만큼, 용신신앙은 왕권의 능력이나 권위와 매우 밀접한 관계를 맺고 있었을 것이다. 고대로부터 형성되어 온 농경신앙은 당시 신라의 일반 백성들의 생업과 직접적으로 관계된 만큼 지대한 종교적 의미를 지녔을 것이다. 당시의 농

---

13 유동식, 『한국무교의 역사와 구조』, 연세대학교출판부, 1997, 101쪽.

경신앙은 국가적 차원으로나 종교적 차원으로나 매우 중요한 위치를 차지하고 있었음에 틀림없다. 따라서 용신으로 대표되는 토착농경신앙과 지배의 이념으로 자리 잡고 있던 지배층의 불교인식은 갈등과 대립이라는 대결구도를 갖게 되었다.

그렇다면 토착신앙으로 대표되는 용신과 미륵의 대립구도가 어떻게 극복되는지 살펴보는 것은 흥미로운 일이다. 더군다나 신라사회에 불교의 전래가 쉽지 않았던 요인 중에는 토착종교와의 갈등을 빼놓을 수 없다는 점을 감안할 때, 이런 용신과 미륵의 화해와 융화의 습합과정을 살펴보는 것은 더욱 흥미로운 일이다.

6세기에 신라에 불교와 함께 중국문화가 적극적으로 수용되면서 신라문화는 일대 전환기를 맞게 되었다고 볼 수 있다. 불교의 공인이 법흥왕(法興王, 540-576) 14년인 527년에 이루어지기까지 귀족세력의 반발은 지대하였다. 19대 눌지왕(訥祗王) 때 묵호자(墨胡子)가 들어오고 23대 소지왕(炤知王) 때는 아도(阿道)가 들어왔으나 모두 전법에 실패하였다. 더구나 정방(正方)과 멸구자(滅垢疵)는 죽임을 당하는 일까지 벌어졌다. 법흥왕은 귀족들의 강한 반발에 부딪쳐 흥륜사(興輪寺)를 창건하던 일을 중단하게 된다. 고구려에는 불교가 소수림왕 2년(372)에 공인되었다. 그러나 신라에서는 고구려보다 무려 155년이 뒤늦은 법흥왕 14년(527)에 불교의 공인이 이루어진다.

신라에 있어서 불교의 공인이 고구려나 백제보다 어려웠던 원인을 일반적으로 토착종교인 무교(巫敎)가 지닌 보수성과 저항에서 찾는다. 물론 무교에 권력기반을 둔 지방호족들의 반발이 컸다는 것이 통설로 용인된다. 그러나 당시 신라에서는 토착신앙을 기반으로 하여 이념적인 결속을 꾀하려 했기 때문에 외래종교인 불교의 수용이 어려움을 겪게 되고 지연되었다는 견해에 주목할 필요가 있다.[14] 일반적으로 신라에서 불교의 공인을 무교와 불교의 종교적 기능의 교대(交代)로 파악하지만,[15] 오히려 신라가 독특한 신라불교를 발전시킬 수 있었던 점은 토착신앙과 불교와의 등가적(等價的) 융화에서 온 것이라고 보는 견해는[16] 토착종교에 대한 새롭고 적극적인 해석에서 온 것이다.

신라시대 토착종교의 양상은 『삼국사기(三國史記)』와 『삼국유사(三國遺事)』를 통하여 그 편린을 알 수 있다. 왕실과 귀족층들에 관한 기록이 주류를 이루고 있기 때문에 일반 백성들의 신앙의 내용과 형태를 찾기 어렵다. 그러나 다음의 사서(史書)의 기록으로 비추어 당시의 토착신앙의 일반적인 모습을 유추할 수 있을 것이다.

『삼국사기』 권32, 잡지(雜志), 제1 제사조(祭祀條)에 기록된 신라의 제사풍속은 시조제(始祖祭), 오묘제(五廟祭), 사직제(社稷祭), 팔석제(八楮祭), 농제(農祭), 풍백제(風伯祭), 우사제(雨師祭), 영성제(靈星祭), 산천제(山川祭), 성문제(城門祭), 정제(庭祭), 천상제(川上祭), 명제(明祭), 오성제(五星祭), 기우제(祈雨祭), 압악제(壓岳祭), 벽기제(辟氣祭) 등으로 나타난다. 이렇게 다양한 제사들은 시조와 농경에 관련된 것인데 삼국시대 초부터 신라 말까지 전승되었다. 불교가 공인되어 신라문화의 중심 역할을 하던 시기에도 이러한 토착신앙의 제천의례가 변함없이 이루어진 것으로 보아, 신라시대의 토착신앙은 불교에 의해서 그 종교적인 영향력과 기능을 완전히 잃은 것이 아니고 불교와 끊임없는 긴장관계를 유지하면서 신라의 독특한 종교문화 형성에 일조를 한 것으로 보인다.

---

14 최광식, 『고대한국의 국가와 제사』, 한길사, 1994, 213-216쪽.

15 이기백, 앞의 책, 1986, 31-33쪽.

16 최광식, 앞의 책, 216쪽.

따라서 이러한 토착신앙과 불교의 관계에 비추어 볼 때 사찰의 경내에 존재하는 산신각이나 장승은 토착신앙의 잔재가 아니고 오히려 토착신앙의 제당(祭堂) 구조 속에 불당(佛堂)을 받아들여 복합형태의 특유한 성격을 보여주고 있다는 주장이 설득력을 갖게 된다.[17]

이와 같이 토착신앙인 용신과 불교의 미륵신앙이 결합된 모습을 보여주는 주목할 만한 기록이 『삼국유사』「미륵선화(彌勒仙花) 미시랑(未尸郎) 진자사조(眞慈師條)」에 나타난다. 진지왕 때에 흥륜사(興輪寺)의 스님 진자에게 미륵선화 미시랑이 자신을 "제 이름은 미시(未尸)요 어려서 부모를 여의었으므로 성은 무엇인지 모릅니다."라고 소개하고 있다.

여기서 '미시'는 '미리' 또는 '미르'를 말한다. 이두(吏讀)에서의 '시'는 '리' 음으로 발음되기 때문이다.[18] 그러므로 '미시'는 '미리'로 읽을 수 있는데 이 '미리'는 용을 가리키는 우리나라 토착어이다.[19] 그러므로 '미시랑'은 재래의 용신과 관계된다는 단서를 지니게 된다. 중국에서 용신신앙(龍神信仰)이 전래되기 이전부터 고대 한국에도 이에 해당하는 '미리신앙(彌里信仰)'이 있었다는 것이다.[20] 그러나 보다 발달된 중국의 문화가 전래되면서부터 '미리'는 중국어인 '용(龍)'으로 대치되면서, 용신(龍神)은 바람과 비와 물과 가뭄 등을 지배하는 농경신(農耕神)으로 자리 잡게 된 것으로 본다.[21]

이 미시랑은 화랑으로서 미륵불의 화신이 된 것이다. 흥륜사의 스님인 진

---

17 최광식, 「무속신앙이 한국불교에 끼친 영향-산신각과 장승을 中心으로」, 『백산학보』 26, 1981, 76-77쪽.

18 양주동, 『고가연구』, 일조각, 1954, 94-97쪽.

19 양주동, 위의 책, 94쪽, "我東方言 呼龍爲彌里."

20 권상노, 「韓國古代信仰의 一臠」, 『佛敎學報』 第1輯, 95-102쪽; 서정범, 「미르(龍)語를 통해서 본 龍宮思想」, 『경희대논문집』 8, 1974, 97쪽.

21 권상노, 위의 논문, 95-102쪽.

자는 항상 당주(堂主)인 미륵상 앞에 나아가 발원서언(發願誓言) 기도한 결과 미시랑이 나타나게 되었다고 한다.

> "우리 대성(大聖)이시어 화랑으로 화신(化身)하여 이 세상에 나타나 내가 항상 당신을 가까이하여 시중하게 하소서." 하였다 그 간곡한 정성과 지극한 기원의 심정이 나날이 두터워지더니 어느 날 밤 꿈에 한 스님이 이르기를 "네가 웅천 수원사에 가면 미륵선화를 볼 수 있으리라." 하였다.[22]

이 설화를 통하여 불교가 신라에 수용되는 과정에서 토착신앙의 용신과 불교의 미륵신앙이 접목된 모습을 알 수 있다.[23] 실로 화랑 미시랑은 하생한 미륵불인 동시에 호국 용신적 존재가 된 것이다. 이는 토착신앙과 불교의 신앙적 융화의 한 형태를 잘 보여 주고 있다.

통일신라 이후의 불교의 중심이 백성으로 옮겨간 만큼 용신과 미륵신앙의 결합된 모습은 사찰창건 설화나 미륵삼존불 출현으로 나타난다.

신라 문화는 7-8세기에 이르러 그 전성기를 이루었다. 특히 7세기 말 경 삼국통일을 전후하여 신라인들은 민족적 국가 관념에 눈떴으며 이에 호응하여 호국사상의 발달을 초래했다. 용신은 불교적 호법신으로 변용될 뿐만 아니라 용신은 호국의 화신으로 자리 잡는다. 이러한 한국 토착신앙의 불교와의 습합은 토착신앙에 일대 전환기를 맞게 한다.

또 다시 토착신앙은 전환기를 맞이하게 되는데 그것은 8세기 말, 곧 신라 왕조가 말기에 들어선 때였다. 왕조가 쇠퇴기를 맞이하자 나라는 어지러워지고 사회는 불안해질 수밖에 없었다. 이때에 사람들은 국가적 관심보다는

22 『三國遺事』 권3, 〈塔像第四〉, 彌勒仙花 未尸郎 眞慈師條.

23 장지훈, 앞의 책, 229-230쪽.

개인의 안전과 행복에 더 큰 관심을 갖게 된다. 불교문화를 받아들인 신라인들은 이제 원시 사회인들처럼 집단적 관념 속에서 그 부족의 한 구성원에서 벗어나 개인으로서의 실존을 자각할 수 있었을 것이다. 따라서 불안에 처한 백성이 이제는 집단적인 해결책에만 의존하지 아니하고 개인의 안전과 수호에 관심을 갖게 되었다. 한때는 호국 용신신앙으로 표현되었던 토착신앙은 이제는 민중의 요청에 따라 재앙과 질병으로부터 벗어나고, 사특한 것을 멀리하고 복을 구하는 주술종교적인 기능을 찾게 됨에 따라, 미래에 출현하는 미륵불신앙에 희망을 걸게 된 것이다. 이로써 토착신앙은 다시 용신미륵의 새로운 신앙형태를 갖게 된다.

Ⅲ. 첨성대에 대한 제학설

첨성대는 경주의 중심지로부터 동남쪽으로 30리 떨어진 평지에 위치하고 있으며, 옆으로는 반월성(半月城)을 끼고 있다. 석재는 화강암이며, 높이는 약 9m이며, 원통부의 밑지름은 4.93m, 윗지름은 2.85m로 아래는 넓고 위로 갈수록 좁아지는 호리병 모양을 하고 있다. 전체 구조는 맨 아래의 기단부, 가운데 원통형의 원통부 그리고 맨 위의 상단부로 이루어져 있는데, 제일 아랫부분인 기단부는 상하 2단으로 땅에 닿아 있고 그 위에 27단의 원통형 몸통부가 있으며, 상단부에는 천장형 바닥과 상하 2단으로 된 우물 정(井)자 모양의 장대석(長臺石)이 설치되어 있다. 상단부 내부에는 한 변의 길이가 2.2m인 네모반듯한 공간을 만들었는데, 이 공간의 동쪽에만 석판이 깔려 있고, 서쪽은 비어 있다. 비어 있는 서쪽에는 마루를 놓았던 흔적이 남아 있다. 원통부는 모두 377개의 화강석을 쪼개 만들었는데, 외부는 곱게 다듬어져 있는 반면 내부는 축대를 쌓듯이 자연석 그대로 두었다. 원통부 한가운데에는(정남향으로) 3단을 차지하는 사방 약 1m 폭의 출입구가 있고 출입구의 위와 아래로는 각기 12단의 층이 있는데, 아래쪽 12단까지는 흙이 가득 차 있어 출입할 때, 이곳이 일단 중간바닥 구실을 했던 것을 알 수 있다.[24]

일반적으로 우리나라에서는 첨성대가 현재 남아 있는 세계의 천문대 중에서 가장 오래된 것이라고 알려져 있다. 이와 같이 천문대로 알려지게 된 것은, 첨성대라는 이름이 지니는 사전적 의미인 '별을 보는 구조물'이라는 뜻과 함께, 첨성대에 관한 기능을 처음으로 언급한 『신증동국여지승람(新增東國輿地勝覽)』(1481-1499)에 '천문을 물었다(以候天文)'라는 문구 때문에 천문대로 해석하게 된 것이다. 즉 '천문에 대해서 물었던' 구조물이었다는 역사기록을 '천문을 관측'하던 구조물로 이해해 받아들인 것이다.

그러나 구조상 단순히 관측천문대라고 보기에는 미흡한 점들이 많이 있다. 그래서 첨성대에 대한 여러 다른 해석들이 나오게 되었다. 즉, 첨성대가 순수한 천문 기상관측대였다는 천문대설 이외에, 첨성대를 하나의 종교적 상징물로 보는 종교 제단설이 그것이다. 최근의 학설로서 첨성대를 기능면에 있어서 천문대의 역할을 부정하지는 않으면서도, 상징적으로 선덕여왕의 불심을 상징한 조형물이며 우물과 관련이 있다는 복합 기능설 등이 있다.

1. 천문대설

먼저 첨성대를 천문대설라고 주장하는 해석을 살펴본다. 첨성대는 그

24 문중양, 『우리역사 과학기행』, 동아시아, 2006, 21-23쪽.

구조가 상징하는 바 중국의 전통적 논천설(論天說)인 천원지방설(天圓地方說)에 의거하여 천문대로 축조되었으리라고 해석한다. 첨성대 위에 목조 건물이 세워져 거기에 혼천의(渾天儀)가 설치되었으리라는 해석이 있는가 하면, 개방식 돔(dome)으로서의 관측대가 있었을 것이라는 견해가 있다. 이러한 여러 가지 다양한 설에 대해, 전상운의 견해에 따르면, 맨 위의 정자형석(井字形石)에는 동쪽에 판석(板石)으로 내부를 깔고 서쪽에는 마루를 놓은 듯한 자리가 있으나 그 정상에 혼천의를 상설 고정하여 관측하기에는 적당한 구조라 할 수 없으며, 관측 활동을 그 내부에서 한다고 하더라고 그 내부는 너무 조잡한 자연석 그대로여서 개방식 돔(dome)으로 통상 관측을 하기에는 매우 불편하게 되어 있다. 이러한 사실들로 미루어, 첨성대는 상설 천문대라기보다는, 천상의 이변이 있을 때, 즉 혜성의 출현과 같은 현상이 나타날 때에 혼천의와 같은 의기(儀器)가 특설되어 관측에 임하였을 것이며, 춘추분점(春秋分點)과 동하지점(冬夏至點)을 비롯한 24절기의 정확한 측정을 위하여 그때마다 성좌의 정확한 위치를 관측하는 개방식 돔으로서의 구실을 다할 수 있었을 것이라고 전상운은 추론하고 있다.[25] 게다가 첨성대는 어느 방향에서나 똑같은 모양을 가지고 있기 때문에 계절과 태양의 위치에 관계없이 해 그림자를 측정하여 시간을 헤아릴 수 있으므로 4계절과 24절기를 확정할 수 있었을 것으로 본다. 또한 정남(正南)으로 열린 창문은 사람이 사다리를 걸쳐 놓고 오르내리는 데에 사용되었을 뿐만 아니라, 춘추분에 태양이 남중(南中)할 때 이 창문을 통하여 태양 광선이 바로 대 안의 밑바닥까지 완전히 비칠 수 있는 위치에 열려 있다는 것이다. 즉 동하지에는 창문 아랫부분에서 완전히 광선이 사라지게 되므로 분점(分點)과

25 전상운, 『한국과학기술사』, 정음사, 1976, 53-54쪽.

지점(至點) 측정의 보조 역할도 할 수 있게 설계되어 있다고 한다. 그래서 이러한 첨성대는 신라 천문 관측에서 자오선과 동서남북 4방위의 표준이었으며, 대 위의 정자석(井字石)은 8방위를 정확히 가리키고 있었다고 한다.[26]

첨성대를 축조하게 된 기원과 관련하여서는, 전상운은 첨성대가 직접적으로 백제 천문대의 영향을 받아 그것과 비슷하게 축조된 것으로 추측하고 있다. 왜냐하면 그 축조 연대는 바로 선덕여왕 대이며, 그때에는 많은 백제의 건축 기술자들이 초빙되어 황룡사와 그 구층탑 등이 건립된 시기이며, 그로부터 얼마 후인 675년에는 백제 천문학자들의 영향과 직접적인 지도하에 일본에도 첨성대가 설립되었다는 사실에서 볼 때에 백제에는 이미 같은 음(音)으로 불리는 천문대가 있었다고 주장한다.[27]

이와 같이 첨성대를 순수하게 관측대로 보는 입장에서는, 실제로 출입구 밖에서 사다리를 대고 드나들면서 출입구의 바깥쪽에 마모된 흔적을 관찰하고, 직접 내부에서 정자 모양의 정상부로 오르는 것을 실제로 실험해봄으로써, 비록 비좁기는 하지만 정상부로 올라가, 소수의 인원이 그곳에서 별을 보는 등의 관측 작업을 했을 것으로 추정하고 있다.[28]

하지만 순수한 관측대로 보기엔 여러 가지 의문점이 남는다. 왜냐하면 첨성대의 내부는 사람이 상하로 오르내리기에 불편한 점이 적지 않을 뿐 아니라, 정상부의 바닥도 별을 관측하기에 그렇기 안정되어 있어 보이지 않기 때문이다. 오히려 첨성대의 모양은 관측하기에 실용적으로 설계되어 있지 않다는 것이다. 게다가 첨성대의 형태는 일반적인 관측대나, 탑 등의 고대 건

---

26 전상운, 위의 책, 54쪽.

27 전상운, 위의 책, 54쪽.

28 남천우, 「첨성대에 관한 제설의 검토」, 『역사학보』, 1974, 64쪽.

축물과는 다른 특이한 형상을 하고 있다는 점이다.

2. 종교제단설

그래서 천문대설에 대한 반론으로 나온 것이 첨성대를 하나의 종교적 상징물로 보는 종교제단설이다. 대표적으로 이용범의 천문대설에 대한 반론을 요약해 보면 다음과 같다.[29]

그의 의견에 따르면, 먼저 첨성대의 크기는 구조상 당시 신라에서 사용하였던 원가력(元嘉曆)에 따르는 천체관측에는 매우 적합하지 않다는 것이다. 원가력의 내용으로 보아 최소한 사유의(四遊儀)의 육합의(六合儀)로 조립된 혼천의(渾天儀)와 누호(漏壺) 및 귀의(晷儀)가 설치되어야 하지만 첨성대에는 그러한 관측기기(觀測器機)를 설치할 수 없으며, 혹 별의 위치를 알아보는 간단한 방법이 있었다고 하더라도, 그러한 간단한 측정을 위해 첨성대처럼 거대한 구조물을 만들 까닭이 없다는 것이다.[30] 또한 첨성대의 위치가 중국고대부터 근세까지 전승되어 오던 '천원지방(天圓地方)'의 개천설(蓋天說)에 따라 지켜오던 관측에 맞지 않는다는 점이다. 왜냐하면 중국에서의 천체관측소는 행정수부가 아닌 '지중(地中)'을 찾아 구축하였던 반면 중국의 역법을 사용하던 신라에서 천문관측을 위한 천문대를 '지중'이 아닌 곳인 수도 경주에 축조했기 때문이다. 즉 신라의 천문역법에 절대적인 영향을 미친 바 있던 중국천문학의 관측기술에 대하여 다소의 지식만 가지고 있어

29 이용범, 『한국 과학사상사 연구』, 동국대학교출판부, 1993, 35-39쪽.

30 신라에서 누각(漏刻)의 설치 연대는 『삼국사기』에 따르면, 성덕왕(聖德王) 17년(718) 6월로 되어 있다. 즉 신라가 본격적인 누각전(漏刻典)을 두게 된 것은 첨성대가 축조된 연대(선덕왕 16년)보다 80년 후가 된다.

도 첨성대의 구조와 위치가 관측활용에 있어서 실용적이지 못하다는 것을 의미한다.

이러한 반론에 근거하여, 이용범은 첨성대를 순수과학적인 천문관측대로서의 기능에서 볼 것이 아니라, 불교적 신앙면에서 해석하는 것이 오히려 더 합리적일 것이라고 주장한다. 즉 그는 첨성대가 천문관측대가 아니라 모종의 제사를 지내던 제단이며 불교의 수미산(須彌山)을 상징적으로 축조한 것이라고 추정한다.[31]

하지만 첨성대가 제단설이라는 데에도 여러 가지 의문점이 생긴다. 왜냐하면, 첨성대는 제기와 제물을 운반하고 제관이 오르내리기에 다소 불편한 감이 없지 않으며, 더구나 왕성(王城)에 있는 국가적 제단이라면 그 제사는 왕이 주재하였을 것이며, 그런 큰 제사라면 사서에 기록되어 있었을 것이다. 첨성대에서 제사를 지냈다는 기록은 현재까지 전혀 발견되지 않았다는 점이다. 천문대의 수미산설은 이전의 해석들보다는 좀 더 적극적이며 독창적인 해석이라고는 할 수 있지만, 전개된 논리와 내용 자체가 너무 개략적인 데다가 종교적 의미를 지나치게 강조하여, 천문대로서의 기능을 간과하였다는 지적을 받고 있다.[32]

3. 복합기능설

지금까지 주장해온 첨성대 천문대설과 첨성대 종교제단설의 주장을 전적으로 부정하지 않으면서, 상징적으로 선덕여왕의 불심을 상징한 조형물로서 우물과 관련이 있다는 복합기능설이 제기되었다. 먼저 첨성대가 수미산의

---

31 이용범, 앞의 책, 28-30쪽.

32 김기흥, 『천년의 왕국 신라』, 창작과 비평사, 2000, 251; 254쪽.

형상을 그대로 모형화한 것이 아니라, 수미산 정상에 위치한 도리천의 세계를 형상화했다는, 김기흥의 도리천설을 보면 다음과 같다.

『삼국유사』의 「선덕왕(善德王) 지기삼사(知幾三事)」 조(條)의 마지막 이야기를 보면, 선덕왕은 자신이 어느 해 어느 달 어느 날에 죽을 것인데, 죽으면 도리천에 묻어 달라고 부탁했다고 한다. 신하들은 그것이 무슨 이야기인지 의아해했고, 선덕여왕의 유언대로 경주 낭산(狼山)에 무덤을 만들었다고 한다. 후에 문무왕 19년(679)에 여왕의 무덤 아래에 사천왕사를 세우게 되었다. 33천(天) 가운데 하나이면서 동시에 33천으로 구성된 세계 자체인 도리천은 불교적 우주관에서 사천왕천에 위에 있는데, 문무왕이 사천왕사를 세움으로써, 선덕여왕은 결국 도리천에 묻힌 셈이 되어, 사람들은 그녀의 신통함에 감복하였다고 한다. 비록 이 이야기가 사실에 근거한 것이든 아니든, 여기서 중요한 점은 왜 선덕여왕이 자신이 묻힐 곳으로 도리천을 언급했냐는 것이다. 이에 대해, 김기흥은 선덕여왕이 여성이라는 점에 주목하고 있다.

소승불교에서 여성은 곧바로 성불할 수 없는 존재로 여기기 때문에, 성불하려면 여성은 일단 남성으로 태어나는 윤회의 과정을 거쳐야만 한다. 독실한 불교왕가의 맏딸로 태어나 신라 최초로 여왕이 된 선덕여왕은 제석(帝釋)이 계신 도리천에 태어나 후일을 기약하고자 했던 것이라고 본다. 즉 김기흥의 해석에 따르면, 남자가 못 되어 많은 시비에 시달려야 했던 선덕여왕은 하늘의 제석신에게 더욱 의지하면서 제석이 계신 도리천에 남자로 태어나 다음 세상에는 부처나 전륜성왕이 되기를 염원하였을 것이며, 그녀의 제석신앙은 부왕 진평왕의 믿음을 능가했을 것으로 보았다. 그래서 여왕으로서의 권위를 높이기 위해 분황사와 영묘사를 세우고 그리고 황룡사의 구층탑을 세운 바 있는 그녀는 자신의 평생의 신앙과 소망을 담아 첨성대를 구축한

것으로 보고 있다.[33]

이어서 김기흥은 첨성대를 제석신앙과 관련하여 하나의 우주우물로 해석하고 있다. 즉 첨성대는 매끈한 외양, 울퉁불퉁한 내부의 돌들, 상단부의 정자석 등의 외형적 형태로 보아 우물의 모양을 하고 있다는 것이다. 첨성대가 우물 모양인 것은 경주시 교동(校洞) 김유신의 집터로 알려진 곳에 남아 전하는 재매정(財買井)이라는 우물의 구조를 보아도 알 수 있는데, 이 둘의 전체적인 구조는 매우 유사하다. 또한 우물과 관련하여 박혁거세 신화, 알영(김알지) 신화가 있는데, 이러한 신화에서 나타나는 우물의 상징적 의미는 생명의 원천인 동시에 땅 밑 세계와 인간세상을 연결해 주는 우주목(세계목)으로 볼 수 있을 것이다. 그러므로 신라사회에서는 전통적으로 세상과 세상을 연결한다고 여겨지던 우물의 상징이 선덕여왕의 세계관과 만나서 지상으로 올라와 쌓였으니, 첨성대는 우주목으로써 이 세상과 저 하늘을 연결하는 도구로서 건축되었다는 주장이다.[34]

이러한 제석에 대한 신앙, 도리천을 향한 선덕여왕의 염원을 김기흥은 첨성대의 돌기단인 31단이라는 숫자의 상징성을 흥미롭게 해석하고 있다. 즉 그는 이 세상도 하나의 하늘이요,—왜냐하면 신라의 왕은 불교의 도입 이후 전륜성왕을 자임하고 제석천의 일원임을 자부해 왔기 때문에—제석이 사는 저 푸른 하늘도 그대로 제석천의 하늘이니 신라인들은 이 두 하늘에 더해 31층의 돌단을 쌓아 33천의 우주를 연출했다고 추정하고 있

33 진평왕과 그 왕비인 김씨 마야부인 사이에서 태어난 선덕여왕의 왕명인 '선덕'은 도리천에 환생하고자 한 선덕바라문의 이름에서 유래하였으며, 그녀의 아버지 진평왕도 바로 도리천의 왕인 제석이 내려 준 천사옥대(天賜玉帶)를 받았다(『삼국유사』 참조)고 하는 것으로 보아, 왕가에서 제석에 대한 신앙이 매우 돈독했던 것으로 보인다. 김기흥, 위의 책, 2000, 256-258쪽 참조.

34 김기흥, 위의 책, 258-260쪽.

다.[35]

따라서 선덕여왕은 우주목인 첨성대를 통해 제석신이 이 땅에 강림하여 자신의 어려움을 해결해주기를 고대했거나, 아니면 자신이 도리천 나아가 제석천에 환생할 통로로서 이 우주우물을 이용하고자 첨성대를 축조했을 것이라고 추정하고 있다.

지금까지 살펴본 첨성대에 관한 여러 가지 견해를 종합해 볼 때, 첨성대는 당시 신라의 관측기술로 보아 순수 과학적 목적에 의해서만 축조된 것이 아니라, 종교적 의미도 함께 내포하고 있다고 보는 것이 타당할 것이다. 그렇다면 이는 무엇을 의미하는가? 아마도 이러한 첨성대에 대한 다양한 견해는 당시 종교와 과학이 그만큼 분리되어 있지 않았음을 의미하는 것일 수 있다. 즉 당시 신라인들은 하늘의 변화를 관찰함으로써 자신들의 상황을 파악하고, 미래를 예언하고 대처했을 것이다. 무엇보다 당시는 농경사회였다. 농경에 있어서 물과 기후가 중요한 요소였으며, 더구나 천후(天候)는 인간이 마음대로 필요에 따라 조절할 수 있는 것도 아니었다. 그러므로 농경사회 속에서 천문은 중요한 일임에 틀림없었을 것이다. 하늘을 관측하고 하늘을 우러러 신앙하는 당시 농경을 생업으로 삼던 백성들의 염원을 담은 신앙은 무엇이었을까 하는 것이 첨성대의 축조 의미와 기능을 풀어내는 열쇠가 될 것이다.

35 김기흥, 위의 책, 260-262쪽.

Ⅳ. 신라 미륵신앙과 첨성대

1. 삼국의 정세와 첨성대 축조

첨성대 축조는 선덕여왕(632-647) 646년에 이루어졌다. 이 시기는 불교의 도입 이후 불교의 대중화가 좀 더 적극적으로 이루어지던 시기였으며, 삼국이 서로 각축을 벌이고 있던 시기였기 때문에, 신라는 무엇보다도 국가적·종교적·정치적인 측면에서 통일된 힘이 요구되었다. 그래서 국가적 차원에서 당시의 종교적 상징들은 호국·호법적 성격으로 변화되어 갔다.

이러한 예로, 선덕여왕의 부모는 붓다의 부모의 이름을 그대로 따온 진평왕인 백정왕(白淨王)과 마야부인(摩耶婦人)이었으며, 이들 사이에서 태어난 선덕여왕은 싯다르타의 위치에 있었다. 즉, 진평왕과 마야부인은 자신들의 둘 사이에서 태어날 첫 아이는 석가모니가 되어야 한다는 강한 바람을 갖고 있었음을 알 수 있다. 선덕여왕의 왕명인 '선덕'이라는 이름도 불경에서 인용한 것이다. 『대방등무상경(大方等無想經)』에 나오는 선덕바라문을 모범으로 삼으라는 뜻에서 지었다는 설이 현재 가장 유력한데, 선덕바라문은 불법(佛法)으로 세상을 정복하고 전륜성왕의 전형으로 인도에 실존했던 아쇼카왕이 될 인연을 이미 갖고 있었으며, 또한 석가모니의 사리를 잘 받들어 섬겨 장차 도리천의 왕이 되고 싶다는 소망을 갖고 있었다는 것이다.[36] 선덕여왕 때에 대국통(大國統)이었던 자장 율사는 중국 오대산에 있을 때 문수보살로부터 받은 것이라 하면서, 신라의 김씨 일가가 석가와 같은 찰제리종(刹帝利種)이라고 주창했다. 이처럼 선덕왕은 신라 건국 초기의 왕들의 출생과는

36 김기홍, 위의 책, 227-228쪽.

아주 다른 모습을 하고 있다. 이는 신라의 왕실이 철저히 불교적으로 변모해 가는 것을 극명하게 보여 주는 것이라 할 수 있다.

선덕여왕은 즉위하고 난 후, 왕으로서의 위엄을 세우기 위해, 그리고 부처님의 은덕을 많이 받기 위해 분황사(芬皇寺)를 건립하였는데, 분황사라는 절 이름은 일정한 불교적 의미뿐만 아니라 '향기로운 임금의 절'이라는 의미도 갖고 있었다고 한다. 즉 분황사는 여성 왕의 즉위를 문제 삼은 당시의 정치현실에 대해 이것이 전혀 문제될 것이 없다는, 선덕여왕의 존재를 정당화하려는 정치적 의도에서 건축되었다고 한다.[37]

순탄치 못했던 선덕여왕의 즉위만큼, 통치기간에도 즉위 전부터 계속되던 백제의 침략으로 존망이 위태로운 상황에 처해 있었다. 선덕왕 11년에 백제의 침략을 받아 대야성(大耶城)을 비롯한 서쪽의 40여 성이 함락되어 신라는 국가적인 일대 위기를 맞고 있었다. 게다가 이러한 국가적 재난의 책임을 선덕여왕에게로 돌리고 있는 상황이었다. 즉 여왕이 위엄이 없어서 이웃나라가 업신여겨 침략을 도모한다는 것이다. 이러한 시기에 실추된 왕실의 권위를 되찾고 위태로운 현실을 극복하려는 방법에서 건립된 것이 황룡사 구층탑이다. 황룡사 구층탑의 종교적·정치적 배경과 그 목적은 『삼국유사』의 연기설화에 상징적으로 잘 나타나 있는데, 여기서 주목할 점은, 황룡사 구층탑은 선덕여왕의 즉위 이후, 대외적으로 여왕이기에 위엄이 없다는 여론을 무마하고, 실추된 왕실의 권위를 회복하려는 노력으로 건립되었다는 것이다.[38]

그렇다면 황룡사가 건립된 해에 축조된 첨성대도 이러한 문맥으로 이해할 수 있을 것이다. 즉 여왕의 권위를 세우고 여왕으로서의 능력을 과시하

37 김기흥, 위의 책, 229-230쪽.

38 김상현, 『신라의 사상과 문화』, 일지사, 1999, 190-200쪽.

기 위하여 자장 율사의 청에 따라 황룡사 구층탑과 같은 거대한 탑을 건조했던 것처럼, 첨성대의 건축도 분명히 어떤 이유가 있을 것이다. 당시 신라가 처한 국내외의 위기적 상황으로 볼 때, 첨성대는 기원적·주술적·상징적 의미를 띄고 구축되었을 것이라는 점이다. 게다가 첨성대는 천기를 보기 위한 것인 바, 선덕여왕이 천기를 잘 아는 임금임을 강조함으로써, 첨성대가 왕권 강화의 수단이 되었을 것이라는 점이다.[39]

따라서 황룡사 구층탑이 대외적으로 왕실의 권위를 회복하려고 축조된 것이라면, 첨성대는 대내적으로 당시 종교적인 갈등과 혼란을 무마시키고 화합하려는 의지를 보여 준 것으로 볼 수 있다. 비록 불교가 국가종교로 자리를 잡았다고는 하지만 기존의 토착종교 세력과의 갈등은 남아 있었던 것이다. 이차돈의 순교로 불교가 공인된 이래, 지배층들이 불교를 인정한 직후부터 국왕과 귀족세력은 열성적으로 불교를 신봉했는데, 그들은 일체의 신분계급을 부정하고 인간이면 성불할 수 있다는 평등사상을 지닌 불교를 왜곡시키고, 자신들의 골품제적인 지배를 합법화하기 위한 수단으로 이용했던 것이다. 특히, 진흥왕 대 이후 고구려와 백제에 대한 항쟁이 치열해진 상황에서 불교는 현저하게 애국적·군국적인 성격을 띠면서 발전해 갔다. 신라의 영토팽창은 진흥왕 때에 추진되어 560년에 절정에 달했으나, 중고(中古)시대가 끝날 때까지 약 백 년 동안 신라는 고구려와 백제 양국으로부터 끊임없이 침입을 받게 되어 고난에 찬 생존전쟁을 치르지 않으면 안 되었다. 이 기간 중 신라는 진정 국가적 위기에 몰린 적이 한두 번이 아니었다. 이와 같은 시대적 상황 속에서 불교계는 구국(護國)을 위한 전쟁이 동시에 호법(護法)을 위한 투쟁이라고 이를 정당화했다. 나아가 이 시기의 신라불교는 단순히 애국불교와 군국불교에 그치는 것이 아니라, 지배층은 불교를 빌어서 골품체

39 강재철, 「善德女王知幾三事條設話의 硏究」, 『東洋學』 21, 1991, 92쪽.

제의 정당성을 부여하면서, 국민문화의 지배원리로서의 성격을 부여한 것이다. 이를 단적으로 보여 주는 것이 화랑도라고 할 수 있다.[40]

따라서 민심을 종교적 이념으로, 신앙으로 융합해야만 하는 신라의 상황에서, 옛 종교의 모습을 드러내는 미륵신앙의 변형이 이루어질 수밖에 없었을 것이다. 따라서 황룡사의 구층탑이 대외적으로 왕권의 권위를 강화시키고 호국의 상징물로서 축조되었다면, 그리고 대내적으로 전쟁 중에 시달리는 백성들의 민심을 결집시키고 백성들의 애환을 달래 줄 수 있는 종교적 상징물이 요구되었다면, 그것이 바로 첨성대라고 볼 수 있다.

2. 彌勒信仰과 瞻星臺, 彌勒龍의 下生處

신라가 부족국가 형성기에 접어들면서, 국가의 지배이념으로서 불교가 정착되는 과정을 토착신앙에 뿌리를 두고 있는 박(朴)·석(昔)씨 부족과 불교를 업고 등장한 신흥세력인 김(金)씨 부족 사이에서 왕위계승의 문제로 야기된 갈등에 초점을 맞추어 고찰하려는 시각들이 있다. 물론 부족국가의 형성시기에 있어서 신라의 지배층에게 불교는 매우 훌륭한 이념으로 받아들여졌고 신라의 정신세계를 통일하고 지배할 수 있었던 고도의 가르침임에 틀림없다. 그러나 일반 대중들에게 불교의 가르침이 이해되고 일반화되기까지는 많은 어려움이 있었을 것이며 또한 많은 시간이 소요되었을 것이다. 당시의 일반 대중들은 불교의 심오한 교리보다는 고래(古來)로부터 행해져 왔던 토착종교의 기복신앙에 의지하여 현실적인 문제를 쉽게 해결하려고 했을 것이다.

40 이기동, 『신라사회사연구』, 일조각, 1997, 92-94쪽.

이렇게 불교의 대중화가 적극적으로 이루어지는 시기를 일반적으로 진평왕과 선덕여왕 대로 잡는다. 이 시기는 삼국이 서로 각축을 벌이던 때로서 신라에는 그 무엇보다도 국가적·종교적·정치적인 측면에서 통일된 힘이 요구되었다. 따라서 토착신앙인 용신을 호국·호법적으로 국가적 차원에서 섭입시키려 했던 점은 앞에서 언급하였다.

이러한 상황 속에서 선덕여왕이 태어났다. 그런데 선덕여왕의 부모는 붓다의 부모의 이름을 그대로 따 온 백정왕과 마야부인이라는 점과, 선덕여왕이 그들 사이에서 태어난 사실에 주목할 필요가 있다. 이는 신라 건국 초기의 왕들의 출생과는 아주 다른 모습이다. 이것은 신라의 왕실이 철저히 불교의 석가족으로 변모해 가는 것을 극명하게 보여 주는 것이다. 이렇게 신라는 불교의 힘을 철저히 빌리려는 의지를 강하게 보이고 있다. 여기서 선덕여왕이 싯다르타의 위치로 태어났다는 것은 매우 주목할 일이다.

선덕여왕 대는 내외적으로 어려웠던 시기였고 무교와 불교와 유교가 서로 경쟁을 벌이던 시기였다. 또한 여왕의 통치를 이웃 국가들은 업신여기고 있었다. 백제의 침략으로 국가는 존망이 위태로운 상황에 처해 있었다. 실추된 왕실의 권위를 되찾고 위태로운 현실을 극복하려는 방법에서 황룡사 구층탑과 같은 거대한 탑이 건립된 것이다. 이는 바로 왕실의 안정과 외침(外侵)으로부터 국가를 구하기 위함이었다.[41]

그렇다면 선덕여왕 대에 건립된 첨성대도 이런 문맥으로 이해할 수 있을 것이다. 즉 여왕의 권위를 세우고 여왕으로서 능력을 과시하기 위하여 자장율사의 청에 따라 황룡사 구층탑과 같은 거대한 탑을 건조했던 것처럼, 첨성대의 건립도 분명히 어떤 이유가 있을 터이다. 즉 종교적 갈등을 해소하기

41 김상현, 앞의 책, 194쪽.

위한 하나의 종교적 제단으로서 용신신앙과 결부시켜 추정해 본다.

여기에서는 용신신앙과 결합된 미륵신앙과 결부시켜서 첨성대의 의미와 기능을 찾아보려는 것이다. 첨성대의 외형이 수미산의 모형에서 비롯되었다고 보는 견해는 이미 오래되었으나 그 기능이나 의미에 대해서는 설득할 만한 논의가 없었다.[42] 따라서 첨성대는 불교의 우주관인 수미산과 용신신앙의 핵심인 기우(祈雨)의 혼합적인 형태를 취하고 있다고 추정하고자 한다.

그렇다면 여기에서 용신신앙의 국가적인 제사 형태가 과연 무엇일까 추정해 보려 한다. 고구려에서는 사제왕이 영성(靈星)에 제사지냈다는 기록이 있다.[43] 영성이나 사직(社稷)은 농경과 관련된 것이다. 천후를 순조롭게 할 책임은 사제왕에게 돌아가고 있다. 사직이란 그 뜻이 확연한데 영성의 실체가 과연 무엇을 말하는 것인지 알아보기로 한다. 영성은 신령스러운 별이란 의미 이외에도 곧 용과 관련이 있다.[44] 결국 용(龍)의 관념을 구성하고 있는 것은 땅의 뱀과 하늘의 별로 보는 견해가 흥미롭다.[45] 별에 대한 제사는 풍작을 기원하고 농사가 잘되어 국태민안을 기원하는 국가적인 제사였다.

선덕여왕 때에 대단한 가뭄이 들어 국가적인 제사를 한 기사를 볼 수 있고,[46] 또한 부왕인 진평왕 50년 때에도 종이에 용을 그려서 비가 오게 빌었다

---

42 이용범, 「첨성대존의」, 『진단학보』, 제38집, 1974. 이 논문에서 이용범교수는 첨성대를 불교의 우주관인 수미산의 모습을 따온 것으로 보았고, 상단에 종교적인 상징물이 있었을 것으로 추정하였다. 그 후에 다시 「속첨성대존의」(『불교와 제과학』, 동국대학교 개교기념 80주년기념논총, 1987)에서 첨성대는 불교적 점성기능을 위한 것이었으며, 부근에 천문 관측을 위한 부설 건조물이 있었을 것으로 추정하였다.

43 「魏志」, 東夷傳 高句麗, "高句麗 多大山深谷 無厚澤 隨山谷以爲居 食澗水 無良田 雖力佃作 不足以實口腹 其俗節食治宮室 於所居之左右 立大屋祭鬼神 又祀靈星社稷."

44 『中文大辭典』 권9, 1481쪽, "星名, 龍星左角曰天田 則農祥也. 辰之神爲零星故以辰曰祠於東南也."

45 유동식, 앞의 책, 99쪽.

46 『三國遺事』 권4, 「義解」 5, 慈藏定律.

는[47] 기록으로 보아 현재의 첨성대가 위치한 곳을 '비두골'이라고 하여 북두칠성을 관측한 곳이라고 해석하는 학자도 있는데, 이보다는 별에 '비는 골'이라는 뜻이 더 타당할 것으로 보인다. 이는 기우(祈雨)를 위한 용신신앙과 북두칠성신앙의 혼합적인 형태가 아닐까 추정해 본다.

용신신앙이 별과 관계를 맺게 되고, 다시 우물굿으로 전승되는 것은 김유신의 생가에 있는 우물인 재매정(財買井)과도 일련의 관계를 지니고 있을 것이다. 왜냐하면 재매정의 형태가 첨성대와 흡사하기 때문이다.[48]

첨성대의 '첨(瞻)'은 단순히 바라보는 뜻보다는 숭앙하는 제사적인 의미를 지녔고 '星(성)'은 용성(龍星), 즉 동방성(東方星)을 의미하는 것으로 본다면 첨성대는 종교적인 농경제단의 기능을 했을 것이다. 즉 첨성(瞻星)은 첨룡(瞻龍)이요, 첨미륵(瞻彌勒)이 된다. 바로 미륵용신을 향한 제의가 첨성대에서 이루어졌을 것으로 추정해 본다. 신라백성의 농경신앙은 수신신앙이 중심이었고 수신은 곧 용신이었다. 용신신앙이 미륵신앙으로 변환하는 과정은 언어적인 와전이 그 이유였지만 그것이 저급한 토착기복신앙의 형태에서 보다 고급화된 신앙으로 변환되는 점에는 다음과 같은 이유가 있었다고 권상로는 여섯 가지 이유를 들어 지적하고 있다. 첫째, 미리와 미륵의 음이 비슷한 점, 둘째, 미륵은 보처불(補處佛)인즉 멀지 않은 장래에 성불도생(成佛度生)할 것이라는 점, 셋째, 멀리 십 만억 국토를 떠나 극락세계에 가려는 것보다 바로 우리들의 머리 위에 있는 도솔천으로 상생하는 것이 쉽다는 점, 넷째, 미륵의 삼회도인(三會度人)이 모두 석존의 제자들이기에 그 회상(會上)에는 의심 없이 참예(參預)하여 수기를 받는다는 점, 다섯째, 미륵불의 용화세계는 우리나라에 건립될 것으로 동해 총석정(叢石亭)에 팔릉육릉(八稜六稜)의 긴 석재

47 『三國史記』 권4, 「新羅本紀」4 眞平王條, "夏大旱移市畵龍祈雨."

48 이용범, 앞의 책, 27쪽.

(石材)가 한량없이 쌓여있는 것은 모두가 미륵불의 용화궁전을 지을 재료라는 것, 여섯째, 불교의 팔부옹호중(八部擁護衆) 가운데 하나인 '미리(龍)'를 믿는 것보다 한걸음 더 나아가서 직접 '미륵'을 믿는 것이 옳다는 점 등을 들었다. 이는 신라시대의 토착신앙이 불교적으로 전환된 이유를 든 것이다. 이처럼 용신신앙은 미륵신앙으로 변환·전개되면서 그 의미가 복합적으로 될 수밖에 없었을 것이다. 첨성대의 의미와 그 기능도 복합적일 수밖에 없는 것이다.

첨성대는 도솔천의 미륵이, 즉 용이 하생할 수 있도록 마련된 우물모양의 거주처로 보아야 할 것이다. 백성들은 첨성대를 미륵의 화신인 용이 하늘에서 내려오고 다시 올라가고 하는 거주처로 믿고 그곳에서 그들의 다양한 소원을 빌었을 것이다. 국가적 차원에서는 첨성대에서 용신-미륵신앙의 제의가 행해졌을 것이다. 어떠한 형태의 제의가 이루어졌는지는 잘 알 수 없으나, 앞에서 언급했던 것처럼 하늘의 용을 맞이하는 우물굿 형태와 함께 불교적인 농경제의가 이루어졌을 것으로 볼 수 있지 않을까? 고구려에서 지냈던 영성제(靈星祭)와 유사한 제의를 지내지 않았을까 추정해 본다. 따라서 첨성대는 분명 복합적인 기능을 지닌 종교제단일 것이다. 토착신앙의 대표적인 모습인 농경 용신신앙과 국가적 차원에서 요구되었던 호국적 미륵신앙이 결합된 종교적 상징물이라고 추정할 수 있을 것이다.

V. 끝맺는 말

지금껏 선덕여왕 대에 축조된 첨성대가 미륵신앙과 어떤 관련을 맺고 있는지 살펴보았다. 신라의 미륵신앙은 두 갈래로 전개되어 가는데 하나는 용신신앙이 어떻게 기원하였으며 전개되었는가를 살펴봄에 있어, 용신신앙은 다양하게 다른 신앙형태와 관계를 맺고 있음을 알 수 있었다. 즉 용(龍)은 농경신으로 신격화되는 과정을 거쳐 농경문화 속에서 수신(水神)으로서 천후를 조절하는 중요한 존재로 자리 잡게 된다. 이러한 용의 기능은 고대 국가에서는 왕의 권위와 능력과 결부되어 왕(王)=용(龍)이라는 구도를 낳게 한다.

신라시대에 들어서 용은 불교와의 습합과정을 거치면서 농경신의 범주를 넘어 불법을 수호하는 수호신의 면모를 보이는가 하면 국가를 지키는 호국용으로 변모한다. 문무왕이 동해의 호국용이 되길 원한 것을 들 수 있다. 그러나 무엇보다도 흥미로운 것은 용신신앙이 미륵신앙과 복합적으로 관련을 맺게 되었다는 점이다. 용의 우리말이 '미르'라는 점에서 그 음이 유사한 미륵신앙과 관계를 맺게 되고, 또한 용신은 별(星)과도 관련을 맺는다.

따라서 용신의 다양한 습합으로 인해 왕(王)=용(龍)=미륵(彌勒)=별(星)이라는 구도를 만들어 내는데 이는 신라 특유의 새로운 상징의 묶음이라고 할 수 있다. 이와 함께 신라의 종교문화를 특징짓는 것은 전륜성왕사상과 미륵신앙이 토착신앙과 조화롭게 실현되고 있음에서 찾고자 하였다. 역시 왕=미륵=용이라는 등식으로 전개되었다.

이런 기반 위에서 선덕여왕 대에 건립된 첨성대를 용신신앙이 미륵신앙과 결부되어 종교적 역할을 하고 있다고 문제를 제시하였다.

황룡사가 건립된 해에 첨성대도 축조되었다. 이것은 여왕의 권위를 세우고 여왕으로서의 능력을 과시하기 위하여 황룡사 구층탑과 같은 거대한 탑을 건조했던 것이다. 황룡사의 구층탑은 대외적으로 신라왕권의 위엄을 나타낸 호국적 의미의 건조물이라면 첨성대는 당시 신라의 독특한 불교신앙의 모습을 드러내는 축조물이라고 할 것이다. 신라에서의 미륵의 중요성이 화랑과 관련을 맺어 나타났듯이, 첨성대는 도솔천의 미륵, 즉 용이 하생할 수 있도록 만든 우물 모양의 거주처라고 보았다. 백성들은 첨성대에서 미륵의 화신인 용이 거주한다고 믿고 그곳에서 그들의 소원을 빌었을 것이다. 농경에 필요한 천후의 순조를 기원했을 것이고, 국가적 차원에서는 첨성대에서 용신-미륵신앙의 제의가 행해졌을 것이다. 첨성대는 호국적·불교적·민간신앙적인 여러 요소가 복합된 축조물이라고 할 수 있다. 본고에서는 첨성대의 수수께끼를 풀어냈다기보다 첨성대에 담겨진 여러 가지 종교적 상징과 의미를 찾아내려는 데 중점을 두었다. 앞으로도 계속해서 첨성대는 새롭고 다양하게 해석될 여지가 많다고 본다.

신라 용신신앙과 불교

I. 들어가는 말

용(龍)은 동서양을 막론하고 신화나 설화에서 다양한 기능을 지니고 그 모습을 나타낸다. 특히 동양의 농경문화권에서는 용이 천후(天候)를 조절하는 능력을 지닌 농경신(農耕神)으로 숭앙되었다. 농경에 있어서 물과 기후는 절대 불가분의 관계임에 분명하다. 천후는 인간이 마음대로 필요에 따라 조절할 수 있는 것이 아니다. 따라서 농경에 필요한 물과 기후를 조절하는 능력을 용이 지녔다고 믿었던 농경용신(農耕龍神)에 대한 신앙은 농경문화에서 매우 중요한 위치를 차지하였다. 농경신에 기원을 둔 용(龍)은 농경신앙의 기층에 자리 잡고 있으면서, 정치적·사회적·문화적 변화에 따른 다양한 요소들이 용신앙(龍信仰)과 결부되어 전개되었다. 이런 의미에서 용은 한마디로 규정하기 어려운 복합적 의미를 지닌 상징체라고 할 수 있다.

여기에서는 고대 한국의 농경신으로서 용의 기원과 그 종교적 성격을 간단히 살펴보고, 신라시대를 중심으로 하여 이 땅에 전래되어 온 불교와 토착 신앙의 습합과정을 고찰함에 있어, 주로 용신신앙을 중심으로 하여 살펴보고자 한다.

신라에서 토착 용신신앙과 불교의 습합 과정은 대체적으로 세 가지의 성격을 지니며 전개되었다. 첫째, 용신신앙과 미륵신앙과의 습합은 신라 고유의 용신신앙과 미륵신앙을 만들어냈다. 둘째, 용신은 불법(佛法)을 보호하는 호법신중(護法神衆)의 하나로 자리 매김을 확실하게 하였다. 셋째, 농경용신은 국가를 수호하는 호국용신으로 그 모습을 바꾸게 된다.

이처럼 한국 고대 토착 농경신인 용은 그 의미와 성격이 시대적 추이(推移)에 따라 변용·전개되었다. 용신(龍神)은 고유한 농경신의 정체성을 그대로 유지하면서 한편으로는 민중의 종교심성을 수용하는 미륵신앙 쪽으로 융화되어 가고, 다른 한편으로는 국가적 차원에서 불교의 체제 속으로 삽입되었다고 볼 수 있다. 이와 같은 용신의 변용을 살피는 것은 한국 용신신앙이 갖는 고유한 성격과 불교의 한국화 과정을 규명하는 데 도움이 될 수 있을 것이다.

불교전래 이후, 신라에서 왕실과 지배층 중심의 불교가 적극적으로 대중화되기 시작한 시기를 진평왕과 선덕여왕 대로 보고 있다. 당시의 신라는 삼국의 각축 속에서 특히 국가적·정치적 그리고 문화적으로 통일된 힘이 필요했던 시기였다. 따라서 국가적인 차원에서 기존의 토착신앙을 위무(慰撫)하게 되었으며, 토착 용신은 호국·호법적 차원으로 승격 승화되었을 것이다.

지배계층의 중심의 왕즉불(王卽佛)의 전륜성왕(轉輪聖王) 사상은 왕즉미륵(王卽彌勒)의 미륵신앙(彌勒信仰)으로 전개되어 갔고, 다시 이 왕즉미륵의 미륵신앙은 민중의 종교적 요구인 현세적 신앙 형태로 변용된다. 즉 신라 민중의 종교적 에너지는 지배계층 중심의 미륵신앙을 끌어내려 미륵즉용(彌勒卽龍)이라는 신라 특유의 민중미륵신앙을 이루게 하였다. 이처럼 신라는 토착종교와 외래종교의 갈등과 대립으로부터 조화와 융화라는 신라 특유의 새로운 종교문화를 이루게 된다. 원효의 회통불교와 같은 맥락에서 이것이 한국불교문화의 특성을 혼합주의라고 일컫게 되는 빌미를 제공한다. 조화와 융화는 친화력을 바탕으로 한 것이지만 결국 문화적·종교적 정체성이 희석되고 약화될 수 있다.

이런 문맥에서 용신신앙이 신라 민중의 종교적 요구에 부응하여 미륵용신신앙이 되었다는 문맥은 신라 27대 선덕여왕 때에 건조된 첨성대에 대한 새로운 해석의 여지를 가능하게 만든다. 이는 첨성대를 천문 관측대로 보는 종래의 해석을 전면 부정하려는 것이 아니다. 다만 첨성대의 부가적인 기능을 종교적 측면에서 살펴보고자 하는 것이다. 첨성대의 외양적인 형태가 불교의 우주관인 수미산의 형태를 취한다는 견해에 동의하면서, 그 기능적인 측면에서 첨성대가 용신신앙과 관련될 수 있다는 가능성을 찾아보려는 것이다. 즉 농경 용신신앙의 핵심에 해당하는 기우(祈雨)와 또한 민중적 미륵신앙이라는 혼합적 종교적 기능이 첨성대라는 종교 상징물을 낳은 것으로 추측해 본다.

즉 첨성대를 당시의 시대적 상황과 종교적 분위기에 비추어 볼 때, 선덕여왕의 정치적 입지를 확고히 하기 위해 황룡사 구층탑을 건립했다면, 농경문화와 결부된 신라의 민중신앙을 도외시할 수 없는 상황에서 축조된 종교상징물이 첨성대라는 점이다. 즉 농경신앙의 종교적인 상징을 띈 기우제단으로 해석할 수 있는 가능성을 타진해 보려는 것이다.

신라에 있어서 토착신앙이 불교체계 속으로 섭입(攝入)된 것으로서 그 습합과정이 종결된 것이 아니고, 토착신앙은 지속적으로 민중의 신앙 속에서 다양하게 변용되어갔음을 알 수 있다. 이렇게 중층적 모습을 띠고 변용 전개되는 용신신앙을 다각적으로 살펴보려는 것이 이 글의 목적이다.

Ⅱ. 龍神의 起源과 性格

1. 韓國 龍神의 起源

한국 용신신앙(龍神信仰)의 기원에 관한 자료로서 삼국시대 이전의 것을 찾기는 어렵다. 또한 언제부터 용이 신앙의 차원으로 등장했는지 자세한 기록을 찾을 수 없지만, 대체적으로 한반도의 용신앙의 기원은 두 갈래로 나누어진다. 하나는 한국의 용신앙은 중국으로부터 전래되었거나, 중국의 용신앙과 같은 기원을 갖고 있다고 보는 견해이며, 다른 하나는 한반도에도 독자적인 용신앙이 중국의 용신앙이 전래되기 이전부터 존재하였다는 견해이다.

먼저 한반도의 용신앙이 중국으로부터 전래되어 영향을 받았거나, 아니면 중국의 용신앙과 같은 기원을 갖고 있다는 견해를 살펴보자. 일부 학자는 한반도를 선사시대로부터 청동기에 이르기까지 요녕(遼寧)지방의 농경문화권으로 편입시켜 묶는다. 그 이유는 요녕지방과 한반도가 같은 지석묘문화권이며 비파형동검문화권이라는 점이다.[1] 이 지역은 농경이 발달할 수 있는 자연환경을 지닌 곳인데, 요녕지방에서 신석기시대의 것으로 추정되는 옥룡(玉龍)이 출토된[2] 점으로 미루어 볼 때, 비록 한반도에서는 옥룡과 같은 유물

---

1 金廷鶴, 『韓國上古史硏究』, 범우사, 1990, 126쪽.

2 송화섭, 「韓國의 龍信仰과 彌勒信仰 -전북지역을 중심으로-」, 『遼寧省博物館藏寶錄』 192쪽(『韓國文化의 傳統과 佛敎』, 蓮史 洪潤植敎授停年退任紀念論文集, 2000, 223쪽에

이 출토되지 않았지만 용신앙은 고조선(古朝鮮) 당시부터 존재했을 것이라고 추정한다.[3] 여하튼 용이 선사시대부터 등장하고 있으며 중국 은대(殷代)의 갑골문(甲骨文)에도 용을 형상화한 문자가 있는[4] 것으로 비추어 볼 때 용은 일찍부터 고대 동북아의 농경사회에서 중요한 존재로 자리 잡고 있음은 분명하다.

중국의 용의 기원에 대해서는 그 견해들이 다양하다. 첫째, 악타(鰐鼉)라는 설이다. 악타는 크고 깊은 연못이나 강과 바다에 사는데 비가 오기 전에 울부짖는다고 한다. 천둥 번개와 비바람에서 고대인들은 동류상감(同類相感)의 자연현상으로 이해하고 악타, 즉 용을 경외하였으며, 그것을 수신(水神), 우신(雨神), 우레신(雨雷神), 농경신(農耕神)으로 삼았을 것이라는 견해이다. 둘째, 용토템이 있었다고 본다. 고대 중국의 삼황(三皇)을 어로, 목축 및 농경의 선구자인 용토템족으로 본다. 한 예로서 복희씨(伏羲氏)는 뱀의 몸을 한 사람이었다는[5] 것을 들고 있다. 셋째, 용을 뱀의 형상에 갖가지 동물들의 모양과 기능이 합쳐진 것으로 보는 설이다. 넷째, 용이 돼지의 머리 모양에서 변형되어 왔다는 설이다. 다섯째, 용을 번개, 무지개, 천둥, 구름 등의 자연현상을 신격화 또는 물태화(物態化)한 것으로 보는 견해이다. 여섯째, 용은 고대의 공룡에서 기원하는 것으로 보는 견해이다.[6]

이상의 중국 용의 기원에 대한 다양한 견해에서 찾아볼 수 있는 공통점은, 기본적으로 용이 물과 관계되는 동물로 형상화되어 있다는 점이다. 『좌전(左傳)』에 "물을 맡은 장관이 없었으므로 용을 산채로 잡을 수 없었습니다"

서 재인용).

3 송화섭, 위의 논문, 224쪽.

4 中國社會科學院考古研究所, 『甲骨文編』, 中華書局, 1965, 458-459쪽.

5 『列子』, 「黃帝篇」, "庖犧氏, 女媧氏, … 巳身人面, 牛頭虎鼻…."

6 王大有, 『龍鵬文化源流』, 東文選, 1994, 165-255쪽.

라고 하여 마치 용을 잡을 수도 있는 수동물(水動物)로 파악하고 있다. 용이 수물(水物)이라는 것은 『회남자(淮南子)』의 원도훈(原道訓)에 "교룡(蛟龍)은 물에 살고 호표(虎豹)는 산에서 서식한다. 이것이 천지(天地)의 모습이다"라고 하고 있으며, 수지편(水地篇)에는 "용은 물에서 살고 오색(五色)을 띄고 헤엄친다"고 설명하고 있다.

우리나라에도 용자(龍字)가 붙은 산에는 대개 산 어딘가에 샘이나 못이 있어 거기에 용이 서식한다는 전설을 가지고 있다. 용연(龍淵)이라 불리는 샘이나 호수에는 용이 살고 있고 가물었을 때 거기에 기우하면 비를 내려 준다는 전설을 가지고 있다. 용연은 어떤 형태의 기우제를 지내던 곳이었다고 할 수 있겠다.[7] 결국 용이 물의 정(精)으로서 수신적(水神的) 존재라는 것이다. 이처럼 용은 농경에 있어서 불가결한 물을 조절하는 수신이며, 중국 농경문화 속에서 형성된 용신앙이 신격화되어 한국으로 전래된 것으로 용신의 기원을 찾을 수 있다.

다음으로 외래의 용사상, 용신앙이 유입되기 이전에 한반도에서 발상한 고유한 용신앙이 이미 존재했다고 보는 견해가 있다. 즉 수신에 관한 신앙은 중국의 용신신앙이 한반도에 전해지기 이전에 이미 형성되었다는 주장이다. 서북(西北) 소흥안령(小興安嶺)으로부터 한반도에 이르는 지역에 거주하던 북방민족을 예맥(濊貊)이라고 불렀는데, 이 예맥은 한 종족에 대한 명칭이 아니고 예(濊)와 맥(貊)은 성격을 달리한 두 종족을 함께 붙여서 부른 것으로 추정한다.[8] 맥인(貊人)은 주로 산의 계곡에 살면서 사냥과 원시적 농업에 종사하던 농경족이었고, 예인(濊人)들은 바닷가나 큰 강변에 거주하며 고기잡

7 李恩奉, 『韓國古代宗教思想』, 集文堂, 1984, 195쪽.

8 三上次男, 『古代東北アジア史研究』, 吉川弘文館, 1966, 408쪽 以下 參照(柳東植, 『韓國巫教의 歷史와 構造』, 延大出版部, 1975, 99쪽에서 再引用).

이를 생업으로 하던 수변족(水邊族)으로서, 그들의 생업인 고기잡이와 관련된 수신을 신앙했을 것인데, 그 수신신앙의 구체화를 통하여 용신관념을 형성하게 되었다는 것이다.

신석기시대 초기의 한반도의 거주민은 예(濊)인들이었으나 후기에 이르러 농경문화를 동반한 맥(貊)인들에 의해 정복되어 그들에게 흡수되었다고 본다.[9] 따라서 맥인이 숭앙했던 농경신으로서의 용신 관념과 예인의 수신 관념이 융합되어 점차 용신신앙으로 형성되었다는 것이다. 이처럼 한국의 수신신앙은 농경문화가 전해오기 이전부터 수변 어로족이었던 예인들 사이에 있었던 현상으로 이해할 때, 수신신앙이 농경신으로 변하게 된 것은 농경문화를 끌고 들어온 맥인들이 주도권을 쥐게 된 기원전 5세기경부터였다고 추정한다. 그러므로 용신신앙의 기원을 중국이나 인도에서만 찾을 필요가 없다는 것이다. 이와 함께 농경신화인 단군신화에 나타나는 풍백(風伯), 우사(雨師), 운사(雲師)도 농경에 필요한 구체적인 요소들로서 농경신인 용의 기능과 결부시키려 한다.[10]

이와 함께 한국에도 용과 같은 고유한 관념이 있었음을 알게 하는 것으로서 용의 의미를 지닌 말로서 '미르·미리(彌里)' 등의 한국 토착 고유어라는 점을 증거로 삼고 있다.[11] 용이라는 말은 물론 한자에서 왔지만, 중국의 한자를 사용하기 이전에 용에 해당하는 토착어가 있었으며, 중국에서 용신신앙이 전래되기 이전부터 고대 한국에도 이에 해당하는 '미리신앙'이 있었다는 것이다.[12] 그러나 보다 발달된 중국의 문화가 전래되면서부터 '미리'는 중국

9 三上次男, 앞의 책, 337쪽 이하 참조.

10 張志勳, 『韓國古代彌勒信仰研究』, 集文堂, 1997, 231쪽.

11 權相老, 「韓國古代信仰의 一臠」, 『佛教學報』 第1輯, 95-102쪽; 徐廷範, 「미르(龍)語를 통해서 본 龍宮思想」, 『경희대논문집』 8, 1974, 97쪽.

12 權相老, 위의 논문, 95-102쪽.

어인 용으로 대치되고, 용신은 바람과 비와 물과 가뭄 등을 지배하는 농경신으로 자리 잡게 된 것으로 본다.[13]

이상으로 한국용신의 기원에 관한 두 견해를 살펴보았다. 어느 것이 더 타당하고 옳은 견해라고 단정할 수 없다. 다만 한국의 용신신앙이 한반도 안에서 독자적으로 기원된 것이든 아니면 중국 대륙으로부터 전래되어 온 것이든 간에 한국 용신이 다양한 의미와 다양한 기능을 지니게 되기까지 중국 혹은 인도 등의 외래 용신의 영향을 받았을 것이다. 즉 한반도의 문화는 오랜 세월에 걸쳐 주변 문화와 끊임없는 상호 영향 밑에서 형성되었고, 그와 함께 다양한 변화를 거듭하였다는 점에서 용신신앙의 형성도 이와 같은 성격을 지닌다고 볼 수 있다.

이제 삼국시대의 용신의 모습을 간략하게 살펴보기로 한다. 용이 신앙적 차원의 대상으로 떠오른 것은 늦어도 삼국 성립 초라고 보는 견해가 있다.[14] 즉 고구려의 고분에서 발견되는 사신도(巳神圖)나 천정화에서 청룡(青龍) 혹은 황룡(黃龍) 그림이 발견되는데 이것은 이미 신격(神格)을 부여받은 신앙적 대상으로서 확고히 자리 잡은 것으로 보인다. 또한 이보다 이전에 이미 수(水)·우신(雨神) 관념이 정착된 점을 고구려의 시조모(始祖母), 하백(河伯)의 딸에 대한 기사에서 찾아볼 수 있다. 『삼국사기(三國史記)』와 『삼국지(三國志)』「위지(魏志)」 및 『위략(魏略)』 등의 기사를 종합해 보면 "나라 동쪽 물가에 큰 구멍이 있는데 이름을 수혈(隧穴)이라 하고, 여기에 목각 부인상을 만들어 놓고 4월이면 국왕 등이 제사지내는데 이 여신(女神)이 하백의 딸"이라는 것이다. 하백을 용신으로 보고 유화(柳花)를 용녀(龍女)로 보다면 고구려에는 수신(水神)으로서의 용신앙이 초기부터 성

13 권상로, 위의 논문, 95-102쪽.

14 李惠和, 『龍思想과 韓國古典文學』, 깊은샘, 1993, 111-113쪽.

립되었다고 볼 수 있다.

백제에도 시조 온조왕(溫祚王) 때 국모(國母) 하백녀(河伯女)의 사당을 세워 제사했음을 보여주고 있으며[15] 공주·부여 등 고분(古墳)에서 사신도(巳神圖)가 확인되고 있는 것으로 보아 백제의 용신은 고구려와 같은 성격을 지니고 있다고 할 것이다.

신라에는 시조 혁거세(赫居世)의 비(妃) 알영(閼英)을 낳은 계룡(雞龍)으로부터 시작하여 건국 초부터 용에 대한 기록이 풍부하다. 알영이 우물에서 태어난 것을 비롯하여 신라의 용은 처음부터 수신·우신적 성격을 분명히 하고 있다. 『삼국사기』에 입하(立夏) 뒤 신일(申日)에 탁저(卓渚)에서 우사(雨師)에 제사했다는 기록이 있고 사독(四瀆)에선 기우제를 지냈다 했는데, 이들이 홍수·가뭄으로 인하여 행했다[16]는 기록으로 보아 용에 대한 신앙은 주로 수·우신에 대한 것임을 알 수 있다.[17]

2. 農耕文化와 龍의 宗教的 意味

용신신앙은 중국과 한반도를 비롯하여 동북아시아 일대의 농경문화의 수신(水神)으로부터 기원되었으며 숭앙되었다는 점은 이미 살펴보았다. 이제 한국의 농경문화 속에서 용신신앙이 갖는 의미를 살펴보고자 한다.

한국에는 옛날부터 용에 얽힌 이야기들이 많이 있다. 또한 용자(龍字)가 붙은 산, 연못, 고을, 개천, 다리, 성, 계곡, 역, 정자 등 헤아릴 수 없이 많다. 그중에서도 용산이라 불리는 산명(山名)이 특히 많고 연못으로는 용연(龍淵)

---

15 『三國史記』, 「溫祚王」條, "十七年夏四月 立廟以祀國母."

16 『三國史記』 권32, 雜志, 「祭祀」條.

17 李惠和, 앞의 책, 111-113쪽.

이라 불리는 곳이 전국에 많이 있다. 『삼국유사(三國遺事)』에도 용에 관한 기록이 무수히 나타나고 있다. 이렇게 용에 대한 표현이 다양하고 많다는 것은 고대인들에 있어서 용신은 그들의 생활과 밀접한 관계를 맺고 있음을 나타내는 것이다.

이와 같이 농경문화에서 용에 대한 관심이 지대한 것은 무엇보다도 용이 기본적으로 물과 관계있는 존재라는 사실에서 연유함은 당연하다. 수신(水神)인 용은 자연히 농경신적 성격을 지니게 되고, 그와 함께 기우제의 신앙 대상도 된다. 수신이 용의 형상을 가지고 나타나는 것은 중국을 비롯하여 아시아 일대에 공통된 신앙 양상이다.

『열자(列子)』의 「황제편(黃帝篇)」에서 고대 중국의 복희씨(伏羲氏), 신농씨(神農氏) 등이 뱀의 몸을 한 사람이었으며, 그는 용마도(龍馬圖)를 등에 지고 강물에서 나와 팔괘(八卦)를 그렸다고 전하는 점으로 볼 때 용의 관념과 물 그리고 뱀이 서로 같은 의미 체계 속에 있음을 알 수 있다.

따라서 중국의 고대 신화에서는 용의 관념을 구성하고 있는 것이 땅의 뱀과 하늘의 별로 자리 잡게 된다. 이는 용이 물의 동물인 뱀의 기능성을 지니면서 다시 하늘과의 관계에서 용은 비를 내리게 하는 신령(神靈)이라는 관념으로 발전했을 것으로 추측할 수 있다. 그리하여 용은 중요한 농경신의 위치를 차지하게 되었으며, 동시에 기우제를 주관하는 무당들의 신앙 대상으로 되어갔다는 것이다.[18]

신라시대나 고려시대의 사람들은 한발(旱魃)이 엄습했을 때에는 용의 그림을 그려놓거나 흙으로 용을 만들어 기우제를 지냈다고 한다.[19] 용신제(龍

18 森三樹三郎, 『中國古代神話』, 淸水弘文堂, 1969, 248-255쪽.

19 『三國史記』 권4, 「新羅本紀」 4 眞平王條, "夏大旱移市畵龍祈雨."; 『高麗史』「世家」 顯宗 12년 4月條, "五月庚辰造土龍於南省庭中集巫覡禱雨."

神祭)라 하여 유월 유두날이면 용신(龍神)에게 풍작(豊作)을 비는 제사를 올리는 풍속도 바로 농업수호신(農業守護神)으로서의 용의 위치를 명백히 보여주는 것이다. 또한 7·8월경 중복(中伏)에 용제(龍祭)가 행해졌는데 그것은 제수(祭需)를 드리고 풍작을 기원하기 위한 제례였다.[20]

신라시대에 몹시 가물었을 때는 국가적인 기우제를 올렸다. 『삼국사기』에서 그와 관련된 기록들을 살펴보면 다음과 같다.

> 沾解尼師今 7年(A.D. 235) 5月부터 7月에 이르기까지 비가 오지 않으므로 왕은 祖廟와 名山에 祈雨祭를 지냈더니 비가 내렸다.[21]

> 眞平王 50年(628) 여름에 큰 旱災가 들므로 시장을 옮기고 龍을 그려 놓고 祈雨祭를 지냈다.[22]

> 聖德王 14年(715) 6月에 큰 한재가 들었으므로 왕은 河西州의 龍鳴岳居士 理曉를 불러서 林泉寺의 연못 위에서 祈雨祭를 지냈는데 비가 열흘동안이나 내렸다.[23]

이와 같은 기록에서 용은 결국 물의 정(精)으로서 수신적(水神的) 존재이며, 용연(龍淵)은 모두가 어떤 형태의 기우제를 지내던 곳이었다. 이처럼 기우제는 고대 농경사회에서는 필수 불가결한 종교의례 중의 하나였던 것

---

20 三品彰英,『古代祭政と穀靈信仰』, 平凡社, 1973, 296-297쪽.

21 『三國史記』「新羅本紀」, 沾解尼師今 7年.

22 『三國史記』「新羅本紀」, 眞平王 50年.

23 『三國史記』「新羅本紀」, 聖德王 14年.

이다.

농경사회에서 수리(水利)는 농작의 풍흉을 좌우하는 중대한 요인이었다. 따라서 농경의례는 농작의 풍흉을 좌우하는 수신(水神)에 대한 신앙과 깊은 관계를 가지게 된다. 삼국시대의 시조 신화나 건국신화에서도 수신은 중요한 위치를 차지하고 있는 것을 보아도 알 수 있다. 즉 주몽(朱蒙)신화에서 오곡(五穀)의 종자를 아들에게 준 지모신 유화는 수신인 하백의 딸이었다. 또한 곡령적(穀靈的) 존재인 박혁거세의 비 알영도 계룡에서 나온 수신인 동시에 그도 또한 곡신적(穀神的) 존재였다.[24]

『삼국사기』에 신령제사(神靈祭祀)와 용신에 관한 기사가 많다. 삼국은 건국 초창기부터 용이 나타났다는 용에 관련된 기사들로 시작된다. 고구려에서는 동명왕(東明王) 3년에 황룡이 나타났고(권13), 신라에서는 혁거세(赫居世) 60년에 우물에 용이 나타났으며(권1), 백제에서도 기루왕(己婁王) 21년에 용이 한강에 나타났다(권23). 신라의 주요한 용이 나타난 기록을 보면, 유리왕(儒理王) 33년, 아달라(阿達羅) 11년, 고해(沾解) 7년, 자비(慈悲) 4년, 소지(炤知) 12년·22년, 진흥(眞興) 13년 등이다. 특히 신라에 용에 대한 기록이 많은 것은 신라의 용신신앙의 단적인 모습을 표현하고 있는 것이라 하겠다. 신라시대에는 농경문화가 더욱 발달되었으며, 농경의례가 강화되고 이에 관련된 각종 신앙들이 성행하게 되었는데, 특히 그중에서도 현저한 발달을 보게 된 것이 용신에 관한 신앙이었다는 것을 알려주는 기록인 것이다.[25]

다시 『삼국사기』에 풍우(風雨)와 관련된 용에 관한 기사로 다음과 같은 것이 있다.

---

24 張志勳,「建國神話에 대한 一考察」,『釜山史學』19, 3-10쪽, 17-26쪽.

25 權相老, 앞의 논문 참조.

四月에 龍이 궁성 동쪽 연못에 나타나고 金城의 남쪽에 쓰러져 있던 버드나무가 저절로 일어섰다. 五月부터 七月에 이르기까지 비가 오지 않았다.[26]

여름에 큰 旱災가 들므로 시장을 옮기고, 龍을 그려 놓고 祈雨祭를 지냈다.[27]

한국 농경문화에서 수신으로서 그 위치를 확고하게 자리 잡고 있는 용신의 종교적 의미는 토착신앙의 구조 속에서 이해할 수 있다. 즉 토착신앙의 일반적인 구조는 노래와 춤으로써 신령에게 제사하여 재앙을 물리치고 복을 구하는 데 있다. 이런 토착신앙의 바탕에는 신령, 특히 천신(天神)과 지신(地神)에 대한 신앙이 자리 잡고 있다. 마찬가지로 신라시대의 토착신앙 속에도 이 두 흐름이 조화를 이루고 있었다. 시조제(始祖祭)나 산신제(山神祭)는 천신신앙(天神信仰)의 흐름에 속하며, 지모신(地母神)에 대한 신앙은 농경신(農耕神)에 속하는 용신신앙으로 나타난 것으로 본다.[28] 가무(歌舞)로써 천지신명(天地神明)에게 제사드리는 고대인들의 신앙의 그 원초적인 형태는 5세기경까지 계속되었다고 보는데, 그것은 제천 농경의례였으며 또한 부족의 집단적 공동제례였다.[29]

한국 농경문화에서의 용은 조화신(造化神)으로서는 수우신(水雨神)이며, 수호신(守護神)으로서는 재앙을 멀리하게 하고 복을 불러들이는 역할을 한

26 『三國史記』 권2, 沾解尼師今 7年.
27 『三國史記』 권4, 眞平王 50年.
28 柳東植, 앞의 책, 98쪽.
29 柳東植, 위의 책, 106쪽.

다. 용에 대한 신앙을, 농경을 배경으로 하는 지모신신앙의 한 흐름으로 이해할 때, 용신의 종교적 의미는 뱀신앙에 기초한 지신관념(地神觀念)에서 수신으로서 농경신으로 자리 잡고, 다시 불교와의 습합을 통하여 불법수호(佛法守護)의 기능을 지니게 되고, 나아가 국가수호의 관념으로까지 확대된 것으로 볼 수 있다.

다음은 미륵신앙과 습합된 용신앙을 고찰하여 어떻게 용신앙이 신라의 문화 속에 정착하는가를 살펴보기로 한다.

Ⅲ. 新羅龍神의 習合的 性格과 展開

1. 龍神과 彌勒信仰

신라의 종교문화가 부단한 창조적인 변용의 전개과정을 통하여 성립된 것처럼 신라의 용신신앙도 불교의 미륵신앙과의 습합을 통하여 새로운 국면을 맞게 된다. 신라 민중의 종교적 에너지는 지배계층 중심의 미륵신앙을 끌어내려 미륵즉용(彌勒卽龍)이라는 신라특유의 민중미륵신앙을 이루게 하였다.

여기에서는 용신신앙이 신라 민중의 종교적 요구에 부응하여 미륵-용신신앙으로 변용 형성되었다는 점을 강조하고자 한다. 즉 일반 민중들의 현세적 농경신앙에 뿌리를 둔 용신신앙은 불교의 미륵신앙과 결합되어 독특한 신라의 미륵-용신 신앙으로 형성되어 가고, 다른 한편으로 불교의 미륵신앙은 농경 용신신앙과의 습합과정을 통하여 지배계층의 자리에 머물렀던 왕즉미륵(王卽彌勒)의 구도로부터 민중의 자리로 내려오게 된 것이다.

신라시대의 왕은 군사적 또는 정치적인 능력과 함께 제사장으로서 왕즉미륵(王卽彌勒)의 등식에서 군림하였다. 그러나 한편으로 왕에게는 천후(天候)의 조절능력이 요구되었던 만큼, 용신신앙은 왕권의 능력이나 권위와 매우 밀접한 관계를 맺고 있었을 것이다. 이와 함께 고대로부터 형성되어 온 농경신앙은 당시 신라의 일반 백성들의 생업과 관계된 만큼 지대한 종교적 영향력을 지녔을 것이니, 당시의 농경신앙은 국가적 차원으로나 종교적 차원으로나 매우 중요한 위치를 차지하고 있었음에 틀림없다. 따라서 용신으로 대표되는 토착농경신앙과 지배의 이념으로 자리 잡고 있던 지배층의 불교인식은 갈등과 대립이라는 대결구도를 갖지 않았다고 할 수 없다.

그렇다면 토착신앙으로 대표되는 용신과 미륵의 대립구도가 어떻게 극복되는지 살펴보는 것은 흥미로운 일이다. 더군다나 신라사회에 불교의 전래가 쉽지 않았던 요인 중에서 토착종교와의 갈등을 빼놓을 수 없다는 점을 감안할 때, 이런 용신과 미륵의 화해와 융화의 습합과정을 살펴보는 것은 더욱 흥미로운 일이다.

6세기에 신라에 불교와 함께 중국문화가 적극적으로 수용되면서 신라문화는 일대 전환기를 맞게 되었다고 볼 수 있다. 불교의 공인이 법흥왕(法興王, 540-576) 14년인 527년에 이루어지기까지 귀족세력의 반발은 지대하였다. 19대 눌지왕(訥祇王) 때 묵호자(墨胡子)가 들어오고 23대 소지왕(炤知王) 때는 아도(阿道)가 들어왔으나 모두 전법에 실패하였다. 더구나 정방(正方)과 멸구자(滅垢疵)는 죽임을 당하는 일까지 벌어졌다. 법흥왕은 귀족들의 강한 반발에 부딪쳐 흥륜사(興輪寺)를 창건하던 일을 중단하게 된다. 고구려에서 불교가 공인된 소수림왕 2년(372)에서 신라의 법흥왕 14년(527)까지 무려 155년이 경과했다.

신라에서 불교의 공인이 고구려나 백제보다 어려웠던 원인을 일반적으로 토착종교인 무교(巫敎)가 지닌 보수성과 저항에서 찾는다. 물론 무교에 권력 기반을 둔 지방호족들의 반발이 컸다는 사실은 통설로 용인된다. 그러나 당시 신라에서는 토착신앙을 기반으로 한 이념적인 결속을 꾀하려 했기 때문에 외래종교인 불교의 수용이 어려움을 겪고 지연되었다는 견해에 주목할 필요가 있다.[30] 일반적으로 신라에서 불교의 공인을 무교와 불교의 교대로 파악하지만,[31] 오히려 신라가 독특한 신라불교를 발전시킬 수 있었던 점을 토착신앙과 불교의 등가적(等價的) 융화에서 찾는 견해는[32] 토착종교에 대한 새롭고 적극적인 해석에서 온 것이다.

신라의 토착종교의 양상은 『삼국사기』와 『삼국유사』를 통하여 그 편린을 알 수 있다. 왕실과 귀족층들에 관한 기록이 주류를 이루고 일반 백성들의 신앙의 내용과 형태를 찾기 어렵지만, 위의 사서(史書)의 기록으로 비추어 당시의 토착신앙의 일반적인 모습을 유추할 수 있을 것이다.

『삼국사기』 권32, 잡지(雜志), 제1, 제사조(祭祀條)에 기록된 신라의 제사풍속은 시조제(始祖祭), 오묘제(五廟祭), 사직제(社稷祭), 팔석제(八楮祭), 농제(農祭), 풍백제(風伯祭), 우사제(雨師祭), 영성제(靈星祭), 산천제(山川祭), 성문제(城門祭), 정제(庭祭), 천상제(川上祭), 명제(明祭), 오성제(五星祭), 기우제(祈雨祭), 압악제(壓岳祭), 벽기제(辟氣祭) 등으로 나타난다. 이렇게 다양한 제사들은 시조와 농경에 관련된 것인데 삼국시대 초부터 신라 말까지 전승되었다. 불교가 공인되어 신라문화의 중심 역할을 하던 시기에도 이러한 토착신앙의 제천의례가 변함없이 이루어진 것으로 보아, 신라시대의 토착신앙은 불교에

30 崔光植, 『古代韓國의 國家와 祭祀』, 한길사, 1994, 213-216쪽.

31 李基白, 「三國時代 佛教受容과 그 社會的 意義」, 『新羅思想史硏究』, 一潮閣, 1986, 31-33쪽.

32 崔光植, 앞의 책, 216쪽.

의해서 그 종교적인 영향력과 기능을 완전히 잃은 것이 아니고 불교와 끊임 없는 긴장관계를 유지하면서 신라의 독특한 종교문화 형성에 일조를 한 것이다.

따라서 이러한 토착신앙과 불교의 관계에 비추어 볼 때 사찰의 경내에 존재하는 산신각이나 장승은 토착신앙의 잔재가 아니고 오히려 토착신앙의 제당(祭堂) 구조 속에 불당(佛堂)을 받아들여 복합형태의 특유한 성격을 보여 주고 있다는 주장이 설득력을 갖게 된다.[33]

이와 같이 토착신앙인 용신과 불교의 미륵신앙이 결합된 모습을 보여 주는 주목할 만한 기록이 『삼국유사』「미륵선화(彌勒仙花) 미시랑(未尸郞) 진자사조(眞慈師條)」에 나타난다. 진지왕 때에 흥륜사(興輪寺)의 스님 진자에게 미륵선화 미시랑이 자신을 다음과 같이 소개하고 있다.

> 제 이름은 미시(未尸)요 어려서 부모를 여의었으므로 성은 무엇인지 모릅니다.

여기서 '미시'는 '미리' 또는 '미르'를 말한다. 이두(吏讀)에서의 '시'는 '리' 음으로 발음되기 때문이다.[34] 그러므로 '미시'는 '미리'로 읽을 수 있는데 이 '미리'는 용을 가리키는 우리나라 토착어이다.[35] 그러므로 '미시랑'은 재래의 용신과 관계된다는 단서를 지니게 된다. 이 미시랑은 화랑으로서 미륵불의 화신이 된 것이다. 흥륜사의 스님인 진자는 항상 당주(堂主)인 미륵상

---

33 崔光植, 「巫俗信仰이 韓國佛教에 끼친 影響-山神閣과 장승을 中心으로」, 『白山學報』 26, 1981, 76-77쪽.

34 梁柱東, 『古歌研究』, 博文出版社, 1954, 94-97쪽.

35 梁柱東, 위의 책, 94쪽, "我東方言 呼龍爲彌里."

앞에 나아가 발원서언(發願誓言) 기도한 결과 미시랑이 나타나게 되었다고 한다.

> "우리 대성(大聖)이시어 화랑으로 화신(化身)하여 이 세상에 나타나 내가 항상 당신을 가까이하여 시중하게 하소서." 하였다 그 간곡한 정성과 지극한 기원의 심정이 나날이 두터워지더니 어느 날 밤 꿈에 한 스님이 이르기를 "네가 웅천 수원사에 가면 미륵선화를 볼 수 있으리라." 하였다.[36]

이 설화를 통하여 불교가 신라에 수용되는 과정에서 토착신앙의 용신과 불교의 미륵신앙이 접목되었다는 견해에 주목해야 할 것이다.[37] 실로 화랑 미시랑은 하생한 미륵불인 동시에 호국의 용신적 존재가 된 것으로 볼 수 있다. 이는 토착신앙과 불교의 신앙적 융화의 한 형태를 보여 주는 것이다.

통일신라 이후 불교의 중심이 민중으로 옮겨간 만큼 용신과 미륵신앙의 결합된 모습은 사찰창건 설화나 미륵삼존불 출현으로 나타난다.

신라 문화는 7~8세기에 이르러 그 전성기를 이루었다. 특히 7세기 말 경 삼국통일을 전후하여 신라인들은 민족적 국가 관념에 눈떴으며 이에 호응하여 호국사상의 발달을 초래했다. 용신은 불교적 호법신으로 변용될 뿐만 아니라 용신은 호국의 화신으로 자리 잡는다. 이러한 한국 토착신앙의 불교와의 습합은 토착신앙의 일대 전환기를 맞게 한다.

또 다시 토착신앙은 전환기를 맞이하게 되는데 그것은 8세기 말 곧 신라 왕조의 말기로 볼 수 있다. 왕조가 쇠퇴기를 맞이하자 나라는 어지러워지고 사회는 불안해질 수밖에 없었을 것이다. 이때에 사람들은 국가적 관심보다

36 『三國遺事』, 彌勒仙花 未尸郎 眞慈師條.

37 張志勳, 앞의 책, 1997, 229-230쪽.

는 개인의 안전과 행복에 더 큰 관심을 갖게 된다. 불교문화를 받아들인 신라인들은 이제 원시 사회인들처럼 집단적 관념 속에서 그 부족의 한 구성원에서 벗어나 개인으로서의 실존을 자각하게 되고, 왕조가 붕괴되는 시기의 백성들은 집단적인 해결책에 의존하기보다는 개인의 안녕(安寧)과 입명(立命)에 더 관심을 갖게 되었을 것이다.

따라서 호국 용신신앙으로 표현되었던 토착신앙은 백성의 종교적 요청이 재앙과 질병으로부터 벗어나 복을 구하는 주술적(呪術的) 기능으로 바뀌게 되고, 그에 따라 미래에 출현하는 미륵불신앙에 희망을 걸게 된 것이라 할 수 있다. 이로써 농경신의 기능에 뿌리를 둔 용신신앙은 다시 용신미륵이라는 독특하고 새로운 신앙 형태로 발전되어 간 것으로 볼 수 있다.

2. 龍神과 瞻星臺

신라가 부족국가 형성기에 접어들면서 국가의 지배이념으로서 불교가 정착되는 과정을 토착신앙에 뿌리를 두고 있는 박(朴)·석(昔)씨 부족과 불교를 업고 등장한 신흥세력인 김(金)씨 부족 사이에서 왕위계승의 문제로 야기된 갈등에 초점을 맞추어 고찰하려는 시각들이 있다. 물론 부족국가의 형성시기에 있어서 신라의 지배층에게 불교는 매우 훌륭한 이념으로 받아들여졌고 신라의 정신세계를 통일하고 지배할 수 있었던 고도의 가르침임에 틀림없다. 그러나 일반 대중들에게 불교의 가르침이 이해되고 일반화되기까지는 많은 어려움이 있었을 것이며 또한 많은 시간이 소요되었을 것이다. 당시의 일반 대중들은 불교의 심오한 교리보다는 고래로부터 행해져 왔던 토착종교의 기복신앙에 의지하여 현실적인 문제를 쉽게 해결하려고 했을 것이다.

이렇게 불교의 대중화가 적극적으로 이루어지는 시기를 일반적으로 진평왕과 선덕여왕 대로 잡는다. 이 시기는 삼국이 서로 각축을 벌이던 때로서 신라는 그 무엇보다도 국가적 종교적·정치적인 측면에서 통일된 힘이 요구되었다. 따라서 토착신앙인 용신을 호국·호법적으로 국가적 차원에서 섭입시키려 했던 점은 앞에서 언급하였다.

이러한 상황 속에서 선덕여왕이 태어났다. 그런데 선덕여왕의 부모는 붓다의 부모의 이름을 그대로 따온 백정왕(白淨王)과 마야부인(摩耶婦人)이라는 점과, 선덕여왕이 그들 사이에서 태어난 사실에 주목할 필요가 있다. 이는 신라 건국 초기의 왕들의 출생과는 아주 다른 모습이다. 이것은 신라의 왕실이 철저히 불교의 석가족으로 변모해 가는 것을 극명하게 보여 주는 것이다. 이렇게 신라는 불교의 힘을 철저히 빌리려는 의지를 강하게 보이고 있음을 알게 한다. 여기서 선덕여왕이 싯다르타의 위치로 태어났다는 것은 매우 주목할 일이다. 선덕여왕이 싯다르타가 아니라면 적어도 신라의 미래를 불국토(佛國土)로 만들 수 있는 미래불(未來佛)인 미륵불이어야 할 것이다.

선덕여왕 대는 내외적으로 어려웠던 시기였고 무교와 불교와 유교가 서로 경쟁을 벌이던 시기였다. 또한 여왕의 통치를 이웃 국가들은 업신여기고 있었다. 백제의 침략으로 국가는 존망이 위태로운 상황에 처해 있었다. 실추된 왕실의 권위를 되찾고 위태로운 현실을 극복하려는 방법에서 황룡사 구층탑과 같은 거대한 탑이 건립된 것이다. 이는 바로 왕실의 안정과 외침(外侵)으로부터 국가를 구하기 위함이었다.[38]

그렇다면 선덕여왕 대에 건립된 첨성대도 이런 문맥으로 이해할 수 있을 것이다. 즉 여왕의 권위를 세우고 여왕으로서 능력을 과시하기 위하여 자장율사의 청에 따라 황룡사 구층탑과 같은 거대한 탑을 건조했던 것처럼, 첨성

38 金相鉉,『新羅의 思想과 文化』, 一志社, 1999, 194쪽.

대의 건립도 분명히 어떤 이유가 있을 터이다. 여기에서는 그 이유를 종교적 갈등을 해소하기 위한 하나의 종교적 제단이 아닐까 하고 용신신앙과 결부시켜 추정해 본다.

이렇게 용신신앙과 결부시켜 첨성대를 새롭게 해석하는 것은 종래의 첨성대를 천문 관측대로 보는 시각을 전면 부정하려는 것이 아니다. 여기에서는 첨성대에 종교적 기능을 부각시키려는 것이다. 불교의 우주관인 수미산과 용신신앙의 핵심인 기우의 혼합적인 형태를 첨성대가 취하고 있다고 보려는 것이다. 첨성대의 외형이 수미산의 모형에서 비롯되었다고 보는 견해는 이미 오래되었으나 그 기능이나 의미에 대해서는 설득할 만한 논의가 없었다.[39] 따라서 풀리지 않는 수수께끼와 같은 첨성대의 기능과 의미를 당시의 시대적 상황과 종교적 분위기에 비추어 볼 때, 첨성대가 종교적인 상징을 띈 제단이라는 해석이 가능하다. 이러한 문제의 제기를 뒷받침할 수 있는 것은 선덕여왕이 매우 종교적인 흔적을 남기고 있다는 점이다. 즉 천신과 관계됨을 선덕여왕의 왕릉(王陵) 바로 아래에 사천왕사(四天王寺)가 건립되었다는 것에서 선덕여왕이 천신(天神)과 불가분의 관계를 지니고 있음을 알게 한다.

그렇다면 삼국에서 용신신앙의 국가적인 제사 형태가 과연 어떻게 진행되었는지 보자. 고구려에서는 사제왕이 영성(靈星)에 제사지냈다는 기록이 있다.[40] 영성이나 사직(社稷)은 농경과 관련된 것이다. 천후를 순조롭게 할 책

---

39 李龍範, 「瞻星臺存疑」, 『진단학보』 第38輯, 1974. 이 논문에서 이용범 교수는 첨성대를 불교의 우주관인 수미산의 모습을 따온 것으로 보았고, 상단에 종교적인 상징물이 있었을 것으로 추정하였다. 그 후에 다시 「續瞻星臺存疑」(『佛敎와 諸科學』, 동국대학교 개교기념80주년기념논총, 1987)에서 첨성대는 불교적 점성기능을 위한 것이었으며, 부근에 천문관측을 위한 부설 건조물이 있었을 것으로 추정하였다.

40 『魏志』, 東夷傳 高句麗, "高句麗 多大山深谷 無厚澤 隨山谷以爲居 食澗水 無良田 雖力佃作 不足以實口腹 其俗節食治宮室 於所居之左右 立大屋祭鬼神 又祀靈星社稷."

임은 사제왕에게 돌아가고 있다. 사직이란 그 뜻이 확연한데 영성의 실체가 과연 무엇을 말하는 것인가. 영성은 신령스러운 별이란 의미 이외에도 곧 용을 의미한다는 점이 매우 흥미롭다.[41] 결국 용의 관념을 구성하고 있는 것은 땅의 뱀과 하늘의 별로 보는 견해[42]에서 알 수 있듯이 별에 대한 제사는 풍작을 기원하고 농사가 잘되어 국태민안을 기원하는 국가적인 제사였던 것이다.

선덕여왕 대에 대단한 가뭄이 들어 국가적인 제사를 한 기사를 볼 수 있고[43] 또한 부왕인 진평왕 50년 때에도 종이에 용을 그려서 비가 오게 빌었다는[44] 기록이 있다. 이것으로 보아 현재의 첨성대가 위치한 곳을 '비두골'이라고 하여 북두칠성을 관측한 곳이라고 해석하기보다는 별에 '비는 골'이라는 뜻이 더 타당할 것으로 보인다. 이는 기우를 위한 용신신앙과 북두칠성신앙의 혼합적인 형태로 보인다.

용신신앙이 별과 관계를 맺게 되고, 다시 우물굿으로 전승되는 것은 김유신의 생가에 있는 우물인 재매정(財買井)과도 일련의 관계를 지니고 있을 것이다. 왜냐하면 재매정의 형태가 첨성대와 흡사하기 때문이다.[45] 또한 첨성대의 '첨(瞻)'은 단순히 바라보는 뜻보다는 숭앙하는 제사적인 의미를 지녔고, '성(星)'은 용성(龍星) 동방성(東方星)을 의미하는 것으로 본다면 첨성대의 수수께끼를 종교적인 기능으로 풀어볼 수 있는 가능성이 매우 높아진다. 지금까지의 첨성대에 대한 기능과 역할을 당시의 종교적 상황으로 볼 때 단순

---

41 『中文大辭典』 권9, 1481쪽, "星名, 龍星左角曰天田 則農祥也. 辰之神爲零星故以辰曰祠於東南也."

42 柳東植, 앞의 책, 1997, 99쪽.

43 『三國遺事』 권4, 「義解」 5 慈藏定律.

44 『三國史記』 권4, 「新羅本紀」 4 眞平王條, "夏大旱移市畵龍祈雨."

45 李龍範, 『韓國科學思想史硏究』, 東國大學校出版部, 1993, 27쪽.

한 천문 관측대의 기능을 넘어 복합적 의미를 지닌 상징물이라는 점은 분명하다고 할 것이다.

Ⅳ. 끝맺는 말

지금껏 신라의 용신신앙이 어떻게 기원하였으며 전개되었는가를 살펴봄에 있어, 용신신앙은 다양하게 다른 신앙형태와 관계를 맺고 있음을 알 수 있었다. 즉 용은 농경신으로 신격화되는 과정을 거쳐 농경문화 속에서 수신(水神)으로서 천후를 조절하는 중요한 존재로 자리 잡게 된다. 이러한 용의 기능은 고대 국가의 왕의 권위와 능력과 결부되어 왕=용이라는 구도를 낳게 한다.

신라시대에 들어서 용은 불교와의 습합과정을 거치면서 농경신의 범주를 넘어 불법을 수호하는 수호신의 면모를 보이는가 하면 국가를 지키는 호국용으로 변모한다. 그러나 무엇보다도 흥미로운 것은 용신신앙이 미륵신앙과 복합적으로 관련을 맺게 되었다는 점이다. 용의 우리말이 '미르'라는 점에서 그 음이 유사한 미륵신앙과 관계를 맺게 되고 용신은 별(星)과도 관련을 맺는다.

따라서 용신의 다양한 습합으로 인해 왕=용=미륵=별(星)이라는 구도를 만들어 내는데, 이는 신라의 독특하고도 새로운 등식이라고 할 수 있다. 이와 함께 신라 종교문화의 특징을 전륜성왕사상과 미륵신앙이 토착신앙과 조화롭게 실현되고 있음에서 찾을 수 있을 것이다.

이런 기반 위에서 선덕여왕 대에 건립된 첨성대를 용신신앙 요소와 결부시켜 종교적 역할을 갖고 있다는 문제를 제기하였다. 이는 첨성대의 수수께끼를 풀어냈다기보다는 첨성대에 담겨진 종교적 상징을 찾아내서 신라의 독특한 종교문화의 참 모습을 밝히는 데 도움이 될 수 있다는 견지에서 제기된 문제이다. 앞으로 첨성대의 종교적 의미와 기능에 대해서는 추후에 논구하기로 하고, 여기에서는 첨성대의 종교적 의미를 토착신앙과의 관련 아래에서 해석할 수 있다는 문제를 제기하는 것으로서 의미가 있다고 본다.

그리스도교와 도교의 수행

Ⅰ. 들어가는 말 - 종교적 수행과 도교의 이해

종교는 인간의 궁극적인 문제에 대한 해결로 조화로운 세계와 이상적인 인간상을 제시한다. 수행은 종교에서 지향하는 조화로운 이상세계에 이를 수 있는 거룩한 인간이 되기 위하여 몸과 마음으로 하는 실천이다.

종교적 이상을 성취하고 실현하기 위한 수행은 일반적으로 금욕과 극기적인 내용을 지니고 있는데 각 종교전통들의 다양한 세계관, 인간관 그리고 가치관에 따라 그 수행방법도 다양하다. 그뿐만 아니라 같은 종교전통 안에서도 교리나 교단 그리고 시대에 따라 수행의 형식이 다르다.

인간 스스로의 힘으로 종교적 이상을 성취하려는 경향이 짙은 불교나 도교, 그리고 유교 등 동양종교에서는 계시종교의 선지자나 예언자의 모습을 찾을 수 없다. 일반적으로 삼교(三敎)로 일컬어지는 유(儒)·불(佛)·도(道)에서는 수행을 통한 절대진리와의 만남을 이루려는 모색이 다양하게 전개되었다.

불교는 무명(無明)에서 벗어나 지혜로운 삶을 완성하기 위한 원시불교의 37조도법(助道法)의 수행이 있고, 대승불교에는 지혜의 완성을 위한 대승보살행법이 있다. 이런 수행을 통해 진리를 깨닫고 인격을 갖춘 사람을 성문(聲聞)·연각(緣覺)·보살(菩薩) 등으로 부른다. 즉 삼라만상이 서로서로 연계되어 존재하며 어느 것 하나 절대적으로 또는 독립적으로 생성하거나 소멸하는 것이 아니라는 연기의 법칙을 깨달아 나와 이웃이 둘이 아니라는 자타불이(自他不二)의 지혜를 실천하는 각자(覺者), 즉 번뇌와 괴로움에서 벗어나 깨달음을 얻은 사람이 불교의 이상적인 인간상이다.

유교에서의 이상적인 인간상은 인(仁)을 실현한 군자(君子)라고 할 수 있다. 인은 극기복례(克己復禮)를 통해 이룰 수 있다고 한다. 즉 자신을 극복해서 예로 돌아감을 말하는 것이다. 또한 인을 실현하는 방법으로 충서(忠恕)가 있다. '충(忠)'이란 자신에게 성실함을 뜻하고 '서(恕)'란 그 성실성을 타인에게 확대해 가는 것이다. 이것은 자신을 닦아 다른 사람을 편안하게 하는 수기안인(修己安人)을 의미한다. 이렇게 인을 실현하기 위한 구체적인 노력은 사회의 변화와 시대의 요구에 따라서 다양한 수양법을 제시하였다.

오늘날 일컬어지는 도교(道敎)는 구보 노리따다가 정의한 바와 같이, 중국고대 민간신앙의 기반 위에 신선설(神仙說)이 자리를 잡았고 거기에 노자(老子)와 장자(莊子)로 대표되는 도가철학(道家哲學)을 위시해서 주역(周易), 음양설(陰陽說), 오행설(五行說), 참위설(讖緯說), 점성술(占星術), 의학(醫學) 그리고 무속신앙(巫俗信仰)까지 더해졌으며, 조직과 체제는 불교를 모방하여 종합시킨 것이고, 도교의 주된 목적은 불로장생으로서 주술적인 색채가 강한 현세적인 자연종교라고 할 수 있다.[1] 실로 도교 속에는 다양한 요소들이

1 구보 노리따다, 최준식 역, 『도교사』, 분도출판사, 1990, 55쪽. 일반적으로 노자, 장자의 사

시대적 추이에 따라 폭넓게 조합되어 있음을 이 정의를 통해 알 수 있다. 다양한 요소가 도교에 수용되어 전개된 만큼 도교의 수행법도 다양하게 전개되었다.

선진(先秦)시대의 노장사상(老莊思想)에서는 도(道)를 천지만물의 본체이며, 천지만물이 존재할 수 있게 하는 원동력으로 파악했다. 따라서 도는 천지만물을 생성· 변화하게 하는 원리이자 또한 원리를 부여하는 존재이다.[2] 노자(老子)는 인간사와 자연사를 이끌어 가는 내재적 원리인 도로부터 인간이 나오고, 도 안에서 그 원리에 의거하여 살고, 다시 도 안으로 복귀한다고 믿었다.[3] 노자가 지향한 인간상은 도와 합일을 위하여 도를 알고 도를 지키

상을 기초로 하는 先秦時代의 철학사상을 道家(Philosophical Taoism)라고 지칭하고, 다양한 민간신앙이 결합되어 종교적인 의례와 체제를 갖추어 後漢代에 성립되고 전개된 종교 형태를 道教(Religious Taoism)라고 지칭한다. 馮友蘭은 중국의 전통사상을 철학과 종교로 엄격하게 구분하여, 家는 선진시대의 제자백가의 사상을, 教는 종교적 성격을 띈 종교화된 사상체계를 말하였다. 따라서 그는 道家와 道教의 가르침은 서로 相異할 뿐만 아니라 어떤 경우에는 서로 상반되는 모습을 보인다고 하였다. 철학에서의 道家는 생명이 다하면 죽음이 온다는 자연의 道를 가르치는데 반해 종교로서의 道教는 죽음을 피하여 不老長生을 꾀하는, 즉 자연에 역행하는 術을 가르쳤기에 양자는 근본적으로 서로 다르다고 말하고 있다(馮友蘭, 정인재 역, 『중국철학사』, 형설출판사, 1988, 21쪽). 그러나 도가와 도교를 명확하게 구분한다는 것은 무리라는 견해가 있다. 후대에 성립된 도교가 주로 神仙術, 長生術, 錬丹術, 房中術 등으로 현세적인 행복을 추구하는 성향이 강한 것은 사실이지만 道家 즉 老莊思想에서도 불만족스런 현실로부터 정신적인 초탈을 통해 행복을 추구한다는 점에서 궁극적으로 일치한다고 본다. 따라서 도가와 도교를 서로 이질적인 것으로 간주하기보다는 도교를 하나의 사상의 흐름으로 볼 때 도교 안의 도가철학 및 여러 요소들이 단순히 혼합되었거나 절충된 것이 아니라 그 여러 요소들 사이에는 내면적으로 동질성과 통일성을 일관되게 지니고 있다고 본다. 그러므로 도가와 도교에 대한 바람직한 이해는 도가와 도교를 연속선상에서 파악할 때 가능한 것이며, 도가와 도교 사이에 있는 이질성 속에서 동질성을, 다양성 속에서는 통일성을 읽어 내야 할 것으로 본다(윤찬원, 「도교 개념의 정의에 관한 논구」, 『인천대학교논문집』 제15집, 240-257쪽 참조).

2 李康洙, 『道家思想의 硏究』, 고려대민족문화연구소, 1985, 58쪽.

3 전은주, 「노자에 나타난 구원과 인간」(종교문화연구원 편, 『구원이란 무엇인가』, 도서출판

는 성인(聖人)이었다. 성인이 되기 위한 수행은 도에 대한 신앙으로 귀결된다. 장자(莊子)의 수행은 득도(得道)를 통해 진인(眞人)이나 지인(至人)이 되는 길이다. 득도의 방법으로 심재(心齋)와 전일(專一)과 좌망(坐忘)이 있다. 노장의 목표인 도와의 신비적 합일(unio mystica)은 영원한 지속성을 의미하는 것이며,[4] 이는 후대에 불사신앙에 기초를 둔 수행법인 장생술로 전개되는 데에 영향을 주었을 것이다. 도와의 신비적 합일을 통한 불사(不死)의 신앙은 사상사적인 측면에서 소위 철학적 도가와 종교적 도교 사이의 내면적인 동질성과 연속성의 문제를 해결하게 하는 사유구조로 볼 수 있다.

노장에서 도의 성취의 방법은 갈등과 분열의 인위적인 행위를 떠나 내면적 자아로 침잠함으로써 가능하다고 본다. 즉 행동양식이 작위적이지 않을 때 모든 관계와의 갈등은 사라지고 본성으로 돌아가서 도와의 합일이 가능하다는 소극적인 면을 보인다면, 후대에 성립된 종교적 도교는 도와 합일을 위하여 적극적인 양생법을 제시한다. 그것은 생명력인 기(氣)의 흐름을 원활하게 하고 극대화하여 도의 불사적 지속성과 합일하려는 적극적인 수행법이다. 여기에서 불사장생의 수행은 단순한 수명의 연장만을 의미하는 것이 아니라, 생명력인 기의 체험으로 내면적 자아에 대한 깊은 각성과 내면적 자아의 세계를 열게 하였다. 생명력인 기의 극대화를 위한 수행법이 다양하게 형성된 것이다. 여기에서 기는 뒤에서 다시 설명을 하겠지만, 만물의 본체이고 생명의 근원인 도가 생명을 생성하는 과정 자체를 뜻하는 것이다. 도의 작용 그 자체를 기라고 할 수 있다.

창, 1993, 167쪽).

4 노자의 사상이 長生不死의 관념으로 전개될 수 있는 단서를 『老子』 6장, 16장 그리고 33장에서 찾아볼 수 있다. "道를 따르니 영구하고 몸은 멸망해도 위태롭지 않다(道乃久, 沒身不殆)"라는 6장이나 "죽더라도 망하지 않으면 영원히 산다(死而不亡者壽)"는 33장은 노자의 道에로의 복귀는 곧 不死를 의미한 것으로 볼 수 있다.

동진(東晋)시대 인물인 갈홍(葛洪, 283-343)은 그의 저서인 『포박자(抱朴子)』에서 신선양생법(神仙養生法)을 종합하여 외단법(外丹法)을 집대성하였으며 양(梁)의 도홍경(陶弘景, 456-536)은 명상수련에 중점을 둔 내단법(內丹法)을 체계화하였다. 이 두 외단법과 내단법은 도교의 장생불사(長生不死)의 수행방법으로서 바로 생명력인 기의 극대화를 추구한 것이며 이 방법은 전통적인 도교의 수행법으로 인정받고 오랫동안 전래되어 왔다. 12세기 초 북송(北宋) 말에 출현한 신도교(新道教)들은 일종의 개혁도교인데, 그중에 특히 왕중양(王重陽, 1112-1170)이 이끌던 전진교(全眞教)는 선불교(禪佛教)를 적극 받아들여 종래의 도교를 쇄신하였다. 당시 도교의 주요한 요소였던 주술(呪術)이나 부적(符籍) 등을 배척하고 또한 금단(金丹)으로 불사를 추구하던 외단법을 거부하였다. 전진교의 수행법은 선불교의 수행과 매우 유사하여 스스로 도선(道禪)이라고 불렀다.

이상 간략하게 살펴본 바와 같이 선진의 도가나 후한(後漢) 이후의 도교 모두 도를 중심 개념으로 삼아 도와의 합일, 도의 성취를 목적으로 삼고 있다. 그러나 여기에서 간과할 수 없는 것은 도와의 합일이나 성취를 이루기 위한 구체적인 수행의 중심 개념이 기(氣)라는 점이다. 왜냐하면 도의 구체적인 작용으로서, 만물의 생성변화가 기로 나타나기 때문이다. 기는 바로 도의 작용 자체이므로 결국 기를 통해서만 도에 이를 수 있다고 볼 수 있다. 대다수의 학자들이 도교에 대한 긍정적인 평가로서 비록 도교가 잡다한 여러 요소들의 조합이지만 그 요소들 속에 내재하는 동질성과 통일성을 불사(不死)의 신앙이나 혹은 현세적인 행복의 추구로 보았다. 그러나 이러한 지적은 목적론적인 시각에서 나온 것이지 그 목적을 위한 구체적인 수행방법들 사이에 존재하는 공통분모적인 요소를 간과하고 있다. 여기에서 간과해서는 안 될 것은, 도교 속에 조합되어 있는 다양한 요소들이 도의 생명력인 기와 관련을 맺고 있는 종교적 현상이라는 점이다. 그러므로 도교에는 다양한 요소들이 잡다하고 무질서하게 혼합된 것이 아니라, 그 요소들은 도와의 합일 즉 불사를 위하여, 도의 생명력인 기를 극대화시키려는 구체적인 노력이라고 할 수 있다. 따라서 필자는 도교의 형성 및 전개과정을 이런 노력의 집산(集散)과 체계화의 과정이라고 보고, 도교의 수행을 기수행(氣修行)이라고 부르고자 한다.

여기에서는 도에 대한 철학적인 논구가 아니고 도교의 절대이상인 도와의 합일을 이룬 성인이나 신선이 되기 위한 길, 즉 수행관에 대한 고찰이다. 따라서 도의 철학적 문제보다는 도의 신앙적·종교적 측면을 살펴보고 구체적으로 어떤 방법으로 실현·체득하고자 노력하였는지 그 노력의 흔적을 살펴보고자 한다. 따라서 수행은 현재적인 만족에 머무는 것이 아니라 이상으로의 접근이고 체득의 과정이라고 할 수 있다. 이런 종교적 수행에는 적극적이고 부정적인 면이 있는가 하면, 다시 그 부정과 자기포기를 통해서 이루는 얻음과 채움의 소극적인 면이 있다.

도교에서는 도가 갖고 있는 양면성·모순성을 지양하고 그 양면성을 극복해 나가려고 한다. 여기에서의 양면성이란 현실적으로 나타나는 절대진리 즉 도의 제한성과 제약성 그리고 절대진리 자체로 돌아감으로써 얻어지는 경지의 모순성을 말한다. 모든 종교가 한결같이 이처럼 현실에 나타나는 진리의 모습과 진리차제의 간극을 수행을 통해 극복하려고 한다.

종교적 수행이란 바로 이 모순성으로부터 조화로움으로 흘러들어 가는 과정과 방법이라고 할 수 있다. 따라서 먼저 선진도가에서의 도의 개념과 양면성의 극복의 수행관을 살펴보고, 종교적으로 교단화된 도교에서의 수행을 기수행이란 관점에서 살펴보고자 한다. 여기에서의 기수행은 장생불사의 도와의 합일을 실현하기 위하여 자기포기와 절제 그리고 정화의 모습을 보이고 있다. 끝으로 도교의 자기정화적인 수행과 그리스도교의 수행의 개념인 Askese와 대비시켜 그리스도교와 도교의 수행법의 새로운 만남의 가능성을 열어 보고자 했다.

Ⅱ. 道개념의 전개와 道教의 수행관

도교의 궁극적인 목표는 도와의 합일을 이루는 것이다. 도와의 합일을 위한 수행의 방법은 다양하게 전개되었다. 먼저 다양한 수행법을 알아보기 전에 먼저 도개념의 전개과정을 살펴보고, 도의 종교적 의미와 도의 속성을 살펴보기로 한다.

'도(道)' 글자는 갑골문에서는 보이지 않고 서주(西周)시대의 동기(銅器)에 새겨진 문장에 처음으로 행(行)과 수(首)의 조합체로 나타난다. 춘추전국시대의 명문(銘文)에서는 행과 수에 지(止)를 덧붙인 모습을 띤다. 『설문해자(說文解字)』에서는 '도'를 "사람이 다니는 길", "하나로 곧게 이른 것"이라고 풀이한다.[5] 『역경(易經)』에 나타나는 도의 뜻도 모두 도로(道路)이다.[6] 도가 길이란 의미에서 방법(方法), 언설(言說)이란 의미로 확대된 모습을 『시경(詩經)』에서 찾아 볼 수 있다.[7] 또한 도가 왕도(王道)와 천도(天道) 그리고 규칙과 방법의 의미로 주대(周代)에 편찬된 『서경(書經)』에서 사용되었다. 도는 추상적 의미를 갖고 여러 사상과 관념들을 표현하게 되었다.

---

5 段玉裁, 『說文解字注』, "所行道也 一達謂之道", 上海, 1981, 75쪽下.

6 『易經』의 卦爻辭에 '道' 자가 모두 네 차례 등장한다. 〈小畜〉, 〈履〉, 〈隨〉의 爻辭에 그리고 〈復〉卦에 나타나는 道의 의미는 추상적인 철학개념이 아니고 한결같이 구체적인 道路를 뜻하는 것이다.

7 『詩經』에는 道 자가 모두 29번 나온다.

춘추(春秋)시대에 들어서서 도의 관념과 범주가 형성된다. 도는 자연과 사회, 천도(天道)와 인도(人道)의 법칙 및 상호관계를 포괄하는 개념으로 정착한다. 공자(孔子)는 도를 궁극적 실재로 파악한 것이 아니고, 사회적 행동양식으로 삼아 인(仁)과 예(禮)의 인도로 심화·발전시켰다. 고대 중국의 신(神) 관념은 하(夏)의 농경사회의 자연천적인 천(天) 종교전통과 은(殷)의 유목사회의 초월적이며 조상신적인 제(帝)의 전통이 주대(周代)에 이르러 천(天) 또는 천제(天帝)로 정립되었다. 주대의 천은 인간이 지닌 도덕성의 근원으로서 신앙되었다. 공자는 도덕적인 천신앙(天神仰)을 토대로 인(仁)을 실현하는 군자를 이상적인 인간으로 보았다. 인은 수기(修己)하여 안인(安人)하게 하고, 극기(克己)하여 복례(復禮)하는 수양에 의해 완성되는 것으로 보았다. 공자는 주대(周代)를 인이 실현된 이상사회로 설정한 복고(復古)적인 인물이었던 만큼 주대(周代)의 문화전통을 그대로 전승하려고 하였다. 주대(周代)의 정치제도, 종교적 의식 그리고 종법적 신분질서와 그에 따른 차별적인 규범과 관례들을 모두 이어받으려고 한 것이다.

이에 반해 노자(老子)는 공자의 천신앙에 근거한 윤리규범인 인예(仁禮)의 인위(人爲)를 경시하고 자연의 천도(天道)에 치중하여 도를 발전시켰다.[8] 다시 말해서 궁극적인 실재로서 도 생명력의 자연운동에 위배되는 인위적인 유가문화에 대하여 노자는 정면적인 도전을 한 것이다. 즉 노자는 원시유가의 종교적 신앙과 세계관 및 삶의 태도를 부정하고 천도의 세계관에 입각한 새로운 신앙을 제시하였다.

노장(老莊)에서는 도를 생명의 근원으로 보았다. 모든 유형의 만물이 무형의 도에서 나와 무형의 도로 돌아간다고 하였다. 여기에 무형의 비물(非物)인 도가 구체적인 유형의 만물을 생성하고 변화시키는 과정과 작용으로서 기

8 張立文, 權湖 譯,『道』, 東文選, 1995, 46쪽.

(氣)개념이 도입되었다. 기는 곧 도교의 우주발생은 도(道)→기(氣)→물질〔인간〕의 구도로 이루어지고, 다시 도를 체득하여 도에 이르는 길은 역순으로 물질〔인간〕→기(氣)→도(道)의 순서가 된다. 따라서 기는 무형의 도와 구체적인 만물 사이에 존재하는 생성 과정이고 운동이기에, 기는 도의 속성을 지니고 있다. 도를 체득하게 하는 구체적이고 현실적인 기수행법을 도교에서 실천하고 있다. 그러나 도의 운동으로 생겨난 만물이 다시 도로 회귀하여 도와 합일하려는데 왜 어려움이 있는 것인가. 만물은 당연히 도로 돌아가야만 하는 당위성을 지니고 있는 것인가.

1. 老子의 道와 聖人의 길

『노자(老子)』의 도는 존재의 본질로의 도의 개념으로 파악하려는 존재론적인 물음이라기보다는, 작용에 대한 물음이라는 견해는 도의 이해의 새로운 지평을 열어준다. 도는 작용을 통해서만 인식이 가능하기에 『노자』의 무(無)는 관념이나 추상적인 개념이 아니라 구체적이며 우주론적인 음양의 작용으로 이해된다.[9] 『노자』에서는 도의 본질을 곧 무로 표현하고 있다. 무는 만물이 나오는 곳이고[10] 다시 그곳으로 돌아가야 할 시작이며 원천이라는 복명(復命)을[11] 하나의 운동으로 볼 때에, 이 운동은 무로의 회귀라는 방향성을 갖고 끊임없이 이루어지는 것이다. 여기에서 도의 부단한 작용이 기를 의미하는 것이다.

---

9 H. S. Lie, *Der Begriff Skandalon im Neuen Testament und der Wiederkehrgedanke bei Laotze*, Frankfurt a.M., 1973, p.150.(최인식, 「노자의 도와 틸리히의 존재신론」, 『종교들의 대화』, 사상사, 1992, 193쪽에서 재인용)

10 『老子』 제40장, "反者 道之動 弱者 道之用. 天下萬物生於有, 有生於無."

11 『老子』 제16장, "夫物芸芸 各復歸其根 歸根曰靜 是謂復命."

『노자』의 도에 대한 해석은 매우 다양하게 시도되어 왔다. 대체적으로 이렇게 요약될 수 있다.[12] 첫째, 생명의 근원으로서 도이다. 제6장의 "곡신(谷神)은 죽지 않으니 현빈(玄牝, 검은 암컷)이라 부르며 현빈의 문이 바로 천지의 근원이니 면면히 있는 듯 없는 듯 오직 작용만은 무궁무진하여라."[13]는 도를 생명을 낳는 여성으로 표현하고 있다. 둘째, 내재성으로서의 도이다. 도를 만물의 근원이 되는 궁극적 실재로 파악하여도, 도와 만물의 관계는 그리스도교의 궁극적 실재인 창조주 하느님과 피조물의 관계와 다르다. 그리스도교의 하느님은 시공을 초월한 초월적 존재인데, 도는 시공 안에 머물면서 자신을 전개해 가는 내재적인 속성을 지녔다. 또한 하느님과 만물은 수직적인 주종의 관계를 맺고 있지만 도와 만물의 관계는 수평적인 대등한 관계로서 서로 합일을 구한다. 그리고 그리스도교에서 인간의 역사는 하느님의 섭리나 예정에 의해 펼쳐지는 목적론에 근거하지만, 도에서 나온 만물은 스스로 생화(生化)할 뿐 목적론이 없다.[14] 셋째, 유기적 관계로서의 도이다. 만물이 모두 대생명인 도에서 나왔기에 공통의 그것인 '일(一)'을 함장하고 있으며, 이 '일'은 형태뿐만 아니라 가치까지 포함하는 것으로서 만물을 서로 유기적으로 관계 맺게 한다. 넷째, 복귀와 발전으로서의 도이다. 『노자』의 여러 곳에서 모든 만물이 근원인 도로 돌아가는 복귀(復歸)에[15] 대해 말하고 있다. 다시 말해서 돌아감의 귀결은 도의 본래 상태인데, 『노자』에서는 영아(嬰兒), 무극(無極), 통나무, 뿌리로 상징화했다. 이에 대하여 장기균(張起鈞)은 진화

12 金京秀, 「老子의 道개념에 대한 解釋問題 硏究」(한국도교문화학회 편, 『道家思想과 韓國道教』, 국학자료원, 1997), 77-123쪽 참조.

13 『老子』 제6장, "谷神不死, 是謂玄牝 玄牝之門 是謂天地根 緜緜若存 用之不勤."

14 金京秀, 앞의 논문, 99쪽.

15 『老子』 제40장 "돌아감은 도의 운동이다", 제28장 "무극으로 돌아간다.", "질박한 상태인 통나무로 돌아간다.", 제16장 "대저 物이 번창하되 각각 그 뿌리로 돌아간다."

의 최후의 모습을 혼돈으로 돌아간 것으로 보았다.[16] 『노자』는 "통나무가 흩어지면 그릇이 된다.", 그리고 "질박한 상태인 통나무로 돌아간다."[17]고 하였다. 그런데 시원(始原)적인 도의 모습인 통나무와 복귀하는 도인 통나무는 같을 수가 없다. 시원적인 통나무는 무형(無形)·무명(無名)의 상태인 도이지만 복귀하는 통나무는 만물의 하나인 접시와 같은 구체적인 존재인 것이다. 그렇다면 복귀의 참다운 의미는 무엇을 말하는 것인가? 『노자』는 복귀를 무화(無化)라는 말로 달리 표현하는데, 이것은 없어진다는 뜻이 아니라 대생명으로 들어가 개체성이 사라지는 것을 의미한다. 다섯째, 무로서의 도이다. 『노자』의 무는 우주론에서 존재론과 인식론에 이르는 포괄적인 개념이다.

서양철학에서는 존재의 우월성을 전제로 한다. 신플라톤주의에서 존재는 선(善)이라고 했다. 아우구스티누스는 존재의 우월성에 입각해서 선악의 문제를 해결하려고 했다. 신의 피조물은 선한 존재이다. 그러나 악이 존재한다면, 악이란 것도 신에 의해 창조된 것일 수밖에 없으니 선한 존재에 속하게 된다는 문제에 부딪치게 된다. 따라서 그는 악이란 선의 결핍(privatio boni)일 뿐, 존재하지 않는 것으로 보았다. 만약 존재한다면 선일 수밖에 없기 때문이다. 이처럼 서구의 존재론은 존재의 우월성과 선성(善性)을 전제로 한다. 그러나 『노자』의 도는 어떠한 개념으로도 설명될 수 없는 "무존재로 회귀한다."[18] 무(無)란 가시적인 영역에서 파악되는 것이 아닌 존재의 무한한 심연이고 원천이라고 할 수 있다. 모든 존재가 무로부터 나오기 때문이다. 무는 유(有)의 근원이고 도의 본질이며 도는 만물이 되돌아가야 할 무이며 동시에 만물이 그로부터 나오는 순수한 유이다. 그러므로 『노자』의 도는 유와 무를

16 張起鈞, 『老子哲學』, 正中書局 臺北, 1983, 18쪽(金京秀의 같은 논문 116쪽에서 재인용).

17 『老子』 제28장, "樸散則爲器." "復歸於樸"

18 『老子』 제14장, "復歸於無物"

모두 포함한다.[19]

이제 『노자』의 도로 복귀는 어떻게 가능한 것인가? 실천적인 수행의 문제로 돌아가야 할 것이다. 도의 본질이 무이고 만물이 그곳으로부터 나오고 다시 그곳으로 돌아가는데 여기에서 도의 부단한 작용은 기이다. 『노자』에서는 아직 기를 통한 도와의 합일이 체계화되지 않았다. 『노자』에 나타나는 기는 천지만물의 '충기(沖氣)'와 사람의 몸 안의 '혈기(血氣)'이다. 기는 도에서 나오고 기의 존재와 변화도 도에서 결정된다. 구체적으로 인간이 체험할 수 있게 하는 작용으로서의 기의 문제를 간과할 수 없다고 본다. 도의 근원인 무에로의 돌아감을 위한 구체적인 방법으로서의 그 흐름과 작용에 체감(體感)할 수 있는 것을 기로 볼 수 있기 때문이다.

『노자』에서의 수행의 궁극적인 목적은 도와의 합일을 이룬 성인이 되는 것이다. 성인의 경지에 이르기 위해서는 구체적으로 어떤 수행을 해야 하는지, 『노자』에 나타나는 도와의 합일을 위한 수행법을 살펴보고자 한다.

1) 무위

무위(無爲)는 모든 행위를 가능케 하는 것으로서 자연스런 흐름을 차단하지 않는 것이다. 『노자』 제48장에 무위의 경지를 극명하게 나타내 보인다.

> "학문을 익힐 때는 하루하루 배운 것이 늘어간다. 도를 실천할 때는 하루하루 할 일이 줄어간다. 줄어든 데다가 또 줄어들면 결국에는 아무런 행동도 하지 않는(無爲) 경지에 이르게 된다. 이렇듯 아무런 행동도 하지 않는 경지에 이르고 나서야 비로소 모든 것이 이루어지는 것이다." (『老子』 제48장)

19 최인식, 앞의 논문, 186-187쪽.

만물의 모든 개체가 전체적인 조화를 이루기 위해서 개체들의 철저한 자유가 필요할 것인 바 무위는 바로 자기 본성에 따르는 자유성을 의미하는 것이다. 이렇게 무위를 통해 개체들이 도를 본받게 된다. 무위를 현실정치에 빗대어 최선의 정치의 묘법으로 제시한다.

"만일 제후나 왕이 도와 같이 무위의 태도를 잘 보전하여 지닌다면 온갖 만물은 자연스럽게 발생 전개해 나갈 것이다." (『老子』 제37장)

2) 장생

『노자』의 무위는 도를 체득하기 위한 행위의 자유로움과 조화로움이라고 한다면, 여기의 장생(長生)의 개념은 『노자』의 도의 지속성에 참여함을 의미한다. 도의 장구한 생명력에 일치하려는 의지의 표현으로 볼 수 있다. 따라서 성인은 과도한 행위가 생명력의 낭비를 가져오는 것을 알고 그것을 삼간다.

"하늘은 영원하고 땅은 언제까지나 지속하는 것이다. 어떻게 그렇게 그럴 수 있는가 하면 하늘과 땅은 자신의 생명을 기르려 하지 않기 때문이다. 그러므로 그토록 오래 살고 있는 것이다. 따라서 성인은 사람들의 등 뒤에 몸을 숨기고 있으면서도 언제나 맨 앞에 있다." (『老子』 제7장)

"성인은 과도한 행위를 피하고, 낭비를 피하고, 오만해지는 것을 피한다." (『老子』 제29장)

이렇게 성인은 생명을 중시하고 또한 생명을 오래도록 연장하려고 했다. 이러한 장생은 대생명력인 도와의 합일에서 가능한 것이다. 성인은 장생뿐만 아니라 죽지 않는다는 『노자』의 주장은 후대의 도교에서 신앙으로 발전되었으며 장생불사를 위한 구체적인 수행방법이 개발되고 추구되었다. 장생불사의 중요한 수련법의 하나로 호흡법을 들 수 있는데 『노자』에는 구체적인 호흡법이 제시되지 않았다. 다만 불사(不死)의 의미로 이해될 수 있는 제6장, 제16장 그리고 제33장은 후대 도교의 양생법의 체계에 영향을 주었을 것이다.

> "곡신(谷神)은 죽지 않으니 현빈(玄牝, 검은 암컷)이라 부르며 현빈의 문이 바로 천지의 근원이니 면면히 있는 듯 없는 듯 오직 작용만은 무궁무진하여라."[20]

> "도를 따르니 영구하고 몸은 멸망해도 위태롭지 않다."[21]

> "죽더라도 망하지 않으면 영원히 산다."[22]

이상으로 『노자』의 도의 성격을 살펴보았으며 도와의 합일을 이룬 성인의 무위의 자유로움과 불사의 의지를 알아보았다. 『노자』에는 구체적인 수행의 방법으로 기의 운용과 확충의 문제가 제시되지 않았으나 노자의 사상을 전승하여 발전시킨 장자에서는 기수행의 체계를 잡게 된다.

2. 장자의 도와 지인의 길

『장자(莊子)』의 지인(至人)은 인간이 만들어낸 편견이나 선입견에서 벗어

---

20 『老子』 제6장, "谷神不死, 是謂玄牝 玄牝之門 是謂天地根 緜緜若存 用之不勤."

21 『老子』 제16장, "道乃久, 沒身不殆."

22 『老子』 제33장, "死而不亡者壽."

나서 모든 사물을 우주·자연·도, 즉 전체적인 시각에서 보는 사람이다. 『장자』에 나타난 도는 『노자』의 도 범주를 계승·발전시킨 것이다. 먼저 간략하게 『장자』의 도를 살펴보고 이 도를 체득하는 수행법을 알아보기로 한다.[23]

『장자』의 도(道)는 먼저 언어로 표현될 수 있는 물(物)의 세계가 아닌 비물(非物)이기 때문에 언어에 의해 한정될 수 없다. 따라서 도는 언어로부터 멀리 벗어나 있고, 또한 비물이기 때문에 공간을 점유하지 않으며 시간의 구애속에 있지도 않다. 그러므로 이러한 도는 형태가 없어 무유(無有)라고 한다. 이처럼 크기도 없고 양(量)도 없고 무게도 없는 도는 허(虛)하고 무(無)할 뿐이다. 비어서 없는 도는 자연히 두께도 없을 것이고, 어느 곳이나 어느 사물의 속이라도 자유롭게 드나들 수 있는 회통(會通)의 성격을 지닌다. 도가 어느 사물의 속이나 자유로이 드나든다 해도 그것을 잘라서 나눌 수 없는 것이다. 도는 쪼개질 수 없는 하나의 온전한 덩어리이기 때문이다. 온전한 덩어리로서의 도는 안과 밖이 따로 없다. 만약에 도에 밖이 있다면 그것보다 더 큰 존재가 있는 것이고, 만약에 안이 있다면 그보다 더 작은 것이 있다는 뜻이다. 이것을 도가 무내(無內)·무외(無外)하다는 말이다. 이러한 도의 성격을 정체(整體)라고 부른다. 정체로서의 도는 그 자신 스스로의 존재를 성립시키며 그가 존재하기 위해서 다른 존재의 힘을 빌리지 않는다. 이런 도를 자존적이라고 부를 수 있다.

이러한 도는 삼라만상을 생성하는 무한한 능력을 지니고 있는데, 그 힘은 줄어들지 않는다. 따라서 도는 천지만물을 존재케 하는 원동력이라 할 수 있다. 도는 삼라만상이 생성·변화하는 원리이고 우주에 법칙을 부여하는 존재이므로 인간에게는 규범이고, 자연계에는 법칙이다. 이러한 천지만물의 본성인 도를 체득하면 절대자유를 누리고 자연과 하나되어 살 수 있게 된다.

---

23 道의 성격과 道의 체득의 방법에 대한 논의는 주로 李康洙의 앞의 책에 의거하였음.

이제부터 『장자』가 제시한 득도의 구체적인 수행법을 살펴보기로 하자. 대체로 세 가지로 나누어 본다. 정신을 청정하게 가다듬는 심재(心齋)가 있고, 정신집중을 뜻하는 전일(專一)이 있으며, 수행의 극치로서 무아의 경지인 좌망(坐忘)이 있다.

1) 심재

심재(心齋)에 대하여 『장자』의 「인간세편(人間世篇)」에서는 공자(孔子)와 안회(顔回)가 문답하는 형식으로 논하고 있다. 폭군인 위나라 임금을 교화하겠다는 안회의 제안에 대해 공자는 심재의 문제로 안회를 설득한다.

> 안회가 말하기를 "청하여 묻사오니 무엇이 심재입니까?"라고 하였다. 중니(仲尼)가 말하기를 "자네는 전심일지(專心一志)하여 귀로써 듣지 말고 심(心)으로 듣고 심으로써 듣지 말고 기로써 들으라! 귀는 듣는 데서 그치고 심은 부합하는 데서 그치라! 기라는 것은 허(虛)하되 어떤 사물이든지 받아들일 수 있는 것이다. 오로지 도만이 허를 모여들게 한다. 허하게 되는 것이 곧 심재이다."라고 했다. 안회가 말하기를 "제가 미처 심재의 가르침을 받기 이전에는 정말로 자기 자신이 존재한다고 느꼈으나 심재의 가르침을 받은 뒤 나 자신이 존재하는지 느끼지 못하게 되었습니다. 이런 것을 허라고 할 수 있을까요?"고 하였다. 공자가 말하기를 "심재의 묘처가 바로 여기에 있다."라고 하였다.

여기에서 알 수 있는 것은 감관(感官)보다는 마음이, 마음보다는 기가 도를 얻을 수 있음을 보여준다. 『장자』에서는 사물을 받아들이는 데에 귀나 마음을 쓰지 말고 '기'를 쓰라고 한다. 이것은 인간의 직각(直覺)작용을 강조한 것으로 본다. 직각은 사물과 나의 경계를 없애고 '천지정신과 하나되는' 성인(聖人)·지인(至人)이 될 수 있기 때문이다. 그래서 『장자』에서는 순수한 기를 지키는 것을 중히 여겼다.

> "순수한 기(氣)를 지킨 것 때문이지 교묘한 지혜나 용감함 때문인 것은 아니다. … 그의 성(性)을 하나로 하고 그의 기를 기르고 그의 덕성을 융합하여 만물을 만들어 내는 것에 통한다."(『莊子』「達生」)

순수한 기를 지키고 본성을 하나로 모았기 때문에 천지만물의 덕성과 합할 수 있었고 천지만물을 변화·생성시키는 기(氣)와도 서로 통하고 천지정신과 합일될 수 있다. 이 경지가 바로 지인이다. 여기에서 기는 인간에 내재한 것이고 또 도의 본체로서의 기이다. 순수한 기를 지키는 기수행(氣修行)을 통한 득도의 방법이라고 할 수 있다.

2) 전일

전일(專一)은 마음을 온전히 하여 뜻을 하나로 모으라는 전심일지(專心一志)의 뜻이다. 즉 의지를 분산시키지 말고 한 군데로 집중시키는 것이다. 마음이 외부의 사물에 따라 흩어지지 않고 본성을 함양하는 수일(守一)의 공부인 것이다. 여기에서 수일은 곧 수기(守氣)인데, 선영(宣穎)은 도를 배우는 사람은 수기와 용지(用志)의 공부를 거쳐 입신(入神)의 경지에 들 수 있다고 했다.[24] 기를 지키는 수행을 통해서 입신의 경지에 들 수 있다는 것은 기가 수행에서 차지하는 비중이 굉장히 크다는 것을 의미한다.

---

24 이강수, 앞의 책, 118쪽.

3) 좌망

심재(心齋)의 공부에서 마음을 사용하지 말라는 것은 정좌하고 있을 때에 떠오르는 성심(成心)의 작용인 감정과 편견과 시비 분별의 일체를 살펴, 그것들이 실재하는 것이 아님을 깨달으라는 것이다. 그러면 오로지 기로써 직관이 가능해지고 망아(忘我)의 경지에 들어갈 수 있다. 심재공부는 유아(有我)로 시작해서 망아에서 완성된다. 이 좌망(坐忘)은 인의예악(仁義禮樂)을 잊고 난 뒤에 오는 정신적인 경지인데, 신비주의적인 경향이 있다.

> 안회가 말하기를 "저는 수행에 진전이 있습니다."라고 하니 공자가 말하기를 "무엇을 말하는 것인가?"라고 하였다. 안회가 대답하기를 "저는 예악(禮樂)을 잊어버렸습니다."라고 하였다. 다른 날 다시 뵙고 말하기를 "저는 수행에 진전이 있습니다."라고 하니 "무엇을 말하는가?"라고 하였다. 안회가 대답하기를 "저는 인의(仁義)를 잊어버렸습니다."라고 하니 "좋다! 그러나 아직 부족하다."라고 하였다. 다른 날 다시 뵙고 말하기를 "저는 수행에 진전이 있습니다."라고 하니 "무엇을 말하는가?"라고 하였다. 안회가 대답하기를 "저는 좌망(坐忘)하였습니다."라고 하였다. 공자가 "무엇을 좌망이라 하는가?"하고 물으니 안회가 대답하기를 "육신을 무너뜨리고 총명을 내쫓고 형체를 떠나며 지식을 버리고 대통과 함께 하는 것, 이것을 좌망이라고 합니다."하였다. (『莊子』「大宗師」)

좌망은 밖에서부터 안에 이르기까지 점차적으로 잊는 공부이다. 그러나 이 세 가지 득도의 수행법을 각각 떼어서 수련하는 것이 아니라 동시에 함께 이루어지는 것이다. 심재는 심신의 청결과 정화의 측면에서 도를 체득할 때까지 계속되는 수련이고 전일과 좌망은 서로 안과 밖을 이루는 수행으로서 좌망이 궁극적일 것이다.

지금까지 살펴본 『장자』의 득도의 수행법을 간략하게 살펴보았다. 결국 생명의 근원인 도와의 합일을 위해서는 '버리기'와 '찾기' 그리고 '잊기'의 메커니즘을 거치게 되는데, 이 메커니즘에서 간과해서는 안 될 것이 바로 도(道)→기(氣)→물질(인간)→기(氣)→도(道)의 순환운동의 구도 속에서 이루어진다는 점이다. 도로부터 사람과 사물이 나오고, 다시 도로 돌아가는 과정에서 기는 바로 이 둘 사이의 연결고리라는 것이다.

『장자』의 수행이 아직도 구체적이지 못하고 또한 득도의 과정이 신비주의적인 것에 머물고 있다면 후대의 신선도가로 불리는 도교는 매우 구체적이고 적극적인 수행법을 제시한다.

3. 『포박자』의 장생불사의 길

갈홍(葛洪)의 『포박자(抱朴子)』는 당시의 다양한 신선양생술의 집대성으로서 그 내용은 어떻게 하면 인간의 수명을 오래 연장할 수 있으며 나아가 죽지 않고 영생할 수 있나 하는 장생불사(長生不死)를 꾀하는 방법이다. 『포박자』에 나타나는 신선은 인간의 유한한 삶을 초월하여 영생하는 존재인데, 인간 스스로의 노력에 의해 이룰 수 있는 존재이다. 『포박자』의 이론체계는 노장사상을 빌려 세웠으며, 불사의 존재인 신선이 되는 수행법은 기의 극대화를 도모하는 것이다.

『노자』에서는 궁극적인 실재인 도의 오묘한 속성을 "신비하고 신비하여, 그것은 모든 오묘함의 문이다(玄之又玄 衆妙之門 제1장)."나 "곡신은 죽지 않으니 현빈이라 부르며, 현빈의 문이 바로 천지의 근원이다(谷神不死, 是謂玄牝 玄牝之門 是謂天地根 제6장)."와 같이 '현(玄)'이란 말로 표현하였다. 『포박자』는 노자의 도를 빌려 궁극적인 실재로 삼고 있음을 알 수 있다.

> "현(玄)은 자연의 시조이며 만물의 근본이다. 그 깊이는 아득하여 어둡다. 그러므로 미(微)라 부른다. 그것은 멀고 아득하니 그러므로 묘(妙)라고 부른다. 그 높이는 구천(九天)을 뒤덮고 그 넓이는 팔방(八方)을 감싼다. … 그것은 원초적인 기운을 잉태하고 음양을 범주로 전개해간다. 근원을 호흡하며 온갖 사물을 빚어낸다."[25]

위의 인용은 『포박자』 첫머리에 나오는 대목인데, 『노자』 제42장의 '도가 기를 낳고 다시 그 기에서 음양이 생겨나고 만물은 음양의 기의 조화에서 나온다'는 구절을 연상케 한다. 『포박자』에서 노장의 도와 기의 개념을 빌려 장생불사의 이론적 근거를 세우고 체계화한 대목들이 많다. 몇 가지만 더 살펴보기로 하자.

> "무릇 형체가 있는 것은 형체가 없는 것에 의해 생겨나고, 육체는 정신에 의해 존립된다. 형체가 있는 것은 형체가 없는 것의 집이며 육체는 정신의 집이다. … 육체가 지치면 정신이 흩어지며 기가 다하면 목숨도 끝난다. 뿌리가 시들면 가지가 무성해도 나무의 푸르름이 사라진다. 기는 쇠했는데 욕망만 솟구치면 영혼이 몸으로부터 떠난다."[26]

기는 생명에 있어서 절대 불가결한 요소이며 또한 기는 고정불변한 것이 아니라 유동적인 것으로 파악하였다.

---

25 『抱朴子, 內篇』, 권1, 「暢玄」.

26 『抱朴子, 內篇』, 권5, 「至理」.

"사람은 기 가운데 있고 기는 사람 가운데 있다. 천지에서 만물에 이르기까지 기에 의존하지 않고 태어난 것은 없다."[27]

"만약에 기를 받은 것이 고정되어 변하지 않는 것이라면 꿩이 큰 대합이 되고, 참새가 조개로 되며, 악어가 호랑이가 되고, 뱀이 용으로 변하는 모든 현상들이 모두 거짓인가?"

『포박자』에서는 도가의 도개념을 빌려 형이상학적인 실재를 설정하고 현상의 근원을 설명하지만, 도가처럼 관념적인 근원으로의 복귀보다는 구체적인 존재의 완성을 지향한다.[28] 따라서 존재의 완성을 위한 수행은 당연히 실천적인데 그것은 선진 시대부터 전승되어 온 기화우주론(氣化宇宙論)에 바탕을 둔 것으로 볼 수 있다.[29] 구체적으로 『포박자』에서 제시하는 기의 극대화를 통한 생명력의 극대화의 수행방법을 살펴보자.[30]

『포박자』에서 추구하는 궁극적인 목표는 불사의 존재인 신선이 되는 것이다. 신선이 되기 위한 구체적인 수행법으로 보정(寶精), 행기(行氣) 그리고 복약(服藥)을 제시하고 있다.[31] 이 수행법은 주로 육체적으로 수행하는 양형(養形)으로 다양하게 추구되어 왔던 것들이 『포박자』에서 체계화된 것이다.

1) 복약(服藥)

선약(仙藥)을 복용해서 장생불사의 신선이 되려는 방법이다. 이 선약은

27 『抱朴子, 內篇』 권5, 「至理」.

28 정재서, 『불사의 신화와 사상』, 민음사, 1994, 43쪽.

29 정재서, 위의 책, 17쪽.

30 『抱朴子』의 수행법은 주로 위의 책 43-62쪽에 의거하여 정리하였음.

31 『抱朴子』 권8, 「釋滯」.

세 종류가 있는데, 직접적으로 수명을 연장 가능케 하는 상약(上藥)과 그 보조적인 기능을 하는 중약(中藥)과 하약(下藥)이 있다. 그러나 실제로 어느 것이 상약·중약·하약인지 명확하지 않다. 다만 선약 중에서 가장 최상의 것은 단약(丹藥)이다. 단약은 득선(得仙)을 보장하는 것으로 인식되어 왔다. 결국 복약하는 행위는 다양한 물질 속에 함유되어 있는 기를 섭취해서 인간의 생명력인 기를 확충·확대하려는 의도인 것이다.

2) 행기(行氣)

호흡수련법으로서 기를 체내의 경락을 따라 원활하게 운행시키려는 것이다. 기는 지금껏 고찰한 것처럼 우주에 가득차 있는 생명력이기에 『포박자』에서는 이 대기 중에 편만해 있는 기를 호흡수련을 통해 확충·확대 운용하여 장생불사하려는 수련방법을 개발하였다. 수련의 단계와 기능의 차이에 따라 다른 명칭이 있는데, 복기(服氣)·폐기(閉氣)·누기(累氣)는 기를 축적하는 수련이고, 행기(行氣)·운기(運氣)는 축적한 기를 체내에서 경락을 통해 운행시키는 수련이며, 조식(調息)·태식(胎息)이란 자연스러운 복식호흡을 말하는 것이다. 이러한 호흡의 효과와 수행법을 『포박자』에서 이렇게 말하고 있다.

> "행기로써 온갖 병을 고칠 수 있고 돌림병이 퍼져 있는 곳에도 들어갈 수 있다. 뱀이나 호랑이를 제압할 수 있으며 상처의 피도 그치게 할 수 있다. … 배고픔과 갈증을 면하게 할 수도 있으며 목숨을 연장할 수도 있다. 중요한 것은 태식뿐이다. 태식을 터득하게 되면 입과 코를 쓰지 않고 호흡을 할 수 있는데 마치 태아가 뱃속에서 있을 때처럼 숨을 쉴 수 있으면 도를 이루게 된다."[32]

32 『抱朴子』 권8, 「釋滯」.

호흡수련을 통한 생명력인 기의 확충은 신체를 변화시켜 불로장생에 이르게 하고 또한 갖가지 초자연적인 능력을 갖게 한다고 본다. 호흡수련은 명상(冥想)이나 내관(內觀) 등의 정신수련과 밀접한 관계를 맺고 입신(入神)이나 망아(忘我)의 경지를 체험하게 하는데, 이것은 신체내부에 잠재한 자신의 생명력인 기를 확충 운용하는 수련이다.[33] 여기에서 태식은 행기의 완성된 호흡법인데 어머니 뱃속의 태아가 코나 입을 사용하지 않고 하는 호흡으로서 아무것도 하지 않은 듯하지만 저절로 이루어지는 무위자연의 경지와 같음을 뜻하고 이 경지는 곧 어머니로 표현되는 도와의 일치를 태식이 상징한다고 본다.[34] 『포박자』에는 호흡하는 방법, 호흡하는 시간 등 호흡수련에 대해 자세하게 설명을 하고 있다. 당(唐) 시대에는 선약을 복용하는 외단법이 성행하였으나 선약의 광물 특히 수은 중독의 피해가 커서 호흡수련인 내단법이 도교수행에서 중요한 위치를 차지하게 되었다.

3) 방중술(房中術)

음과 양의 두 범주에 속하는 천과 지가 기의 교류에 의해서 만물이 생성·화육된다는 것이 도교의 우주의 생성의 원리인데, 이 원리를 인간의 성관계에 유추시킨 것이 방중술이다. 인간도 남과 여의 기의 교류인 성적인 결합이 조화로워야 자연의 원리에 부합된다는 것이다. 조화롭지 못한 기의 교류는 신체의 약화를 가져오게 하고 병폐가 발생한다고 보았다. 결국 방중술은 장생불사를 위한 생명력인 기를 성적 결합을 통해서 확충하려는 기법이다. 이 중에서 최고의 기법은 환정보뇌(還精補腦)라는 것이다. 환정보뇌는 정액을 체내의 기맥을 따라 뇌로 보내서 정기를 보강하려고 한 것이다. 이것은 정액

---

33 정재서, 앞의 책, 56-57쪽.

34 박승준, 「포박자에 나타난 불사의 추구」, 『구원이란 무엇인가』, 도서출판 창, 1993, 198쪽.

(精液)을 실제로 뇌로 보낸다기보다는 생명력으로 상징되는 정액의 힘을 상승 이동시킴을 의미하는 것이다.[35]

이상의 수행법 이외에도 곡식 섭취를 피하는 단식법인 벽곡법(辟穀法)과 몸을 굴신시켜 기의 원활한 운용을 꾀하여 노화를 방지하려는 체조법이 있다. 특히 도인(導引)은 호흡법과 내외의 관계를 맺고 있기에, 호흡법인 내공법에 대하여 외공법으로서 무술과 곡예를 발전시켜 나갔다.

『포박자』에서는 신체적 수행인 양형(養形)을 중시하였지만 한편 정신적인 수행인 양신(養神)의 수일법(守一法)도 강조하였다. 수일법은 글자 그대로 '하나'를 지키는 것으로서, 여기에서의 '하나'란 노자의 도를 의미하는 것이다. 이 '하나'인 도로부터 천지만물이 나오기 때문에 이것을 항상 마음으로 지키고 이것을 제대로 알게 되면 장생불사를 이룰 수 있다는 것이다. 『포박자』에는 수일법을 이렇게 말하고 있다.

> "하나를 지키고 참됨을 간직하면 능히 신령과 통할 수 있다. … 하나를 아는 것은 어렵지 않으나 어려움은 그것을 끝까지 하는 데에 있다. 그것을 지켜 잃지 않으면 무궁할 수 있다."[36]

『포박자』의 이 수일법은 도교의 명상법인 내관법(內觀法)으로 정착되는데 이 명상법을 통하여 직접 신선을 만나 영적인 능력을 얻기도 하고 비전을 전수받는 계시적인 요소를 갖게 된다. 신선을 만나고 신선이 되기 위해서 덕행과 선행을 쌓는 도덕적인 면을 또한 무시할 수 없다. 불사의 신선이 되기 위해서는 인격을 완성하여 먼저 유덕자(有德者)가 되어야만 한다. 양신의 목적

35 정재서, 앞의 책, 59쪽.

36 『抱朴子, 內篇』 권18, 「地眞」.

은 단순한 수명의 연장의 불사만 의미하는 것이 아니라 인격과 덕성의 완성이 전제되어야 한다는 점을 강조하는 것이다. 이러한 정신수련의 방법은 도홍경(陶弘景)에 이르러 더욱 체계화되고 집중적인 발달을 보게 된다.

이상에서 살펴본 것처럼 도교의 장생불사를 지향하는 외단법과 내단법이 기수행이란 것을 알았다. 기수행의 목적이 인간에 내재하고 있는 생명력인 기를 극대화시키고, 또한 외재하는 기를 받아들여 확충하고, 다시 기의 조화로운 운용을 통해 도를 성취하여 불사의 경지에 들어가려는 것이다. 기수행의 메커니즘을 보면 단순히 수동적으로 기를 받아들이는 것이 아니라, 기의 극대화의 과정은 몸과 마음을 정화해 가는 것이다. 몸과 마음의 온전한 정화가 이루어지면 우주적 근원인 도가 자연스럽게 드러나게 된다. 내재적인 원리인 도의 체험을 위해서 외적인 감각이나 인상들은 모두 내적인 핵심에 이르도록 절제되어야 하는 것이다. 자아 인식을 완성시키기 위하여 감정은 평정을 유지하고 자세는 정좌(靜坐)를 취하고 호흡은 어머니 뱃속의 아이 같은 모습으로 부드럽고 온화하게 한다. 이것은 결국 빈 마음으로 정좌한 채 깨어 기도하는 자세가 되는 것이다.[37] 다시 말해서 철저한 자기부정이 전제된 수행이다. 곡식을 끊고, 육류나 주류를 삼가는 금욕적인 생활은 고행에 가깝다. 인간적인 외적인 조건을 초극(超克)하고 욕망을 초월한 도덕적인 생활과 선행과 참회가 요구되는 것이다. 이처럼 도교의 장생불사의 수행법이 결국 자신을 비움으로써 존재의 근원을 드러나게 하고, 그 근원과 일치를 이루어 지속성에 머물겠다는 의지의 표현이라고 보면, 그리스도교의 수행개념인 Askese, 즉 신과의 합일을 위하여 자기를 금욕·절제하고 정화시키려는 것과 매우 상통하는 것으로 볼 수 있다.

37 휴스톤 스미드, 이종찬 역,『세계의 종교』, 은성, 1993, 274-275쪽.

Ⅲ. 그리스도교의 Askese[38]와 도교의 수행관

도의 양극성이란 도에서 음과 양이 나왔다는 의미에서 찾아볼 수 있다. 도에 이르기 위한 수행에서도 마찬가지로 기를 조화롭지 못한 상태에서 조화로운 운행으로 전이될 때 가능한 것으로 보았다. 여기에서 주목할 사항은 '기(氣)'의 고어체인 '기(炁)'가 도교의 경전에 쓰이고 있는 점이다. 대만 학자인 남회근(南懷瑾)의 '炁' 자 분석에 따르면 '旡'는 '無' 자의 옛 글자이고 밑에 있는 '灬'는 '火' 자의 다른 형태로 본다. '기(炁)'란 '무화(無火)'를 말하는 것인데, 여기에서 불(火)은 음욕과 정욕이 쉴 새 없이 일어났다가 사라지는 생각을 뜻하는 것이다. 인간 생명의 근원인 원기(元氣)가 안정되려면 이러한 조화(躁火)를 없애야 하는 것으로 보았다.[39] 여기에서 기(炁)는 보다 적극적인 버림의 일면을 보여주고 있다. 다시 말해서 긍정을 위한 부정의 모습을 찾을 수 있다. 사람이 모든 욕정으로부터 벗어나 비울 때에 도(道)와의 일치를 이루게 되는데 그것은 스스로 도가 충만하여 목적이 없는 행위, 즉 무위를 이룰 때에 가능한 것으로 본 것이다. 만물이 도로부터 나왔다면 다시 도로 회귀해야 할 것이다. 회귀의 과정에서 서로 상치되고 상반되는 것들이 상쇄되어 승화된다. 버림과 포기는 결국 충만으로 전이된다.

그리스도교에서 인간의 삶을 하느님과의 만남을 위해 성숙시켜 나아가는 과정으로 보면 그리스도교에서의 수행은 인간실존 전반에 해당되는 모든 것이라고 할 수 있다. 지금까지 살펴본 도교의 수행과 대비시켜 볼 수 있는 그

---

38 그리스도교의 Askese개념의 전개과정을 다음의 기회에 다시 논구하기로 하고 여기에서는 단지 도교의 기수행과 Askese가 서로 비교 가능한 개념이라는 것을 제시하는 것으로 그친다.

39 南懷瑾, 崔一凡 譯, 『靜坐修行의 理論과 實際』, 논장, 1991, 22쪽.

리스도교의 수행의 개념으로서 Askese를 제시해 본다.[40] Askese는 절제 · 자기수련 · 자기훈련 · 금욕 · 수덕 · 노력 · 수고 · 포기 등 다의적으로 사용되는 개념으로서, 끊임없는 자기부정과 자기포기 그리고 자기절제를 통한 하느님과의 일치를 이루기 위한 수행의 의미를 지닌다. 볼프(Friedrich Wulf)는 Askese를 "그리스도교적 완전성에 도달하고자 하는 인간적 노력의 모든 행위들" 그리고 "투쟁과 포기가 함께 하는, 그러나 결정적인 극복은 아직 성취하지 못한 지속적이고 질서 지워진 노력"으로 정의하였다. 이 정의는 일반적으로 가톨릭 신학에서 통용된다. 여기에서 포기란 그리스도교적인 삶에서 "완전성"에 도달하기 위한 노력으로 이해되고 있다.[41] 칼 라너는 그리스도교적 Askese의 유형을 인간의 다양한 노력들 사이에서 조화를 이루려는 윤리적 Askese와 다양한 종교전통 안에서 종교의식에 참여할 수 있는 전제조건으로서의 절제와 포기의 의미를 지닌 종교의식적 Askese 그리고 신적(神的) 체험을 가능케 하는 다양한 종류의 절제인 신비적 Askese로 나누어 보았다.[42] 그리스도교적 Askese의 근원에는 이원론적 인간관이 자리 잡고 있다. 육체는 악한 것, 감옥, 무덤으로 보아 투쟁하여 극복해 가야 할 것이며 마침내 괴멸시켜야 할 것으로 보았다. 그래서 금욕주의적 훈련의 Askese는 육체의 악한 면을 극복할 뿐만 아니라 육체 자체를 이겨 나가는 과정으로 여겼다.

신약성서에서 Askese는 그리스도인의 투쟁과 훈련의 의미를 지니고 있다

---

40 그리스도교의 수행의 뜻인 Askese의 어원은 본래 그리스어의 áskēsis(연습, 생활지혜)에서 비롯되며, "윤리적인 그리고 종교적인 이상을 실현하기 위한 강한 절욕적(節慾的)인 그리고 인종적(忍從的)인 삶의 방법" 혹은 "탐욕을 죽이고 삶에서 오는 무거운 짐을 극복하기 위한 속죄의 훈련" 이란 뜻을 지닌다.

41 Josef Weismayer, 전헌호 역, 『넉넉함 가운데서의 삶』, 분도출판사, 1996, 288쪽. Askese에 대한 정의와 역사적 고찰 및 신학적 정리는 모두 이 책을 참조하였음.

42 Josef Weismayer, 위의 책, 289-290쪽.

(1고린 9, 24-27: 필립 3, 13-14: 2디모 4, 7-8). 이것들은 그리스도를 닮으려는 노력으로서 죄·육체·세상을 극복함을 뜻한다.

교회의 역사 안에서 Askese의 몇 가지 모델을 살펴보면, 오리게네스(Origenes)는 Askese의 과제를 영혼의 순수성을 회복하기 위한 것으로 여겼다. 아우구스티누스(Augustinus)는 Askese를 하느님을 향한 사랑과 이웃을 사랑하기 위한 도구로 여겼다. 초·중세기의 교부시대에는 Askese의 의미가 주로 식생활과 결혼생활에 있어서의 절제를 중시하였다. 성 베네딕도는 하느님에 대한 전적인 사랑, 자신을 버리는 삶을 강조하였다. 11세기 이래로 예수의 인간성에 대한 관심이 커지면서 당연히 Askese에 대한 생각에도 변화를 가져왔다. 성 프란치스코의 Askese는 이 세상을 벗어난 성덕의 완전함을 구하는 것이 아니라 지상에서 예수 그리스도가 행한 것을 뒤따라가는 것이다. 즉 '가난한 예수'를 모범 삼아 이웃사랑을 구체적으로 실천하는 것이었다.

리페르트의 Askese에 대한 새로운 해석과 통찰은 현대신학에 있어서 그 이해의 지평을 넓히게 하였다. 그는 Askese의 자기포기적인 성서적 표현은 오늘날 자기 자신을 찾고, 자신을 실현해야 한다는 요청과 대치된다는 문제를 출발점으로 삼는다. 서로 모순되게 보이는 이 양자의 관계가 사실은 서로 목적과 방법의 관계로 존재한다는 것이다. 즉 구원과 참된 삶의 의미에서 자신을 찾고 실현하려는 것은 목적이고, 이 목적에 도달하기 위한 방법은 자기 자신을 부정하는 것이다.[43]

오늘날 Askese에 대한 관심이 높아지고 있다. 제2차 바티칸공의회의 교회헌장(Lumen Gentium)과 사목헌장(Gaudium et spes)에서 Askese의 중요성과 필요성을 제시하고 있다. 현대문명의 위기에서 Askese에 관한 관심이 증대되고 있는 바, "새로운 Askese", "민주적 Askese", "생태적 Askese", "소비 Askese",

43 Josef Weismayer, 위의 책, 304-305쪽.

"기술 Askese" 등의 신조어들이 생겨나는 것은 현대 물질문명의 위기를 풀 수 있는 대안으로서 새로운 방향 제시를 Askese개념으로 할 수 있음을 보여준다.

그리스도교의 Askese가 도교의 기(氣)수행과 과연 어떻게 창조적인 만남을 할 수 있을 것인가. 도교의 기수행이 이원론을 극복하는 통로를 열어 준다면, Askese는 리페르트(Lippert)가 말한 대로 하나의 "연대성적"인 것이므로 기수행의 비연대적인 자기위주의 수행성격을 극복하게 하는 도전으로 다가설 것이다.

이 세상 안에서 살아가는 인간의 삶은 Askese가 없이는 완수할 수 없는 하나의 과제로 본다.[44] 여기에서 의미하는 Askese는 하느님을 향한 하나의 "응답"으로서, 이는 무엇인가를 성취하려는 의욕 때문에 압박감 속에 있는 것이 아니라 세상만물과 인간의 창조주인 하느님의 부르심에 응답함을 뜻한다. 또 한편으로 Askese의 응답행위는 그리스도인은 이런 것을 해 낼 수 있다는 능력을 부여받았다는 것을 의미한다. 즉 그리스도교적 Askese란 은총에 의해서 가능하다는 것이다.

Ⅳ. 맺는 말

도교의 수행관의 전개를 선진 도가의 노장에서부터 후대의 종교교단으로 성립된 도교의 수행관까지 살펴보았다. 두 도교전통의 수행에는 각각 도와의 합일을 위한 구체적인 노력이 체계화되어 있는 바, 내면적으로 일관되게 흐르는 공통적인 것은 바로 도(道)→기(氣)→물질〔인간〕→기(氣)→도(道)의 순환

---

44 Josef Weismayer, 위의 책, 307쪽.

운동의 구도 속에서 기개념이 중심의 자리에 있다는 점이다. 도로부터 사람과 사물이 나오고, 다시 도로 돌아가는 과정에서 기는 바로 이 둘 사이의 연결고리라는 점에서 결국 도교의 수행은 기수행이라고 말할 수 있겠다. 기의 적극적인 확대나 확충 그리고 조화로운 운용을 통해서 궁극적인 실재와의 감응을 시도한 것이다.

이러한 기수행의 전개는 도교 수행의 핵심을 이루고, 다른 한편 보다 조화로운 기의 운용을 위해서 도교에서는 자기절제와 정화의 수행을 동반한다. 이러한 자기절제의 도교의 수행이 과연 그리스도교의 Askese와 창조적으로 만날 수 있는지 그 가능성을 타진하였다.

도교는 오늘날 한국의 종교현실 속에서 교단의 모습을 띠고 있지 않고, 문화의 저변 속에 존재하고 있다. 그리스도교의 복음과 도교의 만남은 한국의 종교현실에서 어떻게 가능한 것인가. 물론 교단을 형성하고 살아 있는 종교와의 만남보다는 긴장의 국면을 갖지 않을 것이다. 그러나 여러 분야에서 문화로서 존재하는 기의 다양한 얼굴을 그리스도교에서는 어떻게 이해하고 수용할 것인가는 매우 중요한 관건으로 남는다. 앞으로 남은 문제는 도교의 기를 중심으로 한 수행뿐만 아니라 노장의 신비주의적인 도와의 합일의 메커니즘이 그리스도교의 영성에 어떻게 새로운 활력을 제공할 수 있나 하는 점과 함께 도의 양극성을 극복하는 일원론적 도패러다임이 그리스도교의 복음과 어떤 방식으로 창조적인 해후를 할 수 있나 하는 점이다.

한글과 불교경전

Ⅰ. 불교의 전래와 경전의 사경

한반도에 불교가 전래된 것은 4세기 초반의 일이다. 중국 전진(前秦)의 왕 부견(符堅)이 보낸 승려 순도(順道)를 통해 고구려 소수림왕 2년(372)에 전래되었다. 백제에는 중국 동진(東晉)을 거쳐 한반도에 도착한 인도 승려 마라난타에 의해 불교가 전파된다. 『삼국사기』에 따르면 신라에는 승려 아도(阿道)가 눌지왕 때 고구려에서 신라로 건너와 불법을 전했다고 한다. 그러나 바로 뿌리를 내리지 못하고, 신라 법흥왕 14년(527)에 이차돈의 순교를 계기로 불교를 공인하게 된다.

신라는 고구려나 백제에 비하여 뒤늦게 불교를 받아들였지만, 불교가 신라에 수용되는 과정에서 왕권과 귀족세력의 갈등이 있었다. 왕권은 석가불로 또는 전륜성왕으로 상징되었다. 진흥왕이 왕자들을 동륜(銅輪)과 금륜(金輪)으로 부른 것은, 바로 진흥왕 자신을 전륜성왕에 빗댄 것이다. 진흥왕은 전륜성왕으로 일컬어지는 인도의 아쇼카 대왕처럼 신라의 영토를 크게 확장시킨 왕이다. 신라의 국왕을 석가모니 부처님으로 상징화한 것은 석가모니 부처님의 권위를 빌려 왕권을 강화하려는 것으로 보인다. 여기에서 신라의 왕권과 불교의 결합에 많은 역할을 한 사람은 자장(慈藏) 율사였다. 그는 북방의 호국불교적인 경향을 신라에 심었다. 선덕여왕에게 황룡사에 구층탑을 세우게 한 것이 좋은 예이다. 이렇게 왕권이 석가모니 부처님의 권위에 빗대지면서 왕권과 귀족세력을 각각 석가모니 부처님과 미륵보살로 상징되었다. 그에 따라 귀족의 자제로 구성된 화랑도 자연스레 미륵보살로 상징되었다. 화랑의 교화(教化)는 곧 미륵의 풍류교화(風流教化)라고 할 수 있다. 그래서 화랑을 미륵선화(彌勒仙花)라고도 불렀다.

불교는 신라에 두 방향으로 수용되어 전개되었다. 하나는 왕실 중심의 귀족불교로 전개되었고, 다른 하나는 백성들의 토착신앙과 결합되어 전개되어 갔다. 신라가 불교이념으로 사회를 통합하려고 하였기에 국왕을 석가불 또는 전륜성왕으로 간주하였고, 화랑을 미륵의 화신으로 여겼다.

신라는 정치적으로 종교적으로 새로운 국면을 꾀하면서 불교를 중앙권력을 강화하는 이념으로 활용하게 되었다. 또한 신라가 삼국을 통일한 이후 삼국의 백성들 사이의 갈등을 해소하고 하나로 융합시킬 수 있는 정신적·종교적 이념이 필요했다. 이런 상황에서 불교는 신라가 통일왕국으로서 튼튼한 발판을 마련하게 하고, 왕국의 번영과 백성을 하나로 뭉치게 하는 정신적 지주가 되었다.

신라의 왕실은 불교의 화엄사상을 통하여 왕권강화를 시도하였다. 현재 전해지고 있는 신라시대의 사경으로 백지에 먹으로 쓴 『대방광불화엄경(大方廣佛華嚴經)』이 있는 것으로 보아 『화엄경(華嚴經)』 사경은 정치적·종교적인 연유로 왕실을 위하여 빈번하게 이루어졌을 것이다. 여기에는 사경하게 된 동기 및 방법, 의식과 절차, 그리고 여기에 관여한 사람들의 관등과 신분도 적혀 있다. 이때에 사용된 종이는 얇게 뜬 닥종이로 그 품질이 흠잡을 데 없이 매우 뛰어난 것으로 보아, 제지술이 매우 발달했음을 알 수 있다.

경전의 사경으로써 공덕을 쌓는 것은 대승불교에서 강조하는 방법이다. 이것은 승려나 일반 신도를 막론하고 불경을 서사(書寫)하여 정성스러운 마음으로 납탑(納塔) 공양하면 붓다의 보호와 위력으로 모든 재앙을 물리치고 복을 얻게 되며 소원을 성취할 수 있다는 신앙에서 비롯된 것이다. 사경한 경전을 탑에 봉안하는 행사에는 여러 종류의 불경이 사용되었는데, 그중에서도 특히 『다라니경(陀羅尼經)』이 주된 대상이었다. 사경 공덕은 정성껏 서사해야만 쌓이는 것이기 때문에, 당연히 시간과 노력이 많이 든다. 삼국시대에 불교가 전래된 후 왕실의 적극적인 뒷받침으로 사찰이 곳곳에 세워지고 승려들이 중국은 물론 인도에까지 유학하는 등 불교문화가 꽃을 피우자 불경에 대한 수요도 크게 확대되었는데, 이러한 사회적 배경에서 사경이 널리 성행하였다.

그러나 경전을 직접 손으로 써서 베끼는 것은 시간도 오래 걸리는 고된 작업이었기 때문에 이를 대신할 새로운 기술의 도입이 필요했다. 판목(板木)을 한 장씩 새기는 작업은 시간과 노력이 많이 드는 일이지만, 목판인쇄를 하게 되면 필사본보다는 훨씬 빨리 많은 양을 생산할 수 있다. 목판인쇄술이 발달되면서 여러 종류의 경전과 논서들이 널리 유포될 수 있었다. 현재 확인된 최초의 목판인쇄는 『무구정광대다라니경(無垢淨光大陀羅尼經)』이다. 이는 신라 경덕왕(景德王) 10년(751) 경주에서 간행된 불경으로 12장(張)의 종이를 연결하여 만든 권자본(卷子本)이다. 이것은 12개의 목판으로 각인(刻印)된 것이다. 이 다라니경은 목판을 이용하여 종이에 찍어낸 세계 최고(最古)의 인쇄물이며 우리 민족의 발달된 인쇄술과 제지술을 입증하는 귀중한 유물이다.

이처럼 목판인쇄는 통일신라시대 불경을 널리 전파할 목적으로 발달되었던 것이다. 문서를 일일이 손으로 써서 복사하던 필사본시대(筆寫本時代)에서 목판인쇄로 전환되기 시작한 것이다.

Ⅱ. 고려시대의 목판인쇄술과 팔만대장경

불교는 통일신라시대와 고려시대의 국교(國敎)로서 수많은 고승과 종교지도자를 배출했고 정치·사회·문화·예술 전반에 큰 영향을 끼치게 된다. 특히 고려시대에는 불교가 국가의 안녕과 백성의 평안을 보장해 주는 신앙으로서 자리 잡는다. 부처님의 힘으로 국난을 극복하고 외침을 물리쳐 호국할 수 있다는 믿음 때문에 사찰이 전국 곳곳에 건립되고, 불경이 활발히 간행되면서 인쇄술이 발달하였다.

신라의 목판인쇄술은 고려에 계승되었는데 고려 초기 인쇄술의 연원은 전북 익산군 왕궁리의 5층 석탑에서 발견된 양각(陽刻) 금판본(金板本)인 『불설금강반야바라밀경(佛說金剛般若波羅密經)』에서 찾아볼 수 있다.

신라시대의 인쇄술을 계승하여 발전시킨 고려 초기의 인쇄술의 발달은 국가 기관에서보다 각 사찰에 의해 이루어졌다. 인쇄술의 발달과 보급에 커다란 영향을 미쳤던 불교가 고려에 들어와 국가적 종교로 승격되어 신도가 날로 늘어나자, 불경 간행이 크게 활기를 띠면서 인쇄술이 더욱 발전하는 계기가 되었다. 그런데 고려시대는 국초부터 거란과 여진, 몽고 등 잇따른 외침과 국내 정변에 의한 여러 차례의 전란을 겪으면서 그동안 간행된 귀중한 전적(典籍)을 비롯한 숱한 문화유산들이 소실되고 말았다. 현존하는 고려시대의 목판인쇄물 중 가장 오래된 것으로는 총지사(摠持寺)에서 간행한 『일체여래심비밀전신사리보협인다라니경(一切如來心秘密全身舍利寶篋印陀羅尼經)』을 들 수 있다. 이 다라니경은 목종 10년(1007)에 개성의 총지사에서 간행되었는데, 주지 진염(眞念) 광제대사(廣濟大師) 홍철(弘哲) 화상이 목판인쇄를 직접 담당했고 가로 길이 32cm, 세로 45cm 크기로 두루마리 형식의 권자본이다. 원문의 앞부분에는 보기 드물게 수준 높은 불화가 그려져 있고 인쇄술은 아주 정교하다. 우리나라에서 가장 오래된 변상도(變相圖)이기도 한 『보협인다라니경』은 고려시대 목판인쇄술의 발전 정도를 확인할 수 있는 귀중한 자료이다.

고려 8대 왕인 현종(顯宗, 1010~1031)은 거란의 침입으로 수도인 개경(開京)이 함락당하는 국가적 위기를 겪으면서, 부처의 힘을 빌어 국난을 극복하기 위해서 대장경의 판각이라는 국가적인 사업을 시작한다. 부처님이 나라의 어려움과 외세의 침략을 막아줄 수 있는 힘을 지녔다고 믿었기 때문이다. 당시에는 개보판(開寶版) 대장경이 들어와 있었는데 이와 더불어 이미 고려에 있던 경전들을 모두 모아서 목판에 새겨 인쇄하기 시작했다. 문종(文宗, 1046~1083)은 현종의 업적을 이어 받아 불교 융성에 기여했다. 문종 17년 『거란대장경』 1,000여 권이 담긴 200여 상자가 들어왔는데 문종은 이 대장경까지 참고하여 새로운 대장경을 간행하도록 하였다. 현종 2년(1011)에 시작하여 선종 4년(1087)에 완성된 대장경은 모두 5,000축(軸)에 달하는데, 『초조대장경(初雕大藏經)』이라고 부른다.

고려시대의 대표적인 승려로 대각국사 의천(大覺國師 義天, 1055~1101)을 들 수 있다. 대각국사 의천은 『초조대장경』에 누락된 경전들을 모아서 『속장경(續藏經)』 즉 『교장(敎藏)』을 간행했다. 『교장』의 간행을 위해서 송과 요, 일본, 티베트 등지에서 경전을 모으면서 그 목록집인 『신편제종교장총록(新編諸宗敎藏總錄)』을 만들었다. 그리고 흥왕사에 '교장도감(敎藏都監)'을 설치하여 이 목록에 의거하여 그때까지 수집한 불경을 9년 동안 경판으로 새겼다.

『교장』은 송판(宋板)보다 훨씬 단정하고 판각술이 뛰어나 인쇄 상태가 훨씬 우아하며, 독창성을 발휘하여 경판을 조조했다. 특히 인쇄기술사적인 관점에서 볼 때 『교장』은 『초조대장경』 및 『재조대장경』보다 훨씬 뛰어나다. 즉, 『초조대장경』 및 『재조대장경』은 매 행마다 14자씩인데 비해 『교장』은 20~22자씩으로 되어 있어 글자가 훨씬 작고 매우 정교하다. 『교장』은 『초조대장경』 및 『재조대장경』과는 달리 당대의 명필가를 동원하여 새로 정서하고 철저한 교정을 거쳐 정교하게 판각한 것이다. 따라서 『교장』의 우수성은 『초조대장경』 및 『재조대장경』보다 훨씬 월등한 고려 조판인쇄술의 정수라 할 수 있다.

그러나 1232년 몽고의 침입으로 인하여 『교장』의 경판은 물론 인쇄본마저 거의 소실되는 참화를 겪었다. 다만 『교장』의 인쇄본 일부와 조선 초에 중수, 간행된 『신편제종교장총록』이 지금까지 전해지고 있어서, 『교장』의 존재와 면모를 확인할 수 있을 뿐이다.

1232년 『초조대장경』과 『속장경』이 모두 몽골의 침입으로 소실되자 고종(高宗) 23년(1236)부터 대장경(大藏經) 목판본을 다시 만들기 시작했다. 부처님의 가호로 국난을 극복할 수 있다고 믿은 왕실은 물론 귀족들과 일반 백성들이 모두 일치단결하여 대장경 조성에 온 힘을 기울였다. 고종은 대장경 간행의 총감독자로 수기(守其)를 임명했다. 수기는 송과 거란의 대장경 목록들을 다시 검토하여 잘못된 것은 바로잡고 빠진 것은 보완했다. 이웃 나라뿐만 아니라 기존의 경전을 두루 참조하고 『초조대장경』 등을 기초로 삼아 내용을 보완했다. 이러한 교감작업을 통하여 조성된 『재조대장경(再雕大藏經)』은 내용면에서 완벽을 기할 수 있어서 중국이나 일본에서 조조된 어떠한 장경보다도 본문이 잘 보수되어 오탈자가 적기 때문에 현재 국내외에 사용되고 있는 대장경의 정본이 되고 있다. 고종 23년(1236)에 시작된 간행은 고종 38년

(1251)에 완성되었는데, 16년이라는 오랜 시일이 소요되었다. 이것을 『재조대장경』이라 불렀는데, '재조(再雕)'는 다시 만들었다는 뜻이다. 이 『재조대장경』은 오늘날 『팔만대장경(八萬大藏經)』으로 더 많이 알려져 있다. 이것은 경전을 새긴 목판의 숫자가 81,155개에 이르기 때문에 붙여진 이름이다. 이 중에서 18개 목판은 분실되었고, 296개는 조선시대에, 12개는 항일전쟁시대에 새로 첨가되었다.

이들 목판들의 보관 상태는 아주 좋은 편인데 사용된 목재들의 품질이 우수했던 까닭이다. 『팔만대장경』 목판은 제주도, 거제도, 완도 등에서 조달된 산벚나무와 여장나무(후박나무)를 사용하여 만들었다. 또한 새겨진 글씨체는 마치 한 사람의 필체인 양 한결같이 고르고 훌륭하다. 국가적인 사업으로 완성된 고려의 여러 대장경들은 인쇄술과 출판문화의 발전을 도와서 고려를 문화국으로서 이름을 높인 문화유산이다.

Ⅲ. 금속활자와 경전의 만남

통일신라시대에 꽃피운 목판인쇄술은 고려시대에도 계속해서 이어지고, 더욱 향상되어 눈부신 발전을 이루게 된다. 불교경전의 간행사업에 활력을 불어넣은 인쇄문화의 발전은 거란과 몽고의 침입을 불심과 불력으로 극복하려는 염원에서 비롯되었다. 불경간행사업은 어려운 시기에 국민들의 정신적 사기를 북돋우면서 국가사업으로까지 확대되었다. 결과적으로는 활판인쇄의 발달을 촉진하게 되었는데, 금속활자의 발명은 바로 고려가 낳은 가장 귀중한 문화유산 중의 하나다.

13세기에 이르러서 금속활자가 발명되었는데, 그 동기는 불경편찬뿐만 아니라 다른 곳에서도 찾아볼 수가 있다. 편리함과 실용성, 신속성을 더욱 추구하기 시작했던 시대적 요구에 대처하기 위해 금속활자가 발명되었다고도 볼 수 있다.

금속활자로 인쇄된 세계 최초의 문헌인 『직지심체요절』의 원명은 『백운화상초록불조직지심체요절(白雲和尙抄錄佛祖直指心體要節)』로서, 백운경한 화상이 부처님의 가르침을 제자들에게 전하기 위해 지은 책으로 상·하 두 권으로 편재되어 있는데, 지금까지 남아있는 것은 하권뿐이다. 이 책은 국가기관이 아니라 지방의 한 사찰에서 전통적인 주조 방법으로 활자를 만들어서 인쇄하였기 때문에 전체적으로 볼 때 기교와 솜씨가 미숙한 초기 활자본의 성격과 특징을 나타낸다. 지방의 사찰에서 금속활자로 경서를 인쇄할 만큼 고려의 금속활자인쇄술은 상당한 수준까지 발전되고 널리 보급되었음을 알 수 있다.

『직지심체요절』은 프랑스 모리스 꾸랑(Maurice Courant)이 1901년에 발행한 『한국서지(韓國書誌)』의 부록에 금속활자로 인쇄된 것이라고 처음 소개되었으나, 그 실물을 접할 길이 없었다. 그러던 중 1972년 '세계 책의 해'를 기념하기 위해 유네스코 주관으로 프랑스국립도서관에서 '특별 도서 전시회'를 개최했는데, 이때 도서관에 근무하던 박병선(朴炳善) 여사가 『직지심체요절』을 전시회에 출품함으로써 처음으로 공개되어 현존하는 세계 최고(最古)의 금속활자인쇄본으로 알려지게 되었다.

본래 『직지심체요절』은 1887년 주한 프랑스 대리공사로 서울에 근무했던 꼴랭 드 플랭시(Collin de Plancy)가 수집해 간 많은 장서 속에 들어 있던 것으로, 도서 수집가인 앙리 베베르(Henri Vever)가 소장하고 있다가 1950년 그가 사망하자 프랑스국립도서관에 기증되어 보관되고 있다.

Ⅳ. 한글창제와 불전의 한글화

1443년 세종에 의해 훈민정음이 만들어질 때, 주변의 여러 국가에서는 이미 자신의 언어에 맞는 문자를 만들었다. 거란의 경우 중국에 대응하기 위한 목적으로 한자와 유사하게 생긴 문자를 창제하였고, 베트남과 여진, 몽골 그리고 일본까지 자신의 언어를 표기하기 위해 문자를 만들었다. 훈민정음 창제 당시, 한자음에 대한 표기법은 혼란스러웠다. 세종의 한글창제의 목표는 순수한 한국어의 표기, 한자음의 표기, 외국어의 정확한 표기를 위한 것이었다. 훈민정음 창제 기원에 대해서 여러 가지 학설이 있다. 1. 발음기관 상형설 2. 고전(古篆) 기원설 3. 범자(梵字) 기원설 4. 몽고 기원설 5. 한국의 고대문자 기원설 6. 역학 상형기원설 7. 창문 상형설 8. 기-성문도 기원설 9. 여타 팔리어·거란어·여진어·일본신대문자·서장어 기원설 등이다. 그러나 한글 자모의 모양새 자체가 혀와 치아와 목구멍의 모습에서 유래되거나 천지인(天地人) 삼재(三才)의 모습에서 유래되었다는 것이 '제자해(制字解)'에 분명하게 표기되어 있다.

제자해의 설명을 살펴보면, 우리 몸에서 만들어 내는 조음기관의 모습에서 글자의 모양을 본뜬 것이다. 어금니 소리인 'ㄱ'은 소리가 목구멍에서 시작되는 것은 후음과 유사하지만, 어금니에서 뻗어 나오는 혀의 모양은 글자의 모양과 일치한다. 이것은 실제로 'ㄱ'을 발음해 보면 바로 이해될 수 있다. 또한 설음인 'ㄷ'의 경우 소리의 시작점과 혀의 구부러진 모양새가 글자의 모습과 일치한다. 이러한 의미에서 한글의 제자원리(制字原理)는 제자해의 설명에 의하면 상형과 표음이라고 말할 수 있다.

부왕인 세종을 도와 최초의 훈민정음 서적이라 할 『석보상절』의 편찬을 도운 경력이 있던 세조는 즉위 7년(1461)에 간경도감을 설치하였다. 간경도감에서는 세종대왕이 창제하여 반포한 한글을 사용하여 불전을 간행하였다. 비록 한문 경전을 역주하는 작업이었지만 심오한 불교의 가르침을 우리글로 표기하고 해석하는 의미있는 작업을 한 것이다. 당시는 한문만이 유일하게 문화적 표기법으로 인정되었고, 국시인 유교에 입각한 격렬한 반발로 인해 세종 당시에만 해도 한글 반포에 대한 항소가 끊임없을 때였다. 간경도감에서 시행한 일련의 번역 사업은 한글을 자유롭게 구사하고 있는 오늘날 우리들에게 많은 점을 시사하고 있다.

세조 당시의 한글본 불전에서 엿보이는 정확한 번역과 엄정한 주석은 불교사상에 대한 정확한 이해를 바탕으로 이루어졌다. 더욱이 정밀한 언어학적인 이해를 기반으로 한문과 실담어의 명확한 음가와 문법적 지식을 구사한 점에서 오늘날의 주석 작업에 비해 그 전문성이 전혀 뒤떨어지지 않는다. 새로 창제된 한글로 심오한 이해와 다양한 문법적 어휘를 구사하여 놀랄 만한 업적을 이루었다는 점에서 실로 놀랄 만한 일이다.

세조는 이미 대군시절(수양대군)인 세종 29년(1447)에 『석보상절』을 지었는데, 후일 그는 왕위에 등극하자 1459년에 세종의 『월인천강지곡』에 『석보상절』을 합치하여 『월인석보』를 간행하였다. 합치의 과정에서 권차의 조정과 이동 및 많은 첨삭을 하여서 풍부한 산문과 운문이 게재된 새로운 문헌으로 거듭난다.

간경도감을 통한 불교경전의 한글 번역 및 편찬 사업은 왕위를 찬탈하고 단종 폐위를 감행한 세조가 양심적 참회의 차원에서 행한 것으로 볼 수도 있고, 유학자에게 성전인 사서오경 등 유교경전의 한글화를 위한 전초 작업이라고도 볼 수 있다. 세종이 주관한 한글 창제 사업에 세조가 적극 참여했기 때문에 한글에 대한 남다른 실험을 시도했을 것이다.

숭유억불을 국시로 삼은 조선에서는 세종 이래 배불책이 더욱 심화되었다. 문화의 성조라 여겨지는 세종조에서 배불정책은 유래를 찾을 수 없을 정도로 그 강도가 극심하였다. 그렇지만 세조에 의한 불전의 한글본 발간은 강화된 왕권 아래에서 이루어진 것이다. 한글의 대중적 유포를 통한 한글 정착화를 위해서 세조는 불교의 전적을 사용하였다. 이와 같은 불경 한글번역본의 발간 정책은 유교적 이상국가를 실현하고자 하였던 조선의 지향점과는 다른 이질적 정책이라고 할 수 있다. 그러나 한편 한글로 불교의 경전을 번역·주석하기 위해서는 먼저 당시 백성이 쓰는 말과 새로 창제된 한글 사이의 간격을 메우기 위한 엄정한 언어적인 기준과 문법적 체계와 함께 한글의 대중화를 위한 실용적 사고도 필요했을 것이다. 더 나아가 과학·인문학적 소양과 정치·사회적 역량이 두루 구비된 문화적 바탕이 전제되어야 한글본 불전이 가능했을 것이다. 결과론적이지만 불전의 한글화 사업이 없었다면, 한글 배포의 문제가 과연 용이했을까 생각해 볼 수 있는 대목이다.

물론 간경도감이 있기 전에 왕실의 주자소와 책방 등의 도움을 받아 왕실에서 소요되는 불서들이 종종 출판되기도 하였다. 그러나 언해본 불전의 본격적인 간행은 세조 즉위 이후 국가적 기구로서 간경도감이 설치되고 시작되었다. 간경도감에서 간행된 한글불경에 승려 신미나 학조가 주가 되어 이루어진 언해역이 있지만, 세조 자신이 직접 구결에 참여하여 간행된 언해본들이 다수 있다는 점이 매우 독특하다. 간경도감의 출판 현황은 다음과 같다.

간경도감의 한글본 불전의 발간례

1	능엄경	10권	세조(世祖) 구결·언역
2	묘법연화경	7권	세조(世祖) 구결·언역
3	선종영가집	2권	세조(世祖) 구결, 효령(孝寧)·신미(信眉) 등 언역
4	금강경	2권	세조(世祖) 구결, 김수온(金守溫)·한직희(韓織禧) 등 언역
5	반야바라밀다심경	1권	효령(孝寧)·해초(海超) 등의 언역
6	불설아미타경	1권	세조(世祖) 역해

7	원각경	10권	세조(世祖) 구결, 효령(孝寧)·신미(信眉) 등 언역
8	목우자수심결	1권	신미(信眉) 언역
9	사법어	1권	신미(信眉) 언역
10	몽산화상법어	1권	신미(信眉) 언역
11	지장경	3권	학조(學祖) 언역

대체로 가독률을 최대로 높이기 위해 본문에 있는 언해는 작은 글자가 쌍행으로 이루어졌고, 언해 등은 중간 글자로 구결문을 만든 후 언해문으로 두었으며, 구결문과 언해문 사이에는 '○'를 두어 구별하였다.

세조가 사망한 후 세조의 비인 자성대비(慈聖大妃)는 중국에서 불경을 구해 오도록 하였다. 이것이 빌미가 되어 조정 유신들은 간경도감 혁파론까지 전개시킨다. 세조가 사망하고 5년이 지난 후인 성종 2년(1471)에 간경도감은 폐지된다. 그 후부터 세조의 비인 자성대비, 덕종의 비인 인수대비, 성종의 계비인 정현왕후가 세조의 유업을 계승하였다. 이들에 의해 계승된 한글본 불전의 간행은 연산군 2년(1495)에 이르기까지 지속되었다. 그 결실은 『금강경삼가해(金剛經三家解)』 및 『증도가남명계송(證道歌南明繼頌)』 등을 대표적으로 들 수 있다.

한편 불전의 한글화 사업에 가장 큰 공로는 세조 자신에게 있지만 불교계의 고승이 없었다면 경론의 참된 의미 전달과 행법의 검증이 불가능했을 것이다. 그런 점에서 불교계의 참여가 없었다면 사업의 추진 자체가 미지수였을 것이다. 더욱이 불교적 진리를 상징적 글귀에 담은 진언에 대한 증명은 실담 범어에 대한 지식을 구비한 고승의 감수 없이는 도저히 이루어질 수 없다.

문화적 배경과 언어체계가 전혀 다른 한 언어에서 다른 언어로 번역하는 것은 매우 어려운 일이다. 2세기부터 시작된 불경의 한역 과정에서 중국은 이미 그런 문제를 겪었고, 그 결과 나름의 원칙을 정립하였다. 그 한 가지가 승려 도안(道安)의 '오실본삼불역(五失本三不易)'의 원칙이다. 5실본이란, 원본의 어순과 문장 수식의 양식이 원본과 다르더라도 중국식으로 대치, 복잡한 설명과 중복되는 반복구 그리고 동일 주제에 대한 반복된 부가어를 생략하는 것이다. 3불역이란 풍속에 따라 문장을 고칠 수 없고, 성현의 가르침을 세속적으로 고칠 수 없고, 말법시대의 천박한 생각에 의해 불설을 고칠 수 없는 것을 말한다. 이러한 여러 가지 어려움 때문에 현장(玄奘)은 번역하지 말아야 하는 5가지, 즉 오종불번(五種不飜)을 주장하기도 하였다. 세조가 표본으로 삼았던 전통적 역경의 편제를 당나라 현장의 역경 방식을 통해 엿볼 수 있는데, 먼저 역경에 참여하는 구성원들을 살펴보자.

· 역경의 주체 – 역주(譯主)
· 역주가 읽어 주는 범어를 한문으로 받아씀 – 필수자(筆受者)
· 범문을 한문으로 번역 – 도어자(度語者), 역어자(譯語者), 전어자(傳語者)
· 한문으로 옮긴 범어가 올바른지를 범본에 맞추어 증명
  – 범어 어법의 검증 – 증범어자(證梵語者)
  – 범어의 의미와 내용·수행법 검증 – 증범의자(證梵義者),
  증선의자(證禪義者)
· 역어가 올바른지를 살핌 – 정자자(正字者)
· 역문의 의미를 상세히 검토 – 상증대의자(詳證大義者)
· 문장을 올바르게 다듬기 – 증문자(證文者)
· 역경 제반을 모두 감독 – 감열자(監閱者, 監護大使)

이와 같은 이들이 함께 역경불사에 참여하였는데, 역경의 순서는 대체로

이렇다. 먼저 역주가 범본을 낭송하면, 필수가 낭송된 범문을 받아썼고, 이것을 다시 한문으로 번역하였다. 번역된 한문 문장을 범본과 비교하여 오류를 검증하였는데, 문법적인 검증과 함께 교리나 수행과 관련된 내용면에서 잘못이 없는지도 검증하였다. 그 후 4자 1구의 산문체를 기준으로 윤문하였고, 모순된 점이 없는지 번역한 경문의 전후 내용을 다시 검토하였다. 이렇게 해서 완성된 문장에 곡조를 붙여서 읊으면서 운율을 다듬고, 다른 번역본이 있는 경우 서로 비교·참조하면서 역경이 진행되었다.

이와 같이 범어 불전을 한문으로 번역하는 과정을 모범으로 삼아서 간경도감에서 이루어진『능엄경언해』를 간행할 때의 상황을 제시하면 다음과 같다.

· 한문에 구결을 단다 – 세조
· 구결이 현토된 문장을 확인한다 – 혜각존자 신미
· 구결이 현토된 문장을 소리 내어 읽으면서 교정한다 – 정빈 한씨 등
· 정음으로 번역한다 – 한계희, 김수온
· 번역된 문장을 여럿이 서로 비교하고 고찰한다 – 박건, 윤필상, 노사신, 정효상
· 예(例)를 정한다 – 연순군 부
· 동국정운음으로 한자음을 단다 – 조변안, 조지
· 잘못된 번역을 고친다 – 신미, 사지, 학열, 학조
· 번역을 확정한다 – 세조
· 소리 내어 읽는다 – 두대

『능엄경언해』는 번역이 끝난 후에도 여러 번의 엄격한 교정을 거쳐 출판되었다. 여기에 판각과 교감 등의 간역(刊役)에 참여한 장인과 역부의 수가

약 1,780명에 달했다. 한글본 불전 편찬에 투입되는 간경도감의 관직 구성으로는 의정부 우의정을 도제조로 하여, 판서 등이 제조가 되며, 부제조(1462년, 『능엄경언해』 발간 이후)·사·부사·판관 등의 직책이 관여하여 불전 하나를 번역할 때 보통 20여 명의 관리가 개입하였다.

번역은 단지 기계적 어휘 대치가 아닌 사상의 전달이기 때문에 매우 창의적인 작업이다. 상투적인 번역이 진정한 번역이기 되기 위해서는, 진정한 역경의 정신을 살리기 위해서는 구체적이고도 명확한 역경과정이 필요하다. 그렇다고 하여 간경도감에서 이루어진 과정을 오늘날 그대로 답습하자는 것은 아니다. 그러나 이러한 노고를 통해 원본의 의의를 살려내고, 자국어의 장점을 최대한 발휘하여 보편화시키는 작업이 바로 오늘날 우리에게 필요한 역경정신임을 인식해야 할 것이다.

간경도감이 폐지된 1471년(성종 2년) 이후, 불전의 한글화 사업은 각 사찰 단위로 전개되어 규모가 축소되었는데, 진행된 곳에 따라 시대별 표기법의 혼용이 있었고, 지방 방언이 첨가되기도 하였다. 이 또한 문화적 상대성에 근거할 때, 그 나름대로의 시대상과 효용적 측면이 가미된 것으로 보인다. 간경도감의 폐지를 전후로 불전의 한글화 사업을 시도한 주역을 꼽으라면 10여 명의 승려가 있는데, 그중에서 단연 으뜸으로 신미 선사(信眉禪師)와 학조 대사(學祖大師)를 들 수 있다.

문종 즉위년에 선교양종도총섭에 추대된 혜각존자(慧覺尊者) 신미(信眉)는 세종 대에는 판선교종사로 품수된 선종의 고승이다. 그는 주로 선종류의 불전에 대한 한글화 작업에 애썼다. 세조 대에는 불교정책에 대한 자문을 맡는 한편 한글화 사업에 적극적으로 참여하였다. 신미 선사가 직접 한글화하였거나 한글화 작업에 참여한 불전으로 『석보상절』, 『월인석보』, 『목우자수심결』, 『사법어』, 『몽상화상법어』, 『선종영가집』 등이 있다.

학조 대사는 세조 사후에 활약한 고승이다. 조선왕조 내실의 정신적 귀의처를 제공하는 한편, 간경도감의 폐지 이후 주춤해진 불전의 한글화 작업을 마무리하였다. 학조 대사는 성종과 연산군 대에 이르기까지 대장경의 인각과 사찰의 중수 등에 주력했다. 학조 대사가 번역하거나 참여했던 불전으로 『지장경』, 『금강경삼가해』, 『증도가남영계송』, 『오대진언』, 『불정심다라니』, 『진언권공』, 『육조법보단경』 등이 있다.

세종의 한글 창제 정신은 기본적으로 애민 정신과 자주 정신, 실용 정신 등으로 이야기된다. 세조의 간경도감 설치로 이루어진 한글본 불전류[1]에서 한글의 창제 정신이 유감없이 발휘되었다고 볼 수 있다. 간경도감에서의 한글 불경 번역사업은 당시 억불숭유의 정책으로 인해 폐색일로를 걷던 불교학에 한 가닥 숨통을 열어준 역사적 사건이라 하겠다. 간경도감에서 이루어진 것은 한문본 불경의 원전을 바탕으로, 구결 및 정확한 번역을 한글로 이루어낸 학술·문화적 국책사업이었다. 역경의 측면에서 볼 때, 고려가 세계사에 길이 남을 인쇄술과 『고려대장경』을 유산으로 남겼고, 조선은 한글의 창제와 불전의 한글화를 유산으로 남겼다. 이것은 단순한 역사적 사실의 나열로 인식될 것이 아니라 문화적·종교적·학술적 역량의 계승과 발전으로 보아야 할 것이다.

---

1 여러 불교 경론의 우리말 해석에 관하여 세종 · 세조 시기에 사용되었고 지금도 우리가 사용하고 있는 '언해본'이라는 용어 대신, 필자는 '불전의 한글화' 내지 '한글본 불전' 등의 용어를 사용하고자 한다.

불교의 한국화 과정

Ⅰ. 들어가는 말 - 한국에 전래된 중국화된 불교

삼국시대에 전래된 불교는 이미 중국에서 3-4세기 동안 토착화를 거쳐 중국적으로 변형된 불교이다. 불교의 한국화 과정을 고찰하기에 앞서 먼저 한반도에 유입된 중국화된 불교의 특징을 살펴볼 필요가 있다. 왜냐하면 불교의 한국화 과정은 곧 중국불교의 한국적 수용과 저항이라고 할 수 있기 때문이다. 중국사회 윤리의 씨줄과 날줄인 충(忠)과 효(孝)에 대한 불교적 적응을 예로 삼아 중국불교의 특징을 간단히 살펴보기로 한다.

불교가 중국에 전래된 후한(後漢, C.E.67)시대는 전통적인 조선신(祖先神)의 숭배, 종교로서 자리 잡은 도교(道教), 정치 이념과 철학으로서의 유교(儒教), 마지막으로 이 모든 것을 통합하여 이용한 왕권(王權)이 강력하게 확립된 때였다. 이러한 환경 속에서 불교가 뿌리를 내리기 위해서는 '중국화'의 길을 선택할 수밖에 없었을 것이다.

충과 효를 중시하는 중국인들에게 불교의 출가(出家)나 승려의 걸식(乞食)은 매우 생소한 문화적 충격이었다. 따라서 중국인에게 불교는 불충불효(不忠不孝)의 종교로 간주되어 공격의 대상이 되었다[1]. 유교와 도교의 공격에 대응하기 위하여 불교의 경전이나 교리가 중국적 사고의 틀에 맞추어 번역되고 해석되었다. 이를 '격의불교(格義佛敎)'라고 한다.

이와 함께 불교의 뿌리를 이질적 문화풍토에 내리기 위해서는 인도에서 찬술된 경전의 역경(譯經)만으로는 부족함을 느껴 흔히 말하는 '위경(僞經)'을 찬술하게 되었다. 중국사회에 적합한, 중국인들이 거부감 없이 받아들일 수 있도록 당시 사회적 분위기에 맞추어 불교를 널리 퍼뜨리고자 만든 것이 위경이다. 그 당시 중국의 사회 분위기를 도출해 내는 작업은 바로 이 위경을 통해서 가능하다고 볼 수 있겠다. 대표적인 위경으로서 『인왕호국반야경(仁王護國般若經)』과 『부모은중경(父母恩重經)』을 들 수 있는데, 『부모은중경』은 중국 효(孝)사상에 맞는 경전으로 제작되어졌으며 충(忠)의 문제를 불교적으로 해결하기 위하여 『인왕호국반야경』이 찬술된 것이다.

불교가 흥기하던 인도사회는 종교가 왕권보다 우위에 있었기 때문에 불교와 왕권의 심각한 대립은 없었다. 그러나 불교가 중국에 전래되었을 당시 중국의 왕권은 인도의 왕권과는 비교할 수 없을 정도로 강했을 뿐만 아니라 왕권이 종교보다 우위에 있었기에 왕권과 불법(佛法)의 갈등이 문제가 될 수밖에 없었다. 이에 불교는 중국의 새로운 문화적 환경에 다양한 방식으로 적응하게 된다. 이른바 불교의 호국사상(護國思想)은 바로 왕권과의 밀접하고

1 모자(牟子)가 제시한 불효의 이유는, 삭발함으로써 신체를 상하게 한 불효와, 출가함으로써 부모와 처자를 버리고 자식이 없게 하여 집안을 폐절(廢絕)시키고 조상의 제사를 끊은 대불효, 그리고 복식의 예를 지키지 않고, 왕과 부모에게 절하지 않으며, 특히 중요한 상제(喪制) 등 예(禮)의 세계를 무시한 대불효를 열거하고 있다. 이러한 유교 측의 비난과 공격은 2천여 년의 중국불교사를 통해서 항상 제기되었던 문제였다.

빈번한 교섭과정에서 형성된 불교의 국가관이며 정치사상이다. 불법을 통한 호국의 의미를 가장 잘 나타내 보이는 경전인『인왕호국반야경』은 본래 인도에서 성립되어 중국으로 전역(傳譯)된 것이 아니고, 중국에서 자생적으로 북위(北魏)에서 제작되어진 바[2] 반야바라밀에 의지할 때 불법이 바로 서고 또한 국가가 모든 재난에서 보호된다는 내용이다. 이는 불교가 중국의 새로운 문화 환경에 적응하는 과정에서 가장 미묘한 부분인 정치권력과의 관계를 이상적인 호혜의 관계로 구축하기 위한 방편에서 성립된 것으로 이해할 수 있다.

중국 사회에서 효의 윤리는 절대적 권위를 가진 것이었다. 효는 "덕(德)의 근본"이므로 가족의 윤리인 동시에 사회의 윤리이자 국가의 윤리였다. 중국에서 효는 바로 국가의 존재, 사회의 안녕, 가족의 평화, 문화 유지의 기초를 이루는 것으로 효를 이해하지 않으면 중국의 사회와 문화를 이해할 수 없다. 효의 윤리야말로 만인의 규범이고 지상명령(至上命令)이며 절대적 권위였다.[3]

---

2 鎌田茂雄,『중국불교사』권4, 동경대학출판회, 1984, 247쪽. 남북조 시기는 중국에 불교가 전래된 이래로 폐불이라고 하는 새로운 국면을 맞아 불교자체 내에서 활로를 모색할 필요가 있었다. 태무제는 강북의 여러 나라를 439년에 통일하였는데 이때 북위의 사원은 약 3만, 승니의 수가 2백만 정도 되었다고 한다. 표면적으로 보았을 때는 도교와 불교의 세력다툼이었지만 내면적인 모습을 살펴보면 북방민족과 한민족간의 갈등, 그리고 국가재정에 불교가 막대한 손실을 끼치고 있었기 때문에 국가가 불교에 간여하지 않을 수 없었다. 그 뒤 북주 무제 때의 폐불에서도 불교교단의 지나친 팽창과 조상, 조탑, 조사로 인한 국가 재정의 막대한 손실을 살필 수 있다.

3 의례상복(儀禮喪服)에서 "부모는 자식의 하늘이다[父者子之天也]."라고 한다. 津田左右吉,『儒教の實踐倫理』, 57쪽 참조. 유교의 효는 부모를 모시고, 부모를 봉양하며, 신체를 훼손시키지 않고, 입신출세하여 부모의 이름을 드날리는, 육체와 정신 양면의 효라고 할 수 있다. 이는 절대적인 전제군주로서의 부모에 대하여 무조건적인 복종을 강요하여 부모와 자식의 관계는 신분적 상하의 엄중한 계급제 아래에 있는 것으로 지배자와 피지배자와의 관계를 바탕으로 한 것이었다. 부모는 자식에 대하여 천자(天子)였으므로 효라는 것은

이처럼 절대적인 규범으로서의 효는 오로지 중국 사회의 복잡한 가족 제도를 통일 유지시키기 위한 것으로, 사회의 안녕을 유지시키고 국가의 통치를 안정시키기 위한 정치적인 이유가 많은 비중을 차지하고 있었다.[4]

이와 같이 중국 사회에서 효의 사상은 계급과 신분의 상하를 불문하고, 또 빈부의 차를 막론하여, 위로는 천자에서부터 아래 로는 일반 서민의 가난한 노동자 가정에 이르기까지 충분한 침투 상황을 보여주게 되었는데, 그 이유는 역대 위정자(爲政者)의 교묘한 정치력 때문이라고 볼 수 있다.

이와 같이 한편으로는 효자에 대한 표창으로 영예를 부여하는 동시에 한편으로는 불효에 대한 처벌을 준열하게 하고, 더욱이 국가의 절대적인 권력으로서 이것을 강력히 실행하였다. 또한 문학과 미술 등 모든 방면에 이르기까지 효사상을 침투시켜 결국 효를 근거로 하는 중국 사회가 조직되고 효 중심의 중국 문화를 만들어 내기에 이르렀다. 이와 같이 중국에서 효의 윤리는 절대적이어서 효를 위해 모든 것이 희생되는 사회였다. 이처럼 유일 절대적인 효의 사회에 출세간도인 불교가 전래된 것이다.

즉 불교는 고(苦)·공(空)·무상(無常)·무아(無我)를 설하고 유위(有爲)의 미

절대적 권력자에 대한 자식의 복종을 의미하며 부모에 대한 강제적인 의무 행위도 발견되었다.

4 『효경』 제9 「孝治章」에, "明王이 효로써 천하를 다스린다면 천하가 화평하고 재해가 없으며 禍亂이 일어나지 않는다."고 하며, 역대 왕조의 천자는 모두 이 명왕을 좇아 효로써 천하를 다스렸다. 孝治主義의 중국 정치는 이렇게 이루어져 역대 황제의 시호에는 반드시 효라는 글자가 덧붙여졌다. 따라서 『효경』은 특히 존중되어 많은 注解書가 나와 보급되었는데 천자 스스로도 또한 注를 달았으며, 唐의 玄宗 같은 이는 칙령을 내려 집집마다 『효경』 한 권씩을 갖추고 배우도록 했다.(『唐會要』 35) 또한 과거 시험에 『효경』을 첨가하기도 하였고, 金代의 새로운 道教인 全眞教는 『효경』을 『老子道德經』과 함께 근본 성전으로 하였다. 더욱이 이러한 효는 단순히 '事親養親'의 부모 자식 관계에서, 다시 일체 萬德의 근본이자 모든 가르침을 낳는 근원이 되어 '하늘의 經이며 땅의 義'로서 천지의 理法에 이르기까지 형이상학적인 지위를 얻게 되었다.

혹한 세계를 부정하여 무위(無爲)의 열반적정(涅槃寂靜)을 바라며, 가족과 모든 세간의 계박(繫縛)을 벗어나 출가·득도하는 것을 목표로 삼고 있는데, 인륜을 최고로 삼고 오륜(五倫)과 오상(五常)을 강조하는 유교 윤리 사회에서 어떠한 방법과 어떠한 형태로 서로를 조화시켜 왔던 것일까? 유교 윤리가 오륜과 오상을 설하고 중국 사회가 효를 기반으로 서 있는 곳이라서 불교는 불교의 효를 강조하지 않을 수 없었다. 불교는 효의 윤리를 중심으로 불교를 전개해 나가야 했다. 이것이 곧 불교 전래 초기의 불교적 효에 관한 경전의 번역이며, 다시『부모은중경(父母恩重經)』의 제작에까지 이른 것이다.

이렇게 볼 때 불교가 중국문화를 변질시킨 것보다는 중국문화가 불교를 더 많이 변질시켰다는 논의는 결코 과장된 것이 아니다.[5] 따라서 중국에서의 불교는 원시불교와는 유사성이 없는 중국제도에 적합한 사상체제와 조직으로 재형성되어 간 것이다.[6]

여기에서 불교의 한국화 과정을 살펴본다는 것은, 시대적 추이에 따라 어떻게 중국불교가 한국적으로 수용되었는가를 살피는 일이며, 다른 한편으로는 다시 중국적 불교에 저항하고 반성하면서 독특한 한국불교를 어떻게 창출해 갔는가를 고찰하는 일이다.

Ⅱ. 삼국시대의 불교

삼국의 불교 수용에 있어, 고구려에서는 태학의 설립과 율령을 반포하여 국가체제를 정비하던 소수림왕 2년인 372년에 불교를 국가적으로 공인하

5 라이샤워 외, 전해종·고병익 공역,『東洋文化史』, 을유문화사, 1984, 213-214쪽.
6 라이샤워 외, 위의 책, 214쪽.

였다. 백제는 침류왕 원년(384)이며 신라는 그보다 늦은 527년 법흥왕 14년에 공인했는데 모두 고대국가 체제를 정비하고 있었던 시기이다. 한자문화권에 속해 있었던 삼국에 불교의 전래는 중국을 모델로 한 고대국가의 이념의 수용이라는 점에서 커다란 어려움 없이 수용되었다. 특히 고구려나 백제는 왕실의 보호 아래 불교의 수용이 순조롭게 이루어졌다. 이는 불교의 수용을 주도적으로 담당할 왕권이 확립되어 있었기 때문이다. 그러나 족장 세력이 강했던 신라에서는 불교수용에 대한 저항이 있었다. 바로 당시 신라의 국왕은 귀족들 위에 절대적 권력을 갖고 군림할 수 없었기 때문이다.[7] 삼국시대에 수용된 불교 신앙은 중국의 토착과정에서 왕권의 비호를 받으면서 국왕의 이익을 기원하여 주는 불교였다. 삼국은 왕권을 중심으로 한 중앙집권적인 귀족국가의 건설을 위한 사상체계를 필요로 하였는데, 무격신앙으로는 한계가 있었다. 인도의 카스트제도와 비슷한 삼국의 엄격한 신분제도를 사상적으로 정당화시킬 수 있는 것은 불교의 윤회전생설이라고 할 수 있다. 즉 귀족으로 태어나는 것을 전생의 선업(善業)에 대한 과보(果報)라는 믿음은 귀족들로 하여금 불교수용에 적극적으로 동의하게 하였다. 이처럼 국왕과 귀족은 불교라는 사상체계를 통하여 타협할 수 있었고 신분제도는 고착될 수 있었다.[8]

특히 신라 왕실은 스스로 인도의 찰제리종이라 하여 왕실의 이름을 석가족의 이름을 따서 짓기도 하는 적극성을 보였으며, '왕이 곧 불(佛)'이라는 사상을 수용하여 정치적 이념으로 구현하려 하였다. 이렇게 불교를 국가이념으로 수용하여 전개시켜 나갔다. 신라의 화랑조직이나 화랑을 위하여 원광(圓光)이 지은 세속오계, 그리고 자장(慈藏)의 신라 불국토설은 불교를 호국

7 李基白, 『新羅思想史研究』, 일조각, 1986, 120쪽.

8 李基白, 위의 책, 121쪽.

사상으로 받아들여 전개시킨 것이다.

한편 민중적 차원에서 수용된 삼국시대 불교는 현세 이익적 성격을 지닌 "구복(求福)으로서의 불교"[9]였다. 고구려에서는 "불법을 신앙하여 복을 얻으라"[10]는 국가적 교시의 기록이 있다. 마찬가지로 백제나 신라에서도 기복적인 신앙의 모습을 보여 준다. 이러한 전래 초기의 삼국불교의 성격은 중국적 풍토에서 주술적·현세 이익적·기복적 신앙으로 변질된 불교의 영향에서 온 것이라고 추정한다.[11] 비술적(秘術的) 신앙을 배격하던 원시불교의 근본적 태도가 중국에서 토착화되면서 현세의 이익을 주는 주술적 신앙의 성격을 강하게 갖게 되었다. 따라서 삼국시대에 수용된 불교는 민중들에게 무격신앙보다 주력(呪力)이 강한 신앙으로 받아들여져 무격신앙을 교체하는 양상을 보인다.

이처럼 전래 초기의 삼국불교는 중국화된 불교를 수용하는 단계에서 벗어나지 못하였다. 통일 신라 시대에 이르러 한국적인 독특한 불교의 모습이 원효를 통하여 성립되었다고 볼 수 있다. 당시 귀족사회는 화엄사상으로써 중앙집권적 지배체제를 공고히 하려 했고 민중에게는 기복위주의 신앙이 자리 잡고 있었다. 불교의 신앙이 양극화된 것은 중국화된 불교의 무비판적 수용의 결과이기도 한 것이다. 여기에다 많은 유학승들은 중국불교의 여러 종파를 신라에 도입하여 개립(開立)하였다. 이들 각 종파간의 대립과 갈등은 시간이 흐를수록 심화되어 갔다. 원효는 여러 종파의 모순·상쟁보다 높은 입장에서 융화·통일되어야 한다는 화쟁의 사상을 수립하였다. 이러한 대승불교의 본연의 취지로 돌아가려는 원효의 불교관을 통불교(通佛敎)라고 한다.

---

9 안계현, 「한국불교사(고대편)」, 『한국문화사대계』 VI, 1973, 180쪽.

10 『三國史記』, 「高句麗本記」6, 故國壤王 9年.

11 서경수, 『불교철학의 한국적 전개』, 불광출판사, 1990, 184쪽.

원효의 대중불교운동은 귀족 중심의 불교신앙과 민중의 기복 및 주술 위주의 신앙 사이의 간극을 좁히려는 것이었다. 이것은 중국화된 불교 수용에 대한 근본적인 비판이자 자기반성에서 온 것이다. 불교가 왕권체제를 유지하는 이념으로 채택되어 성공적으로 자리 잡았으나, 그 교의(敎義)는 민중의 생활 속에 정착하지 못했다는 반성이 싹튼 것이다. 즉 민중에게 있어서 불교는 토착신앙인 무격(巫覡)을 대체하여 현세적 이익을 추구하는 수준에 머물렀기에, 국가가 지향하는 종교적 이상과 민중의 신앙은 서로 유리되는 결과를 가져온 것이다. 원효는 귀족과 민중 모두에게 환영을 받을 내세적 신앙인 정토신앙을 널리 전파하였다. 이는 신라불교의 자체적 반성으로부터 이루어진 한국적 토착화의 한 모습이라고 할 수 있다.

신라 말기에는 중국으로부터 선종(禪宗)이 전래되어 구산선문(九山禪門)이 성립되었다. 선종의 전래는 신라불교를 새로운 방향으로 전개시켰다. 경주중심의 불교를 지방으로 확산시키는 데 기여하였으며, 교종의 여러 문제를 극복하게 하였다.[12] 소박한 민중이 교학을 통하여 불교의 심오한 진수에 접근하기에는 한계가 있었다. 반면 선종은 사변적인 교리논쟁을 비판하고 깨달음의 길을 직접 제시하는 실천적 성격을 띠고 있었다. 즉 선종은 문자를 내세우지 않고 복잡한 교리를 떠나 인간이 타고난 본성이 불성임을 알고, 그 불성을 깨닫는 것을 목표로 삼았기에 개인적 수행을 중시하게 된다. 이에 일반 민중이 쉽게 접근할 수 있음은 물론이며, 지방분권적인 호족들의 성향에도 맞았다. 구산을 개립한 승려 가운데 호족 출신들이 많이 있었기에 선종은 나말여초의 지방호족의 비호를 받으며 그들의 종교로 성장하게 되었다. 자연히 선종은 중앙집권적인 지배체제에 반항하고 있던 호족들의 득세에 힘입어 확산되어 갔다.

---

12 김상현, 『한국 불교사 산책』, 우리출판사, 1995, 192쪽.

삼국시대에 전래된 불교는 앞에서 언급한 대로 중국문화 속에서 일차 정리되어진 것이기에 그 교리체계를 수용하기에 수월했다. 삼국시대에 있어 승려의 출가에 따른 불충불효의 문제가 제기되지 않았다는 점으로 보아 잘 알 수 있다. 삼국에 들어온 불교는 토착신앙과의 습합이 이루어졌는데, 그 내용을 다음의 몇 가지로 요약할 수 있다. 전통적인 하늘에 관한 신앙이 불교의 제석천으로 대체되었으나 하늘신앙은 그대로 전승되었다고 본다. 또한 산이나 강에 대한 지신(地神)의 전통적인 관념이 불교와 인연이 깊은 땅이라는 '불연국토설(佛緣國土說)'로 사상적 갈등 없이 수용되어졌다고 본다.[13]

삼국시대의 불교는 다양한 중국불교의 유입이 그 주류를 이루면서 토착종교의 종교 이념들이 불교와 대치되는 경향을 보였다. 고려시대 중기까지 토착종교와 불교의 습합은 중국불교와 단절한 채 독자적인 발전을 모색하는 경향을 보인다.

Ⅲ. 고려시대의 불교

고려시대의 불교는 국가종교로서 가장 강력한 영향력을 행사하였다. 고려사회를 유지시키는 이념이자 종교인 불교는 신라 원효의 회통론(會通論)이나 최치원의 풍류도(風流道)를 계승하여 고려의 상황에 맞게 토착신앙이나 도교 그리고 유교를 융화하려는 삼교회통(三敎會通)의 맥락에 서 있었다. 고려 태조 왕건은 후삼국을 통일하였으나 지방호족을 분권적 독립세력으로 인정하였다. 그와 함께 당시의 상황에 맞는 신라 하대부터 성행한 선종(禪宗)

13 목정배, 『한국문화와 불교』, 불교시대사, 1997, 37쪽.

과 풍수지리설(風水地理說) 그리고 토착신앙을 기반으로 하여 민중을 결속해 나갔다. 그의 유훈(遺訓)인 훈요십조(訓要十條)에는 불교보호에 관한 정책이 들어있다. 사찰의 남설 방지, 연등(燃燈)과 팔관(八關)을 중시할 것 등이다. 또한 풍수지리에 관련된 내용이 언급되어 있으며, 오악과 명산대천, 용(龍)을 섬기라는 토착신앙에 대한 내용도 함께 들어 있다. 왕건은 당시의 시대적 상황에 맞는 새로운 종교문화를 불교를 위시한 풍수지리설과 토착신앙을 활용하여 호국신앙으로 정착시켰다고 할 수 있다.[14]

고려불교는 초기부터 그 성격이 호국적 종교로 인식되었던 만큼 국가의 보호를 받고 융성하였다. 승려는 국가의 모든 역(役)으로부터 면제되었으며 사원은 국가로부터 토지를 지급받았다. 당시의 출가 승려 중에는 귀족 출신이나 왕자들이 있었다. 승려는 귀족 계층에 속하게 되었고 국가권력과 밀착하고 있었다.

따라서 국가의 안녕을 기원하는 호국적이고 기복적인 불교 행사가 성행했다. 법회(法會), 도량(道場), 설재(設齋) 등으로 분류되는 불교행사의 종류로서 팔관회(八關會), 연등회(燃燈會), 인왕법회(仁王法會), 무차대회(無遮大會), 반승(飯僧), 경행(經行) 등 70여 종이 있었다고 한다.

고려 초기의 안정기인 광종 대에 이르면 신라 하대부터 지방호족과 결탁하여 거대한 세력으로 확산된 선종을 견제하기 위하여 중국으로부터 고려의 선종과는 다른 선종인 법안종(法眼宗)을 유입하면서 남종선 계통의 조계선종(曹溪禪宗)은 쇠퇴하게 된다. 한편 신라의 화엄종을 통합한 균여(均如)의 화엄종은 왕실의 지원을 받게 되고, 이 화엄교학을 중심으로 교종을 재편하는 등 왕권에 불교를 복속시키려는 시도를 계속한다.

14 한국종교연구회, 『한국 종교문화사 강의』, 청년사, 1998, 110쪽.

결국 고려 불교는 선종과 교종이 종파적으로 대립된 상황에서 두 종파를 융합하려는 노력의 역사였다고 할 수 있다. 이는 신라 원효의 회통화쟁사상(會通和諍思想)의 맥을 잇고 다시 조선 불교의 유불선 삼교교섭사상(三敎交涉思想)으로 이어진다는 점에서 의미가 크다고 할 것이다.[15]

이러한 교선(敎禪) 융합운동은 대각국사 의천(義天)의 교관겸수론(敎觀兼修論)과 보조국사 지눌(知訥)의 정혜쌍수론(定慧雙修論)을 통해 실천되었다. 의천은 고려 중기 문종의 아들로서 천태종을 개립(開立)하였다. 의천은 천태종을 개립하면서 당시의 불교를 총체적으로 비판하였다. 의천의 비판은 당시의 불교가 주술적이며 비합리적인 신비사상이며 주술적이라는 점이었다. 이를 통해 고려 전기의 불교가 중국과 교류를 하지 않고 독자적으로 발전하였던 것이라고 추측할 수 있다. 즉 화엄종에서 풍수지리설과 연결하여 사찰을 건립한 것이나, 유가종에서 미륵상생신앙과 같은 타력신앙이 성행한 것은 당시의 민간신앙을 흡수하여 독자적으로 발전한 모습을 보이는 것이다. 이것은 삼국에 불교가 전래된 이후 원효에 의해 독자적인 불교사상이 제창된 것이 토착민간신앙과 접합하여 토착화의 길을 걷던 당시 불교의 발전에 커다란 장애가 된 것이다.[16] 의천의 교관겸수론은 교선융합을 넘어 고려불교와 습합했던 민간신앙적 요소를 제거한 순수불교로의 회귀를 도모하였던 것으로 보인다.

고려 후기에는 문벌귀족의 전횡과 지방관리들의 부패 그리고 농토를 잃은 유랑민들의 발생으로 사회적 혼란이 극심하였다. 급기야 무신정권이 들어서게 되었고 문벌의 숙청과 함께 문벌과 관계가 깊은 천태종을 위시한 유가종·화엄종 등 교종들은 탄압을 받게 되었으며 선종인 조계종이 반대로 세

15 한국종교연구회, 위의 책, 114쪽.

16 한국종교연구회, 위의 책, 116쪽.

력을 얻게 되었다. 이때에 지눌은 교종을 포용하여 선종과 교종의 대립을 지양하는 정혜결사 운동을 시작하였다. 이 운동은 귀족불교에 대한 반성으로 지방사회의 지식인들을 중심으로 한 불교의 대중화로 발전되어 정토사상과 불국토사상의 성격을 띠게 되었다. 이 또한 원효 이래 그 맥을 이어오고 있는 통불교의 흐름과 그 궤를 같이 하는 것으로, 고려 후기 불교를 주도해 갔다.

고려 중기 이후에는 밀교의 영향으로 토착신앙이나 도교적인 요소가 결합된 복합적인 의식(儀式) 위주의 종교로 변모가 가속화된다. 고려시대의 불교의례는 약 70여 종에 이르며 1000여 회 이상 설행되었다고 하는데 이러한 행사는 국력의 손실을 가져오게 하였고, 형식적인 신앙으로 불교가 점차 민중으로부터 멀어지게 하는 원인이 되었다. 고려 불교 내부의 모순은 왕족과 귀족세력의 권력다툼에 개입한 점이다. 따라서 불교교단은 불교의 근본정신을 망각하고 교단자체가 귀족화되었으며, 급기야 이권집단으로 변질됨에 따라 신흥 사대부의 비판의 대상이 되었다.[17]

삼국시대 불교가 토착신앙과의 대립과 갈등을 극복하는 습합의 과정이었다면, 고려불교는 적극적으로 토착신앙을 섭입하여 독특한 한국적 불교로 토착화하였다고 볼 수 있다. 신라의 원효에서 시작된 한국적 불교의 맥락은 융합과 회통이라는 성격을 지니면서 전개된 것이다.

Ⅳ. 조선시대의 불교

고려 말에 들어서 도입된 성리학을 추종하는 신유학파와 불교를 비호하

17 목정배, 앞의 책, 43쪽.

는 구귀족층의 정치적 대립은 고려 왕조의 몰락을 가속화시켰다. 고려 왕조에 이어 건국된 조선에서는 성리학(性理學)을 통치이념으로 삼고 불교를 억압하였다. 조선왕조는 건국 초부터 종단을 축소하고 통합하여 사찰과 승려의 수를 줄였다. 태종 대는 11개 종단에서 7개 종단으로 통합·축소되었다가 세종 대에 와서 선교양종(禪敎兩宗)으로 통폐합되었다. 사원의 토지와 노비를 몰수하여 경제적 제재를 가했으며, 도첩제를 통해 승려의 수를 억제하였고, 여성의 산사 출입을 금지하여 신도를 단절시키는 탄압이 지속되었다.

그러나 세조는 경전의 간행과 사찰의 중창을 위해 힘썼으며 간경도감을 설치하여 많은 불전을 훈민정음으로 간행하였다. 특히 간경도감을 통해 『능엄경언해』·『법화경』·『금강경』·『반야심경』·『원각경』·『영가집』 등을 국역하여 간행하였고, 관속이 함부로 사찰에 출입하는 것을 금하고, 승려가 범죄를 저질렀을 때는 반드시 국왕에게 청하여 죄에 대한 고문을 허락받도록 하였다. 또한 승려의 도성 출입을 자유롭게 하였고 출가의 제한도 풀었다.

이러한 세조의 흥불의 노력도 허사로 돌아갔다. 성종이 즉위한 후에는 간경도감이 폐지되었고, 도성 내의 비구니 사찰을 헐어 버리게 하였으며, 특히 도첩제를 폐지하여 승려가 되는 것을 금하고 승려를 강제로 환속시켜 사찰을 비우게 하였다. 연산군에 이르러서는 선교양종의 승과(僧科)가 폐지되었으며, 비구니를 궁방의 노비로 만들고 승려를 환속시켜 관노로 삼거나 혼인시켰고 토지를 몰수하였다. 중종대에는 경국대전(經國大典)에서 아예 도승조(度僧條)를 삭제하기에 이른다. 이로써 불교의 존재를 공식적으로 인정하지 않게 된 것이다. 그 이후 조선불교는 무종단(無宗團)의 성격을 띤 채로 종파적 정통성을 상실하게 되었다.

한때 숭불흥교의 뜻을 품은 명종대의 섭정 문정대비와 보우(普雨)의 활약으로 불교가 재기하는 듯하였으나 문정대비가 죽자 보우는 순교하게 되었으며, 불교는 다시 암흑기로 빠져들게 되었다. 문정대비와 보우의 노력으로 부활된 승과로 양성된 인재들은 유생들에 의해 억압받고 배척되었지만 임진왜란과 병자호란 때 승병으로 활약함으로써 건재함을 과시하였다. 의병 활동과 전법에 힘쓰며 교화력을 떨친 대표적 고승은 서산(西山)과 선수(善修)이다. 이들은 잠시나마 조선 불교의 황금기를 누리게 되었다. 서산의 문하에서 4대파가 형성되어 서산의 정신을 계승하였는데 사명(四溟) · 언기(彦機) · 태능(太能) · 일선(一禪)이며, 선수의 문하에서는 각성(覺性)과 희언(熙彦) 등의 인물이 배출되어 불교의 명맥을 잇게 되었다.[18]

임란 이후 승려의 지위가 다소 나아지기는 했으나 여전히 부역 등의 힘든 일에 강제로 동원되었다. 조선 중기까지 선(禪) · 교(敎) · 염불(念佛)의 경향을 띠고 명맥을 유지하던 불교는 조선 후기에 들어서는 무종파(無宗派)적으로 변질되었다. 결국 조선시대의 불교는 선종의 성격을 지닌 개인 수도에 전념하는 산중불교(山中佛教)·산승불교(山僧佛教)의 성격을 갖게 되었다.

따라서 당연히 조선시대의 불교는 독특한 교학의 발달을 가져오지 못하였다. 다만 서산(西山) · 인악(仁嶽) · 연담(蓮潭) 등은 삼교회통론(三教會通論)을 펼쳤는데, 이를 통하여 조선 후기의 승려의 종교의식을 엿볼 수 있을 것이다. 이들은 불교의 교리를 풀어서 변증하기보다는 당시의 지배이념인 유교와 불교가 '근원이 동일'하므로 서로 융합할 수 있다는 유불융합론을 전개하였다. 이는 신앙의 차이에서 받게 되는 박해의 고통보다는 유불융합론을 펴서 권력층과의 적당한 타협을 시도한 것으로 보고 있다.[19]

조선 후기로 내려올수록 불교는 일반 민중들에 대한 영향력과 지도력도 급격히 감소될 뿐만 아니라 속신화(俗信化)되는 경향마저 보이게 된다. 따라

18 김영태, 『한국불교사』, 경서원, 1997, 249-290쪽.

19 서경수, 앞의 책, 256쪽.

서 승려에 대한 천시와 일반 민중의 출가 회피는 불교교단의 존립마저 위협하였다.

Ⅴ. 근대의 불교

19세기에 조선 왕조는 안으로 봉건 체제의 부패와 밖으로 서구 세력의 침략 앞에 풍전등화의 위기에 놓였다. 이러한 시점에서 조선의 위기를 극복하는 방안으로 개화당이 결성되었는데 이 움직임은 불교사상에서 개혁의 기운을 얻어 조선왕조를 혁신시키려 하는 사상·정치 운동이었다. 유대치, 오경석의 불교적 사상에 영향을 받은 개화당 불자들인 이동인, 김옥균, 박영효, 서광범, 탁정식 등은 자신들의 지위와 여러 가지 방책으로 조선의 혁신을 도모하였으나 실패하고 말았다. 이것이 근대사에 유명한 '3일 천하'인 갑신정변(1884)이다. 개화파들은 불교의 평등주의를 바탕으로 하여 공화정권을 수립하려고 한 것이다. 이때 외국의 간섭과 보수적 유교 관리의 방해로 결국 실패하였고, 이로 인한 타격은 불교계 내부의 혁신 세력을 붕괴시키는 결과로 전이되어 인재의 손실을 가져왔다.

고종 23년(1895)에는 일본의 일련종 승려 사노(佐野)의 간언에 의해 승려의 도성출입 금지령이 해제되었다. 조정에서는 관리서를 설치하여 불교에 관심을 보였고, 1899년 원흥사를 세워 수사찰로 전국의 사찰을 총괄하게 하였다.

불교계 자체에서는 1908년 원흥사에서 열린 회의에 52명의 승려 대표자들이 모여 통합된 교단인 원종(圓宗)을 창종하였다. 첫 번째 대종정으로 이회광이 선출되었으나, 그는 1910년 일본의 조동종과 연합하는 조약에 합의하였다. 불교계에서는 일본의 조동종과의 합종에 반대하여 한용운과 박한영을 비롯한 여러 승려들이 1911년에 임제종을 창립하였다. 그러나 국권의 상실로 원종과 임제종은 없어지게 되었고, 총독부는 사찰령을 제정하여 불교교단을 효과적으로 통제하려 하였다.

1920년대에는 만해 한용운의 활동과 도움으로 신도들의 활동이 시작되었다. 1920년 6월 조선불교도총회와 조선불교협성회라는 두 개의 신도단체가 자발적으로 결성되었다. 같은 해 9월에는 만해를 중심으로 신도들이 모여 불교를 개혁하고 불교경전을 번역할 목적으로 법보회를 결성하였다. 계속해서 조선불교소년회와 같은 신도의 단체가 결성되었다. 이 시기에 한용운은 침체된 불교를 되살리고 누적된 불교계의 여러 가지 모순을 타파하자는 불교유신을 제창하였다. 한용운은 그의『조선불교유신론』에서 불교의 민중화, 승단의 현대화, 불교재산의 사회화를 주장하였다.

1941년에는 종단을 정리하여 조계종이 성립되었는데, 조계란 이름은 중국 선종의 중흥조인 6조 혜능의 활동처에서 따온 것이다. 이는 선종적 성격을 강조하여 승단을 개혁하려는 의도에서 비롯된 것이다. 서울에 있는 태고사를 총본산으로 정하고 경허 선사의 제자인 방한암 선사를 첫 번째 종정으로 선출하였다. 일본의 패망과 한국 정부의 수립과 함께 조계종의 조직이 다시 정비되었다. 태고사는 다시 총본산으로 선정되었고 31본사 제도가 확립되었다.

대한민국의 초대 대통령인 이승만은 1954년에 승단정화 운동을 전개하였고, 그 결과로 조계종인 비구승들의 종단과 대처승의 종단인 태고종으로 양분되었다. 이 결과에 대하여 불교계 자체의 논의에 의한 분리가 아닌 대통령 임의로 분리한 것이라는 점에서 비판의 목소리가 크다.

Ⅵ. 나가는 말

불교의 한국화 과정에서 나타난 특징은 호국성과 종합성으로 귀결된다. 호국성은 곧 호국불교로 나타나고 종합성은 통불교의 기본 입장이다. 호국성은 신라에서 고려를 거쳐 조선에 이르기까지 불교가 국가의 안녕을 위하여 앞장섰던 전통에서 잘 나타난다. 다음으로 종합성이란 다양한 종파를 융합 조화시키려 했던 원효의 노력에서 그 단초를 찾아낼 수 있다. 원효의 통불교적 정신은 귀족불교와 민중신앙 사이의 간극을 좁히려 했던 불교의 대중화 속에도 스며있는 것이다. 따라서 한국불교 속에는 민간신앙 요소인 산신신앙이나 용신신앙 그리고 도교의 칠성신앙까지도 섭입될 수 있었다. 이는 같은 한자문화권인 중국이나 일본에서 볼 수 없는 독특한 특징이다.

삼국에 전래된 불교는 이미 중국에서 재정리되고 검토되어 토착화가 이루진 상태였다. 따라서 삼국시대는 다양한 중국불교의 교학이나 종파를 유입하여 당시 삼국의 상황에 맞게 전개시켰다. 그러나 고려시대에 이르러서는 중국불교의 영향에서 벗어나 독자적인 한국적 불교를 창출해 냈던 것으로 평가된다.

원효의 화쟁사상과 통불교적 입장에서의 종파의 융합과 조화는 한국불교의 전통으로 자리 잡게 되었다. 이 전통은 원효로부터 출발하여 고려의 지눌의 정혜쌍수론을 거쳐 조선시대 서산의 교선일치(敎禪一致)로 맥을 잇게 된다. 이는 선(禪)과 교(敎)의 조화를 이루려는 한국불교의 교의적(敎義的) 전통이었다.

이제 불교의 한국화 과정에서 몇 가지 주목되는 바를 찾아보고자 한다. 한국이 오랫동안 농경사회를 중심으로 발전되어 온 점에서 비추어 볼 때 왜 한국불교에서는 한국적 농경보살이 나타나지 않았는가? 아무래도 통불교의 논리는 토착신앙의 신들을 호법신중으로 잡아끌기만 했지 불보살들이 민간 신앙 쪽으로 내려가지 않았다고 추정된다. 다음으로 다양한 종파의 존립은 다양한 교학을 발달하게 하는 기초가 될 수 있는데, 한국불교는 통불교적 성격이 너무 두드러져 조계종과 겨눌 수 있는 여러 종파가 발달하지 못했다는 점이 아쉽다.

현대 한국은 후기 산업사회에 진입하고 있는 만큼 진정한 불교의 한국화는 대장경의 한글번역이 끝나는 2000년대부터 시작된다고 볼 수 있다. 따라서 한국불교의 발전을 위하여 한글불교 용어의 제정 및 심의가 시급하다. 또한 후기 산업사회에서 불교가 구원의 종교로 한국의 일반 민중들에게 다가서기 위해서는 환경보살 운동을 전개하여 불교의 생명철학과 청빈정신을 고취시키고 더 나아가 불교적 사회참여의 문제와 신도관리의 조직화가 급선무라고 보인다.

• 4부 •

현대사회와 불교

1. 현대사회와 불교

2. 21세기와 불교의 사회화

3. 의미분석법을 통한 불교이미지에 관한 연구

4. 과학시대의 불교의 인간관

현대사회와 불교

Ⅰ. 탈산업화·정보화 사회

문명사가들은 21세기를 문명사적으로 대변환의 시대라고 한다. 지금의 변화는 300년 전의 산업혁명에서 경험했던 사회구조나 생활양식의 변화와는 양적·질적인 면에서 비교할 수 없을 정도의 빠른 속도로 이루어지고 있다. 이러한 현대사회를 탈산업사회라고 부르는데, 탈산업화사회란 바로 지식·정보화 사회를 말한다. 지식·정보화 사회는 문자 그대로 지식과 정보가 세계를 지배하는 사회이며, 국가·사회의 정치·경제·문화 등의 모든 요소가 지식·정보에 의해 좌우되는 사회이다.

이와 같은 현대사회의 경향을 유명한 문명비평가인 엘빈 토플러(Alvin Toffler)는 그의 저서 『제3의 물결』에서 잘 지적하고 있다. 토플러는 현대사회를 산업화 사회를 지나 정보화 사회에 진입한 제3의 물결의 시대라고 부른다.

인류는 약 1만 년 전부터 사냥과 열매를 채집하는 생활에서 농경생활로 바뀌었다. 농경생활은 인류를 정착시키고 촌락을 형성시켰으며 새로운 삶으로 향상시켰다. 이것은 인류 최초의 문명을 가져온 기술혁신이라고 할 수 있다. 이 변화를 토플러는 제1의 물결이라고 했다. 제2의 변화의 물결은 대량생산·대량소비의 산업화의 단계로서 서유럽에서 일어난 산업혁명에서 시작되었다. 제1의 물결에서는 수렵인을 농경인으로 변화시켰다면 제2의 물결인 산업화는 농민을 공장근로자로 바꾸어 놓았다. 1712년 영국의 기술자 뉴코맨에 의해 증기기관이 발명되면서 산업은 급격하게 발전해 갔다. 산업화는 여러 분야에 새로운 변화를 가져왔다. 공장을 모델로 사회 전반에 걸쳐 규격화가 이루어졌다. 산업주의는 부품으로 기계를 조립하는 것처럼 사회의 여러 개별 현상을 머리와 꼬리로 연결시킨 광범위하고 강력한 사회체제를 만들어가는 데 지대한 영향을 주었다. 제1의 물결에서 가장 중요한 것이 농경에 필요한 땅이었다면, 제2의 물결에서 중요한 것은 물건을 생산해 낼 수 있는 기계였다. 그러나 제3의 물결에서 중요한 것은 땅도 기계도 아닌 지식·정보이다.

현대사회 즉 탈산업화시대의 정보와 지식은 이제까지의 어떤 것과도 다르다. 이 지식과 기술들은 인류가 지금껏 갖지 못했던 것으로 가히 혁명적이라고 할 만큼 산업·정치·경제면에서 우리를 엄청난 변화의 소용돌이로 이끌어 갈 것이다. 지식과 기술의 팽창, 과학기술의 발달, 산업의 성장과 발달, 국가간 분화 등이 탈산업화사회의 경향이다. 또한 의·식·주를 포함하는 인류의 기본적인 생활을 크게 변화시키고, 아울러 생태·인구·경제·계층 등을 포함하는 사회구조 전반과 가치관, 규범과 인간관계의 구조 및 의식의 변화를 불러온다.

Ⅱ. 양극화 사회

동서냉전의 종결로 자유주의와 시장경제에 대한 위협이 사라졌거나 종착역에 도달했다는 일련의 낙관론이 있다. 이 낙관적 견해를 세계화와 정보화 이론이 뒷받침한다. 21세기에 세계화와 정보화가 더욱 가속화되면, 세계는 민족주의를 넘어 하나의 세계로 통합될 것으로 예견한다. 이것은 하나가 된 세계를 이상적이고 바람직한 사회로 낙관하는 견해이다. 그러나 다른 한편으로 21세기 현대사회는 세계화와 정보화를 통해서 하나로 통합되기보다는 정보와 기술의 불균형으로 형성된 부의 편중으로 인해 오히려 양극화의 경향으로 치닫게 될 것이라고 바라본다. 자본주의가 상대해서 싸웠던 대상은 사라졌지만 그 자리에 새로운 문제가 자리 잡고 있다. 부국과 빈국의 양극화가 심해지면서 일어나는 갈등이라든가, 인종 간, 지역 간의 갈등이 날로 심화되고 있다. 산업화와 정보화가 이루어진 사회든 낙후된 사회든 실업과 복지의 문제는 해결의 기미가 보이지 않는다.

세계에서 가장 부강하다는 미국도 예외는 아니다. 혹자는 21세기를 풍요의 시대라고 말하지만, 이는 영양분을 과다하게 섭취해서 성인병을 두려워하는 사회의 사람들에게 해당되는 말에 불과할지도 모른다. 지구의 도처에서 수많은 어린이들이 영양실조로 죽어가고 있기 때문이다. 부(富)의 편중은 가진 자와 갖지 못한 자 사이의 긴장을 점점 증대시키고 있다.

최근 우리에게도 도시화와 산업화가 급격하게 진행되면서 다양한 사회적 문제들이 일어나고 있다. 먼저 지역 구조의 불균형 문제를 들 수 있겠다. 농어촌의 노동력이 대도시로 이동하면서 도시인구가 지나치게 과밀해지고 그에 따른 주택의 부족이나 대기오염과 같은 문제가 심각해지고 있다. 또한 도시와 농어촌 간의 양극화가 첨예하게 진행되고 있다.

마지막으로 정보화 사회에서 정보의 편중현상을 말하지 않을 수 없을 것이다. 정보를 많이 소유한 사람과 그렇지 못한 사람은 지배자와 피지배자의 관계로 발전되는 새로운 양극화 현상이 나타나고 있다. 세계화나 정보화에 대하여 결코 낙관적인 진단을 할 수 없게 되었다. 이렇게 현대사회에서 야기되는 여러 현상들을 보고 서구의 일부 학자들은 인류의 역사상, 미래가 어떻게 진행될지 알 수 없는 가장 불투명한 시대가 도래했다고 보기도 한다.

Ⅲ. 생태계의 위기

실제로 인류사에 있어서 21세기는 가장 많은 변화를 경험하고 있는 시대임에는 틀림없다. 먼저 인구만 보아도 20세기가 시작될 무렵, 16억이었던 세계인구가 한 세기 동안에 4배에 가까운 60억으로 증가했다. 이런 인구 증가율은 다른 어느 세기에서도 찾아볼 수 없는 기현상이다. 현대의 과학문명의 발전은 다른 어느 시대보다 인류에게 생활의 편리함을 안겨 주었으며 의학의 발달은 인류를 수많은 질병의 공포에서 해방시켜 인간의 수명을 연장시켰다. 그러나 이러한 과학문명이 인류에게 진정한 행복을 가져다 주었냐는 물음을 던지면 과연 긍정적인 대답을 할 수 있을 것인가. 과학이 인간에게 안겨다 준 신속함과 편리함은 결국 인간의 삶의 터전인 자연환경의 훼손과 맞바꾼 결과라고 할 수 있다. 뿐만 아니라 과학기술로 만들어진 살상 핵무기는 전 인류를 단숨에 파멸시킬 수 있어 실로 가공할만하다. 이런 무기가 일부 극단론자들에 의해 오용되거나, 잘못 작동되어 참혹한 일이 일어날 수도 있다는 개연성을 배제할 수 없으므로 인류생존의 위기는 이제 영화의 시나리오가 아닌 것이다.

현재 인류가 안고 있는 공동의 심각한 문제는 지속적으로 진행되고 있는 환경오염과 생태계의 파괴이며, 지금 이 순간에도 지구 곳곳에서는 환경재앙이 계속되고 있다. 단 하루 사이에 20만 에이커 이상의 열대 우림이 파괴된다. 그 이유는 목재의 사용이 늘어나고 있으며, 오염된 공기가 산성비를 내리게 하여 나무 뿌리에 피해를 주어 결국 삼림이 죽어가기 때문이다. 그뿐만 아니다. 아마존 강의 열대우림은 지구의 허파라고 할 만큼 지구의 생명체가 필요로 하는 산소의 절대량을 발생시키고 있지만, 그곳에도 개발의 열풍이 불어 산림을 훼손시키면서 생산시설을 건설하고 있다. 이와 같은 삼림의 파괴와 사막화는 지구 온난화를 촉진시킬 뿐만 아니라 매년 수천 종의 생물을 사라지게 한다.

지금처럼 이산화탄소가 계속 대기 중으로 방출될 경우 지구 온난화 현상으로 북극과 남극의 얼음이 녹고 바닷물의 수위가 높아져 세계의 많은 지역이 물에 잠기게 된다고 한다. 또한 오존층이 파괴되면 지구상의 생태계가 엄청난 타격을 입게 된다. 인간은 물론이고 식물도 자외선의 증가로 성장이 둔화된다. 당연히 농산물의 수확은 현격하게 감소하게 된다. 이뿐만 아니라 바다의 먹이사슬의 근원인 플랑크톤의 양이 줄어들고 바다의 모든 생물도 위기에 처하게 된다.

환경의 파괴는 악순환의 고리를 갖고 있다. 화학물질의 대기 방출은 대기를 오염시키고, 대기오염은 오존층의 파괴와 지구온난화 그리고 산성비를 내리게 하고, 산성비는 토양을 산성화시켜 삼림을 파괴한다. 폐기물의 방출은 토양을 오염시키고 다시 수자원을 오염시킨다. 우리가 지금 이 순간 지구에서 살고 있다는 것은 이와 같은 환경재앙의 진행과 직접 또는 간접적으로 관련을 맺고 있다고 할 것이다. 이러한 상태로 환경파괴가 계속된다면 우리의 터전인 지구환경이 50년을 넘기기 어렵다는 진단이 나오고 있다.

여기에서 우리는 왜 우리의 삶의 터전인 환경이 이처럼 파괴되어 가고 있는지 생각을 해 볼 필요가 있다. 환경(environment)은 일반적으로 어떤 주체를 둘러싸고 그 주체에게 영향을 미치는 유·무형의 객체의 총체를 의미하는 말이다. 보통 환경의 주체는 생명체이다. 공기, 물, 돌과 같은 무기 물질들을 환경의 주체로 보지 않는 이유는 이들이 존재하기 위해서 반드시 주변의 환경을 필요로 하지 않기 때문이다. 생명체들은 주변의 환경으로부터 에너지, 물, 공기 등을 몸 안으로 받아들여 생존에 필요한 것을 사용하고 저장한 다음에 폐기물은 밖으로 내보낸다. 생명체는 자기를 둘러싸고 있는 환경조건에 지배를 받고 다시 영향을 주기도 하는 것으로, 이 관계는 복잡하게 이루어진다.

인간은 다른 동물이나 식물보다 삶을 영유하는 데에 많은 요소를 필요로 한다. 물리·화학적인 자연환경 이외에도 인공적 환경이 필요하다. 인공적 환경은 인간에 의해서 조성되는 환경을 말한다. 인공적 혹은 인간적 환경은 다시 물리적 인간환경, 사회적 인간환경 그리고 심리적 인간환경으로 세분해서 말할 수 있다. 물리적 인간환경은 인간이 만든 여러가지 시설, 집, 도로, 병원, 학교와 같은 고정물로서 이러한 시설 안에서 인간이 자라고, 생활하며 다시 이런 시설을 새롭게 인간생활에 맞추어 개량해 가는 것을 말한다.

사회적 인간환경은 무형의 인간환경을 말한다. 언어, 사회제도, 조직, 법률, 윤리의식 등으로서 인간의 경험과 지성적 작업에 의해 형성된 것이다. 인간은 이러한 사회적 환경 안에서 성장하며 자신의 삶을 실현시키고 있다. 인간은 사회적 환경을 벗어날 수 없는 사회적 존재이다.

심리적 인간환경이란 사회와 개인 안에 있는 종교적 신념, 미적 감각, 철학 등을 말한다. 인간은 정신활동을 하는 존재로서 유한성을 넘어 초월적 세계를 추구하고 또한 자신의 종교적 신념에 따라 행동한다. 심리적 환경은 진선미를 추구하는 인간의 모습과 다시 그 가치관에 의해 제약되는 인간환경을 말한다.

따라서 환경이란 자연생태에 국한된 의미가 아니라 인간이 생존해 나가는 데 필요한 다양한 요소를 전부 지칭하는 것이다. 그러나 환경이란 말의 속뜻에는 계몽사상의 연장선에서 인간중심적 관점을 갖고 있음에 틀림이 없다. 그에 비하여 생태계(ecosystem)란 말은 보다 탈인간중심적 관점을 지니고 있다고 하겠다.

사실 인간중심적인 관점에서 바라보는 환경에 대한 시각은 기본적으로 인간의 생존을 위한 전략이 숨겨져 있다. 자연환경이 훼손된 것은 인간이 생존하기 위해서 필요한 여건을 향상시키는 과정에서 야기된 부작용이라고 본다. 이런 관점은 인간이 세계의 중심적인 존재라는 가치관에 기초를 두고 있다. 이 관점에 따르면 앞으로 더 나은 인간의 생존을 위해서 사람들로 하여금 자연환경의 중요성을 각성하게 하여, 자연환경 파괴적인 생산 및 소비를 지양하게 하며 또한 환경 친화적인 기술과 산업을 개발해 가야 한다고 한다. 이런 관점은 한편 매우 타당한 논리로 보인다.

그러나 자연환경을 인간을 위한 도구적 가치로 대상화하여, 인간의 생존을 위한다는 명분 아래 파괴시킨다면 장기적인 안목에서 보면 오히려 인간의 생존이 위협을 받게 되는 것은 자명한 일이다. 인간의 욕망을 실현하기 위한 인간중심주의가 환경과 생태계를 파괴하는 원인인 것이다.

한국사회의 모델인 서구사회는 물질적인 풍요를 위해서 자연을 인간 위주로 개발해 왔고, 그 결과 자연환경은 파괴되고, 생태계는 균형을 잃어가고 있다. 또한 경제적인 풍요를 지향하는 물질문명의 구조는 인간성의 상실을 초래하고 있다. 이러한 문제들을 안고 있는 서구사회는 미래에 대하여 회의적인 전망을 하고 있다. 인류의 미래는 그리스도교 문화를 바탕으로 한 세계관으로는 해결할 수 없다는 위기의식이 서구사회에도 팽배해 있다. 마찬가지로 서구화의 길을 달려온 현대 한국사회도 이제 환경문제의 족쇄에 걸리게 되었다.

Ⅳ. 사이버 공간과 반생명적 문화

사이버 스페이스(가상공간)라는 새로운 공간이 등장했다. 이 가상공간·가상현실은 지금까지 경험해 온 것과는 많이 다르다. 컴퓨터를 매개체로 하여 물리적 공간을 넘어 만들어 내는 가상공간은 기존의 문화 자체에 커다란 변화를 몰고 오고 있다. 인간과 컴퓨터가 연결되면서 만들어지는 가상공간, 가상현실은 기본적으로 디지털 방식의 정보처리 기술을 바탕으로 성립한다. 인터넷의 확산은 과학기술의 주목적인 인간의 삶의 편의성을 증진시키는 한편, 기존의 생활방식 자체를 바꾸는 혁명적 변화를 예감하게 한다. 정보공유를 통한 전자민주주의의 가능성, 정보통제사회의 출현, 인간의 자아정체성의 질적 전환과 가치관의 변화 등이 대두된다. 이와 함께 가상공동체의 형성이 이루어지면서 야기되는 새로운 양상의 인간관계나 사회구조의 변화를 예측할 수 있다.

인류문명의 역사에 가장 혁명적인 발명으로 일컬어지는 인터넷은 수많은 정보를 전달하고 공유하면서 많은 사람들과 교류하는 장이다. 또한 다양한 정보를 신속하게 획득할 수 있으며 그 정보를 이용하여 생활의 편리함을 도모할 수 있다. 이로서 삶의 질을 높이는 다양한 문화활동을 할 수 있는 기회를 증대시키는 데에 인터넷은 대단히 긍정적인 측면이 있는 것은 사실이다.

그러나 다른 한편으로 인터넷의 역기능적인 면을 간과할 수 없다. 이 사이버 공간이 반생명적 정보를 유통시키고 실현시키는 장으로 만연되고 있다는 점이다. 인터넷을 통해 각종 폭력적이고 퇴폐적인 정보들이 떠다니고 있으며, 익명성과 접속이 용이한 점이 인터넷의 특징인 만큼 마음만 먹으면 부도덕한 사이트에 쉽게 접속할 수 있다. 이와 같은 반생명적 정보의 확산으로 인해 사이버 공간이 자살, 엽기, 성매매, 음란물들로 병들어 가고 있는 것이다.

인터넷을 가상현실이라고 하지만 인터넷이 생산해 내고 있는 위험은 더 이상 가상적이지 않고 현실적이다. 인터넷을 통한 전자상거래의 급속한 확산에서 볼 수 있듯이 인터넷은 정치·경제·문화·사회 등 삶의 모든 영역에서 없어서는 안 될 필수도구로 자리 잡아 가고 있다. 이와 같은 인터넷의 눈부신 발전과 급속한 확산과 더불어 역기능적인 면도 함께 현실 사회에 급속히 확산되고 있는 것이다. 인터넷은 문명의 이기임에도 이를 악용함으로써 치명적인 흉기로 둔갑되고 있는 것이다. 그러기에 인터넷이 독초인지 꽃인지는 전적으로 이를 활용하는 사람의 손에 달려 있다고 할 수 있다.

특히 청소년은 간단한 조작으로 쉽게 만나는 유해사이트로 인해서 생명에 대한 존귀함이나 인간의 본연의 모습과 주체성을 깨닫지 못하고 있다. 그러기에 이 시대의 종교가 가장 관심을 가져야 문제는 바로 생명의 문제이다. 생명에 종교적 의미를 부여하고 또 그 의미를 강화시켜 종교 문화화하는 것이 중요한 관건이라고 할 수 있다. 어떻게 생명문화에 종교적 의미를 부여하고 그것을 현실적으로 어떻게 실천할 수 있는지 구체적인 방법이 모색되어야 할 것이다.

Ⅴ. 새로운 세계관의 요구

1990년대 후반에 들어서서 불교에 대한 관심이 더욱 고조되고 있으며, 불교를 신앙으로 받아들인 신도들이 늘고 있다고 한다. 미국에서만도 참선수행이나 비파사나, 요가수행을 하는 사람이 1천 5백여만 명에 이르고 이중에서 스스로를 불교도라고 인정하는 사람이 약 6백만 명 정도라고 한다. 이들은 미국 전역에 설립되어 있는 불교사찰, 불교센터, 참선수련센터에서 수련을 하고 있다. 이러한 수련센터가 1980년대 중반에는 400여 개였는데 1990년대 말에는 거의 4배에 이르는 1,600여 개에 이르고 있다고 하니 가히 폭발적인 증가라고 할 수 있다. 마찬가지로 유럽에서도 불교도의 수가 지속적으로 증가하고 있다. 실로 불교가 금세기에 들어서서 서구사회에서 대단한 인기를 누리고 있음에 틀림이 없다.

불교는 서구사회에서 오랫동안 일부 지식인들이나 학자들의 연구대상에 머물러 있었으며 신앙으로 각광을 받기 시작한 것은 그리 오래된 일이 아니다. 그러나 이제는 서구의 일반 대중들도 몇몇의 불교용어들을 일상생활 속에서 쉽게 만날 수 있다. 예를 들면 니르바나(열반), 카르마(업), 다르마(법), 삼사라(윤회), 코안(공안) 등이다. 심지어 어느 통조림회사에서는 자사의 통조림통이 '재생'된다는 말을 '윤회'된다는 말로 대치해서 사용하고 있다. 이런 점에서 비추어 볼 때 불교는 서구사회에서 이미 이국적이고 신비한 종교의 틀에서 완전히 벗어났으며, 그리스도교와 대등한 종교의 하나로 받아들여지고 있는 것이다.

특히 젊은 세대들은 불교로부터 정신적인 위안뿐만 아니라 새로운 삶의 방식을 찾고 있다고 한다. 서구사회는 물질적인 풍요를 위해서 자연을 인간위주로 개발해 왔고, 그 결과 환경은 파괴되어 가고, 생태계는 균형을 잃어가고 있다. 또한 경제적인 풍요를 지향하는 물질문명의 구조는 인간성의 상실을 초래하는 결과를 낳고 있다. 이러한 문제들을 안고 있는 서구사회의 미래에 대하여 젊은 세대들은 낙관적인 전망 대신에 깊은 회의를 느끼고 있는 것이다. 이는 곧 인류의 미래는 지금까지의 세계관으로는 해결할 수 없다는 위기의식이 젊은 세대들 사이에 팽배해 가고 있으며, 이는 서구사회가 새로운 세계관을 요구하고 있음을 말해 주는 것이다.

서구사회의 이와 같은 위기의식은 이성에 바탕을 둔 과학화와 산업화가 더 나은 방향으로 진보·진화·발전한다는 단선적인 견해에 회의를 갖게 하였다. 또한 성장과 진보를 가치 있는 것으로 간주하던 낙관주의적인 역사관에 따른 가치관이 근원적으로 흔들리게 된 것이다. 결국 오늘날 인류가 당면한 이 심각한 상황의 원인을 주로 인간중심의 세계관에 바탕을 둔 근대 서구 과학기술문명에 돌리게 된다. 물론 여기에서 분명히 해야 할 점은 과학기술은 가치중립적인 만큼 과학 그 자체가 인류를 위기에 빠뜨린 것이 아니며, 인간의 욕망을 충족시키기 위한 수단으로 삼았기 때문이라는 것이다. 이렇게 인간의 욕망의 극대화를 지향하고 있는 기술문명이 인류를 절박한 위기로 몰아가고 있다면, 이러한 위기로부터 벗어나고 극복할 수 있는 대안을 모색해야 할 것이다. 서구사회는 21세기에 들어 인간이 우주의 중심적인 존재라는 세계관으로부터 벗어나야 할 전환기에 처해 있음을 자각하고 있다.

인간중심적 윤리(ethics of anthropocentrism)에서는 인간만이 내재적 가치를 지니고 그 밖의 모든 존재들은 인간을 위한 도구적·수단적, 다시 말해서 외재적 가치만을 지닌다고 본다. 그러나 싱어(Singer)같은 학자는 윤리공동체를 인간사회에서 동물사회로까지 확장시켜야 한다고 주장한다. 이는 고통을 알고 감정을 가진 동물도 윤리적 대상이 되어야 한다는 동물중심적 윤리(ethics of animocentrism)를 의미한다. 여기에서 한 걸음 더 나아가 동물은 물론 식물까지 포함한 모든 생명체들은 그 자체로서 가치가 있는 만큼 존중되어야 하고 윤리적인 배려를 받을 권리가 있다고 주장하는 생물중심적 윤리학(ethics of biocentrism)이 있다. 여기에서는 윤리공동체의 범위를 모든 생물에까지 확장시킨다. 인간중심적 윤리관이나 동물중심적 윤리관에서는 존재양식 사이에 서로 환원될 수 없는 절대적 단절성을 인정하고 있다. 즉 인간중심적 윤리에서는 인간 이외의 다른 어떤 생명체에도 윤리적 관심을 갖지 않는 것이고, 동물중심적 윤리에서는 인간을 포함해서 동물까지 윤리의 대상 범위를 확대하였지만 거기에 식물은 포함되지 않는다. 그런데 비해 생물중심적 윤리관은 인간과 동물과 식물 사이에 절대적 단절보다는 연속성을 인정한다. 그러나 생물중심 윤리관에서도 생물계와 무생물계간에는 연속성이 존재하지 않는다고 본다. 생명과 무생명은 서로 절대적으로 단절되어 있는 존재양식으로 보고 있는 것이다. 이와 같이 존재양식 사이의 단절성과 비연속성을 전제로 하여 존재 사이를 질적으로, 절대적으로 구별해 보는 것은 서양의 세계관에 기인한다.

서구 문명의 역사는 곧 인간이 자연을 끝임없이 정복하는 과정의 역사라고 할 수 있다. 이 정복의 논리를 그리스도교의 세계관이 뒷받침하고 있다. 구약성서의 "너희는 온 땅에 퍼져서 땅을 지배하여라(창세기 1장 28절)."라는 구절에 근거하여 인간의 자연에 대한 지배를 신의 은총으로 여긴 것이다. 17-8세기에 본격적으로 발달하기 시작된 기술과학은 자연에 대한 인간의 지배권의 회복으로 이해하였으며, 근대의 과학적 진보는 인간이 죄로 말미암아 잃었던 자연에 대한 지배권을 인간 스스로의 힘으로 다시 획득해 가는 것으로 보았다. 기술과학의 발달은 인간이 신과의 약속을 저버림으로써 지은 죄로부터 해방될 수 있다는 세계관을 가져오게 하였다. 이러한 세계관은 그리스도교적 자연관과 근대의 데카르트, 베이컨 이래의 이분법적 자연 이해와의 만남에서 이루어진 것이다. "지식은 힘"이라고 외친 프란시스 베이컨이 말한 지식이란 자연의 힘을 이용하고, 자연을 정복함으로써 실제적으로 인간의 현실생활에 유용한 것을 획득하는 것을 의미하는 것이다.

이처럼 자연을 정복하고 대상화하는 서구의 자연관은 서구사회에 뿌리를 내리고 기술과학을 발달하게 하였다. 그러나 궁극적으로 기술과학은 오늘날 인간을 기술과학의 노예로 전락시키고 있으며 그에 따른 인간성의 상실이라는 새로운 문제에 봉착하였다. 마찬가지로 무차별한 자연 개발에 따른 자연환경의 파괴와 생태계의 파괴위기, 자원의 고갈은 날로 심각해지고 있다.

21세기의 문턱에 서 있는 인류는 세계관의 전환기를 맞이하고 있다고 서구의 지식인들은 이구동성으로 외치고 있다. 즉 서구의 세계관이 인류를 이처럼 절박한 위기로 몰아가고 있다면, 이러한 위기로부터 벗어나고 극복할 수 있는 해결책을 찾아야 할 것으로 보고 있다. 그 해결책이란 서구적 세계관으로부터 벗어나 새로운 세계관으로 일대 전환을 의미하는 것이며, 새로운 세계관으로의 전환이야말로 인류를 암울한 미래로부터 구원할 수 있다는 것이다.

불교에서는 자아와 세계를 연기(緣起)로 인식한다. 자연 만물의 원리나 본성이 연기(pratītyasamutpāda)되었다는 것은 곧 수많은 조건들(pratītya)이 함께(sam) 결합하여 일어난다(utpāda)는 상호의존적 발생을 의미한다. 이렇게 일체 현상이 상호의존성에 의해서 성립되었기에, 어느 것 하나 영원불변하는 고정된 것이 있을 수 없고(諸行無常), 연기된 것은 서로서로 존재하려고 힘을 들이고 있으며(一切皆苦), 그리고 독자적으로 생성하여 존재하는 것이 아니기 때문에 어느 것 하나 독립된 실체로서 독자적 동일성을 유지하며 존재하는 것이 없다(諸法無我)는 것이다. 이렇게 모든 존재들은 상호의존적으로 관계를 맺고 있다고 보는 것이 불교의 기본 교리인 연기론이다.

불교에서 바라보는 세계란 바로 나의 인식주체인 육근(六根)이 여섯 가지의 인식대상(六境)을 만나서 여섯 가지의 정신적 작용(六識)이 일어난 것으로 본다. 이것을 일체라고 하는데 물질계와 정신계가 연기라는 원리에 의해서 통합되어 작용하는 하나의 세계를 의미한다.

따라서 연기론에서는 모든 존재를 평등하게 바라본다. 나를 둘러싼 모든 존재를 중생이라고 부른다. 중생의 개념이 초기경전에서는 유정(有情), 즉 생명체를 의미하다가 대승경전인 『화엄경』에서는 생명현상이 없는 무정(無情) 즉 무생명체까지도 포함하게 된다. 따라서 "모든 중생은 붓다의 성품인 불성을 지니고 있다(一切衆生悉有佛性)"란 말은 붓다로 성불할 수 있는 범위가 인간을 넘어 모든 생명으로, 다시 생명체에서 모든 무생명체로 확대되어 간다. 이것은 전 존재를 평등하게 보는 불교의 생태관의 일면이다.

여기에서 모든 중생이 하나이고 구별되지 않아야 한다는 동체대비(同體大悲)의 불교적 생태윤리관을 보여주는 『범망경』의 「범망경노사나불설보살심지품(梵網經盧舍那佛說菩薩心地品)」의 다음과 같은 구절을 보기로 한다.

"모든 흙과 물은 모두 나의 옛 몸이고 모든 불과 바람은 모두 다 나의 진실한 본체이다. 그러기에 늘 방생하고 세세생생 생명을 받아 항상 머무는 법으로 다른 사람도 방생하게 해야 한다. 만일 세상 사람이 축생을 죽이려 하는 것을 보았을 때에 마땅히 방법을 강구하여 보호하고 그 괴로움으로부터 풀어 주어야 한다."

이러한 통찰은 세계와 내가 같은 뿌리에서 나온 것(物我同根)이라는 점을 알게 한다. 즉 모든 중생과 나는 서로 뗄 수 없는 자타불이(自他不二)의 관계성 안에서 존재한다는 것을 깨닫게 된다. 이렇게 나를 둘러싸고 있는 모든 존재가 나와 뗄 수 없는 관계라는 것을 깨달은 것을 지혜라고 한다. 그리고 이 지혜의 실천을 자비라고 한다. 자비는 불교적 생태윤리의 기본이다.

이와 같은 불교의 생태윤리는 생물중심적 윤리를 넘어 생태중심적 윤리(ethics of ecocentrism)라고 말할 수 있다. 즉 모든 개개의 존재는 존재 전체의 일부로서 서로 뗄 수 없는 관계를 맺고 있기에 생태중심적 윤리공동체는 바로 자연 전체이고 존재 전체와 일치하고 동일한 것이다. 불교의 자비심은 사람에게 뿐만 아니라 동물에게도, 동물뿐만 아니라 식물에게도, 식물뿐만 아니라 돌·물·흙에게도 미친다. 이 자비의 생태윤리는 인간중심적 사고에서 야기된 지구환경의 문제를 해결하고, 모든 생명체들이 공존 공생해야 하는 21세기의 시대적 가치로 받아들여져야 할 종교적 윤리라고 할 수 있다. 환경문제가 근원적으로 모든 생명체의 존재위기로까지 인식되고 있기 때문에 이제는 종교적인 차원에서 그 근본적인 해결책을 찾아야 할 시점에 이르렀다. 따라서 인간중심적 환경윤리가 생태중심적 종교윤리로 승화되어야 하는 것은 이 시대의 종교적 당위라고 할 수 있다.

이제 서구사회는 새로운 세계관을 요구하며, 자연과 인간의 관계를 바라보는 시각, 우주와 사물에 대한 시각을 새롭게 설정하려 한다. 이를 패러다임(Paradigm)의 전환이라고 말한다. 이제는 더 이상 자연과 인간, 인간과 인간이 서로 대상화되어 정복하고 정복당하는 지배와 복종의 관계로 이해되어서는 안 되는 것이다. 생태계의 위기가 인류에게는 가장 심각한 문제로 대두되었고 이 위기를 극복하기 위해서는 인간이 자연의 일부이며 자연 없이는 인간이 존재할 수 없다는 유기체적 관계로의 발상이 요청되는 것이다. 이 새로운 발상을 서구의 학자들은 연기논리의 상의상관성에서 그 구체성을 찾고 있다. 더구나 생태주의자들은 서구적인 이원론적인 사고방식에서 과감하게 벗어나 모든 생명체들이 상호의존하며 살아가고 있다는 불교적인 연계의 사고(Interconnectedness)로 변환할 것을 주장하게 되었다.

"이것이 있으므로 저것이 있고, 이것이 없으면 따라서 저것도 없어지며, 이것이 생겨남에 따라 저것도 생겨나는 것이며, 이것이 없어지면 곧 저것도 없어지게 된다"는 붓다의 가르침은 실로 모든 사물이 절대적으로 홀로 생성되고 존재하는 것이 아니라 서로 의존하면서 존재하고 있음을 극명하게 밝히고 있다. 이 연기의 법칙은 인간중심주의에서 벗어나 생명중심주의, 더 나아가 생태중심주의 사고로의 변화를 요구하고 있으며, 인격의 우주적 확산을 가능하게 한다고 서구인들은 깨닫기 시작한 것이다. 인간과 인간, 인간과 자연, 인간과 온 우주가 서로 유기체적인 관련성 속에 존재하고 있다는 것을 느끼게 되었고, 연기법적 세계관에 기초한 생활을 통하여 인간은 모든 생명체와 함께 고통을 나눌 수 있는 자비를 회복할 수 있다고 보게 되었다. 미래의 위기를 극복할 수 있는 희망의 패러다임인 불교의 연기법적 세계관을 서구인들은 깨닫고 받아들이기 시작한 것이다.

이처럼 환경문제는 전 인류와 지구가 하나의 유기체적 존재라는 것을 각성시켰다. 특히 생태주의자들은 인류가 종래의 세계관에 따라 살아간다는 것이 얼마나 위험한 일인가를 자각하고 계몽하고 있으며 지금까지 물질문명에서 야기된 가장 심각한 문제인 환경파괴의 문제를 미래에 대한 위기의식으로 받아들이고 있다. 따라서 현재의 환경문제는 인종과 국가 그리고 종교를 초월하여 공동으로 대처해야 할 문제라는 것을 인식하게 되었다. 인류는 환경문제에 대하여 인류공동체적 노력과 협조를 경주해야 하는데, 여기에 연기법적 환경패러다임이 기본 원리가 될 수 있을 것이다.

종래의 환경의식이 자연파괴나 생태계의 파괴에 대한 자각과 그 치유책을 제시하려고 했다면 21세기의 환경문화는 종교문화로 발전시켜, 인간성의 문제까지 포함한 생명운동으로 그 폭을 넓혀 가야 할 것이다. 인간의 욕망이 환경파괴의 주된 원인이었다는 점에서 근원적으로 인간의 문제로 돌아가야 할 것이다. 이런 관점에서 21세기의 환경문화는 과학적 해결을 위한 접근이나, 정치적·사회적 접근을 넘어서 총체적으로 생명에 대한 자각과 인간의 사고의 변화를 도모해야 하는 종교적 접근이 이루어져야 할 것이다.

Ⅵ. 새로운 인간관과 가치관의 요구

오늘날 서구사회가 물질만능주의와 철저한 개인주의로 인한 인간성 상실이라는 중병에 시달리고 있는데, 그에 대해 불교는 어떤 해결책과 대안을 갖고 있기에 서구인들이 불교에 관심을 갖게 된 것일까?

여기에서 우리는 인간에 대해서 다시금 생각을 하지 않을 수 없다. 돌이나 식물 그리고 동물들은 자기 자신에 대해서 묻지 않지만 인간만은 스스로 자기 자신에 대해서 묻고 있다. 인간에 대한 물음은 인류의 역사 이래로 동서고금을 막론하고 끊임없이 제기되어 왔으며 그에 대한 대답은 다양하게 이루어졌다.

인간은 불변하는 완전한 존재가 아니다. 인간은 다른 동물과 달리 지각하는 능력과 그에 따른 행위를 하는 존재지만, 이것만으로 인간의 특성이 규정되는 것은 아니다. 인간은 스스로 자기 삶의 양식을 선택해야 한다. 어떻게 살아갈 것인지를 결단해야 하는 존재이다. 따라서 인간은 기후와 풍토 그리고 경험의 축적에서 독특한 종교·과학·예술·제도 등을 형성한다. 이것을 문화라고 한다. 문화는 시대에 따라서 민족에 따라서 다양하게 형성된다. 우리가 문화적이라는 말을 사용하는 것은 이미 그 안에 인간에 대한 정의를 하고 있다고 볼 수 있다. 왜냐하면 인간은 문화를 형성해 가지만, 인간은 다시 그 문화 안에서 형성되기 때문이다.

이와 같이 다양한 문화 속에서 존재하고 있는 인간이기 때문에 인간에 대한 이해도 다양할 수밖에 없는 것이다. 또한 현대의 다양한 학문영역에서 바라보는 인간에 대한 견해는 실로 셀 수 없이 많다. 생물학을 위시로 하여 의학·심리학·사회학·인류학·종교학 등에서 논의하고 있는 인간관이 바로 그것이다.

그러나 여기에서 짚고 넘어가야 할 것은, 인간 스스로 자신이 어떤 인간이 되고자 하는 것은 바로 스스로의 의지에 달렸다는 점이다. 베르그송이 "우리는 자기에 의한 자기 창조를 할 뿐이다"라고 말한 것은 바로 인간 그 자신이 인간의 형성자라는 점을 강조한 것이다.

이제 인간에 대한 동서양의 다양한 이해를 살펴보기로 하자. 그리스의 고대철학의 관심은 우주를 향해 있었던 만큼 데모크리토스 같은 자연철학자는 인간을 '소우주'로 이해하였다. 소피스트시대에 접어들면서 비판적·회의적인 사유는 인간 자체에 대한 반성을 가져왔다. 모든 것을 주관적이고 상대적이라고 보았던 프로타고라스는 '인간은 만물의 척도'라고 하였다. 그러나 철인 소크라테스는 인간을 이성적 존재로 파악하여 인간은 상대적이고 변하는 감각의 세계를 넘어 보편적이고 변치 않는 영원한 진리에 묶여 있는 존재로 파악하였다. 이런 소크라테스의 인간관은 플라톤에 와서 더욱 심화된다.

초월적 존재인 신에 대한 관심은 중세시대에 지배적이었으나, 르네상스 시대에는 다시 인간에 대한 관심이 고조된다. 초자연으로부터 자연에로, 초월로부터 내재에로 전환이 이루어졌다. 인간을 초월적 존재인 신과의 관계로 인식하는 범위에서 벗어나 인간 본성 자체에 관하여 탐구하게 된 것이다. 딜타이는 이런 경향을 "인간을 자기 자신으로부터 이해하려고 했다"고 설명한다.

근세의 파스칼은 "인간은 생각하는 갈대다"라고 하면서 인간이 자기 자신을 알고 있다는 것을 인간의 위대한 점으로 보았다. 영국의 시인 포프는 인간에 대한 탐구에 새로운 관심을 불러일으키는 "인류의 진정한 연구대상은 인간이다"라는 유명한 말을 남긴다. 괴테도 이에 동조하여 "인간은 인간에게 가장 흥미로운 것이다"라는 말을 하게 된다. 근세의 철학자로서 인간에 대한 종합적인 정의를 시도한 사람은 칸트이다. 칸트는 "무엇을 내가 알 수 있는가? 무엇을 내가 해야만 하는가? 무엇을 내가 희망해도 좋은가?"라는 세 가지 물음을 던지며 인간이란 무엇인가라는 물음을 종합하고 있다.

현대에 들어서서 쉘러는 "확실히 철학의 모든 중심문제는 인간이 무엇인가라는 질문에 귀속된다"라고 하면서 인간의 본질에 대하여 다시 한 번 주의를 환기시킨다. 서구사회는 세계대전을 두 차례 겪으면서 인간에 대한 탐구가 더욱 심화되어 실존주의를 낳게 된다. 하이데거는 "인간은 세계 내에 던져진 존재"라고 정의하였으며, 야스퍼스는 인간은 그 자체로서 고정적이고 결정적인 본질을 가지고 있지 않은 존재이기에 가장 깊은 곳에서는 언제나 "열려져 있는 가능성"이라고 보았다. 또한 사르트르는 "신이 인간을 창조한 것이 아니라 우리 자신이 우리를 창조한다"라면서 유신론에 대립되는 견해를 보였다. 이밖에도 인간에 대한 정의는 매우 다양하게 이루어진다. 카씨러는 인간을 상징적 동물로 보았으며, 듀이는 도구를 사용하는 동물이라고 하였다. 호이징가는 인간은 다른 동물과 달리 놀이를 할 줄 아는 동물로 정의했다. 다윈은 진화하는 생물로 바라보았으며, 맑스는 유물론적 입장에서 생산적인 동물로 규정하였다. 정신분석학의 입장에서 프로이트는 인간의 본성을 성적충동으로 이해하였으며, 프롬 같은 사회심리학자는 인간을 파괴적 동물로 바라보는 등 서구에서 인간에 대한 이해는 이루 다 헤아리기 어려울 정도로 매우 다양하다.

동양에서도 인간에 관한 탐구는 계속되어 왔다. 인본주의자였던 공자는 인간의 본성을 인(仁)에 두었다. 인(仁)은 '참다운 인간' 혹은 '인간성 그 자체'를 뜻하며, 이러한 인을 실현한 도덕적 인간을 군자라고 하였다. 공자의 인간에 대한 이해는 맹자에 의해 전승되었다. 맹자는 인간의 본성이 선하다는 성선설을 펼쳤으나, 순자는 인간의 본성을 악하게 보는 성악설을 주장하였다. 중국의 전통적인 인간관은 천인합일사상으로 귀결된다. 중용(中庸)에 "하늘이 인간에게 내려 준 것을 인간의 본성이라고 한다"는 말은 바로 인간을 본래 하늘의 품성을 지니고 있는 존재로 본 것이다. 한(漢) 대의 동중서(B.C.E.179-104)는 이를 천인감응설로 발전시켜 하늘과 인간을 서로 뗄 수 없는 유기적 관계로 체계화하였다.

이제 종교에서는 인간을 어떻게 보는지 살펴보자. 인간에 대한 가장 오래된 지식을 종교에서 찾을 수 있을 것이다. 종교에서는 초월적인 존재에 관해서만 알려주는 것이 아니라, 인간에 관한 다양한 것을 알려 주고 있다. 인간의 기원에 관한 것이나, 사후의 세계에 있어서 인간의 운명에 관한 것, 또는 인간의 윤회의 문제라든가, 인간의 품성에 관한 것, 인간의 구원이 어떻게 가능한 것인가 하는 등 인간에 관한 다양한 지식을 제공하고 있다. 인간에 관한 이러한 궁극적인 문제에 대하여 종교마다 다르게 대답하고 있다. 그리스도교나 유교 그리고 불교에서는 바라보는 세계와 인간에 대한 관점은 서로 다르다. 이는 바로 각 종교의 특징을 드러내는 것이다. 따라서 각 종교의 인간관을 살펴봄으로써 각 종교에서 바라보는 세계와 인간에 대한 입장이 다르다는 것을 알 수 있다.

먼저 서양의 대표적인 종교인 그리스도교에서는 인간을 신에 의해 창조된 피조물로 보고 있다. 초월적 존재인 창조주가 자신의 모습대로 진흙을 빚어 입김을 불어넣어 인간을 지어낸 것으로 구약성서에서 묘사하고 있는데, 이로부터 오랫동안 서구사회는 인류의 기원을 단일종족설로 보았다. 이렇게 창조된 인간은 신과의 약속을 저버림으로써 타락한 존재가 된다. 즉 인간은 에덴동산에 있는 모든 열매를 다 따먹을 수 있지만, 오직 선과 악을 인식할 수 있는 선악과만은 신과 약속한 대로 따먹지 못하게 되어 있었는데, 인간은 그 약속을 지키지 못하는 타락한 존재가 되었고, 그때에 얻은 죄를 원죄라고 한다. 이것은 신만이 선과 악에 대한 인식을 할 수 있는 존재임을 알리는 것이고 또한 인간의 본성은 선한 것이 아니라 악하다고 보는 것이다. 이렇게 타락한 존재인 인간은 예수를 믿음으로써 구원될 수 있다고 한다. 그리스도교의 교부철학자인 아우구스티누스는 영혼이 인간의 본질을 구성하며, 이 영혼은 신의 모습을 지니는 것으로 보았다. 따라서 영혼을 영원불멸하는 것으로 보았고, 영혼은 육체를 지배하는 것이며, 육체는 윤리적으로 부정한 것으로서 경시하였다. 이것이 그리스도교의 전통적인 영혼관으로 자리 잡게 되어 오늘날까지 전해지고 있다.

유교에서는 인간의 기원의 문제와 같은 형이상학적인 물음을 던지지 않는다. 현실세계 속에서 인간을 파악하려 했기에, 인간사회의 윤리, 도덕의 문제에 더 많은 관심을 기울였다. 그와 함께 인간은 하늘로부터 누구나 같은 성품을 받았기 때문에 모든 인간을 평등하다는 관점에서 이해하고 있다. 이것은 사회적인 보편적 규범을 제공하는 근거가 된다. 따라서 공자는 인간의 본성을 인(仁)으로 파악하고 있다. 인(仁)은 인간애에 바탕을 둔 것으로서 누구에게나 평등하게 대하는 평등성이며, 인은 결국 수신을 통하여 얻어지는 것으로 설명하고 있다. 즉 인은 예(禮)로 돌아갈 때에 이루어지는데, 예란 인간의 본성을 사회적 규범으로 객관화시킨 것이다. 이러한 인을 실현한 도덕적 인간을 유교의 이상적인 인간상인 군자라고 하였다.

전통적으로 인도의 브라만교나 자이나교에서는 인간의 영혼불멸을 주장하였다. 브라만교에서는 아트만(Atman)이, 자이나교에서는 지바(Jiva)가 인간의 본질인 영혼으로서 변치 않는 실체로 보았다. 그러나 불교에서는 현상계에 삼라만상이 시간적으로 영원하지 못하고 무상하기 때문에 어떤 고정된 실체가 없다고 본다. 만약 고정된 실체가 있다면 그 사물은 변하지 않아야 되는 것이고 시간적으로도 영원해야 하기 때문이다. 따라서 불교에서는 영속적인 실체로서 인간의 영혼을 부정한다.

그러므로 불교의 전통적인 인간관에서 자아나 영혼은 오온(五蘊)이 모여진 것이지 이것을 넘어선 별개의 실체가 아니라고 보았다. 즉 오온이란 몸〔色〕· 느낌〔受〕· 지각〔想〕· 의지〔行〕· 의식〔識〕이 쌓인 것을 말하며, 이것 또한 다섯 가지 요소들이 연기법에 의해 서로 의존적인 관계에서 벗어나지 않는 것으로 본다. 서로 의지하고 서로 관계를 맺고 있다는 연기론적 관점에서 오온을 파악한 것이다.

그러므로 불교의 무아설(無我說)은 영혼이나 자아(自我)의 존재를 부정하는 것으로 오해되기 쉬운데, 사실은 오온(五蘊)을 넘어서서 영원불변하는 자아나 영혼을 인정하지 않겠다는 것이다. 다시 말하자면 변하는 자아는 인정할 수 있지만 불변하는 실체적 자아를 받아들일 수 없다는 뜻이다. 영원히 변하지 않는 자아나 영혼에 대한 환상은 언어적인 습관에서 오는 것으로 보았다. 이런 환상은 자아나 영혼에 대한 집착에서 온 것이며, 죽음과 함께 소멸되고 만다는 두려움 같은 심리적 요인이 환상을 만들어낸 것으로 보았다.

그렇다면 불교에서 인정하는 윤회의 동력인 업(業)에 따라 다시 태어나는 것은 무엇을 말하는가. 인간에게 있어서 불변하는 자기 동일적인 것이 없다면 행위의 책임은 누가 짓게 되는 것인가. 결국 무아설에서 지속적인 자아의 실체를 인정하지 않는다면 도덕적인 책임성에 대한 근거가 불분명하게 된다. 이 문제에 대해 『밀린다왕문경(彌蘭陀王問經)』에서는 촛불을 비유로 들고 있다. 촛불은 지속적으로 빛을 주고 있으면서 그 불꽃이 한 순간에서 다른 순간으로 존속하게 하는 무엇이 따로 존재하는가? 그렇지 않다는 것이다. 촛불이 탈 때 그 순간에 필요한 조건들에 의존하여 그 불꽃이 탈 뿐이다. 불꽃이 지속성을 보이는 것은, 한 순간에서 다른 순간으로 이어지는 인과적인 연결에 끊임이 없기 때문이다. 마찬가지로 한 촛불에서 다른 촛불로 불을 옮겨 붙일 때에도 어떤 영속적인 실체가 옮겨가는 것이 아니고 두 촛불 사이에 인과적 관계가 있을 뿐이라고 한다. 이 촛불의 비유에서 만약 촛불의 지속성이 영속적인 실체에 의한 것이라고 한다면, 그 실체라는 것이 첫째 불꽃 속에 있는가, 둘째 촛불 속에 있는가, 아니면 동시에 둘 속에 있는가 하고 의문을 갖게 되고, 그 의문에 대한 대답을 할 수 없게 된다. 이 촛불의 비유를 통해서 영구적인 실체라고 하는 영혼이나 자아를 인정하지 않아도 경험의 지속성과 단일성에 대하여 설명할 수 있다는 것을 보여 주고 있다.

이처럼 불교에서 삶의 연속이란 같은 영혼이 이 몸에서 저 몸으로 그리고 이 생에서 저 생으로 옮아가는 것이 아니라 과거생은 현재생, 현재생은 미래생의 원인과 결과의 인과적 사슬로 묶여 있다고 보는 것이다. 여기에서 인간이 그의 행위에 대해서 책임성을 가질 수 있다는 것은 영속적인 영혼을 지녔기 때문이 아니라 그의 생존이 지속적인 흐름이기 때문에 가능하다는 것이다.

또한 불교에서는 인간의 의지를 매우 중시한다. 인간의 행위에는 의지가 들어있기 때문에 인간은 자신의 마음에 따라서 이렇게 할 수도 있고 저렇게 할 수도 있다고 본다. 그래서 인간의 이러한 의지가 담긴 행위를 인(因)이라 부르지 않고 업(業)이라고 한다. 그리고 이 업에 따라 받는 결과를 보(報)라고 한다. 인간이 선업을 짓게 되면 선보를 받고, 악업을 짓게 되면 악보를 받게 되는데, 인간이 어떤 의지를 갖고 행위를 하느냐에 따라서 그 보(報)가 결정되는 것이다. 그렇기에 인간의 행복과 불행은 자기 스스로가 짓는 만큼 자신이 받는 것이지, 자신 이외의 다른 어떤 힘에 의해서 결정되는 것이 아니다. 만약에 인간의 행복이나 불행이 자신 이외의 다른 어떤 존재에 의해서 좌지우지된다면, 개인이나 사회의 책임을 누가 져야 하는지, 그 혼란은 이루 말할 수 없을 것이다. 이와 같이 인간은 스스로 완성되어 가는 존재이다.

이런 인간의 삶 속에는 모든 만물과 서로 밀접한 관계를 맺고 있다. 한 톨의 쌀알이 우리에게 오는 과정을 살펴보면 알 수 있다. 한 톨의 쌀알 속에는 농군들의 노력의 땀이 서려 있는가 하면, 여름날의 햇빛과 바람이 담겨 있고 천둥과 먹구름과 빗방울이 들어 있다. 온 우주가 힘을 기울여야 쌀 한 톨이 여무는 것이며 우리는 우주가 들어 있는 쌀을 먹고 살아간다. 따라서 나는 바로 온 우주와 둘이 아님을 느끼게 된다. 모든 만물이 나와 관계되지 않은 것이 없으므로, 이웃에 사랑을 보내고, 모든 사물에 사랑을 보내지 않을 수 없게 된다. 이 끝없는 사랑이 자비이다. 자비는 불교의 인간관계에서 기본이 되는 윤리이다.

불교의 목표인 인격의 완성은 나와 만물이 마치 손과 발이 한 몸을 이루는 것처럼 서로 뗄 수 없는 동일체라는 것을 깨닫고 무한한 자비를 실천함으로써 이루어지는 것이다. 이웃에 대한 사랑이 곧 나 자신을 완성하는 길이다. 그래서 붓다도 "연기를 보는 자는 나를 보는 것이며, 나를 보려면 연기를 보아야 한다."고 가르친 이유가 바로 여기에 있다.

불교에서는 세계와 인간의 모든 일이 우연이나 초월적 존재의 뜻에 의한 것이 아니라 인연(因緣)에 의한 것으로 본다. 따라서 인간 스스로 그러한 모습을 지니고 있음은 인간 스스로가 지은 업에 의한 결과로 본다. 따라서 불교에서는 인간도 다른 사물들과 같이 여러 조건과 요소들이 함께 모여서 이루어진 것으로 본다. 그것이 앞에서 살펴본 오온설이다. 오온 가운데 색온(色蘊)은 정신 작용이 머무는 바탕의 틀로서 물질적 요소이며, 수상행식(受想行識)은 인간 고유의 정신작용과 행동을 말한다.

색(色)은 사대(四大), 즉 지수화풍(地水火風)으로 이루어진 감각기관인 육체이며, 수(受)는 즐거움과 괴로움의 희노애락을 느끼는 감수작용으로서 자극에 대한 감각과 지각 등을 접수하는 것이다. 상(想)은 대상을 인식하게 하는 표상작용으로서, 감수된 바를 색깔 · 모양 등으로 마음속에 그려 표상화하고 개념화하는 것이다. 행(行)은 의지 및 정신 작용으로서 육체의 움직임과 말과 의식(身口意)으로 표출된 업을 형성하게 한다. 식(識)은 판단과 추리에 근거한 식별작용을 말하며 대상을 구별하여 인식하는 것이다. 즉 인식한 것을 판단하고 의식 전반에 관여하기에 흔히 마음(心)이라는 말을 할 때 해당되는 개념이다.

불교에서 바라보는 인간은 공간적 · 시간적으로 조건에 의해 이루진 존재이기에 영원할 수 없는 존재이다. 따라서 인간의 고정관념과 환상을 깨뜨리는 가르침이라고 할 수 있다. 인간을 포함한 모든 존재가 영원할 수 없으며,

늘 조건에 따라서 변화하며, 변화하기 때문에 고정된 실체가 없는 존재라는 것을 연기론적으로 알려 주고 있다.

인류의 역사를 통하여 불교만큼 인간의 본연의 모습과 주체성을 강조하고 인간의 완성을 지향한 사상은 없다. 대승불교에서 추구하는 이상적인 인간상은 보살(菩薩, Bodhisattva)이다. 보살에게 있어서 깨달음(Bodhi)은 삶(Satta)을 떠나서 따로 있는 것이 아니라는 것을 안다. 보살은 현재의 삶을 붓다의 가르침에 따라 철저하게 구현하는 지혜를 지녔다. 일반적으로 보살이 가는 길로서 "상구보리 하화중생(上求菩提 下化衆生)"을 내세운다. "깨달음을 얻는 길이란 곧 자신을 둘러싸고 있는 모든 존재와 하나로 일치하는 삶을 사는 것이다"라는 뜻이다. 여기에서 모든 존재 즉 중생이란 살아있는 것이든 아니면 생명이 없는 것이든 간에 우리와 더불어서 함께 존재하고 살아가고 있는 것을 의미하는 만큼 환경이란 말로 바꾸어 말할 수 있다. 우리가 쓰고 있는 '환경'이라는 말은 사실 '중생'이란 말과 다를 것이 없다. '중생'이란 대승불교에서 일체 유정과 무정을 모두 칭하는 말이다. 즉 우리를 둘러싸고 있는 모든 존재를 총칭하는 말이다. 그렇다면 그것은 곧 우리를 둘러싸고 있는 '환경'이라는 뜻이다. '일체중생실유불성'이란 말을 '일체환경실유불성'이라고 바꾸어 놓아도 크게 어긋나지 않는다. 더 나아가 이웃이라는 개념의 외연을 넓혀서 중생과 같은 의미로 사용하는 것도 크게 잘못이 없을 것 같다.

따라서 대승보살의 이상(理想)은 현대사회가 요청하는 생태적 가치관과 생태적 인간관을 제시한다. 대승보살은 세계의 모든 현상이 자신과 관계를 맺고 있음을 깨달은 존재이다. 모든 사물이 자신과 관계되지 않은 것이 없음을 알고, 자신을 둘러싸고 있는 이웃, 즉 생물과 무생물에까지 사랑을 보낸다. 이와 같은 지혜의 실천에서 오는 끝없는 사랑이 자비이다. 자비는 불교의 인간관계에서 요구되는 기본 윤리이고 더 나아가서 모든 존재 사이에 기본이 되는 생태윤리이다. 현대의 자본주의 사회가 만들어낸 인간성의 상실과 가치관의 전도, 개인주의의 피폐에 대한 근본적인 치유는 인간성의 회복에 있다. 인간성의 회복은 불교의 연기법에 따른, 모든 삼라만상이 자신과 유기체적으로 관계를 맺고 있음을 자각하는 데서 시작된다.

결국 불교의 목표인 인격의 완성은 바로 나와 이웃이 동일체라는 것을 깨닫고 무한한 자비를 실천함으로써 이루어진다. 이웃에 대한 사랑이 곧 나 자신을 완성하는 길이라는 것을 알고 온 세계를 빈곤과 무지와 괴로움이 없는 이상세계, 즉 생태적으로 온전한 불국토로 만들려고 노력하는 것이 대승 보살적인 삶인 것이다.

그렇다면 어떻게 보살은 자신과 더불어 관계를 맺고 있는 존재들과 일치하는 지혜로운 삶을 살아갈 수 있는 것인가. 보살이 이웃과 더불어 사는 삶을 완성하게 하는 길이 여섯 가지로 제시되고 있는데 그것이 바로 보시(布施)·지계(持戒)·인욕(忍辱)·정진(精進)·선정(禪定)·지혜(智慧)의 육바라밀이다. 보통 육바라밀은 피안에 도달하게 하는 수단으로 취급되어 왔으나, 바라밀(Pāramitā)의 뜻이 완성인 것으로 보아 육바라밀은 여섯 가지 완성되어져야 할 보살의 행위를 뜻할 것이다.

보살이 완성해야 할 삶의 행위로서의 보시는 '준다'는 말이다. 무엇을 준다는 것은 나에게만 머물지 않고 흘러가게 하는 것이다. 왜냐하면 나는 나 홀로 살 수 있는 존재가 아니고 다른 존재들과의 관계 속에서만 살아갈 수 있다는 것을 여실하게 알기 때문에 나에게만 머물러 있지 않고 때가 되면 흘러갈 수 있도록 열어 주는 것이 바로 보시라고 말할 수 있다. 보시는 마치 흐르는 물이 한 곳에만 머물지 않는 것처럼 모든 관계들이 살 수 있도록 흘러가게 하는 생명의 원리인 것이다. 보시를 통해서 모든 존재와의 연대감과 일체감을 느낄 수 있다. 현대인이 갖고 있는 박탈감이나 소외감을 극복하는

'더불어 사는 삶'은 바로 보시를 통하여 구현 가능하게 될 수 있다.

자신과 전 존재가 하나의 유기체적으로 연계되어 있음을 알고, 이 대전제 앞에서 자신을 극소화시키는 삶을 지킬 줄 아는 것이 지계이다. 인간의 욕망을 소유의 방향으로만 투사시킬 것이 아니라, 더불어서 함께 존재하고 있는 모든 존재를 향해 열려 있는 삶으로 지향하는 보살은 자신의 욕망을 절제해야 하는데, 이 욕망의 절제를 환경의식이 투철한 보살의 인욕이라 할 수 있다. 정진은 이러한 생태적 균형 잡힌 삶을 영위하기 위해서 보살은 쉼 없이 노력해야 함을 의미하며, 이러한 노력으로 보살은 마침내 모든 존재와 원만한 관계성을 회복하여 평화로운 삶의 환경을 유지하는 것을 선정이라 할 것이다. 이와 같은 다섯 가지 보살의 완성되어져야 할 삶의 양식은 모두 모든 존재가 나와 뗄 수 없는 관계성 속에 존재한다는 사실을 깨달은 지혜를 바탕으로 하고 있다.

이처럼 보살의 길을 실현하려는 노력을 통하여 이 시대에 있어서 가장 중요한 환경의 문제나 개인주의의 폐단에 대한 해결점을 찾을 수 있을 것이다. 인류가 새로운 사고의 전환을 꾀하는 한 미래는 결코 암울하고 절망적이지만은 않다고 말할 수 있겠다.

Ⅶ. 현대사회와 불교의 역할

21세기의 불교가 사회적으로 담당해야 할 분야가 하나 둘이 아니다. 현대사회의 상황에 맞게 스스로 변용해야 할 점도 많다.

우선 가상공간에의 적응은 새로운 진화를 이루어 낼 수 있다. 인간이 다른 동물과 달리 진화할 수 있었던 것을 인간 특유의 언어세계, 즉 언어공간과 밀접한 관계가 있다고 한다. 가상현실은 인간언어 세계를 새로운 차원으로 발전시킨 것으로 볼 수 있다. 따라서 가상현실을 새로운 문화로 발전시켜 나가는 인간은 새로운 진화를 하게 될 것이고 종교는 이 새로운 문화에 적응해 갈 수밖에 없을 것이다.

따라서 불교에서는 이 사이버 공간을 인간회복의 장으로 활용할 것을 모색해야 할 것이다. 인터넷의 활용과 확산을 빠르게 진행된다. 불교의 포교의 문제를 넘어서 미래의 사이버상의 종교문화를 선도해 갈 것을 준비해야 할 시점에 있는 것이다.

디지털 문명의 시대는 모든 것이 보다 분명하고 명료할 것을 요구한다. 종교가 인간의 궁극적 문제에 대한 해답을 제시하는 만큼 신자들에 대한 구속력을 갖게 됨은 당연한 논리이다. 종교적 측면에서 환경에 대한 구체적이고 명백한 입장과 실천 방안의 제시가 필요한 시대인 것이다. 디지털 시대의 보살에게 있어서 깨달음이란, 인터넷 네트워크가 하이퍼링크로 얽히고 또 얽힌 중중무진(重重無盡)의 관계를 맺고 있는 것처럼 모든 생명·무생명들이 이와 같은 관계 속에 있다는 것을 아는 것이다. 다시 말해서 중중무진의 이웃을 끊임없이 사랑하는 일이 바로 깨달음의 길이다. 이 사랑의 구체적인 표현이 보살의 실천이고 수행이다.

결국 자연환경문제나 인간환경의 문제는 인간 욕망의 극대화 과정에서 일어난 것이다. 따라서 이 문제는 근원적으로 인간의 문제로 귀결된다. 환경문제는 결국 인간의 문제이다. 때문에 21세기의 환경문화에 대한 접근은 종교적으로 이루어져, 결국 종교문화로 바뀔 때 보다 근본적인 해결책이 나올 것이다. 대승보살은 자연환경 회복에만 원(願)을 세운 보살이 아니라, 인간환경의 회복에도 원을 세운 보살이다. 특히 불교는 오랫동안 인간의 문제를 심도 있게 다루어 온 종교이다. 그러므로 스스로 불교의 가르침을 통하여 친

생명적 인성형성을 할 수 있도록 불교의 세계관과 연기론을 알려야 한다. 모든 생명은 홀로 존재하는 것이 아니라 서로 뗄 수 없는 관계를 맺고 있다는 것을 깨닫게 함으로써 생명에 대한 관계성의 회복을 꾀하고자 하는 것이 불교 가르침이다.

붓다는 모든 존재가 생명이 있는 유기체처럼 서로 뗄 수 없는 불이(不二)의 관계를 지니고 있다는 연기의 가르침을 펼쳤다. 모든 존재가 뗄 수 없는 관계 속에 있음을 자각하고 그 존재들을 향한 사랑이 자비이다. 즉 모든 사물이 자신과 관계되지 않은 것이 없음을 알고, 자신을 둘러싸고 있는 이웃, 즉 생물과 무생물에까지 사랑을 보내는 것이다. 자비는 불교의 인간관계에서 요구되는 기본 윤리이고 더 나아가서 모든 존재 사이에 기본이 되는 생명윤리이다. 따라서 생명체에 대한 불살생은 물론이거니와 심지어 무생명에도 불성(佛性)이 있으니 산천초목이라도 공경하고 보호하는 것을 당위로 보았다. 붓다는 "인간뿐만 아니라 모든 생명체를 죽이지 말고 아끼며 사랑하라"는 불살생의 계를 첫 번째 실천 덕목으로 세운 것은 생명체를 사랑하고 보살피라는 불살생의 계율이야말로 인간이 실천해야 할 최고의 윤리라는 뜻이다.

이런 이야기가 있다. 어떤 여인이 시집을 갔는데 온갖 시집살이를 다 하면서 살다가, 아들을 낳자 온 집안의 위함을 받게 되었다. 그래서 그 여인은 아들을 애지중지 키웠는데 이 아이가 그만 얼마 못살고 죽었다. 여인은 자신의 아이를 살려달라고 사람마다 붙잡고 애걸하였다. 여인은 썩어가는 아이의 시체를 부둥켜안고 여기저기 용하다는 의원을 다 찾아다녔으나 아이를 살려낼 수 없었다. 동네 사람들은 사람은 누구나 다 죽는 법이라고 그 여인에게 설명해도 아무 소용이 없었다. 그때 마침 이 마을에 붓다가 머물고 있어 그분이면 여인의 문제를 해결할 수 있을지 모르니 찾아가 보라고 마을사람들이 권했다. 그 여인은 기대를 갖고 붓다를 찾았다. 죽은 아이를 안고 있는 여인에게 붓다는 이렇게 말했다. “내가 고쳐주겠는데 한 가지 조건이 있다. 이 마을에 200세대가 살고 있는데 혹 장례를 지내지 않은 집이 있으면, 그 집에서 겨자씨를 얻어 오거라, 그러면 아이를 살려주겠다.” 여인은 붓다의 이 말을 듣고 아들을 살려낼 수 있다는 희망과 애끓는 안타까운 마음으로 마을을 다 돌아다녔다. 그런데 장례를 치르지 않은 집이 하나도 없었다. 여인은 붓다가 말한 겨자씨를 얻지 못했다. 붓다에게 돌아온 여인은 마침내 아이의 시체를 불 속에 던질 수 있었다. 이 여인은 모든 생명은 언젠가는 다 죽게 된다는 것을 스스로 깨닫게 되었다. 모든 존재를 향한 보편적인 연민(universal compassion)에 도달하게 된 것이다.

21세기와 불교의 사회화
– 생명 · 생태 · 환경문제에 대한 불교적 대응 –

Ⅰ. 들어가는 말

21세기를 바라보는 시각은 다양하다. 동서냉전의 종결로 자유주의와 시장경제에 대한 위협이 사라졌다. 때문에 역사는 종착역에 도달했다는 일련의 낙관론이 있다. 이 낙관적 견해를 지구화(globalization)와 정보화가 뒷받침한다. 21세기에 지구화와 정보화가 더욱 가속화되면, 세계가 민족주의를 넘어 하나로 통합된다고 본다. 하나가 된 세계를 낙관하는 견해이다. 그러나 다른 한편으로 21세기를 비관적인 시각으로 전망하기도 한다. 자본주의가 상대해서 싸웠던 대상은 사라졌지만 그 자리에 새로운 문제가 자리 잡고 있다. 대량실업과 복지사회의 위기, 부국과 빈국의 갈등, 더 나아가 인종과 지역갈등이다. 따라서 지구화나 정보사회에 대하여 낙관적 진단을 할 것도 못된다. 한동안 세계화를 서구화로 오해하면서 세계화의 바람이 한국사회 전반에 불어 닥친 적이 있었다.

21세기에는 종교의 세속화 과정이 심화되면서 종교시장 상황이 예견되는 사회라고 한다. 또한 인터넷 확산에 따른 사이버 공간의 출현과 함께 생명경시의 문제가 심각하게 대두되고 있다. 생명경시 풍조에 대하여 불교는 이를 문제 삼지 않을 수 없는 시점에 이르렀다. 이와 함께 인류생존의 근원적인 문제인 생태계의 파괴나 환경오염이 심각해지고 있다. 환경문제에 대한 관심은 정치, 경제, 사회, 예술, 종교 등 현대사회의 전 분야에서도 고조되고 있다.

21세기에 있어서 불교의 사회화는 21세기 한국사회에서 일어나고 있는 심각한 문제들을 파악하고 그 문제의 해결을 위한 적극적인 대응을 의미하는 것이라고 본다. 여기에서는 그 해결책을 제시하고 있지는 않다. 다만 무엇이 가장 심각한 문제인가 다시 한 번 상기시키면서, 이 문제에 대하여 불교의 적극적인 관심을 유도하는 것에 의미를 두고자 한다.

Ⅱ. 종교의 세속화와 불교의 입장

종교가 사회 전 분야에 막대한 영향력을 행사하던 시대가 있었다. 현대에는 종교가 사회에 대하여 갖는 규제력은 미약해져 있다. 종교의 사회적 통합화의 약화 현상을 도덕적 공동체(moral community)에서 합리적 사회(rational society)로 변환하는 과정에서 일어나는 현상으로 설명한다. 이 과정에서 종교는 필연적으로 쇠퇴한다고 본다.[1] 그 동안 전통종교에 의해 유지되어 오던 정신적 기반이 현대사회에서는 새로운 이념과 사상·주의로 그 자리를 대체하고 있다.

---

1 Bryan R. Wilson, *Religion in Sociological Perspective*, Oxford University Press, 1982, p.163.

기성의 종교는 변화해가는 현실에 새롭게 적응해야 할 과제를 지니고 있다. 불교도 예외가 아니다. 21세기에는 종교의 구태의연한 구조에 변화가 있어야 한다. 지난 100년 간 사회는 엄청나게 변화했다. 그러나 종교는 아직도 100년 전의 모습으로 현대인을 맞이하고 있다. 종교인의 의식 전환도 절실하다. 21세기에는 전 세기 보다 산업화·도시화·사회구조의 재편성이 더욱 급속히 진행될 것이다. 그에 따른 현대인의 새로운 욕구도 다양할 것이다. 그러나 종교가 이에 대하여 적극적인 대응을 하지 못한다면 종교는 무력하게 그 영향력을 상실하고 말 것이라고 전망한다. 종교사회학자인 브라이언 윌슨(Bryian Wilson)의 생각이다. 브라이언 윌슨은 현대사회에 있어 종교는 외적인 모습뿐만 아니라 내적인 것까지도 쇄신해야 한다고 주장한다.[2]

자연과학의 발달은 자연의 기이한 현상을 더 이상 신비로운 것으로 남겨두지 않는다. 또한 과거에 사물이나 인간, 또는 신비로운 것에 더 이상 성(聖)스러움을 부여하지 않게 되었다. 이러한 경향을 세속화(Secularization)라고 한다. 따라서 세속화가 진행되면서 과거에 성직자나 교직자들이 누렸던 성스러운 지위나 특권이 일반화되고 또한 그들에 의해 수행되었던 교육이나 복지의 기능과 직무가 일반화되는 것을 의미한다.

이러한 종교의 세속화 과정을 래리 쉬너(Larry Shiner)는 광범위하게 제시하고 있다. 그 전개과정은 다음과 같다.[3]

① 종교의 쇠퇴(decline of religion) ② 세계와의 동조(conformity with this world) ③ 종교로부터 사회이탈(disengagement of society from religion) ④ 종교적 신

2 B.R. 윌슨, 윤원철 역, 『현대의 종교변용』, 전망사, 1984, 54-60쪽.

3 Larry Shiner, "The concept of Secularization in Empirical Research", in: *Journal for the Scientific Study of Religion*, vol.6, No.2, 1967, pp.207-220.

앙들과 제도들의 변형(transposition of religious belief and institutions) ⑤ 세계의 탈신성화(descralization of world) ⑥ 거룩한 사회로부터 세속적 사회로 이행(movement from a sacred to a secular society)

이처럼 종교가 세속화되는 것은 합리화 정신과 과학의 성장, 산업사회의 등장, 경제발전, 이에 따른 도시화 현상과 생활 공동체의 붕괴, 도덕적 권위의 상실, 종교의 다원화에 기인한다고 본다.[4] 즉 인간의 관심이 저 세상으로부터 지금의 이 세상으로 쏠리면서 이루어졌다고 본다. 더 나아가 종교의 세속화는 종교적 세계관을 상대화시키고 다원화를 조장하게 되었다.

오늘의 현대사회는 다양한 종교신념과 다양한 가치관이 공존하는 다원화된 사회이다. 21세기는 종교들간의 경쟁이 불가피한 시대이다. 종교에 시장상황(market situation)이 출현한 사회가 되었다. 종교 소비자가 종교를 선택할 수 있는 상황이 되었다. 종교전통은 소비자의 상품이 되는 시대로 진입한 것이다.

1. 종교의 세속화 의미와 불교

종교의 세속화(Secularization)를 사회의 변화에 따른 종교의 변화라고 본다면, 종교의 변화는 현대사회만의 독특한 현상이라고는 할 수 없다. 그러나 현대사회의 급격한 사회변동이나 미래사회에서 급격한 사회변동이 예견된다. 이에 따른 종교적 변화의 의미를 살펴보기로 한다. 종교의 세속화(Secularization)와 세속주의(Secularism)는 구별된다. 세속주의는 종교의 초자연적 면과는 무관하게 인간의 삶을 해석하고 구성하려는 실천적·윤리적 체계

4 이원규, 『종교사회학의 이해』, 사회비평사, 1977, 574-576쪽.

라고 할 수 있기에 반종교적 경향을 띤다. 그러나 세속화는 종교를 사회변동의 종속변수로 바라보고 있다. 세속화의 의미에 대한 다양한 견해를 살펴보기로 한다.[5]

첫째, 종교의 세속화를 종교의 쇠퇴(decline of religion)로 바라보는 관점이 있다. 전통적인 종교적 상징, 교리, 제도가 그 지위나 영향력을 상실하고 있다는 것을 세속화라고 본다. 이와 함께 신도의 수, 성직자의 수, 종교조직의 감소와 종교적 참여도가 떨어진다고 본다.

둘째, 현실세계와의 동조(conformity with this world)를 세속화로 보는 관점이다. 즉 초월적인 전통적 교리가 현대적으로 바뀌고, 내세 지향적인 윤리가 현실적 실용윤리로 바뀌는 경향을 의미한다. 종교조직이 더욱 복잡해지고 합리적으로 바뀌는 것은 현실세상과 동조하려는 경향으로 본다.

셋째, 종교로부터의 사회이탈(disengagement of society from religion)을 종교의 세속화로 보는 입장이다. 전통적으로 종교적 영향력 아래 있던 사회가 종교로부터 이탈해 가는 것을 말한다. 종교 교단에 의해 운영되던 교육이나 사회복지의 기능이 국가제도로 넘어가는 과정 등을 말한다.

넷째, 종교적 신앙과 제도의 변형(transposition of religion belief and institutions)을 세속화로 보는 견해이다. 절대적 존재의 능력과 힘에 근거를 두고 있다고 믿었던 지식, 행위의 유형, 제도적 장치가 순수한 인간적 창조와 책임성에서 온다고 보는 현상을 세속화로 본다. 종교적인 신앙이나 체험을 이념으로 대체하는 입장 등을 말한다.

다섯째, 세계의 탈신성화(desacralization of world)를 세속화로 본다. 합리적이고 인과론적인 설명이나 해석으로 인간과 자연을 대상화함으로써 세계의 성스러움이 상실된 것을 말한다. 초자연적이고 신비적인 현상이 사라지고

---

5 이원규, 위의 책, 572-573쪽.

합리적이고 이성적인 사회가 성립되는 과정을 종교의 세속화로 보는 견해이다.

이상의 종교의 세속화의 의미에 대한 다양한 견해들은 서로 상충되는 것이 아니라 상보적이다. 여기에서 확실한 점은 종교는 사회변동에 따라 변화하고 있으며 변화가 요청되고 있다는 점이다. 이상의 세속화의 의미는 주로 서구사회의 서구종교를 중심으로 연구되어진 것을 바탕으로 하고 있다. 절대자를 상정하는 서구종교의 구조 속에서 일어난 상황들이다.

그러나 불교가 발생하고 전개된 사회는 서구사회와는 그 성격이 매우 다르다. 한 가지 예로서 신비적이고 절대적인 신의 세계로부터 벗어나려는 인간의 노력을 서구종교의 세속화라고 말할 수 있다. 그러나 불교는 처음부터 신의 세계를 인정하지 않고 인간을 출발점으로 삼아 철저한 이성과 합리를 바탕으로 교리를 세웠기 때문에 서구종교의 세속화와는 그 의미를 달리한다. 불교는 오히려 세속의 불교화를 통해 세계가 비이성적이고 비합리적으로 기우는 것을 바로잡으려 하는 경향이 있다. 서구종교가 세속화의 의미를 종교의 쇠퇴로 받아들인다면, 오히려 불교는 사회의 불교화를 지향함으로써 불교가 바로 미래종교의 모델로서 의미를 지닌다고 할 수 있다.

그렇다면 다시 서구종교의 세속화를 부추기는 원인은 어디에 있는가를 살펴볼 필요가 있으며 불교적 대응은 어떻게 이루어져야 할 것인가를 살펴보기로 한다.

2. 현대사회에서의 종교의 세속화와 불교의 대응

현대사회의 급격한 변동은 다른 어느 시대보다 종교의 세속화에 커다란 영향을 미치고 있다고 한다. 먼저 우리가 살고 있는 현대사회의 모습을 간단하게 살펴볼 필요가 있다. 서구사회는 18세기 말경부터 일대 전환기를 맞게 된다. 산업혁명과 프랑스 시민혁명을 거치면서 서구의 정치·경제·사회의 구조와 제도는 급변하게 되었다. 여기에 다시 합리주의에 바탕을 둔 과학기술의 발달로 서구사회는 산업경제 체제로 전환하게 된다. 이에 따른 인구의 이동은 도시화를 급속하게 진행시켰다. 도시화에 따른 새로운 인간관계와 사회관계는 삶의 형태까지 변화시켰다. 현대 서구사회는 이러한 근대화의 과정을 거쳐 출현된 것이다. 20세기 중반부터는 서구사회에서 겪은 변동이 유럽과 미국을 넘어서 세계로 확산되었다. 한국사회도 이 사회적 변동에서 벗어난 것이 아니다.

현대사회라고 일컬어지는 도시 산업사회는 대체적으로 몇 가지의 표면적 특징을 나타낸다. 첫째, 다양한 지역에서 직장이나 거주환경을 찾아 도시로 이동한 인구들은 서로 다른 지역문화 전통을 지닌 사람들이다. 그들에게는 사회적 소속감이나 공동체의식이 약한 만큼 인구의 이질화 현상을 보인다. 둘째, 도시 산업사회에서 개인은 대중 속에 매몰되면서 그가 속해 있는 집단의 개체로서 인정받는 경우가 더 많다. 셋째, 자신의 이름을 잃은 익명의 개인들은 대중매체에서 조장된 유행과 규격화된 생활양식에 따라가는 개성 없는 삶을 살아가기 쉽다. 각 개인들은 스스로 갖고 있는 내면적 이질감을 대중적으로 표준화된 행동방식을 통하여 극복하려는 경향을 보인다. 대중적으로 표준화된 행동방식이나 생활양식에서 벗어나게 되면 또 다른 소외를 느끼기 때문에 그 소외로부터 벗어나기 위해서라도 대중적 취향이나 유행에 자신을 맞추게 된다. 이는 피상적이나마 사회적 동질성을 찾으려는 것이다.

이렇게 현대사회에서 개인은 점점 가족과 같은 친밀한 원초집단에서 멀어지면서 개인의 정체성을 잃게 되고, 또한 기능과 능률이 중요시되는 직업구조에서 개인은 기능인간으로 전락하여 상품화되어 가고 있다. 이처럼 현대사회의 구조는 개인을 당연히 무력하게 만들고, 개인은 자신의 삶에 대한 근원적인 의미를 상실하게 되면서 가치관의 갈등을 겪게 된다. 또한 경제성장에 따른 소득의 격차가 현저해지면서 부유한 계층과 그렇지 못한 계층이 형성되었다. 대중매체는 소비와 사치를 조장하고, 개인은 물질적 소유를 지상의 과제로 삼게 되었다. 이에 따라 물질적으로 만족하지 못하는 계층은 상대적으로 절망감과 박탈감을 느끼게 되고, 이것은 사회에 대한 적대감으로까지 나타나게 된다. 이러한 현대사회의 분위기는 물질적인 만족과 소유를 위해서라면 수단과 방법을 가리지 않고 목적을 달성하기 위한 일탈 행위를 유발시킨다.

현대사회의 구조 속에서 겪게 되는 개인의 소외감이나 가치관의 문제, 개인의 정체성의 문제 그리고 박탈감의 문제에 대하여 현대사회에서 종교의 기능은 실질적이고 현실적인 해결보다는 심리적인 해소의 차원에서 기능적 대행을 할 뿐이다. 즉 현실적으로 느끼는 소외감을 공동의 종교의식에 참여하게 하여 해소시키려 하고, 현실적으로 이루지 못한 부(富)를 내생에서 얻을 수 있다고 위로한다. 그렇지만 이것은 개인의 불행을 근원적으로 해결하기보다는 심리적 보상의 차원에서 해소하려는 것이기에 현대인에게 종교는 무력하게 비쳐질 수밖에 없다. 이런 사회적 문제의 해소를 위한 노력들이 서구사회에서는 정치적·제도적 차원에서 강구되고 있으며 종교단체들도 적극적으로 참여를 하고 있다. 그러나 서구사회의 근원적인 문제 해결은 역시 개인주의에 대한 극복에 있다고 볼 것이다. 서구에 있어서 이웃이란 이분법적인 사유의 전통 속에서 객체로서 존재하고 있다.

지금까지 현대사회의 특성을 살펴보았다. 이제 이를 바탕으로 종교의 세속화를 진행시키게 된 다양한 원인을 하나씩 살펴보기로 한다.[6] 가장 먼저

6 이원규, 앞의 책, 574-576쪽.

서구종교의 세속화를 부채질하게 한 것은 계몽주의의 발달로 보는 견해가 있다. 계몽주의는 이성, 자연법, 진보, 인간성, 자유, 보편적 권리 등의 새로운 개념을 성립시키면서 사회·문화와 도덕성에 영향을 준다. 이로써 계몽주의적 의식은 전통적인 종교 전반과 대립하게 된다. 즉 합리주의는 신앙, 수행체계, 종교적 권위를 마술적이고 비합리적인 것이라고 과소평가하면서 종교에 대하여 적대적인 관계를 갖게 되었다.

불교는 처음부터 인간의 이성을 바탕으로 하여 절대적 깨달음을 얻게 하는 가르침이기 때문에 인간의 인지가 발달하면 할수록 오히려 불교의 교리는 이성과 합리성에 부합하게 된다. 서구종교가 갖는 합리성과 이성에 대한 입장과는 매우 다르다.

둘째, 과학의 발달이 종교의 세속화를 촉진하였다고 보는 견해이다. 과학은 합리주의에 기초를 두고 세계를 합리적·경험적으로 설명하려고 하기 때문에 종교적인 세계관과는 갈등을 빚게 된다. 종교에서 찾았던 여러 문제에 대한 대답을 이제는 과학의 실용적인 가치에서 찾으려는 경향이 뚜렷하게 나타나기 시작한 것이다. 인간과 세계에 대한 전통적 종교의 대답 가운데 많은 부분이 과학에 의해서 많은 부분이 수정되어지고 심지어 폐기되는 일들이 초래된 것이다.

인간의 영혼이나 내세에 대한 입장이 오로지 종교의 문제로만 국한되지 않고 이제 자연과학적인 해석이 이루어지고 있다. 근대 과학에서는 영혼을 두뇌활동의 산물로 보고 신체활동과 유기적인 관계 속에서 일어나는 현상으로 보는 입장이다. 현대사회의 종교문화는 근본적인 문제에 대한 새로운 이해를 요구하고 있다. 뇌과학의 발달과 유전자공학의 발달은 인간 영혼에 대한 문제뿐만 아니라 종교 교리 전반에 걸친 새로운 이해를 요구하고 있다.

그리스도교가 지동설과 진화론을 결국 수용하고 있는 것처럼 현대과학의 성과에 종교는 맞서기만 할 것이 아니라 과학적 성과를 포괄하는 은유와 상징의 지평을 넓혀가야 할 것이다. 따라서 21세기의 불교는 현대의 자연과학적 성과에 대해서 더 많은 관심과 연구를 통하여 과학적 종교라는 이름에 걸맞게 대응해야 할 것이다.

셋째, 정치적 발전이 종교의 세속화에 영향을 주었다는 견해이다. 정치제도의 출현과 현대국가의 성립은 종교로부터 국가가 분리되고, 또한 민주주의적 정치이념은 생활환경에 대한 초자연적 힘의 개입을 약화시키게 되었다고 본다. 환경에 대한 종교적·도덕적 해석보다는 정치적·도덕적 해석으로 대체되었다고 본다.

불교는 이미 생활환경이나 자연환경이 초월적 존재에 의해서 만들어지고 전개된다고 여기지 않고, 인간 개개인의 실존적인 인식이 기초된 자연환경관을 갖고 있기 때문에, 그 자리에 정치적·도덕적 해석이 개재하는 것을 허락하지 않는다.

넷째, 경제적인 발전이 종교의 세속화에 영향을 주었다고 본다. 자본주의의 성장은 시장경제를 발전시켰고, 이익의 극대화를 위한 노력은 산업의 기계화를 초래하였다. 물질적 생산에서 얻어진 이익은 인간관계의 변화를 가져왔다. 일상생활 속에서 찾아지던 근면·자제·검소 등과 같은 종교적 덕목은 경제적인 효능성으로 대체되었다. 이익 추구를 최우선으로 하는 자본주의 사회는 물질만능의 물심사회로 바뀌었다. 서구종교는 절대적 종교가치가 물질적 가치로 대체되는 경향을 보이고 있다. 불교에서는 최고의 가치를 인간완성에 두고 있다. 그러나 경제활동을 무가치한 것으로 보지는 않는다. 인간의 경제활동은 물질을 소유하기 위한 것이 아니라, 존재와 존재 사이의 관계를 원만하게 유지하기 위한 활동으로 해석한다. 경제활동을 서로서로 뗄 수 없는 관계를 맺고 있는 존재들이 조화롭게 공생하기 위한 활동으로 보는 것이다. 서구종교, 개신교는 자본주의의 성립과정에 중요한 이념을 제공하였다.[7] 그러나 현대자본주의는 물질만능주의적 태도를 띠게 되었다. 이는 개신교의 종교적 이념이 스스로 모순을 드러낸 것이라 할 수 있다.

다섯째, 종교의 세속화를 가속화시키는 원인으로 공동체의 붕괴를 들고 있다. 전통적인 생활공동체는 종교적 영향 아래 유지되고 있었지만, 사회가 산업화되면서 도시화 현상이 나타나고 기초생활 공동체가 무너지게 되었다. 전통적인 공동체가 갖던 종교성은 그 구성원을 통제할 수 있었으나 붕괴된 공동체는 종교적 통제로부터 자유롭게 되면서, 도시산업노동자나 무산계급은 그들의 욕구를 기성종교에서 찾지 못하고 떠나가게 되었다고 본다. 따라서 종교는 전통 공동체를 결속하는 힘을 상실하게 되면서 세속화가 가속화되었다는 것이다.

불교는 현대 산업사회에 적극적인 대응을 했다고는 볼 수 없다. 불교신앙집단은 주로 농경문화에 뿌리를 둔 공동체였다. 급격한 산업화는 농경생활공동체를 파괴하였다. 이에 불교는 도심으로 나아가 새로운 신앙공동체를 형성하려는 노력을 보이고 있다. 불교의 사찰이 산중과 도심 양쪽에 위치하면서 산업화 사회 속에서 인간 상실과 인간 소외의 문제로 시달리고 있는 현대인에게 문제 해결을 위한 종교로서 다가갈 수 있다. 불교에서는 자신과 이웃의 관계를 동체(同體)로 본다. 자타불이(自他不二)라는 말이다. 불교 연기론은 서구의 개인주의를 극복하게 할 수 있으며, 공동체에 대한 의미를 부여할 수 있다고 본다.

서구종교를 중심으로 한 서구사회에서 종교의 세속화의 요인은 다양하면서도 서로 복합적으로 작용하고 있다고 본다. 서구사회에서 겪은 사회변동

7 막스 베버, 양회수 역, 『프로테스탄티즘의 윤리와 자본주의 정신』, 을유문화사, 1988 참조.

이 한국사회에서도 일어나고 있다. 한국사회는 세계에서 유례를 찾기 어려운 다종교 사회이다. 현대 한국사회에서 불교는 그리스도교와 함께 종교적 영향력을 갖고 있다. 한국사회의 종교적 특징을 살펴보고 불교의 사회화의 문제를 함께 검토할 차례이다.

Ⅲ. 현대사회의 종교적 특징과 불교의 사회화

현대 한국사회의 종교적 특징을 한국 전통종교의 쇠퇴와 서구종교의 흥기, 그리고 전통종교와 서구종교 사이의 종교문화적 이중구조로 되어 있다고 보는 견해가 있다.[8] 이것은 한국사회가 서구의 정치체제를 도입하고 서구 지향적 경제개발을 지향하면서 이루어진 결과이다. 전통 사상과 문화는 근대화 내지 서구화에 장애가 되는 열등한 것으로 취급되었다. 이것은 곧 민족문화에 대한 주체적 인식의 결여에 기인하는 것이다. 전통종교나 전통사상이 근대화를 방해하는 요소라고 진단하는 견해는 전통문화에 대한 정신적 허무감을 유발시키고, 지식인들이 서구사상과 서구문화에 일방적으로 경도되어 서구종교를 무비판적으로 받아들이게 되는 근거가 되었다. 결국 이러한 사회 환경은 전통문화와 전통종교를 총체적으로 부정하는 의식을 갖게 만든다. 서구 일변도로 경도된 지식인들은 전통과 단절된 상태에서 보편주의적 사고를 한다면서 국적 없는 보편성만을 강조하는 국제주의적 성향에 깊이 빠져들고 있는 것이 현금의 현대 한국사회라고 진단하고 있다.[9]

한국 현대사회의 종교현상은 서구문화와 함께 유입된 기독교와 토착종교

8 윤승용, 『현대 한국종교문화의 이해』, 한울, 1997, 33쪽.
9 박인종, 『한국 교육문제 연구』, 푸른나무, 1989, 63쪽(윤승용, 위의 책에서 재인용).

의 이중구조를 이루고 있으며, 이 이중구조는 전통적인 가치관과 현대적 가치관으로 이해되는 양상을 띠게 된다. 따라서 서구의 기독교는 타종교에 비해 마치 현대적 가치를 지닌 것으로 간주되었으며 사회적으로 우월한 위치를 차지하게 되었다고 볼 수 있다. 이처럼 한국 현대사회의 종교현상은 현대사회가 갖는 모순된 모습과 함께 비서구 사회의 특수한 성격을 나타내고 있다.

현대 한국사회뿐만 아니라 더 나아가 현대 문명사회에서 요구되는 종교적 가치는 인류를 암울한 미래로부터 구원할 수 있는 것이어야 한다. 즉 환경·생명·생태계·자연에 대한 관심과 위기의식은 세계관과 인간관에 변화를 가져오게 하였고 이로써 새로운 종교문화를 요청하고 있다. 인간의 욕망을 실현하기 위한 인간중심의 문화에서 생태계와 영성, 생명에 관심을 기울이는 종교문화로 전환이 요구되고 있는 것이다.

과연 이러한 시대적 요청에 서구의 종교는 어떤 응답을 할 수 있는가? 한국사회의 근대화의 모델인 서구사회는 물질적인 풍요를 위해서 자연을 인간위주로 개발해 왔고, 그 결과 자연환경은 파괴되어 가고, 생태계는 균형을 잃어가고 있다. 또한 경제적인 풍요를 지향하는 물질문명의 구조는 인간성의 상실을 초래하는 결과를 낳게 하고 있다. 이러한 문제들을 안고 있는 서구사회는 미래에 대하여 낙관적인 전망보다는 회의를 하고 있다. 인류의 미래는 그리스도교 문화를 바탕으로 한 세계관으로는 해결할 수 없다는 위기의식이 서구사회에도 팽배해 있다. 마찬가지로 서구화의 길을 달려온 현대 한국사회도 이제 환경문제의 족쇄에 걸리게 되었다.

이에 대한 불교의 대응은 불교적 환경패러다임을 제시하여 자연과 인간의 관계를 바라보는 시각, 우주와 사물에 대한 시각을 새롭게 설정함을 요구해야 한다. 한국사회에서 불교의 사회화는 무엇보다도 불교의 환경윤리와 논리를 현실적으로 실천하는 일이다. 자연과 인간, 인간과 인간이 서로 대상화되어 정복하고 정복당하는 지배와 복종의 주종관계가 아니라 상생하는 관계로 새롭게 설정되도록 하는 노력이 필요하다. 생태계의 위기가 인류에게는 가장 심각한 문제로 대두되었고, 이 위기를 극복하기 위해서는 인간이 자연의 일부이며 자연 없이는 인간이 존재할 수 없다는 유기체적 관계로의 발상이 요청되고 있다. 이 새로운 발상은 연기법에서 극명하게 드러나고 있다. 모든 존재들이 서로서로 의지하고 관계를 맺고 있다는 상의상관성은 서구의 이원론적 사고방식을 극복할 수 있게 하는 논리로서, 모든 생명체들이 서로 상호의존하며 살아가고 있다는 연계의 사고(Interconnectedness)이다.[10]

이러한 불교의 연기법적 생태논리의 실천은 한국사회에서 시대적 감각이 없는 종교, 역사의식이 결여된 종교로 잘못 인식되어진 불교에 대한 왜곡된 시각을 일시에 불식시키는 계기가 될 것이다. 왜냐하면 한국불교는 조선시대 500년 동안 사회적으로 종교기능을 제대로 발휘하지 못하였으며, 다시 일본 식민시대에는 명실상부하게 한민족의 정신세계를 담당하지 못하고 식민정책에 휘말려 사회화의 기회를 놓쳤기 때문이다. 다시금 일제로부터 해방이 되고 난 후에도 장기간 동안 불교 내부의 갈등으로 사회적인 관심을 기울일 수 없는 실정이었다. 1970년대부터 1980년대에 이르는 동안 현대 한국사회는 정치적으로 암울한 시기를 맞이하였다. 불교는 이 시기에도 제대로 종교 본연의 모습에서 정치적인 발언을 할 수 있는 역량을 갖추지 못했다. 이처럼 오랜 시간 동안 사회화의 경험을 해 보지 못한 불교는 과연 어떻게 사회화를 모색해야 할 것인가.

결국 앞에서 언급했던 것처럼 불교의 연기의 가르침을 사회화하는 것이 그 해답이다. 이는 불교가 인간중심주의에서 벗어나 생명중심주의(Life-

10 최종석, 「21세기 환경문화와 불교」, 『생명연구』 4집, 385-396쪽.

centrism), 생태중심적인 종교라는 것을 실천을 통하여 보여 주어야 할 것이다. 인간과 인간, 인간과 자연, 인간과 온 우주가 하나의 유기체적인 관련성 속에 존재하고 있다는 의식을 불러일으키고, 따라서 존재와 존재 사이의 조화와 공존을 가능케 하는 가르침을 사회화하는 일이다. 연기법적 세계관에 기초한 생활은 바로 이 시대에 요구되는 삶의 패턴이다. 여기에서 인간은 모든 중생[존재]과 함께 고통을 나눌 수 있는 자비(compassion)를 회복할 수 있을 것이며, 인격의 우주적 확산으로의 길을 가능하게 한다. 이와 같은 환경패러다임으로서 연기법은 미래의 환경위기를 극복하게 하는 희망의 패러다임이며, 불교사회화의 핵심이 될 것이다.[11]

21세기 미래 불교의 관건은 사회화(Socialization)에 달려 있음은 명약관화한 일이다. 사회화란 바로 인간화(Humanization)이기 때문에 외형적 성장보다 내면적인 진여의 세계에 얼마나 더 가까이 가는가 하는 데에 있다고 본다.[12] 사회화가 곧 인간화라는 입장에서 사찰이 친화적 공간으로 바뀌어야 하는데, 이곳에서 불교 문화강좌, 어린이 교실, 주부클럽 운영, 도서관 설립 등의 사업을 진행시켜야 한다. 사찰의 개방과 아울러 불우이웃 돕기, 소년소녀 가장 돕기, 불교환경 감시단의 발족을 초보적 단계의 사회화로 본다. 그 다음 단계로 소비자 연맹운동, 북한 등 제3세계 포교, 종무행정의 전산화, 인터넷 포교를 든다. 마지막 단계의 사회화의 실천으로써 사찰 주변 생태계의 보존운동, 사이버 법당 운영, 국제 불교 교류 단체 결성이라고 본다.[13] 모두 사회화의 구체적 실천 방안들로서 중요한 것들이다.

그러나 다른 방안들은 타종교나 행정기관에서 시행할 수 있는 것들이다.

---

11 최종석, 「현대사회와 환경보살」, 『석림』 36집, 39-40쪽.

12 정병조, 『실천불교』, 2002, 37-38쪽.

13 정병조, 위의 책, 38쪽.

이것보다 더 시급한 것이 불교의 연기론적 생태윤리의 사회화이다. 종래의 환경의식이 자연 파괴나 생태계의 파괴에 대한 자각과 그 치유책을 제시하려고 했다면, 21세기의 환경문화는 종교문화로 발전시켜 인간성의 문제까지 포함한 생명운동으로 그 폭을 넓혀가야 할 것이다. 인간의 욕망이 환경파괴의 주된 원인이었다는 점에서 근원적으로 인간의 문제로 돌아가야 할 것이다. 이런 관점에서 21세기의 환경문화는 과학적 해결을 위한 접근이다. 정치적·사회적 접근을 넘어서 총체적으로 생명에 대한 자각과 인간의 사고의 변화를 도모해야 하는 종교적 접근이 이루어져야 할 것이다. 이러한 환경문제의 해결을 위한 종교적 접근을 위해서 불교의 연기법은 환경패러다임으로서 크게 부상되고 새롭게 해석될 것임에 틀림이 없다.[14]

Ⅳ. 사이버 공간과 종교문화-반생명적 문화에 대한 불교적 대응

사이버 스페이스(가상공간)라는 새로운 공간이 등장했다. 이 가상공간, 가상현실은 지금까지 경험해온 것과는 많이 다르다. 컴퓨터를 매개체로 하여 물리적 공간을 넘어 만들어 내는 가상공간은 기존의 문화 자체에 커다란 변화를 몰고 오고 있다. 인간과 컴퓨터가 연결되면서 만들어지는 가상공간, 가상현실은 기본적으로 디지털 방식의 정보처리 기술을 바탕으로 성립한다. 인터넷의 확산은 과학기술의 주목적인 인간의 삶의 편의성을 증진시키고 있는가 하면, 다른 한편으로는 기존의 생활방식 자체를 바꿀 수 있는 혁명적 변화를 예감하게 한다. 정보공유를 통한 전자민주주의의 가능성, 정보통제사회의 출현, 인간의 자아정체성의 질적 전환과 가치관의 변화 등이 대두된

14 최종석, 「21세기 환경문화와 불교」, 앞의 논문, 381쪽.

다. 이와 함께 가상공동체의 형성이 이루어지면서 야기되는 새로운 양상의 인간관계나 사회구조의 변화를 예측할 수 있다.

이 사이버 공간은 종교에서 미처 손을 쓰기도 전에 반생명적 정보를 유통시키고 실현시키는 장으로 만연하고 있다. 인류문명의 역사에 가장 혁명적인 발명으로 일컬어지는 인터넷은 수많은 정보의 전달과 공유라는 긍정적인 측면이 있으나, 다른 한편으로 그 역기능적인 면을 간과할 수 없다. 인터넷을 통해 각종 폭력적이고 퇴폐적인 불건전한 정보들에 노출되었다. 익명성과 접속이 용이한 점이 인터넷의 특징인 만큼 마음만 먹으면 포르노 사이트나 시체 사이트 등 엽기 사이트를 쉽게 접속할 수 있다. 이처럼 인터넷의 반생명적 정보의 확산으로 사회가 병들어 가고 있다. 인터넷을 통한 사이버 공간이 자살, 엽기, 원조교제, 음란물로 병들어 가고 있다.

특히 청소년들이 반생명적 인터넷 사이트에 많이 노출되어 있음을 알 수 있다. 예를 들면 폭탄제조 사이트를 운영하는 중학교 3학년생, 음란CD를 인터넷으로 판매하여 월 수백만 원의 수입을 올리다 잡힌 고교생, 채팅을 통해 원조교제를 한 청소년, 자살 사이트를 검색하고 스스로 목숨을 끊은 청소년, 인터넷 게시판에 저속한 성적 표현을 올리는 초등학생, 음란물을 접속하는 초등학생 등 일련의 청소년 문제가 상당 부분 인터넷과 관련되어 있다. 청소년 10명 가운데 3명 정도는 인터넷 자살·엽기 사이트 등에서의 가상체험을 실제 현실에서 실행해 보고 싶은 충동을 느낀다는 조사결과도 있다. 실제로 최근 광주에서 발생한 중학생이 초등학생 친동생을 살해한 사건에서처럼 인터넷 유해 사이트가 청소년 정신건강에 악영향을 끼치고 있음을 보여 주고 있다. 이 중학생은 매일 밤을 새울 만큼 인터넷 엽기 사이트와 컴퓨터 게임에 중독된 것으로 밝혀졌다. 이 학생의 홈페이지 일기장에는 "사람을 죽여보는 것이 소원이다. 재미있고 나의 미래가 그런 것이다"라는 내용의 글이 올라 있었다.

또한 평소 학교 컴퓨터실과 동네 PC방에서 엽기 사이트를 자주 접속하여 피를 흘리고 숨진 사람의 사진과 동영상을 자주 본 여고생이 자살한 사건도 있었다. 음란 사이트의 경우, 인터넷 성인방송이 대부분 음란물을 동영상으로 내보내고 있는데 이런 선정적인 방송에 접속하는 회원의 대부분이 청소년이라는 점에서 심각한 문제이다. 이들은 성인을 위장한 가짜 주민등록번호를 만들어 회원으로 가입하고 있다. 이렇게 음란성이 확산되면 충동에 약한 청소년층은 물론 성인까지 성범죄로 유인되기 쉽다.

자살 사이트뿐만 아니라 인명살상의 범죄행위를 부추기는 '폭탄제조 사이트'가 인터넷에서 유포되고 있다. 자살·타살을 가리지 않고 인명을 경시하는 풍조가 이러한 유해 사이트를 통해 확산되고 있는데 이미 위험수위를 넘어서고 있다. 자살 사이트는 자살을 시도하려는 제한된 범위에서 유포되었지만, 폭탄 사이트는 불특정 다수의 인명을 해칠 위험이 있다. 폭탄제조 사이트에서는 주변에서 손쉽게 구할 수 있는 재료를 이용하여 폭탄을 제조하는 방법을 상세히 소개하고 있다. 이미 대구시민 운동장에서 사제폭탄이 터져 행인이 다친 일이 일어났다. 이처럼 인터넷을 통한 범죄 유발이 점점 심각하게 현실화되고 있는 실정이다.

인터넷을 가상현실이라고 하지만 인터넷이 생산해 내고 있는 위험은 더 이상 가상적이지 않고 현실적이다. 인터넷이 몰고 온 우리 생활 전반의 변화는 가히 상상을 초월할 만큼 폭발적이다. 인터넷 사용자는 가파르게 증가하고 있다. 인터넷을 통한 전자상거래의 급속한 확산에서 볼 수 있듯이 인터넷은 정치, 경제, 문화, 사회 등 삶의 모든 영역에서 없어서는 안 될 필수도구로 자리잡아 가고 있다.

이와 같은 인터넷의 눈부신 발전과 급속한 확산과 더불어 역기능적인 면도 함께 급속히 확산되고 있는 것이다. 인터넷이 문명의 이기(利器)임에도 악용함으로써 치명적인 흉기로 둔갑되고 있는 것이다. 그러기에 인터넷이 독초인지 장미꽃인지는 전적으로 이를 활용하는 사람의 손에 달려있는 것이다.

생명의 존귀함을 위해서라면 죽음에 관한 사이트보다 생명탄생과 생명의 신비로움에 관한 사이트로 접속되어야 할 것이다. 그러나 이런 사이트는 손쉽게 만나기 어려운 실정이다. 특히 청소년은 간단한 조작으로 쉽게 만나는 유해 사이트로 인해서 생명에 대한 존귀함이나 인간의 본연의 모습과 주체성을 깨닫지 못하고 있다. 그러기에 이 시대의 종교가 가장 관심을 가져야 문제는 바로 생명의 문제이다. 생명에 종교적 의미를 부여하고 또 그 의미를 강화시켜 종교문화화하는 것이 중요한 관건이라고 할 수 있다. 어떻게 생명문화에 종교적 의미를 부여하고 그것을 현실적으로 어떻게 실천할 수 있는지 구체적인 방법이 모색되어야 할 것이다.

특히 최근 한국사회는 급격한 도시화와 산업화가 진행되면서 다양한 사회적 문제들이 야기되고 있다. 특히 가족제도의 문제로부터 시작해서 자녀양육 및 교육의 문제, 노후 및 노인문제, 주부의 취업문제 등으로 인한 가정의 고립화 내지 해체화의 현상은 날로 심각해지고 있다. 이와 같은 가족문화의 위기는 특히 자아개념 및 정체감을 형성하는 청소년에게 부정적 영향을 주게 됨은 당연한 일이다. 더군다나 많은 가정이 자녀교육을 각종 기관에 맡겨 버리고 자녀의 인성교육을 포기하는 경향이 두드러지게 나타나고 있다. 현대사회의 반생명적 대중문화 환경에 노출되어 있는 청소년들은 이에 대한 충분한 대응력을 가정교육에서 얻지 못하고 있는 실정이다.

더구나 인터넷상의 사이버 세상은 앞으로 사이버 종교를 양산할 것으로 예견된다. 현실에서 소외되고 현실에서 박탈감을 느끼는 사람들은 하나의 도피처로서 아니면 구원처로 익명의 사이버 세계에서 새로운 삶의 양식을 찾으려 할 것이고, 이에 부응하는 사이버 종교가 대두될 것이다. 사이버상의 종교가 필시 해악적 요소를 지녔다는 것이 아니다. 하지만 사이버 세계는 익명의 인간들이 만나 쉽게 무절제와 일탈이 가능한 공간이기에, 혹 이러한 특성을 이용한 반생명적 종교들의 활동을 막아야 할 것이다.

특히 불교는 오랫동안 인간의 문제를 심도 있게 다루어 온 종교이다. 불교는 인간의 본성을 찾아가는, 다시 말해서 인간회복의 문제를 기본적으로 삼고 있다. 그러므로 스스로 불교의 가르침을 통하여 친생명적 인성형성을 할 수 있도록 불교의 세계관과 연기론을 알려야 한다. 모든 생명은 홀로 존재하는 것이 아니라 서로 뗄 수 없는 관계를 맺고 있다는 것을 깨달음으로써 생명에 대한 관계성의 회복을 꾀하고자 하는 것이 불교 가르침이다. 붓다는 모든 존재가 생명이 있는 유기체처럼 서로 뗄 수 없는 불이(不二)의 관계를 지니고 있다는 연기의 가르침을 펼쳤다. 모든 존재가 뗄 수 없는 관계 속에 있음을 자각하여 그 존재들을 향해 사랑하는 것이 자비이다. 즉 모든 사물이 자신과 관계되지 않은 것이 없음을 알고, 자신을 둘러싸고 있는 이웃, 즉 생물과 무생물에까지 사랑을 보내는 것이다. 자비는 불교의 인간관계에서 요구되는 기본 윤리이고 더 나아가서 모든 존재 사이에 기본이 되는 생명윤리이다. 따라서 생명체에 대한 불살생은 물론이거니와 심지어 무생명에도 불성이 있으니 산천초목이라도 공경하고 보호하는 것을 당위로 보았다. 붓다는 "인간뿐만 아니라 모든 생명체를 죽이지 말고 아끼며 사랑하라"는 불살생의 계를 첫 번째 실천 덕목으로 세운 것은 생명체를 사랑하고 보살피라는 불살생의 계율이야말로 인간이 실천해야 할 최고의 윤리라는 뜻이다.

불교에서는 가상공간과 가상공동체가 몰고올 문화적 변화를 부정적으로만 볼 것은 아니다. 종교문화에도 분명 지층변화가 예상된다. 종교제의를 위해서 일정 물리적 공간이 필요했던 종래의 모습과는 판이한 종교적 의례가 가능할 것이다. 시간과 공간을 뛰어넘어 누구나 익명으로 참여할 수 있는 종교의식은 종교 간의 벽을 허물 수 있을 것이며, 종교정보의 쉽고 빠른 공유는 한 사람이 한 종교만 갖는 것이 아니라, 두 개의 종교를 동시에 신앙할 수 있는 가능성도 점쳐 볼 수 있다. 사이버 공간과 사이버 현실은 미래사회의 종교문화에 중요한 요인으로 작용할 것이다.

따라서 불교에서는 이 사이버 공간을 인간회복의 장으로 활용할 방법을 모색해야 할 것이다. 인터넷의 활용과 확산은 빠르게 진행된다. 불교는 포교의 문제를 넘어서 미래의 사이버상의 종교문화를 선도해 갈 것을 준비해야 할 시점에 있다.

V. 나가는 말

21세기의 불교가 사회적으로 담당해야 할 분야가 하나 둘이 아니다. 현대사회의 상황에 맞게 스스로 변용해야 할 점도 많다. 그러나 여기에서는 먼저 현실적으로 중요한 현안인 생명과 생태, 환경에 대해서 그 문제점을 살펴보고 불교의 대응을 간단히 살펴보았다. 구체적인 방안은 여기에서 제시할 것이 아니다. 종단적 차원·범불교적 차원에서 공동으로 연구하고 실천 방안을 내놓아야 할 것이다. 이 글에서는 불교가 직면하고 있는 문제가 무엇인가 제시하고자 할 뿐이다.

또한 가상공간의 대두는 일상의 삶의 유형에 변화를 초래하고 있다. 불교에서는 먼저 미래 인터넷 불교의 방향을 어떻게 설정할 것인가를 고려해야 할 것이다. 특히 청소년을 대상으로 한 재미있고 유익한 인터넷 불교 사이트의 개설 등은 매우 시급하다. 왜냐하면 청소년들은 아직 사회적인 가상현실을 어떻게 이용해야 할지, 어떻게 적응해야 할지 잘 모르고 있기 때문이다. 가상공간에의 적응은 새로운 진화를 이루어 낼 수 있다. 인간이 다른 동물과 달리 진화할 수 있었던 것은 인간 특유의 언어세계, 즉 언어공간과 밀접한 관계가 있다고 한다. 가상현실은 인간의 언어세계를 새로운 차원으로 발전시킨 것으로 볼 수 있다. 따라서 가상현실을 새로운 문화로 발전시켜 나가는 인간은 새로운 진화를 하게 될 것이고 종교는 이 새로운 문화에 적응해 갈 수밖에 없을 것이다.

가상공간은 광활한 우주 속에서 여러 행성을 이주해 가면서 사는 모의체험을 가능하게 할 것이며, 그것은 미래의 가능성으로 시사하는 바가 크다. 우주의 여러 행성을 이주해 다니는 생명의 역사, 진화의 역사를 논하는 가상현실과 가상문화에 대하여 불교는 수수방관하는 태도로 대응해야 할 것인가.

의미분석법을 통한 불교이미지에 관한 연구

- 종립대학 대학생들을 중심으로 -

Ⅰ. 서 론

한 개인이 독립된 존재로서 자신의 정체성을 표출하게 하는 핵심적인 성격의 하나로서 종교에 대한 인식은 매우 중요하다. 불교에 대한 인식이 타종교와 구별되는 독특성이 무엇이며, 그것이 어떻게 시간적으로 지속성을 지니는지 알아볼 필요가 있다.[1]

불교이미지를 측정함에 있어 선행연구들 중에서 기업이미지·조직이미지·기독교이미지에 관한 선행연구들를 차용해서 연구를 진행할 수 있을 것이다. 이들 선행연구의 일반적인 이미지 측정방법은 전반적 이미지 측정법

---

1 조직 차원에서, 알버트와 휘튼(Albert & Whetten)은 조직의 정체성을 정의하기 위하여 세 가지 준거를 들었다. 이들은 조직이 하나의 독립된 존재로서의 정체성을 지니기 위해서는 핵심적인 성격을 지녀야 하고, 비교되는 다른 조직과 구별되는 독특성이 있어야 하고, 시간적으로 계속 존재하는 영속성을 지녀야 한다고 하였다. (Albert, S. and Whetten, D.A., "Organizational identity", *Research in Organizational Behavior*, 7, 1985.)

[2]과 요소구성 특성별 측정법으로 구분할 수 있다. 요소구성특성별 측정은 다시 의미차별법[3]과 다속성 태도모델[4]로 구분할 수 있다.[5]

본 연구는 요소구성특성별 측정법 중에서 의미차별법의 대표격이라 할 수 있는 오스굿(Osgood)의 의미분석법(semantic differential technique)을 활용하여[6] 두 종립대학 대학생들[7]의 불교에 대한 인식을 파악해 봄으로써, 종립대학 대학생들의 불교에 대한 인식을 살펴보고자 한다. 기존의 선행연구들은(권정만, 2009[8];

---

2 전반적 이미지 측정법은 이미지를 구성하고 있는 모든 속성들이 복합적으로 작용하여 나타내는 전체적인 이미지가 좋은지 나쁜지를 측정한다는 면에서 간편하기는 하나, 속성·작용·정도의 강·약 확인이 불가하다는 단점이 있다.

3 의미차별법은 조사대상자들이 각각의 상반된 형용사에 대해 하나 혹은 그 이상의 대상을 평가하여, 각 형성에 대한 평균을 구하여 대상의 이미지에 대한 프로필을 나타낼 수 있는 방법이다. 이 방법은 측정방법의 간편함과 도표화 및 이미지 추이를 알기 쉽고 신뢰성은 높지만, 후광효과로 인하여 평가의 객관성 문제에 결여가 발생할 수 있다.

4 다속성 태도모델은 지각된 대상의 특성과 지각된 특성의 중요성에 중점을 두고 대상에 대한 이미지를 측정하는 방법이다. 이 방법은 이상적인 이미지를 측정할 수 있으나, 실제의 이미지 측정의 어려움과 충분한 정보 제공의 어려움이 있다. 이와 관련한 대표적인 조사로 사회조사 차원에서 각 기관이나 종단에서 실시하고 있는 리서치들이 그 예이다.

5 이혜경,「행정이미지의 형성요인과 제고방안에 관한 연구–민원행정서비스를 중심으로–」, 경기대학교 대학원 박사학위논문, 2007, 340쪽.

6 본 연구는 불교이미지에 대한 전반적 인식과 그간의 연구에서 나타난 다속성적인 측면을 파악할 것이다. 단순한 통계적 수치를 제시하는 것에서 그치지 않고, 특성용어를 통해 불교이미지를 전반적 차원에서 살펴보고자 하는 취지에서 본 연구는 의미분석법을 활용해 보고자 한다.

7 불교종립대학은 금강대학교, 천주교종립대학은 가톨릭대학교를 그 대상으로 하였다.

8 불교이미지도 알버트와 휘튼(Albert & Whetten) 논거에 따라 불교이미지를 측정함에 있어 선행연구 중에서 기업이미지·조직이미지·기독교이미지에 관한 선행연구를 차용해서 연구를 진행하여, 불교관련 특성용어 풀(Pool) 중에서 1차적 검토 및 필터링을 통해 46개의 특성용어를 추출하고, 이에 대한 적절성 분석 및 호오도를 분석하여 도출한 연구이다. 권정만,「대학생들의 불교이미지에 관한 연구: 특성용어를 통한 적절성과 호오도 분석을 중심으로」,『불교학리뷰』제6호, 2009.

최종석 · 권정만, 2010[9]) 특성용어를 통한 이미지의 내용과 신뢰성의 관계에 초점을 두었다면 본 연구는 요소구성특성별 측정법 중에서 의미차별법을 토대로 하였다.

의미분석법은 대표적으로 오스굿(Osgood)[10]이 발전시킨 심리측정의 한 방법으로서 여러 가지 사물 · 인간 · 사상 · 사건 등에 관한 개념의 의미를 공간 속에서 측정하려는 것이다. 즉 한 개념의 의미를 양극적으로 대비되는 형용사군에 의해 측정하고 그 결과를 방향, 거리 강도를 갖는 의미공간으로 초치시킬 수 있는 측정이론이 뒷받침하고 있다.[11]

이와 같이 본 연구는 특성용어를 통한 불교이미지의 하위 차원 검증 및 도출과 특성용어를 통한 차원별 불교이미지를 검토해 보고, 설문대상자들의 일반적 특성에 따른 차원별 평균 비교를 통해 종립대학 대학생들의 불교이미지를 살펴보려는 것이다.

이를 위해 먼저 이론적 배경으로서 이미지의 의의와 불교이미지 관련 선행연구를 중심으로 고찰하고, 오스굿의 의미분석법을 토대로 한 조사설계 및 조사방법에 대해 살펴본 다음 설문 분석을 통해 도출된 시사점 및 함의점을 살펴보았다.

---

9 이 연구는 불교포교매체에 대한 불교포교의 체계론적 개념의 정립을 시도하였다. 이를 통해 불교포교매체 변수간의 요인별 경로계수 유의성에 중점을 둔 영향력 관계와 불교 신뢰에 관한 모형 정립을 시도하였고, 이와 더불어 불교신뢰의 인구통계학적 변수와의 차이를 살펴본 연구이다. 최종석 · 권정만, 「불교포교매체가 불교신뢰에 미치는 영향에 관한 연구: 대전 · 충남지역 대학생을 대상으로 한 경로분석적 접근방법을 중심으로」, 『불교연구』 제33호, 2010.

10 Osgood, C. E., Suci, G. J. and Tannerbaum, P. H., *The measurement of meaning*, University of Illinois Press, 1957.

11 김광웅, 「의미분석법에 의한 청소년의 정보매체 개념 이미지 연구」, 『생활과학연구지』 제24호, 2008, 3쪽.

불교와 가톨릭 종립대학 대학생을 먼저 대상으로 설문 연구를 실시하여 얻은 결과를 일반화시키는 데에는 한계가 있을 수 있다. 그러나 두 종립대학의 재학생들을 대상으로 불교이미지를 살펴보는 것은 미래의 기성인들이 갖게 되는 불교이미지를 미루어 파악해 보는 것으로서 의의가 있을 것이다. 또한 두 종립대학의 재학생들이 갖는 불교이미지가 어떤 차별성을 갖는지 살필 수 있는 계기가 될 것이다. 본 연구에 있어서 추상적 단어로써 다양성을 지닌 불교라는 이미지를 완벽하게 살펴본다는 것은 불가능에 가까운 일이다. 불교도 절대적 신념체계의 종교로서 추상적이고 또한 신념적인 성격을 지지기 때문에 본 연구에서 사용되는 개념이나 단어를 벗어나 각자가 갖고 있는 독특한 불교이미지가 있을 수 있다. 그럼에도 불구하고 본 연구는 대학생들을 대상으로 한 효율적 불교포교를 위한 방향을 제시하기 위한 것이라는 점에서 그 의미가 있다고 하겠다.

Ⅱ. 이론적 배경

1. 이미지의 의의

이미지의 개념적 정의[12]를 차치하고서도, 일반적으로 이미지는 사진이나 영상과 같은 것을 의미한다. 광범위적 의미에서 이미지는 인지처리 과정상

12 이미지(image)의 어원적 정의는 닮음(resemblance), 즉 실제를 닮은 꼴로 재성하는 것을 의미하기도 하며, 본다는 뜻을 내포하기도 하며, 환영·꿈·유령의 뜻으로도 쓰이며, 모방하다(to imitate)라는 뜻을 지니기도 하며, 상·영상·심상 등을 나타내기도 한다. 유우열, 「중고등학생의 기독교에 대한 이미지 분석」, 성결대학교 신학전문대학원 박사학위논문, 2006, 13-14쪽.

에서 일정한 형태가 없는 추상적인 것을 뜻하는데, 우리는 이를 인지처리 과정상에서 형상으로 떠올리고 이를 인지하거나 인식한다. 이미지는 우리가 세계를 이해하고 그 안에서 적절히 기능하는 기본적 수단이라고 할 수 있다. 우리의 마음 또는 의식의 총체란, 실제로는 이미지·범주·은유·환유 같은 것들의 그물조직이라고 볼 수 있다.

여기에서 주목할 점은 과연 이런 것이 어느 정도 현실체를 대신해 주는가 하는 점이다. 왜냐하면 이런 것들은 현실의 일부만을 표상하기 때문이다. 즉 이미지는 현실의 표피를, 범주는 현실체 간의 유사성을 표상한다. 표상된 현실체의 모습은 빙산의 일각에 불과하고, 표상되지 못한 부분은 아직도 우리 지식의 건너편에 숨어 있다.[13]

한편 대부분의 이미지는 언어로 표현된다. 이러한 이미지를 나타내는 단어는 일반적으로 형용사나 동사로 표현된다. 예를 들어, '아름답다'·'따뜻하다'·'깨끗하다'·'부드럽다'·'활동적이다'·'추하다'·'차갑다'·'더럽다'·'딱딱하다'·'정적이다' 등과 같이 표현되며, 이러한 특성단어들은 인지과정을 통해 처리되는 것이다.

이와 같이 이미지는 언어적으로 자체의 모호성을 가질 뿐만 아니라 동시에 인지처리 과정에서의 모호성 및 애매성을 가지고 있다. 실제로 언어 자체의 모호성은 우리의 인지 및 인식과정상에서의 모호성과 애매성의 문제로 나타나며, 인지 및 인식처리 과정에서의 모호성은 개별적 인지처리 과정으로 인한 모호성 때문에 다양성을 가진다고 할 수 있을 것이다.

기존의 연구는 주로 이미지에 관한 정의나 개념적 수준에서 이루어졌으나, 앞에서 말한 바와 같은 이유로 인하여 모호하며 다양하게 연구되어 왔

---

13 유영옥, 『상징과 기회의 사회과학』, 홍익사, 2007, 163쪽.

다.[14]

이미지에 관한 기존의 연구 흐름을 살펴보면, 이미지라는 개념이 초기에는 '대상에 대한 심적인 상태'라는 의미로 심리학에서 논의되다가, 경영학에서 이미지의 개념을 확장하여 '사람의 태도 형성 및 잠재적 행동요인'으로 정의하고, 기업의 이미지와 연결하여 기업이미지가 많이 연구되었다.[15]

어떤 대상에 대한 특정 태도는 이 대상에 대한 특정한 행동과 밀접한 연관을 가지고 있음을 사회심리학적 연구가 입증하고 있으며, 더 나아가 이를 합리적 행동이론(the theory of reasoned action)으로 일반화하고 있다. 이 이론에 따르면, 행동은 행동 의도(behavioral intention)에 의해 결정되며, 행동 의도는 다시 태도와 주관적 규범(subjective norm)[16]에 의해 결정된다는 것이다.

따라서 특정 대상에 대한 어떤 사람의 태도를 가름해 보는 것은 이 사람의 행동을 예측할 수 있는 중요한 근거를 제공해 준다. 즉, 특정 대상에 대한 태도는 대화 당사자들의 이 대상에 대한 언어 및 비언어적 행동을 결정하게 하는 것이다.

이와 같이, 한 개인 또는 집단의 자기 종교 및 타 종교에 대한 태도는 삶의 다양한 측면에 영향을 미치고 있음이 잘 알려진 사실이며 어떤 형태로든 커뮤니케이션에 영향을 미치고 있다는 것은 부인할 수 없다.[17]

이러한 차원에서 각 종교에 대한 이미지 파악이나, 특정 종교에 관한 이

---

14 권정만, 앞의 논문, p.120.

15 민형동, 「경찰에 대한 국민의 이미지 형성에 관한 연구」, 동국대학교 대학원 박사학위논문, 2007, 4쪽.

16 주관적 규범이란 어떤 행동에 대한 중요한 타인이나 집단의 반응에 대해 믿고 있는 것과 다른 사람의 기대에 부응하고자 하는 동기를 뜻한다.

17 이장송 · 김성경 · 정현숙, 「종교간 상호 인식 양태에 관한 연구: 한 특수대학 학생들의 종교간 태도를 중심으로」, 『커뮤니케이션 연구』 제11권 제1호, 2003, 264-265쪽.

미지에 대해 연구한다는 것은 매우 의미 있는 일이다.[18] 불교에 대한 이미지를 측정하려는 선행연구를 살펴보면 논란의 여지가 있을 수 있겠으나[19] 이미지 적용의 범위를 종교적 영역 전체로 확대하면서, 불교에 대하여 떠오르는 총체적 의식을 '불교이미지(Buddhism Image)'라고 명명해 볼 수 있을 것이다.

지금까지 불교에 관련한 이미지, 즉 불교이미지에 관한 연구는 단순히 불교에 관한 인식이나 이해 차원의 연구이거나 또는 비교종교학적 측면에서 타종교와 비교 차원에서만 연구된 경향이 없지 않았다.[20] 불교 자체를 이미지의 주체로 설정하고 이를 다양하게 의미분석법을 이용하여 파악하는 연구는 찾아보기 어렵다.[21]

2. 선행연구를 통해 살펴본 불교이미지

불교에 관한 인식이나 이해 차원을 측정하는 연구들의 대부분은 얼마만큼 불교의 경전이나 교리를 이해하고 있는가에 관한 것이 대부분이다. 또한

18 특히 기독교 분야가 활발하며, 이를 통한 교세확장 및 이미지 관리 전략 등을 고려하고 있다.

19 윤원철, 「불교학과 종교학」, 『불교학연구』 18(2007)은 '실제로 사람들이 불교라는 종교를 어떻게 살고 있는지를 가지고 불교를 이야기하여야 한다.' 즉, 불교 교리보다는 불교라는 이름으로 생각하고 행하는 실제 모습 안에서 불교를 들여다보아야 함을 주장하였다.

20 권정만, 앞의 논문, 168쪽.

21 불교에 대한 이미지를 파악하는 연구는 전무하다고 할 수 있겠다. 여러 이유가 있겠지만, 윤원철은 "그간의 불교학은 부처님이 가르친 것이 무엇인지를 경전을 바탕으로 해서 파악하고, 그 뜻을 이해하는 것, 또는 어떤 인물의 사상을 문헌을 통해 파악하고 이해하며 평가하는 것이 중심적인 관심사이다. 그러다보니 상징과 의례라든가, 사회, 경제, 정치, 예술 등의 부문을 통해서 실제로 표현되는 자기 종교의 현상에 대한 관심은 비교적 주변부에 위치한다"고 하였다(윤원철, 앞의 논문, 참조).

간략한 인구통계학적 연구방법을 통하여 종교로서 불교를 빈도 분석 차원으로 조사하는 것은 대체적으로 특정기관의 필요에 의해 만들어지는 것들이 대부분이었다.

불교의 종교적 표상을 스님 · 사찰 · 보살이라는 종교적 차원의 구성요소로 구분하여 살펴볼 수도 있으며, 이와 관련하여 불교이미지는 인식 수준에서 타종교와 대척점에 있을 수 있는데, 그 구분을 어떻게 하느냐에 따라 달라질 수 있겠다. 그 구성요소를 살펴보면, 긍정적 측면으로 사찰(스님)과 신도 이미지로 나누어 구별해볼 수 있으며, 부정적 측면으로는 기복적 이미지와 비과학적 이미지로 나누어 살펴볼 수 있을 것이다.

불교이미지의 인식적 개념 구성요인들을 어떻게 설정하느냐에 따라서, 즉 형성 영향요인이 무엇이냐에 따라서 불교이미지가 형성되고 변화된다고 할 수 있을 것이다. 종교에 대한 종교적 이미지[22]뿐만 아니라 개인의 경험[23]과 사회적 영향력 이미지 등에 따라서 종교를 신뢰하는 것으로 나타나고 있다. 불교에 대한 인식의 매체역할을 하는 모든 것들이 불교이미지 형성을 위한 영향요인이 될 수 있을 것이다.

이와 관련해 불교이미지 형성 영향요인에 관한 연구결과를 살펴보면 다음과 같다. 불교의 신뢰에 관한 영향요인으로 불교 교리 및 종교적 규율[24],

---

22 Oates, W. E., *The Psychology of Religion*, Word Publishing, 1973; St. Clar, M., *Human relationships and the experience of God: Object relations and religion*, Paulist Press, 1994; 박준성 · 김의철, 「한국교회의 목회자와 신자간의 신뢰 인식 연구」, 『한국심리학회 연차학술발표 논문집』, 한국심리학회, 2003.

23 Collins, G. S., *Psychology and Theology: Prospects for integration*, Abingdon Press, 1981; 사미자, 『종교심리학』, 장로회신학대학교출판부, 2001.

24 대효, 「불교개혁과정에서 나타나는 불교인식 조사 연구」, 『승가』 제12호, 1995; 「한국사회의 종교에 대한 신뢰와 신 인식 연구 : 토착심리학적 연구」, 중앙대학교 대학원 석사학위논문, 2004; 한국갤럽, 『2004 한국인의 종교와 종교의식』, 한국갤럽, 2005.

불교지도자[25], 수행방법[26], 사찰 및 불교기관/단체[27], 가족·주변사람[28], 언론[29] 등을 뽑을 수 있다.

위의 연구에서 나타난 불교이미지는 불교에 대한 개인적·사회적·종교적 이미지를 종합한 이미지라 할 수 있다. 불교 이미지에 영향을 미치는 여러 요인, 즉 불교의 구성 주체로서 절·스님·신도·불교의 활동·불교의 교리 등을 통해 형성되는 불교에 대한 긍정적 혹은 부정적 또는 호불호의 종합적 이미지라고 할 수 있다.[30]

Ⅲ. 연구 설계

1. 조사 설계

본 논문에서는 단어의 구조를 조사할 목적으로 오스굿(Osgood) 등이 개발한 서로 상반되는 의미를 지니는 형용사를 평가척도를 연구방법으로 사용하였다. 즉 평판이 '좋다', '나쁘다' 등과 같이 상반되는 형용사가 중심이 되며, 이를 토대로 하나 이상의 대상을 평가하게 한 다음 각 형용사에 대한 평균값을 구하여 이미지 프로필을 나타낸다.

혹시 이때 상반되는 용어가 없거나 명확치 않을 때의 문제점을 해결하기

25 대효, 위의 논문; 박준성·김의철, 앞의 논문.
26 한국갤럽, 앞의 책; 박준성·김의철, 위의 논문.
27 박준성·김의철, 위의 논문.
28 박준성·김의철, 위의 논문; 한국갤럽, 앞의 책.
29 박준성·김의철, 위의 논문.
30 권정만, 앞의 논문, 2009, 127-128쪽.

위해 스타펠법(stapel scale)인 어의차이법이 개발되었으며[31], 유태용[32]은 오스굿의 기법을 토대로 특성단어에 관한 적절성과 호오도(好惡度)로 기업의 이미지를 측정하였다. 유태용·이종구[33]는 오스굿의 기업을 토대로 특성단어에 관한 적절성과 호오도를 통하여 대학의 이미지를 측정하기도 하였다. 이장송·김성경·정현숙[34]은 오스굿의 3가지 요소들에 준하여 76개 형용사를 20개의 개념에 적용시킨 문항으로 자신의 종교와 타 종교에 대한 태도를 측정하였다. 유우열[35]은 기독교 중심이기는 하지만 종교적 이미지를 중·고등학생을 대상으로 하여 분석하였다. 특히 여러 차원의 다른 이미지 중에서 교회 이미지에 대한 질문을 36개 항목으로 설정하여 분석하였다. 한편 정원칠,[36] 조은희,[37] 이혜경[38]은 특성단어를 중심으로 행정이나 정부의 이미지를 도출하는 연구 등을 진행하였다.

오스굿(Osgood)의 의미분석법(semantic differential technique)은 1950년대 미국

31 민형동, 앞의 논문, 41쪽.

32 유태용,「기업이미지를 나타내는 특성용어들의 요인구조 탐색」,『한국심리학회지 산업 및 조직』 제7권 제1호, 1994; 유태용,「기업이미지 측정을 위한 모델개발 연구」,『한국심리학회지 산업 및 조직』 제8권 제1호, 1995.

33 유태용·이종구,「대학이미지를 나타내는 특성용어들의 요인 구조 탐색」,『한국심리학회지 산업 및 조직』, Vol.9 No.2, 1996, 41-60쪽; 유태용·이종구,『대학이미지 측정을 위한 모델 개발 및 대학간 이미지 비교』,『한국심리학회지 산업 및 조직』, Vol.10 No.2, 1997, 19-40쪽.

34 이장송·김성경·정현숙,「종교간 상호 인식 양태에 관한 연구: 한 특수대학 학생들의 종교간 태도를 중심으로」,『커뮤니케이션 연구』 제11권 1호, 2003.

35 유우열,「중고등학생의 기독교에 대한 이미지 분석」, 성결대학교 신학전문대학원 박사학위논문, 2006.

36 정원칠,「정부이미지 측정 및 비교에 관한 실증적 연구」, 중앙대학교 석사학위 논문, 2000.

37 조은희,「정부브랜드 이미지의 측정에 관한 연구: 척도개발을 중심으로」, 단국대학교 대학원 박사학위논문, 2003.

38 이혜경,「행정이미지의 형성요인과 제고방안에 관한 연구-민원행정서비스를 중심으로-」, 경기대학교 대학원 박사학위논문, 2007.

일리노이스 대학교에서 오스굿과 그 동료들에 의하여 개념에 대한 함축적인 의미를 찾기 위해 개발된 것이다. 이것은 여러 가지 사물·인간·사상 등에 관한 개념의 의미를 의미공간(semantic space) 속에서 측정하는 방법이다.[39] 이 측정방법은 어떤 사상에 관한 개념의 심리적 의미를 분석하는 태도 측정기법으로 널리 사용되고 있다.

의미분석법은 상단에 개념을 제시하고 그 아래 개념의 의미를 양극적인 뜻을 갖는 대비되는 형용사군에 의해 측정하여 그 결과를 방향과 거리, 혹은 질과 강도를 갖는 의미공간에 포치시킬 수 있다는 가정에서 출발한다.

오스굿 등이 발전시킨 의미분석척도는 50개의 양극적 의미를 갖는 형용사로 구성되어 있으나, 이것이 유일한 것은 아니며 여러 연구자들이 여러 가지 형태로 수정하여 발전시키고 있다. 의미공간을 구성하는 요인에는 능력요인(potency factor), 활동성 요인(activity factor), 평가요인(evaluation factor)이 있지만, 의미분석 척도를 이용하여 측정한 자료들의 요인 수는 연구의 목적과 연구자가 측정하고자 하는 것이 무엇인가에 따라 다를 수 있다.

본 연구에서는 오스굿(Osgood)의 의미분석법에 근거하여 구체적인 형용사 척도를 장동환[40]의 연구에서 밝혀진 바에 근거하였으며 김광웅,[41] 김광웅·박희현,[42] 최명선·류진아·조선화[43] 등에서 사용한 바 있는 척도를 이용하였다. 이것을 제시해 보면 다음 〈표1〉과 같다.

---

39 황정규, 『학교학습과 교육평가』, 교육출판사, 2002.

40 장동환, 「한국어의 의미론적 구조에 관한 연구」, 『논문집』 9, 성균관대학교, 1964, 191-206쪽.

41 김광웅, 「의미변별법에 의한 여대생의 직업관 분석」, 『논문집』 제17호, 숙명여자대학교, 1977.

42 김광웅·박희현, 「의미분석법을 통한 한국 대학생의 정치 개념에 대한 의미 분석」, 『학생생활연구』 제23호, 숙명여자대학교, 2001.

43 최명선·류진아·조선아, 「여대생의 전문직 여성에 대한 이미지 연구」, 『청소년복지연구』 제8권 제2호, 2006.

〈표1〉 대표적인 의미분석법 척도1

능력 차원	평가 차원	활동성 차원
가볍다-무겁다	더럽다-깨끗하다	느리다-빠르다
약하다-강하다	검다-희다	낡다-새롭다
어리석다-똑똑하다	나쁘다-좋다	수동적-능동적

이와 같이 의미분석법은 특정 개인이나 집단이 한 개의 개념을 어떻게 지각하고 있느냐를 측정하는 데 유용한 도구로 사용되고 있다. 따라서 이러한 의미분석법은 다양하게 응용되고 있으며 최근에는 정신병리학, 발달심리학, 학습이론, 태도 및 가치관, 언어심리학, 커뮤니케이션 등 여러 분야에 걸쳐 응용되고 있다. 그러나 아직도 이 방법은 인식적이고 직관적인 분석 및 해석이 많고, 측정적 측면에서 분석의 정교화가 부족하다. 하지만 여러 분야에서 정의적 심리과정을 측정하는 평가도구로서 중요한 역할을 기대할 수 있는 방법인 점은 분명하다.

2. 조사 방법

상술한 오스굿의 의미분석법을 기초로 하여 설문을 작성하였다. 설문은 능력·활동성·평가차원에서 각각 3개 문항과 설문대상자의 일반적 특성 6개 문항으로 작성하였으며, 능력·활동성·평가 차원의 설문항목은 5점 척도로 구성하였다.[44] 요인분석을 통해 능력 차원에서 '가볍다-무겁다' 문항과 활동차원에서는 '수동적-능동적' 문항은 제거하고 설문분석을 하였다(〈표2〉 참조).

44 척도 점수 부여 방법은 부정적인 형용사를 1점에, 긍정적인 형용사를 5점으로 부여하는 방식으로 하였다. 예를 들어 '매우 가볍다' 1점, '가볍다' 2점, '보통' 3점, '무겁다' 4점, '매우 무겁다' 5점과 같이 점수를 부여하는 방식으로 설문을 구성하였다.

〈표2〉 설문의 구성 및 내용

차원	문항(특성용어)	척도	문항수	비고
능력 차원	가볍다-무겁다* 약하다-강하다 어리석다-똑똑하다	5점 척도	3개	* 요인분석을 통해 문항 제거
활동 차원	느리다-빠르다 낡다-새롭다 수동적-능동적*	5점 척도	3개	* 요인분석을 통해 문항 제거
평가 차원	더럽다-깨끗하다 검다-희다 나쁘다-좋다	5점 척도	3개	
설문대상자의 일반적 특성	성별, 연령, 대학, 소속계열, 학년, 종교	-	6개	

이와 같이 구성된 설문을 가지고, 2013년 10월 7일부터 22일까지 천주교 종립대학인 가톨릭대학교와 불교 종립대학인 금강대학교의 학생들을 대상으로 대학별 110부, 총 220부를 배포하고 이를 회수하였다. 회수된 설문지는 가톨릭대학교 106부, 금강대학교 108로 총 214부이다. 이 중 통계적 활용 가치가 떨어지는 일부 설문지, 즉 가톨릭대학교 12부와 금강대학교 18부의 총 30부를 제외하였다. 따라서 총 184부(가톨릭대학교 94부, 금강대학교 90부)를 가지고 분석하였으며, 통계 분석은 SPSS 18.0버전(Version)을 활용하였다.[45]

이와 같이 통계적으로 유의한 설문 참여 대학생의 현황을 살펴보면 다음 〈표 3〉과 같다.

45 설문 표본 추출의 중요성은 두말할 것이 없으나, 대학생으로 한정을 지음과 수업시간을 활용해서 수업 담당교수님께 부탁드린 것은 타 설문에 비해 설문 자체의 난이도를 고려하고, 설문에 대한 성실성을 제고하고자 했기 때문이다. 이러한 의도된 설문배포로 인해 전체 대학생을 대표하는가에 대한 의문과, 지역적·성별적·연령적 한계를 지닌다고 할 수 있으나, 본 연구의 목적이 설문자 참여의 일반적 특성 중 지역·성별·연령 등에 크게 영향을 미치지 않다고 판단되므로 큰 문제는 없을 것이라 사료된다. 일반적 특성 성별·연령·학교에 따른 평균의 차이는 없는 것으로 나타났으며, 전공의 경우 불교학 전공의 참여 대학생의 수가 적어 통계분석을 하지 않았다.

먼저, 성별은 남자 77명(41.8%), 여자 107명(58.2%), 연령[46]은 23세 이하 129명(70.1%), 24세 이상 55명(29.9%), 소속학교[47]는 가톨릭대학교 94명(51.1%), 금강대학교 90명(48.9%), 소속계열은 인문계열 64명(34.8%), 사회과학계열 56명(34.8%), 자연과학계열(공학포함) 20명(10.9%), 경상계열 44명(23.9%), 학년[48]은 1-2학년 104명(56.5%), 3-4학년 80명(43.5%), 종교는 기타 80명(43.5%)이 모두 '종교가 없다' 또는 '무교'라고 답변하였으며, 불교 44명(23.9%), 천주교 35명(19.0%), 개신교 25명(13.6%)의 비율을 보이고 있다.

〈표3〉 설문 참여 대학생 현황표

변 수	집 단	빈도	백분율(%)
성 별	남자	77	41.8
	여자	107	58.2
	합 계	184	100.0
연 령	23세 이하	129	70.1
	24세 이상	55	29.9
	합 계	184	100.0
소 속 학 교	가톨릭대학교	94	51.1
	금강대학교	90	48.9
	합 계	184	100.0

46 연령은 당초 설문에서는 직접 설문에 나이를 적어 주도록 하였다. 이와 같이 23세 이하, 24세 이상으로 구분한 것은 통계분석에서의 등질성과 유의미성을 고려하여 연령을 두 집단으로 나눠 분석하였다.

47 소속계열은 당초 의학계열 및 예체능계열을 포함하였으나, 설문 학교 및 대상자들 중에는 해당사항이 없어 삭제하고, 자연과학계열 및 공학계열은 그 해당 소속 설문대상자들의 빈도가 낮아 합쳐, 통계분석에서의 등질성과 유의미성을 고려하여 변환해 분석하였다.

48 학년은 당초 설문에서는 1, 2, 3, 4학년 각각을 물었으나, 통계분석에서 등질성과 유의미성을 고려하여 저학년(1-2)과 고학년(3-4)으로 변환해 분석하였다.

변 수	집단	빈도	백분율(%)
소 속 계 열	인문계열	64	34.8
	사회과학계열	56	30.4
	자연과학계열(공학포함)	20	10.9
	경상계열	44	23.9
	합 계	184	100.0
학 년	1~2학년	104	56.5
	3~4학년	80	43.5
	합 계	184	100.0
종 교	불교	44	23.9
	천주교	35	19.0
	개신교	25	13.6
	기타	80	43.5
	합 계	184	100.0

Ⅳ. 실증분석

1. 불교이미지의 하위 차원 검증 및 도출

문항간 내적일관성을 높이고 자료의 신뢰성을 확보하기 위해 신뢰도 분석을 하고자 한다. 신뢰도 분석의 결과에서 알파(Alpha)계수는 0.691로 나타났으며, 요인분석을 통한 요인추출 방법은 처음에 회전없이 요인분석을 시행한 후 각 요인에 대해 높은 적재치의 변인을 최소화하는 베리맥스(Varimax) 회전 방법을 사용하였고, 고유값 1이상을 판단하여 크게 3개의 요인으로 추출하였다. 이러한 요인분석 결과인 주성분 분석으로 요인을 구분하여 추출된 값이 0.5보다 작은 값의 문항, '가볍다-무겁다'와 '수동적-능동적'은 제거하였다.

총분산표로서 고유값과 적재값을 표시하면 다음 〈표 4〉와 같으며, 3개의 요인으로 추출되어 이로 인해 회전 제곱합 적재값에는 3개 요인에 대한 분산의 비율만 나오게 되었다. 이에 따라 요인의 설명력을 살펴보면, 요인 1의 설명력은 약 32.341%(2.264/7)이며, 요인 2의 설명력은 약 22.815%(1.597/7)이며, 요인 3의 설명력은 약 19.930%(1.395/7)이다. 요인 1, 2, 3으로 인한 설명력은 약 75.085%가 된다.

요인분석은 요인의 추출을 위한 주성분 분석을 활용하였고 직각 회전방식을 활용하였다. 성분행렬을 요인적재치로 0.5기준으로 어느 요인에 속하는지 결정하는 바, 요인 1은 '검다-희다', '더럽다-깨끗하다', '나쁘다-좋다'가 공통된 범주로 묶일 수 있다는 것으로 설명되었다. 이를 평가 차원이라 명명할 수 있을 것이다.

요인 2는 '낡다-새롭다', '느리다-빠르다'가 공통된 범주로 묶일 수 있다는 것으로 설명되었다. 이를 활동성 차원으로 명명할 수 있을 것이다.

요인 3은 '약하다-강하다', '어리석다-똑똑하다'가 공통된 범주로 묶일 수 있다는 것으로 설명되었다. 이를 능력차원으로 명명할 수 있을 것이다.

〈표4〉 특성용어(형용사)의 요인 적재값 및 요인 명명

특성용어(형용사)	성분행렬		
	요인 1	요인 2	요인 3
	평가 차원	활동성 차원	능력 차원
검다-희다	.873	.038	-.099
더럽다-깨끗하다	.820	.000	.110
나쁘다-좋다	.784	.050	.303
낡다-새롭다	.026	.886	.043
느리다-빠르다	.027	.883	.055
약하다-강하다	-.054	.150	.886
어리석다-똑똑하다	.458	-.080	.701

주 : KMO=0.656, Bartlett구형성 검증 유의도=338.182***
(* p〈0.5, ** p〈0.01, *** p〈0.001)

2. 특성용어를 통해 본 차원별 불교이미지

특성용어로 불교에 대한 일반적 인식의 평균값을 제시해 보면, 〈표5〉와 같으며, 각 차원 세부내용을 살펴보면 다음과 같다.

특성용어로 살펴본 불교에 대한 일반적 인식을 차원별로 살펴보면 먼저, 능력 차원과 관련하여 '가볍다-무겁다'라는 문항의 평균은 3.76으로 약간 '무겁다'라고 인식하며, '약하다-강하다'라는 문항의 평균은 3.43으로 약간 '강하다'라고 인식하며, '어리석다-똑똑하다'라는 문항의 평균은 3.80으로 약간 '똑똑하다'라고 인식한다. 이러한 능력 차원의 문항에서 '가볍다-무겁다'라는 문항을 제외한 평균은 3.61로 약간의 능력이 있는 것으로 인식하고 있다.

활동성 차원과 관련해서는 '느리다-빠르다'라는 문항의 평균은 2.31로 약간 '느리다'라고 인식하며, '낡다-새롭다'라는 문항의 평균은 2.55로 약간 '낡다'고 인식하며, '수동적-능동적'이라는 문항의 평균은 3.12로 약간 '능동적'이다고 인식한다. 이러한 활동성 차원의 문항에서 '수동적-능동적'이다라는 문항을 제외한 평균은 2.43으로 약간 활동적이지 않은 것으로 인식하고 있다.

평가 차원과 관련해서는 '더럽다-깨끗하다'라는 문항의 평균은 3.96으로 약간 '깨끗하다'라고 인식하며, '검다-희다'라는 문항의 평균은 3.73으로 약간 '희다'라고 인식하며, '나쁘다-좋다'라는 문항의 평균은 3.85로 약간 '좋다'라고 인식한다. 이러한 평가 차원의 문항의 평균은 3.85로 약간은 긍정적인 평가를 하고 있는 것으로 인식하고 있다.

〈표5〉 특성용어로 본 불교에 대한 일반적 인식 분석 결과

특성용어(형용사)	평균	표준편차	사례수
가볍다-무겁다	3.76	.815	184
약하다-강하다	3.43	.872	184
어리석다-똑똑하다	3.80	.886	184
능력차원의 평균	3.61	.728	가볍다-무겁다 제외
느리다-빠르다	2.31	.909	184
낡다-새롭다	2.55	.880	184
수동적-능동적	3.12	1.059	184
활동차원의 평균	2.43	.795	수동적-능동적 제외
더럽다-깨끗하다	3.96	.845	184
검다-희다	3.73	.875	184
나쁘다-좋다	3.85	.892	184
평가차원의 평균	3.85	.732	

3. 일반적 특성에 따른 불교이미지의 차원 간 평균 비교

1) 일반적 특성에 따른 불교이미지 중 능력 차원의 평균 비교

인구통계학적 변수인 성별, 연령, 학교, 소속계열, 학년, 종교에 따른 불교이미지 중 능력 차원의 평균 비교 집단 간 차이 분석 결과는 〈표6〉과 같다. 인구통계학적 변수별 집단 간 t-검정[49]과 F-검정[50]의 분석 결과를 살펴보면, 성별, 연령, 소속계열, 학년, 종교에 따라서는 불교이미지 중 능력 차원에 대해 통계적으로 유의한 차이를 보이고 있지 않은 것으로 나타났다. 즉, 불교 인식 중 능력 차원은 성별, 연령, 소속계열, 학년, 종교의 변수 집단 간에 평균 차이는 통계적으로 유의미한 차이는 없었다.

49 t-검증은 단일 모집단의 특성이나 두 모집단 특성 간의 차이를 검증하기 위해서 이용되지만, 단일 모집단의 상이한 두 상황(또는 두 하위집단) 간에 차이검증을 위해서도 꼭 필요한 기법이다.

50 세 집단 이상의 평균에 서로 차이가 있는지를 검정할 때에는 F-검정을 사용한다.

한편 인구통계학적 변수별 집단 간 소속 학교에 따라서는 불교 인식 중 능력 차원에 대해 통계적으로 유의미한 차이를 보이는 것으로 나타났다. 즉, 불교이미지 중 능력 차원은 소속 학교의 변수 집단 간, 평균의 차이가 통계적으로 유의미하다.

〈표6〉 불교이미지 중 능력 차원의 인구통계학적 특성 집단 간 평균 비교

변 수	집단	불교이미지 중 능력 차원			
		평 균	표준편차	t/F값	Sig.
성 별	남	3.5779	.69805	-.571	.569
	여	3.6402	.75171		
연 령	23세 이하	3.6434	.77104	.911	.364
	24세 이상	3.5455	.61819		
학 교	가톨릭대학교	3.4894	.71082	-2.405	.017
	금강대학교	3.7444	.72764		
소 속 계 열	인문계열	3.7266	.73425	1.017	.387
	사회과학계열	3.5446	.72159		
	자연과학계열(공학포함)	3.4500	.85686		
	경상계열	3.6136	.66353		
학 년	1~2학년	3.6538	.76029	.843	.401
	3~4학년	3.5625	.68610		
종 교	불교	3.7614	.75858	1.560	.201
	천주교	3.5571	.71508		
	개신교	3.3800	.79425		
	기타	3.6313	.68779		

2) 일반적 특성에 따른 불교이미지 중 활동성 차원의 평균 비교

인구통계학적 변수인 성별, 연령, 학교, 소속계열, 학년, 종교에 따른 불교이미지 중 활동성 차원의 평균 비교 집단 간 차이 분석 결과는 〈표7〉과 같다. 인구통계학적 변수별 집단 간 t-검정과 F-검정의 분석 결과를 살펴보면, 소속계열에 따라서는 불교이미지 중 활동성 차원에 대해 통계적으로 유

의미한 차이를 보이고 있지 않은 것으로 나타났다. 즉, 불교 인식 중 활동성 차원은 소속계열의 변수 집단 간에 평균 차이는 통계적으로 유의미한 차이는 없었다.

한편 인구통계학적 변수별 집단 간 성별, 연령, 학교, 학년, 종교에 따라서는 불교이미지 중 활동성 차원에 대해 통계적으로 유의미한 차이를 보이는 것으로 나타났다. 즉, 불교이미지 중 활동성 차원은 성별, 연령, 학교, 학년, 종교의 변수 집단 간 평균의 차이가 통계적으로 유의미하다. 특히, 종교 변수 간에 대한 던컨(Duncan) 검증의 결과 불교가 천주교·개신교·기타보다 평균이 높음의 차이를 보인다는 점에서 의미가 있다.

〈표7〉 불교이미지 중 활동성 차원의 인구통계학적 특성 집단 간 평균 비교

변 수	집단	불교이미지 중 활동성 차원			
		평 균	표준편차	t/F값	Sig.
성 별	남	3.5779	.69805	-2.717	.007
	여	3.6402	.75171		
연 령	23세 이하	2.5349	.85966	3.340	.001
	24세 이상	2.1818	.54742		
학 교	가톨릭대학교	2.1809	.61282	-4.529	.000
	금강대학교	2.6889	.87915		
소 속 계 열	인문계열	2.5000	.83095	.630	.597
	사회과학계열	2.4732	.86034		
	자연과학계열(공학포함)	2.3000	.49736		
	경상계열	2.3295	.76965		
학 년	1~2학년	2.5288	.82092	1.951	.053
	3~4학년	2.3000	.74460		
종 교 (a>b)	불교a	2.7955	.85125	4.913	.003
	천주교b	2.1857	.64267		
	개신교b	2.4400	1.08321		
	기타b	2.3313	.65092		

3) 일반적 특성에 따른 불교이미지 중 평가 차원의 평균 비교

인구통계학적 변수인 성별, 연령, 학교, 소속계열, 학년, 종교에 따른 불교이미지 중 평가 차원의 평균 비교 집단 간 차이 분석 결과는 〈표8〉과 같다. 인구통계학적 변수별 집단 간 t-검정과 F-검정의 분석 결과를 살펴보면, 성별, 학교, 소속계열, 학년, 종교에 따라서는 불교이미지 중 평가 차원에 대해 통계적으로 유의미한 차이를 보이고 있지 않은 것으로 나타났다. 즉 불교이미지 중 평가 차원은 성별, 학교, 소속계열, 학년, 종교의 변수 집단 간에 평균 차이는 통계적으로 유의미한 차이는 없었다.

한편 인구통계학적 변수별 집단 간 연령에 따라서는 불교이미지 중 평가 차원에 대해 통계적으로 유의미한 차이를 보이는 것으로 나타났다. 즉, 불교인식 중 평가 차원은 연령의 변수 집단 간 평균의 차이가 통계적으로 유의미하다.

〈표8〉 불교이미지 중 평가 차원의 인구통계학적 특성 집단 간 평균 비교

변 수	집단	불교이미지 중 평가 차원			
		평 균	표준편차	t/F값	Sig.
성 별	남	3.5779	.69805	-.397	.692
	여	3.6402	.75171		
연 령	23세 이하	3.9225	.73185	2.170	.032
	24세 이상	3.6727	.70708		
학 교	가톨릭대학교	3.7553	.72698	-1.763	.080
	금강대학교	3.9444	.72799		
소 속 계 열	인문계열	3.9271	.78448	1.854	.139
	사회과학계열	3.9524	.67698		
	자연과학계열(공학포함)	3.6333	.68313		
	경상계열	3.6970	.71823		
학 년	1~2학년	3.9038	.74849	1.186	.237
	3~4학년	3.7750	.70716		

종 교	불교	3.9924	.76584	1.354	.258
	천주교	3.8571	.71531		
	개신교	3.6267	.62598		
	기타	3.8333	.74441		

V. 결론

본 연구 결과가 시사하는 바를 연구 분석에 따라 정리해 보기로 한다.

먼저 불교이미지의 하위 차원에 대한 요인분석의 결과는 조사설계 및 방법에서 제시한 특성용어에서 두 개의 문항을 제거하였지만 일치되는 결과가 나타났다. 결국 불교이미지는 능력·평가·활동성 차원으로 크게 대별하여 인식하고 있으며, 이들 차원들에 의해 불교에 대한 인식이 결정되고 있음을 알 수 있다.

또한 불교에 대한 전반적 인식에 대해서는 불교이미지 중 능력 차원에 대해서 약간의 능력이 있는 것으로 긍정적으로 인식하고 있으나, 활동성 차원에 대해서는 부정적으로 인식하고 있다.

하지만 평가 차원에서는 다른 차원보다는 훨씬 높게 긍정적으로 인식하고 있는 것으로 나타났다. 이를 단순 평균만 비교해 정리해 보면, 평가 〉 능력 〉 활동성 순으로 정리해 볼 수 있다. 결국, 불교에 대하여 좋은 평가를 하고 있고 능력이 평가에 비해 미흡하지만 긍정적인 평가를 하고 있다. 활동성에 대해서는 부정적인 평가를 하는 것으로 나타났다.

인구특성상 평균 비교를 통한 불교이미지 중에서 능력 차원에 대한 학교집단 간 평균의 차이가 유의미하게 나타났다. 불교 종립대학인 금강대학교가 천주교 종립대학인 가톨릭대학교보다 높게 나타나는 것으로 보아 불교이미지는 직접 보여 주고, 가르치면, 즉 불교에 대하여 올바르게 교육을 시키면 불교의 능력에 대한 이미지는 높아질 수 있다는 것을 보여 주고 있다. 이를 통하여 불교계는 종단 차원에서 교육 사업 및 프로그램에 대한 개발이나 활성화가 필요하다는 인식을 할 필요가 있다.

또한 불교 종립대학에서 불교이미지 중 활동성 차원에 대해 전반적으로 매우 낮게 인식하고 있다. 남자 그리고 연령이 높을수록 그리고 비불교 종립대학에서는 고학년이며, 불교를 종교로 갖지 않은 사람이 전반적으로 활동성 차원에서 불교를 낮게 인식하고 있다. 특히, 불교를 종교로 갖는 사람들조차도 불교계의 활동에 대한 인식을 낮게 보고 있는 것은 시사하는 바가 크다.

불교이미지 중 평가와 관련해서는 모든 인구통계학적 변수의 집단 간 평균의 차이가 통계적으로 의미가 없어, 일반적 인식이 긍정적이라 할 수 있다. 그렇지만 연령의 경우 나이가 들수록 더 낮은 평가를 하고 있고, 이에 대한 평균의 차이가 유의미해 연령이 들수록 불교에 대한 평가를 더 낮게 하는 것은 불교에 대하여 더 많은 기대감을 갖고 있다는 것이 아닌가 추정해 볼 수 있다.

일반적으로 불교의 활동성에 관해 사회 및 정치적 활동이나 포교활동 및 봉사 활동 등이 매우 미약하고, 영향력이 적어 이에 대해 매우 낮게 인식하고 있는 것으로 나타나므로 불교의 활동성 및 사회성을 활성화할 수 있는 방안이 요구된다고 할 수 있다.

불교이미지에 대해 역사성과 전통성 등을 영향요소로 하여 인식상 긍정적으로 고착된 부분을 갖고 있을 것으로 추정된다. 그러나 그것은 일부분일 것이며, 불교에 대한 다른 인식의 구성요소에 의해서 불교에 대한 이미지 인식은 계속적으로 변화되고 불교의 종교적 가치에 대한 인식도 변화되어 갈 것이다.

이러한 차원에서 종립대학 대학생을 먼저 대상으로 설문 연구를 실시한 것이다. 물론 이 결과를 일반화하는 데는 한계가 있을 수 있지만, 종립대학 대학생들에 한정된 불교이미지를 살펴보는 것은 미래의 기성인들이 갖게 되는 불교이미지를 파악해 보는 것으로서 의의가 있을 것이라 사료된다. 물론 매우 추상적 단어로 다양성을 지닌 불교라는 이미지를 완벽하게 살펴본다는 것은 매우 어려운 일이다. 불교는 절대적 신념체계이기에 매우 추상적이고, 또한 신념적인 성격을 지니기 때문에 각자가 갖는 불교 이미지가 있을 수 있다.

그러나 불교이미지 인식의 관리를 위해서는 차별화된 전략으로 신도와 비신도를 위해 긍정적 이미지 측면을 더욱더 제고해야 할 것이다. 또한 부정적인 측면으로 나타나는 활동성 차원 등에 관해서는 이를 불식시키기 위한 각종 개선 노력을 지속적으로 해야 할 것이다.

따라서 본 연구의 결과에 따른 시사점은 대학생들을 대상으로 한 효율적 불교 포교를 위한 방향을 제시하기 위한 기초자료로 사용될 수 있다는 점에서 그 의미가 있다고 하겠다. 앞으로 본 연구를 지속시켜 보다 의미 있게 발전시키고자 한다.

과학시대의 불교의 인간관

I. 들어가는 말

과학시대의 종교는 다양한 문제에 대한 새로운 이해와 해석을 요청받고 있다. 예를 들면 뇌과학에서는 영혼을 두뇌활동과 신체활동의 유기적인 관계 속에서 일어나는 현상으로 보는 입장이다. 현대 뇌과학은 인간이 영혼과 육체로 이루어졌다고 보는 서구종교의 이원론적 인간관에 대한 새로운 이해를 요구하고 있다. 또한 유전자공학의 발달과 함께 인간복제가 가능해지는 시대가 도래하면 불교의 윤회와 업에 대한 진지한 해석을 요구하게 될 것이다.

지금까지 종교의 기존 교리체계에 대한 전통적 이해와 해석은 새로운 과학적 연구성과 사이에서 딜레마에 빠질 수도 있을 것이다. 이제는 인간의 영혼이나 내세에 대한 종교 교리의 해석이 오로지 종교 안의 문제로만 국한되지 않고, 종교 교리 해석의 지평이 자연과학적 연구 성과와 융합되는 시대가 이미 도래하고 있는 것이다.

따라서 과학시대의 종교는 비의적이고 신비주의적인 모습을 벗어나는 탈신화화(Entmythologisierung)의 과정을 겪게 될 것이다. 즉 신화적이며 상상력으로 이루어진 교리는 탈신화화의 작업을 요청받게 될 것이다. 지난 세기와는 달리 과학시대가 성숙될수록 종교와 과학은 서로 무관심하고 서로 맞서는 입장에서 벗어나 서로 새로운 차원에서 만나게 될 것이다.

과학시대의 불교는 적극적으로 과학적 연구성과의 해석에 가담하고 그 해석의 근거를 불교의 가르침에서 제공해야 할 것이다. 이를 과학과 불교의 창조적 만남이라고 할 수 있다.

서구의 과학문명이 그리스도교와 지속적으로 대치하는 상태에서 전개되어 왔다면, 불교와 서구 과학과의 본격적인 만남은 20세기에 들어서면서 긍정적으로 이루어졌다. 물론 종교는 과학이 아니다. 종교는 과학으로부터 답을 들을 수 없는 인간의 궁극적 문제인 죽음과 죽음 이후의 세계에 대한 물음에 대답을 주고 있다. 그렇기 때문에 종교는 신비적이고, 비논리적이고, 비현실적인 면이 있어도 그것을 크게 문제로 삼지 않는다. 그러나 과학시대의 종교는 과학적 종교이기를 요청받고 있다. 그런 면에서 불교는 매우 유리한 위치에 있다. 불교의 기본 교리체계인 연기론은 철저한 인과율에 바탕을 두고 있기 때문에 과학적이다. 자연과학과 상치되거나 충돌하는 부분이 적다. 따라서 과학문명이 점점 발달하면 할수록 불교는 더욱 적극적인 태도로 시대를 선도해 가는 종교의 모습을 띠게 될 것이다.

앞으로 인류의 과학적 성과를 무시한 종교 교리체계는 그 입지가 점점 어려워질 것으로 보인다. 이러한 관점에서 과학시대의 불교는 과연 어떤 변화를 스스로 모색해야 할 것인가 하는 점이 과학시대에 불교에게 부과된 종교적 과제라고 볼 수 있다. 이러한 관점에서 먼저 인간에 관한 다양한 이해를 살펴보고 그 다음에 불교의 인간관을 과학적으로 어떤 해석이 가능한지 살펴보고자 한다.

Ⅱ. 인간관의 여러 유형

여기에서 우리는 인간에 대해서 다시금 생각을 하지 않을 수 없다. 돌이나 식물 그리고 동물들은 자기 자신에 대해서 묻지 않지만 인간만이 스스로 자기 자신에 대해서 묻고 있다. 인간에 대한 물음은 인류의 역사 이래로 동서고금을 막론하고 끊임없이 제기되어 왔으며 그에 대한 대답은 다양하게 이루어졌다.

인간은 불변하는 완전한 존재가 아니다. 인간은 다른 동물과 달리 지각(知覺)하는 능력과 그에 따른 행위를 하는 존재지만, 이것만으로 인간의 특성이 규정되는 것은 아니다. 인간은 스스로 자기 삶의 양식(樣式)을 선택해야 한다. 어떻게 살아갈 것인지를 결단해야 하는 존재이다. 따라서 인간은 기후와 풍토 그리고 경험의 축적에서 독특한 종교·과학·예술·제도 등을 만들어 왔다.

이제 인간에 대한 동서양의 다양한 이해를 살펴보기로 하자. 그리스의 고대철학의 관심은 우주를 향해 있었던 만큼 데모크리토스(B.C.E.460-370) 같은 자연철학자는 인간을 '소우주'로 이해하였다. 소피스트시대에 접어들면서 비판적, 회의적인 사유는 인간 자체에 대한 반성을 가져왔다. 모든 것을 주관적이고 상대적이라고 보았던 프로타고라스(B.C.E.485-414)는 "인간은 만물의 척도"라고 하였다. 그러나 철인 소크라테스(B.C.E.463-399)는 인간을 이성적 존재로 파악하여 인간은 상대적이고 변하는 감각의 세계를 넘어 보편적이고 변치 않는 영원한 진리에 묶여 있는 존재로 파악하였다. 이런 소크라테스의 인간관은 플라톤에 와서 더욱 심화된다.

초월적 존재인 신에 대한 관심은 중세시대에 지배적이었으나, 르네상스 시대에는 다시 인간에 대한 관심이 고조된다. 초자연으로부터 자연으로, 초월로부터 내재로 전환이 이루어졌다. 인간을 초월적 존재인 신과의 관계로 인식하는 범위에서 벗어나 인간 본성 자체에 관하여 탐구하게 된 것이다. 딜타이(1833-1911)는 이런 경향을 "인간을 자기 자신으로부터 이해하려고 했다."고 설명한다.

근세의 파스칼(1623-1662)은 "인간은 생각하는 갈대다"라면서 인간이 자기 자신을 지각하고 있다는 것을 인간의 위대한 점으로 보았다. 근세의 철학자로서 인간에 대한 종합적인 정의를 시도한 사람은 칸트(1724-1804)이다. 칸트는 "무엇을 내가 알 수 있는가? 무엇을 내가 해야만 하는가? 무엇을 내가 희망해도 좋은가?"라는 세 가지 물음을 던지며 인간이란 무엇인가라는 물음을 종합하고 있다.

현대에 들어서서 셸러(1874-1928)는 "확실히 철학의 모든 중심문제는 인간이 무엇인가라는 질문에 귀속된다."라고 하면서 인간의 본질에 대하여 다시 한 번 주의를 환기시킨다. 서구사회는 세계대전을 두 차례 겪게 되면서 인간에 대한 탐구가 더욱 심화되어 실존주의를 낳게 된다. 하이데거(1889-1976)는 "인간은 세계 내에 던져진 존재"라고 정의하였으며, 야스퍼스(1883-1969)는 인간은 그 자체로서 고정적이고 결정적인 본질을 가지고 있지 않은 존재이기에 가장 깊은 곳에서 언제나 "열려져 있는 가능성"이라고 보았다. 한편 사르트르(1905-1980)는 "신이 인간을 창조한 것이 아니라 우리 자신이 우리를 창조한다."라면서 유신론에 대립되는 견해를 보였다. 이밖에도 인간에 대한 정의는 매우 다양하게 이루어진다. 카실러는 인간을 상징적 동물로 보았으며, 듀이는 도구를 사용하는 동물이라고 하였다. 호이징가는 인간은 다른 동물과 달리 놀이를 할 줄 아는 동물로 정의했다. 다윈은 진화하는 생물로 바라보았으며, 마르크스는 유물론적 입장에서 생산적인 동물로 규정하였다. 정신분석학의 입장에서 프로이트는 인간의 본성을 성적충동으로 이해하였으며, 프롬 같은 사회심리학자는 인간을 파괴적 동물로 바라보는 등 서구에서의 인간에 대한 이해는 이루 다 헤아리기 어려울 정도로 매우 다양하다.

동양에서도 인간에 관한 탐구는 지속되어 왔다. 인본주의자였던 공자(B.C.E.551-479)는 인간의 본성을 인(仁)에 두었다. 인(仁)은 '참다운 인간' 혹은 '인간성 그 자체'를 뜻한다. 이러한 인을 실현한 도덕적 인간을 군자라고 하였다. 공자의 인간에 대한 이해는 맹자(B.C.E.372-289)에 의해 전승되었다. 맹자는 인간의 본성이 선하다는 성선설을 펼쳤다. 그러나 순자(B.C.E.312-238)는 인간의 본성을 악하게 보는 성악설을 주장하였다. 중국의 전통적인 인간관은 천인합일사상으로 귀결된다. 중용(中庸)에 "하늘이 인간에게 내려준 것을 인간의 본성이라고 한다."는 말은 바로 인간을 본래 하늘의 품성을 지니고 있는 존재로 본 것이다. 한(漢) 대의 동중서(B.C.E.179-104)는 이를 천인감응설로 발전시킨다. 즉 하늘과 인간을 서로 뗄 수 없는 유기적 관계로 체계화하였다.

이제 종교에서는 인간을 어떻게 보는지 살펴보기로 한다. 인간에 대한 가장 오래된 지식을 종교에서 찾을 수 있을 것이다. 종교에서는 초월적인 존재에 관해서만 알려주는 것이 아니라, 인간에 관한 다양한 것을 알려주고 있다. 인간의 기원에 관한 것이나, 사후의 세계에 있어서 인간의 운명에 관한 것, 또는 인간의 윤회의 문제라든가, 인간의 품성에 관한 것, 인간의 구원이 어떻게 가능한 것인가 하는 등 인간에 관한 다양한 지식을 제공하고 있다.

인간에 관한 이러한 궁극적인 문제에 대하여 종교마다 다르게 대답하고 있다. 그리스도교나 유교 그리고 불교에서는 바라보는 세계와 인간에 대한 관점은 서로 다르다. 이는 바로 각 종교의 특징을 드러내는 것이다. 따라서 각 종교의 인간관을 살펴봄으로써 각 종교에서 바라보는 세계와 인간에 대한 입장이 다르다는 것을 알 수 있다.

먼저 서양의 대표적인 종교인 그리스도교에서는 인간은 신에 의해 창조된 피조물로 보고 있다. 초월적 존재인 창조주가 자신의 모습대로 진흙을 빚어 입김을 불어넣어 인간을 지어낸 것으로 구약성서에서 묘사하고 있는데, 이로부터 오랫동안 서구사회는 인류의 기원을 단일종족설로 보았다. 이렇게 창조된 인간은 신과의 약속을 저버림으로써 타락한 존재가 된다. 그때에 얻은 죄를 원죄라고 한다. 이것은 신만이 선과 악에 대한 인식을 할 수 있는 존재임을 알리는 것이고 또한 인간의 본성은 선한 것이 아니라 악하다고 보는 단면이다. 그리스도교의 교부철학자인 아우구스티누스는 영혼이 인간의 본질을 구성하며, 이 영혼은 신의 모습을 지니는 것으로 보았다. 따라서 영혼을 영원불멸하는 것으로 보았고, 영혼은 육체를 지배하는 것이며, 육체는 윤리적으로 부정적인 것으로서 경시하였다. 이로써 그리스도교의 전통적인 이원론적인 인간관으로 자리 잡게 되어 오늘날까지 전해지고 있다.

유교에서는 인간의 기원의 문제와 같은 형이상학적인 물음을 던지지 않는다. 현실세계 속에서 인간을 파악하려 했기에, 인간사회의 윤리·도덕의 문제에 더 많은 관심을 기울였다. 그와 함께 인간은 하늘로부터 누구나 같은 성품을 받았기 때문에 모든 인간을 평등하다는 관점에서 이해하고 있다. 이것은 사회적인 보편적 규범을 제공하는 근거가 된다. 따라서 공자는 인간의 본성을 인(仁)으로 파악하고 있다. 인(仁)은 인간애에 바탕을 둔 것으로서 누구에게나 평등하게 대하는 평등성이며, 인(仁)은 결국 수신을 통하여 얻어지는 것으로 설명하고 있다. 즉 인(仁)은 예(禮)로 돌아갈 때에 이루어지는데, 예(禮)란 인간의 본성을 사회적 규범으로 객관화시킨 것이다. 이러한 인을 실현한 도덕적 인간을 군자라고 하였으며, 군자는 유교의 이상적인 인간상이다.

전통적으로 인도의 브라만교나 자이나교에서는 인간의 영혼불멸을 주장하였다. 브라만교에서는 아트만(Atman)이, 자이나교에서는 지바(Jiva)가 인간의 본질인 영혼으로서 변치 않는 실체로 보았다. 그러나 불교에서는 현상계에 삼라만상이 시간적으로 영원하지 못하고 무상하기 때문에 어떤 고정된 실체가 없다고 본다. 만약 고정된 실체가 있다면 그 사물은 변하지 않아야 되는 것이고 시간적으로도 영원해야 하기 때문이다. 따라서 불교에서는 영속적인 실체로서 인간의 영혼을 부정한다.

불교의 전통적인 인간관은 그러므로 자아나 영혼은 오온(五蘊)이 모여진 것이지 이것을 넘어선 별개의 실체가 존재하는 것이 아니라고 보았다. 즉 오온이란 몸[色], 느낌[受], 지각[想], 의지[行], 의식[識]이 쌓인 것을 말한다. 이것 또한 다섯 가지 요소들이 연기법에 의해 서로 의존적인 관계에서 벗어나지 않는 것으로 본다. 서로 의지하고 서로 관계를 맺고 있다는 연기론적 관점에서 오온을 파악했다.

그러므로 불교의 무아설(無我說)은 영혼이나 자아(自我)의 존재를 부정하는 것으로 오해되기 쉬운데, 사실은 오온을 넘어서서 영원불변하는 자아나 영혼을 인정하지 않겠다는 것이다. 다시 말하자면 변하는 자아는 인정할 수 있지만 불변하는 실체적 자아를 받아들일 수 없다는 뜻이다. 영원히 변하지 않는 자아나 영혼에 대한 환상은 언어적인 습관에서 오는 것으로 보았다. 이런 환상은 자아나 영혼에 대한 집착에서 온 것이며, 죽음과 함께 소멸되고 만다는 두려움 같은 심리적 요인이 환상을 만들어 낸 것으로 보았다.

Ⅲ. 불교 인간관에 대한 과학적 해석

20세기 후반부터 인간의 욕망에서 야기되고 있는 근본적인 문제들을 적극적으로 해결하기 위하여 새로운 패러다임의 전환이 요구되기 시작했다. 환경 운동, 공동체 운동, 신과학 운동, 대안교육 운동 등이 그것이다. 비약적으로 발전해 나가고 있는 과학기술과 빠르게 변화하고 있는 사회구조를 뒷받침할 수 있는 정신적 능력, 즉 올바른 세계관과 인생관을 정립할 수 있는 실천능력이 요구되고 있는 것이다.

지금껏 서구의 제도종교는 근대 문명의 폐단의 원인으로 과학 기술에 대한 맹신을 지적하며 과학 기술에 대하여 부정적인 시각을 갖고 있었다. 특히 자원의 고갈과 환경생태계의 파괴와 더불어 인간과 자연의 관계의 단절을 일방적으로 과학 기술의 무분별한 남용의 탓으로 돌렸다. 이와 더불어 서구의 대표적인 제도종교인 그리스도교는 정신적인 능력인 올바른 가치관의 확립과 실천만을 요구할 뿐 과학 기술이 인류에 공헌한 점에 대해서는 관심이 없었던 것이 사실이다.[1]

이와는 대조적으로 오늘날 일부 서구 학자들이 불교와 도교에 과학적으로 접근하고 있다. 기계론적으로만 인식되던 인간에 대하여 총체적인 연구를 하고 있으며, 나아가 생태학적 대안까지도 모색하고 있다. 즉 서구 학자들은 과학적 성과를 도외시하지 않으면서 동양 사상과의 대화를 통하여 새로운 패러다임을 모색하고 있는 것이다. 따라서 동양의 불교 학자들도 자연과학의 연구 성과에 대하여 부정적인 시각을 갖기보다는 오히려 적극적인 관심을 가져야 할 것이다.

---

1 김승철, 「생명공학, 생명윤리, 종교」, 『불교평론』 6호, 269-271쪽.

현대 심리학의 발달과 뇌과학과 신경과학이 새로운 국면에 접어들면서 종래의 인간지능의 범주를 한층 더 확장하고 있다. 일반적으로 알려져 있는 인지지능 IQ(Intelligence Quotient)와 1990년대 중반부터 다니엘 골먼(Daniel Goleman)에 의해 제기된 감성지능 EQ(Emotional Quotient) 외에 '제3의 Q'가 있다고 한다. IQ가 주로 지적·이성적 지능으로서 논리적인 문제를 해결할 때 사용하는 지능이고, EQ가 자신과 다른 사람과의 감정을 인식하고 공감하며, 고통이나 즐거움에 적절하게 반응하는 지능인 반면, 새롭게 대두되고 있는 영성지능으로 불리는 SQ(Spiritual Quotient)는 의미와 가치의 문제를 다루고 해결하려 할 때 사용하는 지능이라는 것이다. 20세기 초반 인지적 지능인 IQ는 논리적인 문제나 전략적인 문제를 해결할 때 사용하는 지능으로 그 중요성이 부각되었다. 심리학자들은 인간의 지능을 측정할 수 있는 다양한 검사를 만들어 냈으며, 이러한 검사들은 사람을 IQ라고 알려진 지능지수에 따라 일률적으로 분류하는 수단이 되었다. 1990년대 중반에 다니엘 골먼은 감성지능(EQ)이 IQ만큼 중요하다는 점을 신경학자와 심리학자들의 많은 연구를 바탕으로 발표하였다.[2] SQ, 즉 영성지능은 인간의 행동과 삶을 의미 있는 관계성 안에서 고찰할 수 있게 하는 능력이며, 주어진 상황의 한계에 대한 본질적인 의문을 갖게 하면서, 스스로 그 상황을 극복할 수 있게 하는 능력을 말하는 것이다. 즉 SQ는 IQ와 EQ가 효과적으로 제 기능을 수행할 수 있도록 기본 바탕이 되어 주는 지능이라는 것이다.

여기에서 불교의 오온설을 서구의 심리학이나 인지과학과 대비시켜 볼 수 있을 것이다. 신체인 색온(色蘊, rupa, material composition)은 물질〔지 · 수 · 화 · 풍〕, 육체〔육 · 골 · 액 · 기 등〕로 이루어졌다. 인간구성의 하드웨어에 속한

2 도나 조하, 이안 마셜, 조혜정 역,『SQ 영성지능』, 룩스, 2000, 15-16쪽.

다고 볼 수 있다. 이를 PQ(Physical Quotient)라고 표현할 수 있을 것이다. 신체건강지수이다. 그리고 소프트웨어에 해당되는 마음을 구성하는 것이 나머지 색온(受蘊), 상온(想蘊), 행온(行蘊), 식온(識蘊)이다.

여기에서 수온(受蘊, vedana, sensing)은 인상(印象) 감각을 담당하기에 고·락 등의 감수작용과 감각이나 감정 등을 느끼는 것으로 현대 심리학의 지능 범주에서 정서지능(Emotional Quotient)에 해당된다. 상온(想蘊, samjna, perception)은 지각·표상작용을 담당하여 개념화, 표상의 취상작용, 심상작용, 생각, 사고를 담당하므로 이것은 인지적 지능(Inteligence Quotient)에 해당된다. 행온(行蘊, samskara, mental formations producing character)은 의지작용이기에 행동지능(Behavior Quotient) 또는 의지지능(Volition Quotient)이라고 명명한다. 마지막으로 식온(識蘊, vijnana, consciousness)은 인식판단의 의식작용이며 그 주체인 식체(識體)로서 의식, 전의식, 무의식을 담당하기에 영성지능(Spiritual Quotient)과 대비시킬 수 있다.

서구의 인간관이 이원론적 인간관에서 다원론적으로 변화되고 있음을 알게 한다. 불교는 이미 오래전부터 이원론적 인간관을 극복한 상태이다.

여기에서 불교의 인간관인 오온설을 다시 과학적으로 해석해 보자. 오온이 가장 조화롭게 균형을 이룬 상태를 깨달음을 향한 최상의 상태라고 가정하자. 다음으로 그러한 상태를 목표로 삼고, 그 상태를 지수로 나타내는 것이다. 이 지수를 불성지수(Buddhanature Quotient)라고 부르고자 한다. 즉 몸과 마음이 가장 수승한 상태를 불성지수가 최고점에 이른 것으로 보는 것이다. 이 불성지수는 색(色)=신체건강지수 PQ(Physical Quotient), 그리고 수(受)=정서지능 EQ(Emotional Quotient), 상(想)=인지적 지능 IQ(Inteligence Quotient), 행(行)=의지지능 VQ(Volition Quotient), 식(識)=영성지능 SQ(Spiritual Quotient)가 서로 어떻게 조화되었는가를 나타내는 지표로 사용할 수 있을 것이다.

오온 중에서 상(想)=인지적 지능 IQ(Inteligence Quotient)만 높고 다른 지능이 상대적으로 낮으면 사유 속에 갇혀 행동이 따르지 않는 햄릿형 인간의 모습을 띨 것이고, 반대로 行=의지지능 VQ(Volition Quotient)가 강하면 돈키호테처럼 행동이 앞서는 인간일 것이며, 受=정서지능 EQ(Emotional Quotient)가 발달한 인간은 예술적 감각이 뛰어날 것이다. 이처럼 오온 중에 어느 하나만 강조되는 인간형은 깨달음 향한 조화로운 인간이 아니다. 붓다가 제시한 깨달음을 향한 인간은 오온의 조화와 균형을 이루어야 한다. 이를 과학적으로 그리고 교육적으로 재해석해서 그 체계를 세우는 일이 불교 인간관의 과학적 해석의 기초가 될 것이다.

IV. 남기는 말

과학은 도구나 수단이 아닌 우주 내에서 인간의 존재성을 파악하게 해 주는 중립적 성격을 띠고 있다. 가치중립적인 과학이 도구적으로만 활용되는 가장 큰 원인은 인간의 욕망에 있다고 할 수 있다. 물질적 여건이 열악했던 과거에는 인간이 자신들의 생활 여건을 향상시키는 데 급급하였으며 오랫동안 기술적 능력의 한계 속에서 불편과 빈곤에 시달려야 했다. 그런데 활용가능성이 많은 과학이 등장하자 인간 삶의 물질적 여건은 비약적으로 향상되었다. 이때부터 과학은 인간의 욕구 충족을 위한 도구로 사용되기 시작했다. 즉 물질적 여건을 구성하는 생산 기술이 현대과학과 제휴함으로써 과학 기술이라고 하는 새로운 형태를 낳게 된 것이다. 과학은 가치중립적이지만, 과학 기술은 생산성을 비약적으로 증대시키면서 현대인에게 정신적 측면보다는 물질적 측면을 강화시켰다. 이러한 과학 기술에 의해 강화된 물질적 측면과 사회적·정신적 측면은 서로를 규정하는 관계를 넘어섰다. 이제는 과학적 기술을 정신적·사회적으로 규제하기 어려울 만큼 그 영향력과 세력이 대단히 강력해졌다.

과학적 기술 능력을 갖게 된 인간은 자본주의적 시장경제 체제 속에서 이 기술을 마음껏 활용하고 있다. 과학기술과 자본주의의 시장논리가 결합되면 어느 정도 욕구가 채워진다고 만족하는 것이 아니고, 이익의 재창출을 위한 새로운 욕구는 계속해서 생겨나게 된다. 이 새로운 욕구가 생기면 생길수록 인간은 새로운 기술을 개발하는 데 몰두한다. 이와 같이 현대사회에서 과학은 인류를 위하여 비판적·창조적 지성으로 활용되기보다는 인간의 욕망에 따라 설정된 목적을 완성할 도구로 활용되고 있는 것이다.

과학의 발달에 따라 생태계와 자연환경이 파괴되었다기보다, 생태문제는 오히려 과학 기술과 접목된 인간욕망의 극대화에 그 원인이 있다. 그럼에도 불구하고 현대인은 과학에 대해 이중적인 사고를 해 왔다. 놀라운 과학문명의 혜택을 백분 누리면서도 생태문제에 대해 언급하면 늘 과학을 주범으로 지목했던 것이다. 지금까지는 과학과 종교가 늘 대치해 왔지만, 이제는 종교와 과학이 만나야 한다.

현대 과학시대에 생태문제 또한 새로운 기술 개발을 통해 해결하려는 기계론적 발상이 대두되고 있지만 생태문제의 주된 원인이 인간의 욕망의 극대화에서 야기된 것인 만큼, 과학시대에 생태문제는 종교와 과학이 함께 해결 방안을 모색해야 한다.

불교의 인간관인 오온설을 현대 인지심리학과 대비하여 새로운 해석을 시도하여 보았다. 현대 과학시대의 여러 문제들의 원인이 인간의 욕망이라고 보았다. 이 문제의 해결 방법은 오온이 조화롭게 균형잡힌 인간들, 즉 불성지수가 높은 인간들을 많이 배출하는 것에서 찾아야 할 것이다. 막연한 깨달음을 지향하는 것에서 이제는 과학적으로 어떻게 오온(色PQ, 受EQ, 想IQ, 行VQ, 識SQ)을 체계적으로 균형 있게 계발시키느냐 하는 문제가 남는다.

금강학술총서 32

불교의 종교학적 이해

초판 1쇄 발행 2017년 5월 31일
초판 3쇄 발행 2019년 2월 28일

지은이 최종석
펴낸이 윤재승

펴낸곳 민족사
출판등록 1980년 5월 9일 제1-149호
주소 서울 종로구 삼봉로 81 두산위브파빌리온 1131호
전화 02-732-2403, 2404
팩스 02-739-7565
홈페이지 www.minjoksa.org
페이스북 www.facebook.com/minjoksa
이메일 minjoksabook@naver.com

ISBN 978-89-98742-87-4 93220

이 책은 2007년 한국정부(교육과학기술부)의 재원에 의하여 한국연구재단의 지원을 받아서 간행된 출판물입니다. (NRF-2007-361-AM0046)